Sección Obras de Sociología

CAPITAL SOCIAL Y CULTURA:
CLAVES ESTRATÉGICAS PARA EL DESARROLLO

CAPITAL SOCIAL Y CULTURA: CLAVES ESTRATÉGICAS PARA EL DESARROLLO

BERNARDO KLIKSBERG
LUCIANO TOMASSINI
(compiladores)

Banco Interamericano de Desarrollo

Fundación Felipe Herrera

Universidad de Maryland

Fondo de Cultura Económica

Primera edición, 2000

Las opiniones expresadas en este libro pertenecen a los autores y no necesariamente reflejan los puntos de vista del BID.

Para más información sobre esta publicación, dirigirse a:
IDB Bookstore
1300 New York Avenue NW
Washington DC 20577
Estados Unidos de América
Tel.: (202) 623-1753
Fax: (202) 623-1709
1-877-782-7432

idb-books@iadb.org
www.iadb.org/pub

Capital social y cultura: claves estratégicas para el desarrollo

D. R. © 2000, BANCO INTERAMERICANO DE DESARROLLO

D. R. © 2000, FONDO DE CULTURA ECONÓMICA DE ARGENTINA, S. A.
 El Salvador 5665; 1414 Buenos Aires
 e-mail: fondo@fce.com.ar
 Av. Picacho Ajusco 227; 14200 México D. F.

ISBN: 950-557-368-5

Fotocopiar libros está penado por la ley.

Prohibida su reproducción total o parcial por cualquier medio de impresión o digital, en forma idéntica, extractada o modificada, en castellano o en cualquier otro idioma, sin la autorización expresa de la editorial.

IMPRESO EN LA ARGENTINA - *PRINTED IN ARGENTINA*
Hecho el depósito que marca la ley 11.723

Prólogo

Enrique V. Iglesias

El papel que desempeña el capital social en los procesos de desarrollo es un tema que está despertando cada vez más interés. El capital social comprende diversos factores, entre los que se destacan el clima de confianza social, el grado de asociacionismo, la conciencia cívica y los valores culturales entendidos en un sentido amplio. Todos ellos inciden directa e indirectamente, según lo prueba la evidencia empírica, en el desempeño económico y político de los países. El desarrollo es un proceso de suma complejidad, que las interpretaciones simplistas no captan. Este tipo de enfoque suele marginar las dimensiones políticas, culturales y de valores, lo cual empobrece seriamente la visión resultante. Las grandes transformaciones que los países latinoamericanos han experimentado en su desarrollo durante las últimas décadas han puesto de relieve la importancia de esas dimensiones y la interacción entre ellas, que lamentablemente se habían descuidado durante esa experiencia.

Nuestra región ha sido en los últimos cincuenta años un verdadero laboratorio de teorías y experiencias políticas, económicas y sociales. A un período de acelerado crecimiento económico y pronunciado mejoramiento social durante los años sesenta y setenta, siguió la década perdida de los años ochenta, marcada por la crisis de la deuda y las políticas de ajuste. A esa crisis le siguió un conjunto de reformas estructurales que restablecieron la estabilidad de precios y el crecimiento económico, pero que dejaron sin resolver graves problemas, tales como la pobreza, la desigual distribución del ingreso y la atención insuficiente a las demandas de la sociedad en el campo de los valores.

La debida consideración de las potencialidades del capital social como factor del desarrollo puede aportarnos mucho en la acción para enfrentar estos problemas fundamentales que señalamos y, en general, para construir democracias activas y alcanzar un desarrollo sostenido.

En esta obra se recogen los aportes sobre el tema surgidos en el seminario que el Banco Interamericano de Desarrollo (BID) convocó en París, en marzo de 1999, en ocasión de la Cuadragésima Reunión Anual de su Asamblea de Gobernadores. En ella se exploran sistemática y rigurosamente las complejas interrelaciones entre capital social y desarrollo; esta reunión arroja múltiples elementos que pueden contribuir a una renovación de toda la visión del desarrollo, lo que tiene numerosas implicaciones sobre el diseño de políticas públicas. Ésta es posiblemente una de las primeras contribuciones, de amplio alcance, desde América Latina al gran debate internacional sobre estos temas.

Se demuestra, entre muchos otros aspectos, cómo el grado de confianza interpersonal en una sociedad incide en el crecimiento; cómo la riqueza del tejido social de la sociedad civil es un factor que hace diferencias muy importantes en la estabilidad democrática y en el desempeño macroeconómico; cómo la madurez de la conciencia cívica se expresa en un abanico amplísimo de aspectos clave, que van desde el pago de impuestos hasta el grado de voluntarismo. Numerosas investigaciones comparadas han constatado que el capital social "importa" e influye fuertemente en los desenvolvimientos económicos.

En esta obra se examina asimismo el papel de la cultura en general, de las políticas culturales aplicadas en la región y de las industrias culturales. La cultura es un factor de identidad decisivo para las personas, las familias y los pueblos. Ella provee el marco primario que permite a las personas integrarse a una sociedad. Identidad e integración son procesos profundamente vinculados al entorno cultural. Esto tiene todo orden de consecuencias en diversos campos, tales como el de la lucha contra la pobreza, que con frecuencia han sido desatendidos. Respetar las tradiciones culturales de las poblaciones desfavorecidas, ayudar a fortalecer su cultura y propiciar marcos de expresión para esta última, son acciones que apuntalan su identidad y crean un puente para su integración social. Esto redunda al mismo tiempo en un crecimiento de la autoestima individual y colectiva de dichas poblaciones, lo que puede convertirse en un motor formidable para impulsar su creatividad y su esfuerzo.

Sin embargo, en muchas ocasiones se subestima la cultura de los pobres y no se diseñan políticas para promoverla. Se crea así un serio bloqueo entre los programas para ayudarlos y un aspecto vital de su realidad, y se atenta contra la autoestima de la comunidad provocando efectos desalentadores. He visto personalmente cómo el respeto por la identidad de los desfavorecidos actúa en la realidad. Sobre esto recuerdo con emoción una experiencia conmovedora. Visitando favelas de Río de Janeiro, donde el BID está realizando un amplio programa de rehabilitación, un niño me detuvo para mostrarme que a su casa le habían puesto un número, y me dijo con gran orgullo: "ahora existimos, tenemos número". Poner el nombre a las calles de la favela y numerar las viviendas permitían llamar a servicios de urgencia, recibir correspondencia y, sobre todo, comenzar a tener identidad en la sociedad.

América Latina es, lamentablemente, la región del mundo donde los ingresos y las oportunidades están peor distribuidos. Necesitamos mejorar cuanto antes los niveles de equidad. Una de las dimensiones a trabajar debería ser la democratización del acceso a las diversas manifestaciones de la cultura. Las posibilidades de utilizar el teatro, la literatura, la música, la pintura, la escultura y otras artes como formas de expresión deben estar al alcance de toda la población. Los resultados pueden ser impactantes, como el obtenido por las orquestas sinfónicas juveniles en Venezuela –con miles de integrantes, en su inmensa mayoría humildes–, la labor de base cultural en Colombia y el pujante desenvolvimiento del teatro vocacional en Uruguay.

En otro plano, la cultura es estratégica en América Latina y el Caribe, como cimiento para el avance de la integración económica regional. La comprensión intercultural de nuestros pueblos, la búsqueda de los elementos comunes y el reconocimiento de nuestra historia compartida nos darán fuerzas multiplicadas en el camino a la integración.

En el campo social, en la integración regional, en la misma democratización de la región y en otras áreas, la cultura puede ser un poderoso factor de desarrollo.

Movilizar el capital social requerirá un enfoque participativo, como el que se propone en esta obra. No puede ser un esfuerzo burocrático, sino que más bien debe contar con la participación activa de las comunidades.

El capital social es el ámbito en que se forjan los valores de una sociedad. Su fortalecimiento es esencial. Eso es algo que necesitamos hoy más que nunca en América Latina y el Caribe, una región que es pródiga en posibilidades y que no merece padecer los problemas de pobreza, desigualdad y exclusión y de corrupción que la afectan.

El papa Juan Pablo II advierte en su encíclica *Veritatis Splendor* que

> ante las graves formas de injusticia social y económica, así como de corrupción política, que padecen pueblos y naciones enteras, aumenta la indignada reacción de muchísimas personas oprimidas y humilladas en sus derechos fundamentales, y se difunde y agudiza cada vez más la necesidad de una radical renovación personal y social.

La censura colectiva a toda forma de corrupción y el cultivo de valores como la solidaridad, la cooperación, la superación de las discriminaciones, la responsabilidad colectiva y el respeto a la dignidad del ser humano dañada por la pobreza son algunos de los valores fundamentales de nuestra cultura que debemos fortalecer.

Sirva este libro, que desde una perspectiva innovadora y con enfoques interdisciplinarios aborda temas no convencionales, para estimular el debate imprescindible sobre los temas de capital social, cultura, valores y desarrollo.

Llamándonos a que no olvidemos la trascendencia de este debate, Carlos Fuentes escribió:

> Alucinados por el progreso creímos que avanzar era olvidar, dejar atrás las manifestaciones de lo mejor que hemos hecho, la cultura riquísima de un continente indio, europeo, negro y mestizo, cuya creatividad no encuentra equivalencia económica y cuya continuidad todavía no encuentra correspondencia política.

Introducción

Bernardo Kliksberg y Luciano Tomassini

El debate sobre el desarrollo se ha reabierto a inicios del nuevo siglo. Hay más interrogantes y perplejidades que respuestas sólidas. Convicciones acentuadas de las últimas décadas no han resistido la confrontación con los hechos reales y están hoy en activa revisión. Al mismo tiempo que los acelerados avances tecnológicos han desatado capacidades productivas y de progreso de inmensas posibilidades, se observa la presencia de agudos desequilibrios sociales, vastos sectores de población en la pobreza, fluctuaciones acentuadas y serios problemas ecológicos. La posibilidad de predecir la evolución en la economía parece haber encontrado fuertes límites. Muchas de las crisis recientes no fueron advertidas anticipadamente, y hay preguntas de fondo aún abiertas sobre su origen y en general sobre las leyes de funcionamiento de parámetros macroeconómicos básicos.

En este marco ha aparecido con gran fuerza la inquietud por ampliar y enriquecer el pensamiento sobre el desarrollo indagando acerca de sus dimensiones, limitadamente tenidas en cuenta, cuando la evidencia indica que pesan fuertemente sobre el devenir real de los hechos. Hay —entre otros— un nuevo interés por las conexiones entre política y economía, se afirma con muchas razones que las instituciones cuentan, se enfatiza el papel del capital humano y se ha abierto una amplia área de exploración sobre la incidencia del capital social y la cultura en los procesos de desarrollo. Analizar estas últimas dimensiones en América Latina es el objetivo básico de este libro que surge del Foro sobre Desarrollo y Cultura llevado a cabo en París en el marco de la Cuadragésima Reunión Anual de la Asamblea de Gobernadores del Banco Interamericano de Desarrollo, en virtud de una iniciativa adoptada conjuntamente entre el BID y la Fundación Felipe Herrera Lane. En la actualidad, es muy intensa la actividad de investigación, búsqueda y discusión que existe sobre el papel de los aspectos valóricos del capital social en el desarrollo. Sin embargo, son limitados los esfuerzos al respecto realizados en la región. La noción de capital social, muy reciente en general en el pensamiento sobre el desarrollo, y la indagación del papel de la cultura en el campo económico social no han pasado aún a formar parte del agitado debate sobre los problemas clave que inquietan al continente.

Este libro parte de la premisa de que puede aportar mucho a dicho debate, llamando la atención sobre procesos silenciosos no incluidos en la reflexión convencional, pero de gran peso en la realidad, e iluminando alternativas no tradicionales para los problemas que pueden surgir al considerar estas dimensiones.

Un nuevo campo de interrogantes se abre al tenerlas en cuenta: ¿en qué medida y en qué dirección se están transformando los valores de la sociedad en esta etapa de la modernidad?, ¿qué está sucediendo en América Latina en cuanto a los componentes centrales del capital social?, ¿existe un clima de confianza hacia el interior de las sociedades?, ¿qué sucede en el campo de la asociatividad?, ¿cuáles son los niveles de conciencia cívica?, ¿cómo se halla el tema del voluntariado? Por otro lado, partiendo de una visión amplia de la cultura, entendiéndola al igual que la Organización de las Naciones Unidas para la Educación, la Ciencia y la Cultura (UNESCO) como "maneras de vivir juntos", ¿qué tendencias pueden observarse en la región en este campo crucial?, ¿qué está pasando en el campo de la identidad?, ¿qué sucede con la cultura popular?, ¿en qué medida hay políticas culturales orgánicas?, ¿cómo están llegando?, ¿cómo influyen en la cultura de la población las llamadas "industrias culturales"? Todas las preguntas anteriores y otras añadibles confluyen en ciertas preguntas totalmente fundamentales: ¿qué sucede en las sociedades latinoamericanas en términos de valores?, ¿cuáles valores importan y cuáles no?, ¿en qué medida los valores rigen la vida concreta?, ¿qué actitudes hay hacia la participación en los asuntos colectivos?, ¿qué imagen tiene la participación misma?, ¿qué puede esperarse de ella?

Esta obra tiene un marco de referencia histórica representado por los últimos veinte años. Hubo quien auguró que ellos significaban el fin de la historia y la hegemonía total de un paradigma. Sin embargo, el trayecto sigue lleno de conflictos y contradicciones y, como lo destacó Edgard Morin, más que el fin de la historia estamos presenciando cómo la incertidumbre se ha apoderado de ella. Así, los analistas de más largo plazo señalan que hoy coexisten diversos tipos de economía de mercado, desde la experiencia anglosajona hasta la asiática, pasando por las de los países del continente europeo. Las diferencias que se advierten entre unas y otras se deben a las tradiciones, las actitudes, los valores, las prácticas o el capital social propios de cada una de esas realidades. Podría decirse que, en lugar de conceder que la cultura es parte del desarrollo, la verdad es que este último depende de la visión cultural predominante. Éste fue el sentido de la interrogante sobre las relaciones que existen entre cultura y desarrollo que se planteó en el Foro de París.

La pregunta no pudo formularse en un momento más oportuno. Existe una amplia convergencia de opiniones en torno a que el último tramo del siglo XX presenció una profunda transformación cultural que, para muchos, equivale a un "cambio de época". Algunos, como H. P. Stewart Hughes en *Sophisticated rebels*, refieren las más importantes expresiones de ruptura al año 1968, agitado por movimientos contraculturales desde París hasta Woodstock, desde la primavera de Praga hasta la revolución de los claveles en Lisboa o desde Tlatelolco hasta Santiago de Chile.

Para ciertos analistas, estos vientos de cambio pusieron término al desarrollo de la modernidad madura, que se despliega desde la apelación a la razón durante el Renacimiento y la Reforma hasta su codificación en la ideología por medio de la filosofía de la Ilustración y la Revolución Francesa. A diferencia del mundo medieval, muchos de cuyos elementos penetraron el Antiguo Régimen, que suponía que la vida individual y colectiva era moldeada por el orden o la naturaleza de las cosas, el espíritu de la Ilustración atribuyó esa capacidad a los paradigmas o ideologías creados por la razón y difundidos en el plano colectivo por las elites revolucionarias o los gobiernos progresistas. La sensibilidad actual descree de la eficacia de los grandes modelos, paradigmas o proyectos políticos, generalmente operados por el Estado, para plasmar las sociedades. Cree más bien que, a través de nuestra interacción con los demás agentes, somos nosotros los que construimos nuestra sociedad y nuestra vida.

A principios del decenio pasado, Robert Putnam, en su trabajo pionero sobre la reconstrucción de la democracia en Italia después de la Segunda Guerra Mundial, utilizó el concepto de tradiciones civiles para referirse a aquellas actitudes e instituciones que la historia de ese país había ido acumulando, sobre todo en el norte, y en torno a las cuales fue posible reconstruir la democracia luego de la caída del fascismo y de la derrota en la guerra. Más de treinta años antes, Gabriel Almond y Sidney Verba habían subrayado la importancia de estos factores en sus estudios sobre el papel de la cultura cívica. Después de eso, la forma en que esta última moldea la sociedad y la economía nunca dejó de ser reconocida, aunque se silenció durante largo tiempo, debido al doble desafío de cerrar la puerta al debate entre sistemas de valores alternativos dentro del marco de la Guerra Fría y de congelar los patrones de desarrollo del sistema capitalista occidental para preservar sus resultados económicos.

Sin embargo, en los años recientes, y tal vez como consecuencia del cambio de nuestras sensibilidades filosóficas, se ha comenzado a prestar atención a la transformación de los valores en las sociedades occidentales y en su periferia. Entre los pioneros de este enfoque se destaca Ronald Inglehart, cuyos trabajos, realizados primero por encargo de la Organización para la Cooperación y el Desarrollo Económico (OCDE) y posteriormente para la Encuesta Mundial de Valores, demostraron que éstos han comenzado a cambiar aceleradamente y a reemplazar un conjunto de valores que él llamó materialistas por otros posmaterialistas, centrados en la capacidad de opción de las personas y en la calidad de la vida.

Tomando como marco de referencia estas tendencias, en el Foro sobre Desarrollo y Cultura se analizó la transformación que han experimentado los valores en nuestras sociedades, así como también el estímulo que esta mutación ofrece para construir comunidades más abiertas, innovadoras, flexibles, asociativas y participativas. El primer corolario de estas tendencias se refiere a la multiplicación de las capacidades existentes en el seno de nuestras comunidades para construir el capital social, en sus distintas manifestaciones, y para respetar la diversidad y el pluralismo que constituyen hoy una condición necesaria para ello. Dentro de este proceso las industrias culturales ocupan un papel muy influyente aunque contradictorio, por lo que una parte de este seminario estuvo consagrada al de estos sectores. El Foro consideró que la cultura se refiere, fundamentalmente, a los valores que inspiran la estructura y el comportamiento de una sociedad y de sus distintos miembros, y que ellos inciden en la generación de aquel conjunto de tradiciones, prácticas e instituciones que conforman el capital social.

Tratando de aportar elementos para contestar preguntas como las planteadas antes, ubicado en el encuadre histórico esquematizado, este libro desarrolla varios momentos de análisis sucesivos.

En su primera parte, se enfoca el peso de los valores culturales en los procesos de desarrollo. El tema es abordado desde diversos ángulos: la historia de las ideas, las relaciones entre capital social, cultura y desarrollo, la incidencia del poder, el perfil que ofrecen aspectos básicos del capital social en algunas de las sociedades latinoamericanas actuales. En la segunda parte, el análisis se centra sobre una de las mayores exigencias de la población en nuestro tiempo, la participación, reconocida como gran constructor de capital social. Se examinan el estado del arte en esta materia, la evolución latinoamericana, el tipo de debate existente, los desafíos y escollos que se plantean y las experiencias de la realidad. El tercer fragmento de la obra está dedicado a las políticas culturales aplicadas en la región. Se realiza una presentación integral de ellas y se analizan tres casos: Colombia, México y Brasil. Por último, en la cuarta parte, se someten a indagación las industrias culturales. Se revisan su realidad en la región y su funcionamiento en el marco de la globalización, y se enfatiza en particular la situación de las editoriales de habla española.

El lector podrá disponer a través de este trayecto de un cuadro relevante de las discusiones conceptuales sobre el rol del capital social y la cultura en el desarrollo, y contactarse con los dilemas y las alternativas de acción planteados en áreas muy concretas ligadas a ese rol, como la participación, las políticas culturales y las industrias culturales. Todos los trabajos incluidos han sido encomendados a científicos de extensa y reconocida trayectoria internacional en sus áreas. Constituyen, sumados, un equipo interdisciplinario que desde diversas experiencias aporta líneas de reflexión abiertas y provocativas sobre las preguntas antes mencionadas y otras semejantes que pudieran surgir.

La obra tiene asimismo, como un rasgo central, su concentración en los problemas de esta América Latina inmensamente rica en recursos potenciales y, al mismo tiempo, caracterizada por sus altos niveles de pobreza y sus agudas polarizaciones.

Tras la mayoría de los trabajos subyace la cuestión de cómo aportar desde estas dimensiones de análisis, capital social y cultura, al diseño de políticas que logren enfrentar estos desafíos impostergables.

El Foro de París surgió de una iniciativa del Presidente del BID, Enrique V. Iglesias, y fue un esfuerzo compartido por varias organizaciones. Participaron en él la Representación del BID en París, que llevó adelante una dedicada e intensiva tarea en todas las etapas del proceso respectivo, a través del Representante Andrés Bajuk, del Representante Adjunto Leo Harari y del Asesor Sergio Orce; Bernardo Kliksberg, Coordinador del Instituto Interamericano para el Desarrollo Social, a quien se encomendó la planificación y coordinación científica general del Foro; la prestigiosa Fundación Felipe Herrera Lane, que viene desarrollando una vasta y fecunda labor en este campo y otras áreas conexas, estuvo representada por Luciano Tomassini y Claudio Herrera Álamos e intervino activamente en todas las fases de trabajo realizadas, y el Instituto de Ciencias Políticas de París, responsable de diversos aportes académicos y organizacionales. También la UNESCO prestó colaboración al Foro y a sus reuniones preparatorias. Asimismo, prestó apoyo institucional a la publicación de esta obra la Universidad de Maryland, a través de su Instituto de Estudios Latinoamericanos, dirigido por Saúl Sosnowski.

El Foro de París reunió a varios centenares de representantes de gobiernos e instituciones de toda América Latina vinculados con los problemas del desarrollo y el tema de la cultura. La concurrencia desbordó todos los pronósticos y esto indica el interés por el tema. Allí se dio un diálogo de excepción entre ambos campos, que despertó muchas inquietudes en la región y que se intenta proseguir por medio de esta obra.

Ante una América Latina que, a pesar de sus potencialidades, presenta realidades de pobreza y desigualdad acentuadas, urge que la agenda de discusión sobre las políticas necesarias se renueve y amplíe e incluya de manera sistemática dimensiones como las analizadas en esta obra. Probablemente, ello ayude al surgimiento de enfoques más integrados del desarrollo y a la aparición de ideas renovadoras que puedan medirse con las tristes realidades de exclusión que hoy afligen a vastos sectores en la región y que se hallan en el centro de la preocupación de las sociedades latinoamericanas.

Parte I

Los valores culturales y su influencia en los procesos de desarrollo

El rol del capital social y de la cultura en el proceso de desarrollo[*]

Bernardo Kliksberg

El nuevo debate sobre el desarrollo

A principios del siglo XXI, la humanidad cuenta con inmensas fuerzas productivas. Las revoluciones tecnológicas en curso han alterado sustancialmente sus capacidades potenciales de generar bienes y servicios. Los avances simultáneos en campos como la informática, la biotecnología, la robótica, la microelectrónica, las telecomunicaciones, la ciencia de los materiales y otras áreas han determinado rupturas cualitativas en las posibilidades usuales de producción, ampliándolas extensamente, con un horizonte de continuo crecimiento hacia adelante. Sin embargo, 1.300 millones de personas carecen de lo indispensable y viven en extrema pobreza con menos de un dólar de ingresos al día, 3.000 millones se hallan en la pobreza y tienen que subsistir con menos de dos dólares diarios, 1.300 millones carecen de agua potable, 3.000 millones no tienen instalaciones sanitarias básicas y 2.000 millones están privadas de servicios eléctricos.

Alcanzar la deseada meta del desarrollo económico y social es más viable que nunca en términos de tecnologías y potencial productivo pero, al mismo tiempo, el objetivo se halla muy distante de amplias poblaciones en diversas regiones del mundo, entre ellas, en América Latina.

La "aldea global" en que se ha convertido el planeta, donde las interrelaciones entre los países y los mercados se multiplican continuamente, parece caracterizarse por una explosión de complejidad, direcciones contradictorias de evolución y altas dosis de incertidumbre. Exploradores de las fronteras de las nuevas realidades, como Ilya Prigogine (1998), Premio Nobel de Química, han señalado que la mayor parte de las estructuras de la realidad actual son "estructuras disipativas de final abierto"; es difícil predecir en qué sentido evolucionarán y las lógicas tradicionales son impotentes para explicar su curso. Edgard Morin (1991) resalta que en lugar del "fin de la historia", vaticinado por algunos que alegaron que al desaparecer el mundo bipolar la historia sería previsible y hasta "aburrida", lo que tenemos ante nuestros ojos es que "de aquí en adelante, el futuro se llama incertidumbre". La historia en curso está marcada por severas contradicciones. Así, al

---

[*] Las opiniones expresadas en este trabajo son responsabilidad del autor y no representan necesariamente las de la institución donde se desempeña.

mismo tiempo que, por ejemplo, el conocimiento tecnológico disponible ha multiplicado las capacidades de dominar la naturaleza, el ser humano está creando desequilibrios ecológicos de gran magnitud, poniendo en peligro aspectos básicos del ecosistema y también su propia supervivencia. Mientras que las capacidades productivas han llevado la producción mundial a más de 25 trillones de dólares, las polarizaciones sociales se han incrementado fuertemente y, según informes de las Naciones Unidas (1998), 358 personas son poseedoras de una riqueza acumulada superior a la del 45% de la población mundial. Las disparidades alcanzan los aspectos más elementales de la vida cotidiana. Los acelerados progresos en medicina han permitido una extensión considerable en la esperanza de vida, pero mientras que en 1997, en las 26 naciones más ricas, ésta alcanzaba los 78 años, en los 46 países más pobres era de 53 años.

La idea del progreso indefinido está siendo suplantada por visiones que asignan un rol mayor a las complejidades, las contradicciones y las incertidumbres y que buscan soluciones a partir de su integración a las perspectivas de análisis de la realidad.[1]

En este marco general, hay un nuevo debate en activa ebullición en el campo del desarrollo. Buscando caminos más efectivos, en un mundo donde la vida cotidiana de amplios sectores está agobiada por carencias agudas y donde se estima que una tercera parte de la población activa mundial se halla afectada por serios problemas de desocupación y subocupación, el debate está revisando supuestos no convalidados por los hechos y abriéndose hacia variables a las que se asignaba escaso peso en las últimas décadas.

Hay una revalorización en el nuevo debate de aspectos no incluidos en el pensamiento económico convencional. Se ha instalado una potente área de análisis en vertiginoso crecimiento que gira en derredor de la idea de "capital social". Uno de los focos de esa área, a su vez con su propia especificidad, es el reexamen de las relaciones entre cultura y desarrollo. Como señala Lourdes Arizpe (1998), "la cultura ha pasado a ser el último aspecto inexplorado, de los esfuerzos que se despliegan a nivel internacional, para fomentar el desarrollo económico". Enrique V. Iglesias (1997) subraya que en este reexamen de las relaciones entre cultura y desarrollo se abre un vasto campo de gran potencial. Resalta que

> hay múltiples aspectos en la cultura de cada pueblo que pueden favorecer a su desarrollo económico y social; es preciso descubrirlos, potenciarlos y apoyarse en ellos, y hacer esto con seriedad significa replantear la agenda del desarrollo de una manera

---

[1] E. Morin resalta las dificultades para tener una visión clara de hacia dónde avanza la historia: "Estamos en lo desconocido, más aún, en lo innominado. Nuestro conocimiento de los tiempos actuales se manifiesta solamente en el prefijo sin forma 'pos' (postindustrial, posmoderno, postestructuralista), o en el prefijo negativo 'anti' (antitotalitario). No podemos dar un rostro a nuestro futuro, ni siquiera a nuestro presente".

que a la postre resultará más eficaz, porque tomará en cuenta potencialidades de la realidad que son de su esencia y que, hasta ahora, han sido generalmente ignoradas.

Ubicado en este contexto que bulle en reclamos por rediscutir la visión convencional del desarrollo e integrar nuevas dimensiones, este trabajo procura enfocar un tema relevante del nuevo debate, las posibilidades del capital social y de la cultura en cuanto a aportar al desarrollo económico y social. En particular, el trabajo se centra en sus posibles contribuciones a América Latina, una región con graves problemas en los campos de la pobreza, que afecta a vastos sectores de su población, y de la inequidad (es considerado el continente con más desigualdades del planeta). Seguramente la integración de estos planos complejizará mucho más aún la búsqueda de estrategias y diseños adecuados. Pero ésa es la idea. Las políticas basadas en diseños que marginan aspectos como los mencionados han demostrado muy profundas limitaciones.

El trabajo se propone cumplir su propósito a través de varios pasos sucesivos de análisis. En primer lugar, se presentan aspectos de la crisis del pensamiento económico convencional. La nueva atención prestada al capital social y a la cultura se inscribe en esa crisis. En segundo término, se explora la idea de capital social. El énfasis se pone, en este caso, no en la discusión teórica, sino en su presencia concreta en las realidades actuales. El tercer aspecto a considerar, con apoyo en los desarrollos anteriores, es "el capital social en acción" en las realidades latinoamericanas. Se indaga, a través de experiencias concretas de la región, cómo el capital social y la cultura constituyen potentes instrumentos de construcción histórica. Por último, se formulan algunas reflexiones sobre posibles aportes de la cultura al desarrollo latinoamericano.

La crisis del pensamiento económico convencional

Se hallan en plena actividad, actualmente, diversas líneas de discusión sobre los supuestos económicos que han orientado el desarrollo en las últimas décadas. El debate en curso no aparece como un debate hacia el interior de la academia, donde diversas escuelas de pensamiento o personalidades defienden determinados enfoques surgidos de su propia especulación. Está fuertemente influido por las dificultades del pensamiento convencional en la realidad. Lo han dinamizado y urgido procesos como los severos problemas experimentados por las economías del Sudeste Asiático, las graves crisis observables en economías en transición, como la rusa, las inestabilidades pronunciadas en los mercados financieros internacionales, los desajustes y las polarizaciones sociales en regiones como América Latina, entre otros. Aparece, gracias a los importantes avances en la medición de los fenómenos económicos y sociales, como un debate en el que la especulación infinita a partir de las propias premisas, característica de décadas anteriores, es reemplazada por análisis que arrancan de la vasta evidencia empírica que está generando el instrumental cuantitativo y estadístico.

Una primera característica de la crisis en curso es el llamado, cada vez más amplio, a respetar la complejidad de la realidad. Se previene contra la "soberbia epistemológica" con que el pensamiento económico convencional trabajó múltiples problemas, pretendiendo capturarlos y resolverlos a partir de marcos de referencia basados en grupos de variables limitadas, de índole casi exclusivamente económica, que no dejaban espacio a variables de otras procedencias. Joseph Stiglitz (abril de 1998) reclama que "un principio del consenso emergente es que un mayor grado de humildad es necesario". Aboga por un nuevo consenso, post Washington, ante las dificultades surgidas en la realidad. Señala a América Latina como uno de los casos que evidencia las dificultades. Afirma: "Yo argumentaría que la experiencia latinoamericana sugiere que deberíamos reexaminar, rehacer y ampliar los conocimientos acerca de la economía de desarrollo que se toman como verdad, mientras planificamos la próxima serie de reformas".

Otro aspecto sobresaliente de la nueva discusión sobre el desarrollo es la apelación cada vez más generalizada a superar los enfoques reduccionistas y a buscar, para captar la complejidad, perspectivas integradoras de variables múltiples. Enrique V. Iglesias (1997) advierte: "El desarrollo sólo puede encararse en forma integral; los enfoques monistas sencillamente no funcionan". Joseph Stiglitz (octubre de 1998) destaca que se ha visto al desarrollo como un "problema técnico que requiere soluciones técnicas", y esa visión ha chocado con la realidad que va mucho más allá de ella. Señala que "un evento definidor ha sido que muchos países han seguido los dictados de liberalización, estabilización y privatización, las premisas centrales del llamado Consenso de Washington, y, sin embargo, no han crecido. Las soluciones técnicas no son evidentemente suficientes".

Un tema resaltante de la discusión abierta es el énfasis en no confundir los medios con los fines, desvío en el que se sugiere que se ha caído con frecuencia. Los objetivos finales del desarrollo tienen que ver con la ampliación de las oportunidades reales de los seres humanos de desenvolver sus potencialidades. Una sociedad progresa efectivamente cuando avanzan los indicadores clave, como cantidad de años que vive la gente, calidad de su vida y desarrollo de su potencial. Las metas técnicas son absolutamente respetables y relevantes, pero son medios al servicio de esos objetivos finalistas. Si se produce un proceso de sustitución silenciosa de los fines reales por los medios, se puede perder de vista el horizonte hacia el cual se debería avanzar y equivocar los métodos para medir el avance. La elevación del producto bruto per cápita, por ejemplo, aparece en la nueva perspectiva como un objetivo importante y deseable, pero nunca sin dejar de tener en cuenta que es un medio al servicio de fines mayores, como los índices de nutrición, salud, educación y libertad, entre otros. Por lo tanto, sus mediciones no reflejan necesariamente lo que está sucediendo en relación con dichas metas. Amartya Sen (1998) analiza detalladamente esta visión general en el caso de los recursos humanos. Señala que constituye un progreso considerable el nuevo énfasis puesto en ellos, pero que se debe entender que el ser humano no es sólo un medio del desarrollo, sino su fin último. Ese enfoque no debe perderse de vista. Subraya:

> Si en última instancia considerásemos al desarrollo como la ampliación de la capacidad de la población para realizar actividades elegidas libremente y valoradas, sería del todo inapropiado ensalzar a los seres humanos como "instrumentos del desarrollo económico". Hay una gran diferencia entre los medios y los fines.

Stiglitz (octubre de 1998) enfatiza que la confusión medios-fines ha sido frecuente en la aplicación del Consenso de Washington:

> Se han tomado la privatización y la liberalización comercial como fines en sí mismos más que como medios para alcanzar un crecimiento sostenible, equitativo y democrático. Se ha focalizado demasiado en la estabilidad de los precios, más que en el crecimiento y la estabilidad de la producción. Se ha fallado en reconocer que el fortalecimiento de las instituciones financieras es tan importante para la estabilidad económica como controlar el déficit presupuestario y aumentar la oferta de dinero. Se ha centrado en la privatización, pero se ha puesto demasiada poca atención a la infraestructura institucional –que es necesaria para hacer que los mercados funcionen– y, especialmente, a la importancia de la competencia.

A partir de estas percepciones sobre la estrechez del enfoque meramente técnico y la necesidad de delimitar fines y medios, se plantean visiones que amplían los objetivos que debería perseguir el desarrollo. Junto al crecimiento económico, surge la necesidad de lograr desarrollo social, mejorar la equidad, fortalecer la democracia y preservar los equilibrios medioambientales. El Consenso de los Presidentes de América en Santiago (1998) reflejó este orden de preocupaciones incluyendo, en su plan de acción, puntos que exceden los abordajes convencionales como, entre otros, el énfasis en la promoción de la educación, la preservación y profundización de la democracia, la justicia y los derechos humanos, la lucha contra la pobreza y la discriminación, el fortalecimiento de los mercados financieros y la cooperación regional en asuntos ambientales.

Se resalta, en las críticas al pensamiento económico convencional, cómo las limitaciones de su marco de análisis han creado serias insuficiencias de operación. Variables excluidas o marginadas como, entre otras, las políticas y las institucionales tienen alto peso en la realidad y van a incidir fuertemente creando escenarios no previstos. Quejarse de ellas como "intrusos indeseables" no conduce a ningún camino útil. Pareciera que lo que corresponde no es reclamarle a la realidad, sino revisar el esquema conceptual con el que se está analizando, para darles su debido lugar.

Alessina y Perotti (1994) plantean la necesidad de ingresar en un examen en profundidad de las intersecciones entre política y economía. Destacan que:

> la economía sola no puede explicar integralmente la enorme variabilidad entre los países en el crecimiento y, más generalmente, los resultados económicos y las alternativas de política. Las elecciones de políticas económicas no son hechas por planificadores sociales que viven sólo entre documentos académicos. Más bien, la política económica es el resultado de luchas políticas dentro de estructuras institucionales.

Sen analiza, al respecto, cómo las realidades políticas son determinantes en las hambrunas masivas que han afligido a amplios grupos humanos en el siglo XX. Según sus investigaciones (1981), las hambrunas no tienen que ver necesariamente con escaseces de recursos alimenticios. Se vinculan más con factores como las disparidades de precios relativos, los bajos salarios y las maniobras especulativas. El cuadro de condiciones políticas pesa fuertemente al respecto. Examinando las correlaciones entre hambrunas masivas y tipo de régimen político, determina (1998) que "ningún país dotado de un sistema de elecciones multipartidistas, con partidos de oposición capaces de expresarse como tales, de una prensa capacitada para informar y poner en tela de juicio la política gubernamental sin temor a ser censurada, ha sido escenario de hambrunas realmente importantes". En esos países funcionan poderosos "incentivos políticos" para que se tomen decisiones que eviten la hambruna. En cambio, observa que las hambrunas de mayores proporciones han tenido lugar en "territorios colonizados y gobernados por autoridades imperialistas extranjeras, dictaduras militares de corte moderno, bajo el control de potentados autoritarios o regímenes de partido único donde no se tolera la disidencia política".

"Las instituciones cuentan" es el título de un reciente trabajo del Banco Mundial sobre la materia (1998). En él, se desarrolla en detalle la visión de que todo el tema de las instituciones debe ser incorporado al análisis de las realidades económicas y el diseño de políticas. Entiende, como tales, al conjunto de reglas formales e informales y sus mecanismos de ejecución que inciden sobre el comportamiento de los individuos y las organizaciones de una sociedad. Entre las formales se hallan las constituciones, leyes, regulaciones, contratos, etc. Entre las informales están la ética, la confianza, los preceptos religiosos y otros códigos implícitos. Una de las debilidades del Consenso de Washington habría sido, según el Banco Mundial, la no inclusión de estas reglas entre las políticas que recomienda. Señala al respecto: "Con una sola excepción (la protección de los derechos de propiedad), las prescripciones de política del Consenso de Washington ignoran el rol potencial que los cambios en las instituciones pueden jugar en acelerar el desarrollo económico y social". Un amplio número de investigaciones recientes da cuenta de correlaciones estadísticas significativas entre el buen funcionamiento de las instituciones básicas, como los mecanismos anticorrupción, la calidad de las instituciones públicas, la credibilidad y otras, y los avances en crecimiento, desarrollo social y equidad.

En las reformulaciones en curso del pensamiento económico convencional ha ingresado, como un tema central, el del capital humano. Mejorar el perfil de la población de un país es un fin en sí mismo, como resalta Sen. Al mismo tiempo, constituye una vía fundamental para alcanzar productividad, progreso tecnológico y competitividad en los escenarios económicos de fin de siglo. En ellos, el papel del capital humano en la producción es decisivo. En estructuras productivas, cada vez más basadas en el conocimiento, como las presentes y prospectivas, los niveles de calificación promedio de una sociedad van a ser determinantes en sus posibilidades de generar, absorber y difundir tecnologías avanzadas. La educación hace una diferencia crucial según las mediciones disponibles, tanto para la vida de las personas y el desenvolvimiento de las familias como para la productividad de las empresas y los resultados económicos macro de un país. Es, como se la ha denominado, una estrategia "ganadora" con beneficios para todos. La nutrición y la salud son a su vez, desde ya, condiciones de base para el desenvolvimiento del capital humano.

En este cuadro de conjunto, donde las dificultades de la realidad han impulsado una crisis y un proceso de reenfoque profundo del pensamiento económico, se inscribe la integración activa a los análisis del capital social y de la cultura. Una ola de investigaciones de los últimos años indica, con datos de campo a su favor, cómo diversos componentes no visibles del funcionamiento cotidiano de una sociedad, que tienen que ver con la situación de su tejido social básico, inciden silenciosamente en las posibilidades de crecimiento y desarrollo. Denominados capital social, los exploraremos en la sección siguiente. Empiezan a influir en el diseño de políticas en algunos países avanzados, han comenzado a formar parte de la elaboración de los proyectos de desarrollo e instituciones de cooperación internacional y están incluyendo los progresos en capital social en los criterios de medición del grado de éxito de los proyectos.

En el centro del capital social se hallan múltiples elementos del campo de la cultura. Como lo destaca Arizpe (1998), tienen todo orden de implicancias prácticas y han sido marginados por el pensamiento convencional. Señala:

> La teoría y la política del desarrollo deben incorporar los conceptos de cooperación, confianza, etnicidad, identidad, comunidad y amistad, ya que estos elementos constituyen el tejido social en que se basan la política y la economía. En muchos lugares, el enfoque limitado del mercado basado en la competencia y la utilidad está alterando el delicado equilibrio de estos factores y, por lo tanto, agravando las tensiones culturales y el sentimiento de incertidumbre.

El capital social y la cultura han comenzado a instalarse en el centro del debate sobre el desarrollo, no como adiciones complementarias a un modelo de gran vigor que se perfecciona un poco más con ellos. Todo el modelo está sufriendo severas dificultades por sus distancias con los hechos, y las críticas procedentes de diversos orígenes se encaminan de un modo u otro a "recuperar la realidad" con miras a producir, en definitiva, políticas con mejores oportunidades respecto de las metas finales. En ese encuadre, el ingreso al debate de estos temas forma parte del esfuerzo por darle realidad a toda la reflexión sobre el desarrollo.

El replanteo del modelo no se está haciendo solamente a través de la inclusión de diversas variables ausentes. Está en discusión un aspecto subyacente más profundo, la lógica de las interrelaciones. Una parte significativa del nuevo debate está concentrada en el análisis de cómo se han subestimado los encadenamientos recíprocos entre las múltiples dimensiones y cómo ello ha generado errores de consideración en la preparación de políticas. Alessina y Perotti (1994), por ejemplo, subrayan sobre una interrelación clave: "la desigualdad en los ingresos es un determinante importante de la inestabilidad política. Los países con un ingreso más desigualmente distribuido son políticamente más inestables. A su vez, la inestabilidad política tiene efectos adversos sobre el crecimiento".

Las áreas económica, política y social están inextricablemente ligadas. Lo que suceda en cada una de ellas va a condicionar de manera severa las otras. La visión puramente economicista del desarrollo puede tropezar, en cualquier momento, con bloqueos muy serios que surgen de las otras áreas, y así se ha dado en la realidad.

Hay en curso, en ese marco, una revaluación integral de las relaciones entre crecimiento económico y desarrollo social. En la visión convencional se suponía que, alcanzando tasas significativas de crecimiento económico, éste se "derramaría" hacia los sectores más desfavorecidos y los sacaría de la pobreza. El crecimiento sería, al mismo tiempo, desarrollo social. Las experiencias concretas han indicado que las relaciones entre desarrollo económico y desarrollo social son de carácter mucho más complejo. El seguimiento de la experiencia de numerosos países, efectuado por las Naciones Unidas a través de sus informes sobre el desarrollo humano, no encuentra corroboración para los supuestos del llamado modelo de derrame. No basta con el crecimiento para solucionar la pobreza. Siendo absolutamente imprescindible, el mismo puede quedar estacionado en ciertos sectores de la sociedad y no llegar a los estratos sumergidos. Pueden incluso darse tasas significativas de crecimiento y, al mismo tiempo, continuar en vigencia agudas carencias para amplios sectores de la población. James Migdley (1995) señala que esa forma de crecimiento ha caracterizado a muchas naciones desarrolladas y en desarrollo en los últimos años, y la denomina "desarrollo distorsionado". El crecimiento, constata, no ha sido acompañado en ellas por un mejor acceso a protección de salud, educación, servicios públicos y otros factores que contribuyen al bienestar social. Se plantea entonces que, junto a los esfuerzos que es desde ya necesario realizar por el crecimiento, deben practicarse activas políticas de desarrollo social y debe mejorarse la equidad. Las inversiones, mantenidas en el tiempo y considerables, en educación y salud, en extensión de los servicios de agua potable, instalaciones sanitarias y energía eléctrica, y en protección a la familia, entre otras, formarán parte de dichas políticas. Para que el crecimiento signifique bienestar colectivo, debe haber simultáneamente desarrollo social.

El análisis de las interrelaciones entre ambos está yendo, incluso, más lejos. Se resalta que son interdependientes. James D. Wolfensohn (1996), Presidente del Banco Mundial, ha planteado al respecto: "Sin desarrollo social paralelo no habrá desarrollo económico satisfactorio".

Efectivamente, el desarrollo social fortalece el capital humano, potencia el capital social y genera estabilidad política, bases esenciales para un crecimiento sano y sostenido. Alain Touraine (1997) sugiere que es necesario pasar a una nueva manera de razonar el tema: "Queda así planteado el principio central de una nueva política social: en vez de compensar los efectos de la lógica económica, ésta debe concebirse como condición indispensable del desarrollo económico".

La visión que aparece es la de que no es viable el desarrollo social sin crecimiento económico pero éste, a su vez, no tendrá carácter sustentable si no está apoyado en un intenso crecimiento social.

Otro eje analizado son las relaciones entre grado de democracia y desarrollo social. Wickrane y Mulford (1996), entre otros, han examinado las correlaciones estadísticas respectivas. Sus datos indican que cuando aumenta la participación democrática y se dispersa el poder político entre el conjunto de la población, mejoran los indicadores de desarrollo social. Los gobiernos tienden a responder más cercanamente a las necesidades de la mayoría de la población.

Sumando factores, Wolfensohn (1998) sugiere la imprescindibilidad de ir más allá de los enfoques unilaterales:

Debemos ir más allá de la estabilización financiera. Debemos abordar los problemas del crecimiento con equidad a largo plazo, base de la prosperidad y el progreso humano. Debemos prestar especial atención a los cambios institucionales y estructurales necesarios para la recuperación económica y el desarrollo sostenible. Debemos ocuparnos de los problemas sociales.

Debemos hacer todo eso. Porque si no tenemos la capacidad de hacer frente a las emergencias sociales, si no contamos con planes a más largo plazo para establecer instituciones sólidas, si no logramos una mayor equidad y justicia social, no habrá estabilidad política. Y sin estabilidad política, por muchos recursos que consigamos acumular para programas económicos, no habrá estabilidad financiera.

Como se observa, en la imagen transmitida, la estabilidad financiera no es posible sin estabilidad política. Ella, a su vez, está muy ligada a los grados de equidad y justicia social. El frente a abordar es muy amplio. Es necesario atacar, al mismo tiempo, los problemas económicos y financieros y los sociales, y avanzar en las transformaciones institucionales.

El capital social y la cultura son componentes clave de estas interacciones. Las personas, las familias y los grupos son capital social y cultura por esencia. Son portadores de actitudes de cooperación, valores, tradiciones, visiones de la realidad, que son su identidad misma. Si ello es ignorado, salteado, deteriorado, se inutilizarán importantes capacidades aplicables al desarrollo y se desatarán poderosas resistencias. Si, por el contrario, se reconoce, explora, valora y potencia su aporte, puede ser muy relevante y propiciar círculos virtuosos con las otras dimensiones del desarrollo.

La crisis de la reflexión convencional sobre el desarrollo en marcha está abriendo, entre otras, la oportunidad de cruzar activamente capital social, cultura y desarrollo. Hasta hace poco, la corriente principal de trabajo sobre desarrollo prestaba limitada atención a lo que sucedía en dichos campos. A su vez, en ellos, muchas indagaciones se realizaban al margen de posibles conexiones con el proceso de desarrollo. La crisis, que busca ampliar el marco de comprensión para poder superar la estrechez evidenciada por el marco usual, crea un vasto espacio para vencer los aislamientos. En la sección siguiente, se intenta avanzar en esa dirección, explorando algunas de las múltiples interrelaciones posibles.

Capital social, cultura y desarrollo

Según análisis del Banco Mundial, hay cuatro formas básicas de capital: el capital natural, constituido por la dotación de recursos naturales con que cuenta un país; el capital construido, generado por el ser humano, que incluye diversas formas de capital (infraestructura, bienes de capital, financiero, comercial, etc.); el capital humano, determinado por los grados de nutrición, salud y educación de su población, y el capital social, descubrimiento reciente de las ciencias del desarrollo. Algunos estudios adjudican a las dos últimas formas de capital un porcentaje mayoritario del desarrollo económico de las naciones a fines del siglo XX. Indican que allí hay claves decisivas del progreso tecnológico, la competitividad, el crecimiento sostenido, el buen gobierno y la estabilidad democrática.

¿Qué es en definitiva el capital social? El campo no tiene una definición aceptada de manera consensual. De reciente exploración, en realidad, se halla en plena delimitación de su identidad, de aquello que es y de aquello que no es. Sin embargo, a pesar de las considerables imprecisiones, existe la impresión cada vez más generalizada de que, al percibirlo e investigarlo, las disciplinas del desarrollo están incorporando al conocimiento y a la acción un amplísimo número de variables que desempeñan roles importantes en el capital social y que estaban fuera del encuadre convencional.

Robert Putnam (1994), precursor de los análisis del capital social, considera en su difundido estudio sobre las disimilitudes entre Italia del Norte e Italia del Sur que, fundamentalmente, lo conforman: el grado de confianza existente entre los actores sociales de una sociedad, las normas de comportamiento cívico practicadas y el nivel de asociatividad que caracteriza a esa sociedad. Estos elementos evidencian la riqueza y la fortaleza del tejido social interno de una sociedad. La confianza, por ejemplo, actúa como un "ahorrador de conflictos potenciales" limitando el "pleitismo". Las actitudes positivas en materia de comportamiento cívico, que van desde cuidar los espacios públicos hasta el pago de los impuestos, contribuyen al bienestar general. La existencia de altos niveles de asociacionismo indica que es una sociedad con capacidades para actuar cooperativamente, armar redes, concertaciones, sinergias de todo orden en su interior. Este conjunto de factores tendría, según las observaciones de Putnam, mayor presencia y profundidad en Italia del Norte en relación con Italia del Sur y habría desempeñado un papel definitorio en la superioridad que la primera ha evidenciado en materia de rendimiento económico, calidad de gobierno, estabilidad política y otras áreas.

Para otro de los precursores, James Coleman (1990), el capital social se presenta tanto en el plano individual como en el colectivo. En el primero, tiene que ver con el grado de integración social de un individuo y su red de contactos sociales; implica relaciones, expectativas de reciprocidad y comportamientos confiables; mejora la efectividad privada, pero también es un bien colectivo. Por ejemplo, si todos en un vecindario siguen normas tácitas de cuidado del otro y de no agresión, los niños podrán caminar hacia la escuela con seguridad, y el capital social estará produciendo orden público.

Diferentes analistas actuales de esta vieja-nueva forma de capital ponen el énfasis en diversos aspectos. Entre otros, para Kenneth Newton (1997), el capital social puede ser visto como un fenómeno subjetivo, compuesto de valores y actitudes que influyen en cómo las personas se relacionan entre sí. Incluye confianza, normas de reciprocidad, actitudes y valores que ayudan a las personas a trascender relaciones conflictivas y competitivas para conformar relaciones de cooperación y ayuda mutua. Stephan Baas (1997) dice que el capital social tiene que ver con cohesión social, con identificación con las formas de gobierno, con expresiones culturales y comportamientos sociales que hacen a la sociedad más cohesiva y algo más que una suma de individuos. Considera que los arreglos institucionales horizontales tienen un impacto positivo en la generación de redes de confianza, buen gobierno y equidad social. El capital social desempeña un rol importante en estimular la solidaridad y en superar las fallas del mercado mediante acciones colectivas y el uso comunitario de recursos. James Joseph (1998) lo percibe como un vasto conjunto de ideas, ideales, instituciones y arreglos sociales, a través de los cuales las personas encuentran su voz y movilizan sus energías particulares para causas públicas. Bullen y Onyx (1998) lo ven como redes sociales basadas en principios de confianza, reciprocidad y normas de acción.

Con visión crítica, Levi (1996) destaca la importancia de los hallazgos de Putnam, pero afirma que es necesario dar más énfasis a las vías por las que el Estado puede favorecer la creación de capital social. Considera que el enfoque de Putnam sobre las asociaciones civiles, lejos del Estado, deriva de su perspectiva romántica de la comunidad y del capital social. Ese romanticismo restringiría la identificación de mecanismos alternativos para la creación y el uso del capital social, y limitaría las conceptuaciones teóricas. Wall, Ferrazzi y Schryer (1998) entienden que la teoría del capital social necesita mayores refinamientos antes de que pueda ser considerada una generalización mensurable. Serageldin (1998) resalta que, mientras hay consenso en que el capital social es relevante para el desarrollo, no hay acuerdo entre los investigadores y prácticos acerca de los modos particulares con que aporta al desarrollo, en cómo puede ser generado y utilizado y en cómo puede ser sistematizado y estudiado empíricamente.

Mientras prosigue la discusión epistemológica y metodológica totalmente legítima, dado que los estudios sistemáticos sobre el tema recién se iniciaron hace menos de una década, y éste es de una enorme complejidad, el capital social sigue dando muestras de su presencia y acción efectiva. En ello queremos concentrarnos.

Una amplia línea de investigaciones enfocadas a "registrarlo en acción" está arrojando continuamente nuevas evidencias sobre su peso en el desarrollo.

Entre ellas, Knack y Keefer (1997) midieron econométricamente las correlaciones entre confianza y normas de cooperación cívica y crecimiento económico en un vasto grupo de países y encontraron que las primeras presentan un fuerte impacto sobre el segundo. Asimismo, su estudio indica que el capital social integrado por esos dos componentes es mayor en sociedades menos polarizadas en cuanto a desigualdad y diferencias étnicas.

Narayan y Pritchett (1997) realizaron un estudio muy significativo sobre el grado de asociatividad y rendimiento económico en hogares rurales de Tanzania. Detectaron que, aun en esos contextos de alta pobreza, las familias con mayores niveles de ingresos (medidos por los gastos) eran las que tenían un más alto grado de participación en organizaciones colectivas. El capital social que acumulaban a través de esa participación las beneficiaba individualmente y creaba beneficios colectivos por diversas vías. Entre ellas:

– sus prácticas agrícolas eran mejores que las de los hogares que no tenían participación; derivaban de su información, que llevaba a que utilizaran más agroquímicos, fertilizantes y semillas mejoradas;
– tenían mejor información sobre el mercado;
– estaban dispuestas a tomar más riesgos porque se sentían más protegidas al formar parte de una red social;
– influían en el mejoramiento de los servicios públicos; así, participaban más en la escuela, y
– cooperaban más con el municipio.

Los investigadores señalan en sus conclusiones que "los canales identificados por los que el capital social incrementaba los ingresos y la solidez econométrica de la magnitud de los efectos del capital social sugieren que el capital social es capital y no meramente un bien de consumo".

La Porta, López de Silanes, Shleifer y Vishny (1997) trataron de convalidar las tesis de Putnam en una muestra amplia de países. Sus análisis estadísticos arrojan significativas correlaciones entre el grado de confianza existente en una sociedad y factores como la eficiencia judicial, la ausencia de corrupción, la calidad de la burocracia y el cumplimiento con los impuestos. Consideran que "los resultados de Putnam para Italia aparecen confirmados a nivel internacional".

Teachman, Paasch y Carver (1997) trataron de medir cómo el capital social influye en el rendimiento educativo de los niños. Utilizaron tres indicadores: la dinámica de la familia, los lazos con la comunidad y el número de veces que un niño ha cambiado de colegio. Encontraron fuerte correlación con un indicador clave del rendimiento: la probabilidad de deserción. Su hipótesis es que el capital social hace más productivas otras formas de capital, como el capital humano y el capital financiero.

La influencia positiva de un componente central del capital social, la familia, en numerosos aspectos ha sido verificada por diversas investigaciones recientes. Cuanto mayor es la solidez de ese capital social básico, mejores son los resultados, y viceversa. Una amplia investigación sobre 60.000 niños en los Estados Unidos (Wilson, 1994) indica que los niños que vivían con un solo progenitor eran dos veces más propensos a ser expulsados o suspendidos en la escuela, a sufrir problemas emocionales o de conducta y a tener dificultades con los compañeros. También eran mucho más proclives a tener una conducta antisocial. Katzman (1997) señala que, según estudios realizados en Uruguay, los niños concebidos fuera del matrimonio muestran una tasa de mortalidad infantil mucho mayor que el resto, y los que no conviven con ambos padres biológicos exhiben mayores daños en distintas dimensiones del desarrollo psicomotriz. En una investigación en un medio totalmente diferente, en Suecia, en condiciones económicas mucho mejores, sin embargo, se mantiene el peso diferencial de las familias estables en el rendimiento del niño. Jonsson y Gahler (1997) demuestran que los niños que vienen de familias de padres divorciados tienen menor rendimiento educativo. Hay una pérdida de recursos en relación con aquellos con los que cuenta el niño en las familias estables.

Sanders y Nee (1996) analizan la familia como capital social en el caso de los inmigrantes en los Estados Unidos. Sus estudios indican que el espacio familiar crea condiciones que hacen factible una estrategia clave de supervivencia entre los inmigrantes: el autoempleo. La familia minimiza los costos de producción, transacción e información asociados con él. El autoempleo facilita la aparición de empresas operadas desde el ámbito familiar. Hagan, MacMillan y Wheaton (1996) señalan que en las migraciones, incluso hacia el interior de un país, hay pérdidas de capital social, menores en familias con padres involucrados con los niños y madres protectoras, y mayores si se trata de padres y madres que no se dedican intensivamente a los niños.

Kawachi, Kennedy y Lochner (1997) dan cuenta de datos muy significativos sobre la relación entre capital social, equidad y salud pública. El conocido estudio de Alameda County (Estados Unidos), confirmado después en estudios epidemiológicos en diferentes comunidades, detectó que las personas con menos contactos sociales tienen peores probabilidades en términos de esperanza de vida que aquellas con contactos sociales más extensivos. La cohesión social de una sociedad, que facilita los contactos interpersonales, es —afirman los autores— un factor fundamental de salud pública. Miden estadísticamente las correlaciones entre capital social, representado por confianza y mortalidad en 39 Estados de los Estados Unidos. Cuanto menor es el grado de confianza entre los ciudadanos, mayor es la tasa de mortalidad promedio. La misma correlación se obtiene al vincular la tasa de participación en asociaciones voluntarias con la mortalidad. Cuanto más baja es la primera, crece la mortalidad. Los investigadores introducen en el análisis el grado de desigualdad económica. Cuanto más alto es, demuestran, menor es la confianza que unos ciudadanos tienen en otros. El modelo estadístico que utilizan les permite afirmar que, por cada punto de aumento en la desigualdad en la distribución de los ingresos, la tasa de mortalidad sube dos o tres puntos con respecto a lo que debería ser. Ilustran su análisis con diversas cifras comparadas. Los Estados Unidos, a pesar de tener un ingreso per cápita de los más altos del mundo (US$ 24.680 en 1993), tienen una esperanza de vida (76,1 en 1993) menor que la de países con menor ingreso, como Holanda (US$ 17.340, esperanza de vida 77,5), Israel (US$ 15.130, esperanza de vida 76,6) y España (US$ 13.660, esperanza de vida 77,7). Una distribución más igualitaria de los ingresos crea mayor armonía y cohesión social y mejora la salud pública. Las sociedades con mayor esperanza de vida mundial, como Suecia (78,3) y Japón (79,6), se caracterizan por niveles de equidad muy altos.

La desigualdad, concluyen los investigadores, hace disminuir el capital social, y ello afecta fuertemente la salud de la población.

El capital social, al margen de las especulaciones y las búsquedas de precisión metodológicas, desde ya válidas y necesarias, está operando en la realidad a diario y tiene gran peso en el proceso de desarrollo. Puede aparecer por medio de las expresiones más variadas. Por ejemplo, como destaca Stiglitz (octubre de 1998), son estratégicas para el desarrollo económico las capacidades existentes en una sociedad para resolver disputas, impulsar consensos, concertar el Estado y el sector privado. Hirschman (1984), pioneramente, ha planteado al respecto un punto que merece toda la atención. Indica que se trata de la única forma de capital que no disminuye ni se agota con su uso, sino que, por el contrario, éste lo hace crecer. Señala: "El amor o el civismo no son recursos limitados o fijos, como pueden ser otros factores de producción; son recursos cuya disponibilidad, lejos de disminuir, aumenta con su empleo".

El capital social puede, asimismo, ser reducido o destruido. Moser (1998) advierte sobre la vulnerabilidad de la población pobre, en ese aspecto, frente a las crisis económicas. En cuanto a ellas, resalta: "Mientras que los hogares con suficientes recursos mantienen relaciones recíprocas, aquellos que enfrentan la crisis se retiran de tales relaciones ante su imposibilidad de cumplir con sus obligaciones". Fuentes (1998) analiza cómo en Chiapas, México, las poblaciones campesinas desplazadas, al verse obligadas a migrar, se descapitalizaron severamente en términos de capital social, dado que se destruyeron sus vínculos e inserciones básicos. Puede, asimismo, como lo señalan varios estudios, haber formas de capital social negativo como las organizaciones criminales, pero ellas no invalidan las inmensas potencialidades del capital social positivo.

La cultura cruza todas las dimensiones del capital social de una sociedad. La cultura subyace tras los componentes básicos considerados capital social, como la confianza, el comportamiento cívico, el grado de asociacionismo. Como lo caracteriza el informe de la Comisión Mundial de Cultura y Desarrollo de la UNESCO (1996), "la cultura es maneras de vivir juntos [...] moldea nuestro pensamiento, nuestra imagen y nuestro comportamiento". La cultura engloba valores, percepciones, imágenes, formas de expresión y de comunicación, y muchísimos otros aspectos que definen la identidad de las personas y de las naciones.

Las interrelaciones entre cultura y desarrollo son de todo orden, y asombra la escasa atención que se les ha prestado. Aparecen potenciadas al revalorizarse todos estos elementos silenciosos e invisibles, pero claramente operantes, que involucra la idea de capital social.

Entre otros aspectos, los valores de que es portadora una sociedad van a incidir fuertemente sobre los esfuerzos de desarrollo. Como lo ha señalado Amartya Sen (1997), "los códigos éticos de los empresarios y profesionales son parte de los recursos productivos de la sociedad". Si estos códigos subrayan valores afines al proyecto reclamado por amplios sectores de la población, de desarrollo con equidad, lo favorecerán o, de lo contrario, lo obstaculizarán.

Los valores predominantes en un sistema educativo en los medios de difusión masiva, y otros ámbitos influyentes de formación de valores, pueden estimular u obstruir la conformación del capital social que, a su vez, como se ha visto, tiene efectos de primer orden sobre el desarrollo. Como lo subraya Chang (1997): "Los valores ponen las bases de la preocupación del uno por el otro más allá del solo bienestar personal. Desempeñan un rol crítico en determinar si avanzarán las redes, las normas y la confianza". Valores que tienen sus raíces en la cultura y son fortalecidos o dificultados por ésta, como el grado de solidaridad, altruismo, respeto, tolerancia, son esenciales para un desarrollo sostenido.

La cultura incide marcadamente sobre el estilo de vida de los diversos grupos sociales. Un significativo estudio realizado en Holanda (Rupp, 1997) trató de determinar diferencias en el estilo de vida entre hogares obreros de un mismo nivel socioeconómico, los cuales se diferenciaban netamente en un aspecto. Algunos de ellos enviaban a sus niños a escuelas con un fuerte énfasis en lo cultural y otros los enviaban a escuelas inclinadas hacia lo económico. Los comportamientos que surgieron eran muy distintos. Los padres culturalmente orientados utilizaban más tiempo y energía en formas de arte sencillas como cantar, ejecutar instrumentos musicales y leer un libro cada mes. Su estilo de vida incluía el gusto por formas simples del arte y la búsqueda de una vida saludable, natural y no complicada. Los padres con orientación hacia lo económico se centraban en logros económicos, en bienes materiales y en aspectos como la apariencia externa. Teniendo similares trabajos y niveles de ingresos, la actitud cultural era la variable básica que estaba impulsando comportamientos muy diversos.

En la lucha contra la pobreza, la cultura aparece como un elemento clave. Como agudamente lo destaca la UNESCO, en el informe mencionado (1996): "Para los pobres, los valores propios son frecuentemente lo único que pueden afirmar". Los grupos desfavorecidos tienen valores que les dan identidad. Su irrespetuosidad o marginación pueden ser totalmente lesivas a su identidad y bloquear las mejores propuestas productivas. Por el contrario, su potenciación y su afirmación pueden desencadenar enormes potenciales de energía creativa.

La cultura es, asimismo, un factor decisivo de cohesión social. En ella, las personas pueden reconocerse mutuamente, cultivarse, crecer en conjunto y desarrollar la autoestima colectiva. Como señala al respecto Stiglitz (octubre de 1998), preservar los valores culturales tiene gran importancia para el desarrollo, por cuanto sirven como una fuerza cohesiva en una época en que muchas otras se están debilitando.

Capital social y cultura pueden ser palancas formidables de desarrollo si se crean las condiciones adecuadas. Su desconocimiento o destrucción, por el contrario, pueden crear obstáculos enormes en el camino hacia el desarrollo. Sin embargo, podría preguntarse: ¿lograr esa potenciación no pertenecerá al reino de las grandes utopías, de un porvenir todavía ajeno a las posibilidades actuales de las sociedades? En la sección siguiente del trabajo, se intenta demostrar que eso no es así, que hay experiencias concretas que han logrado movilizar al capital social y a la cultura en escala considerable al servicio del desarrollo y que debe prestárseles la máxima atención para extraer enseñanzas al respecto.

El capital social en acción. Experiencias latinoamericanas

¿Qué sucede cuando se realiza un trabajo sostenido de largo plazo sobre la movilización de aspectos clave del capital social de una comunidad? ¿Cuáles son las respuestas observables? ¿Qué oportunidades nuevas y qué dificultades aparecen? Es posible obtener indicios significativos, al respecto, revisando experiencias actualmente en curso. Existe una amplísima gama de ellas a nivel internacional. Algunas han alcanzado celebridad mundial, como la del Grameen Bank de Bangladesh, dedicado a apoyar financieramente a campesinos pobres, que ha logrado sorprendentes resultados apoyándose en elementos que tienen que ver con grado de asociatividad, confianza mutua y otras dimensiones del capital social. Nos concentraremos en nuestro trabajo en experiencias de América Latina, que son indicativas del potencial latente en la región en esta materia y pueden arrojar enseñanzas útiles para formular en ellas políticas de desarrollo social. Hemos escogido tres casos que han obtenido resultados de alta relevancia, que son reconocidos en sus países y a nivel internacional como "prácticas sociales de gran éxito" y que son continuamente analizados para buscar posibilidades de replicarlos total o parcialmente.

Villa El Salvador, Perú: de los arenales a una experiencia social de avanzada

En 1971, varios centenares de personas pobres invadieron tierras públicas en las afueras de Lima. Se les sumaron miles de habitantes de tugurios de Lima. El gobierno intervino para expulsarlos, y finalmente accedió a que se radicaran en un vasto arenal ubicado a 19 km de Lima. Esos 50.000 pobres, que carecían de recursos de toda índole, fundaron allí Villa El Salvador (VES). Se les fueron agregando muchas más personas y su población actual se estima en alrededor de 300.000 habitantes. La experiencia que desarrollan es considerada muy particular en múltiples aspectos. El plano urbanístico trazado diferencia VES netamente de otras barriadas de pobres. El diseño es de 1.300 manzanas, que configuran 110 grupos residenciales. En lugar de haber un solo centro, donde funcionan los edificios públicos básicos, el esquema es totalmente descentralizado. Cada grupo residencial tiene su propio centro, donde se instalaron locales comunales y espacios para el deporte, las actividades culturales y el encuentro social. Esto favorece la interacción y maximiza las posibilidades de cooperación. Se da un modelo organizativo basado en la participación activa. Partiendo de delegados por manzana y por grupos residenciales, los habitantes de VES crean una organización, CUAVES, que representa a toda la comunidad y que va a tener un peso decisivo en su desarrollo. Establecen casi 4.000 unidades organizativas para buscar soluciones y gestionar los asuntos comunitarios. En ellas participa la gran mayoría de la población, y se llega a que cerca del 50% de los mayores de 18 años ocupen algún cargo como dirigente en términos organizacionales.

Los habitantes de VES desarrollan en estos arenales, carentes de todo orden de recursos y casi incomunicados (debían recorrer 3 km para encontrar una vía de acceso a Lima), un gigantesco esfuerzo de construcción basado, centralmente, en el trabajo voluntario de la misma comunidad. Un inventario de situación de fines de 1989 dice que, en menos de dos décadas, tenían 50.000 viviendas, 38.000 de ellas construidas por los pobladores, el 68% con materiales nobles (ladrillo, cemento, techos de concreto, etc.), habían levantado con su esfuerzo 2.800.000 m^2 de calles de tierra afirmada y construido, en su mayor parte con los recursos y el trabajo de la comunidad, 60 locales comunales, 64 centros educativos y 32 bibliotecas populares. A ello se sumaban 41 núcleos de servicios integrados de salud, educación y recuperación nutricional, centros de salud comunitarios, una red de farmacias y una razonable estructura vial interna con 4 rutas principales y 7 avenidas perpendiculares, que permitían la comunicación interna; además, plantaron medio millón de árboles.

Aun con sus habitantes pobres y con serios problemas ocupacionales, como toda Lima, los logros sociales obtenidos por VES eran muy significativos. La tasa de analfabetismo había descendido del 5,8 al 3,5%. La tasa de matrícula en primaria había alcanzado el 98% y en secundaria era superior al 90%, todas cifras superiores a las medias nacionales y mucho mejores que las de las poblaciones pobres similares. En salud, las campañas de vacunación realizadas con apoyo en la comunidad, que habían cubierto a toda la población, la organización de la comunidad para la salud preventiva y el control de embarazos habían incidido en un fuerte descenso de la mortalidad infantil al 67 ‰, cifra muy inferior a la media nacional que estaba entre el 88 y el 95 ‰. La tasa de mortalidad general era también inferior a los promedios nacionales. Se registraban, asimismo, avances en materia de obtención de servicios de agua, desagüe y electricidad, en un plazo que se estimó menor, en 8 años, que el que tardaban otros barrios pobres para lograrlos, y se había desarrollado una considerable infraestructura, equipamiento y servicios comunitarios superior a la de otras barriadas.

El enorme esfuerzo colectivo realizado ha sido descripto por el varias veces alcalde de VES, Michel Azcueta (1996), del siguiente modo:

> El pueblo de Villa El Salvador, con su esfuerzo y su lucha, ha ido construyendo una ciudad de la nada, con cientos de kilómetros de redes de agua y de luz, pistas, colegios, mercados, zona agropecuaria y hasta un parque industrial, conseguido también con lucha por los pequeños industriales de la zona.

Se plantea una pregunta de fondo: ¿cómo fue posible lograr estos resultados partiendo de la miseria, en un marco natural tan difícil, en medio de todo orden de obstáculos y de la aguda crisis económica que vivió Perú, como toda la región, en los años ochenta? Las claves para entender los logros, que no erradicaron la pobreza, pero mejoraron aspectos fundamentales de la vida de la gente de VES y la convirtieron en una barriada pobre diferente, parecen hallarse en elementos incluidos en la idea del capital social.

La población originaria de VES estaba conformada, en su mayor parte, por familias llegadas de la sierra peruana. Los campesinos de los Andes carecían de toda riqueza material, pero tenían un rico capital social. Llevaban consigo la cultura y la tradición indígenas y una milenaria experiencia histórica de cooperación, trabajo comunal y solidaridad. Aspectos centrales de esa cultura, como la práctica de una intensa vida comunitaria, en la que convive la propiedad comunal de servicios útiles para todos con la propiedad familiar e individual, fueron aplicados en VES. Dicha cultura facilitó el montaje de esa extendida organización participativa, donde todos los pobladores fueron convocados a ser actores de las soluciones de los problemas colectivos. Funcionó con fluidez, a partir de las bases históricas favorables que había en la cultura campesina peruana. Hasta recetas técnicas, como las lagunas de oxidación utilizadas por los incas, fueron empleadas intensamente en VES. Éstas permiten un procesamiento de los desechos, por vía de un sistema de lagunas que lleva a la producción de abonos, los que después se usaron en generar zonas verdes y producción agrícola.

La visión anclada en la cultura de los pobladores de VES acerca de la trascendencia del trabajo colectivo como medio para buscar soluciones impregnó desde el inicio la historia de la villa. Aparece reflejada vívidamente en cómo se enfrentó el problema de construir escuelas. Michel Azcueta (Zapata, 1996) narra:

> Desde la instalación misma, la población se organizó para que se construyeran escuelas y los niños no perdieran el año escolar. Se formaron 12 comités proescuela en los primeros 3 meses y se inició la construcción de muchas aulas en un esfuerzo que, mirado a la distancia, parece enorme y que no se entiende sin acudir a una explicación sobre sus motivaciones subjetivas. Se empezó a dictar clases en aulas que usaban esteras como paredes, las que se impermeabilizaban con plásticos para combatir mínimamente el frío invernal, mientras que el suelo era de tierra apenas afirmada, y los escasos ladrillos fueron reservados para ser usados como precarios bancos por los niños. Estas aulas fueron construidas en jornadas colectivas dominicales, con un entusiasmo y febrilidad que han dejado un recuerdo imborrable entre sus protagonistas.

A favor de estas condiciones se creó en VES un amplio y sólido tejido asociativo. Se constituyeron organizaciones de jóvenes, mujeres, madres, cooperativas de mercados, asociaciones de pequeños industriales y comerciantes, rondas urbanas, coordinadoras y brigadas juveniles, ligas deportivas, grupos culturales de todo orden, etc. La asociatividad cubrió en VES los más variados aspectos. Entre ellos: productores uniéndose para comprar insumos en conjunto, buscar mancomunadamente maquinarias, mejorar la calidad; más de un centenar de clubes de madres, que crearon y gestionaron ejemplarmente 264 comedores populares y 150 programas de copa de leche; jóvenes que dirigen y llevan adelante centenares de grupos culturales, artísticos, bibliotecas populares, clubes deportivos, asociaciones estudiantiles, talleres de comunicación, etcétera.

El trabajo de la propia comunidad, organizada en marcos cabalmente participativos, estuvo en la base de los avances que fue logrando en corto tiempo. El proceso "disparó" el capital social latente, que se fue multiplicando. La creación, a partir de la nada, de un municipio entero por su población generó una identidad sólida e impulsó la autoestima personal y colectiva. Como señala Carlos Franco (1992), la ciudad que se creó era la expresión de sus habitantes. No eran simplemente sus pobladores, sino sus constructores. Al crear VES y desarrollarla, se crearon a sí mismos. Por eso, al modo de una marca, cuando se pregunta a los habitantes de VES de dónde son, no contestan como otros, llegados del interior, haciendo referencia a su lugar de nacimiento, sino que dicen "soy de Villa", el lugar que les dio una identidad que valoran altamente. El proceso de enfrentar desafíos muy difíciles y avanzar fue asimismo fortaleciendo su autoestima, estímulo fundamental para la acción productiva. Describe Franco:

> Cuando se asiste con alguna frecuencia a reuniones de pobladores y se conversa con los "fundadores" de la comunidad, o sus dirigentes, no resulta difícil advertir expresiones recurrentes de autoconfianza colectiva, certidumbres sobre su disposición de un poder organizado, cierta creencia en las capacidades de la comunidad para proponerse objetivos y unirse para su logro.

La autoestima fue especialmente cultivada también en las escuelas de VES. Los maestros trataron de liberar a los niños de todo sentimiento de inferioridad derivado de sus condiciones de hijos de familias pobres. Procuraron dar seguridad a los niños, para que no se sintieran en minusvalía.

La cultura cumplió un papel significativo en la experiencia desde sus inicios. En 1974, Azcueta creó y llevó adelante el Centro de Comunicación Popular, espacio destinado a actividades culturales extracurriculares de toda índole. Allí surgieron primero talleres de teatro y música, y luego de otras áreas, y se desplegó una intensísima labor. Desde esos espacios culturales se procuraba estimular la participación de la población en las asambleas de toma de decisiones y en las actividades comunales. El teatro de VES produjo, a lo largo de los años, piezas que lo llevaron a los escenarios metropolitanos y nacionales. La actividad cultural formó parte de la vida cotidiana de la población. Según Franco,

> el intermitente funcionamiento de 39 altoparlantes, las competencias deportivas internas, los programas radiales de la comunidad, los talleres de comunicación, los numerosos grupos artísticos y culturales, la nueva y moderna radio del Centro de Comunicación Popular y el creciente número de peñas y grupos musicales contribuyen al desarrollo de una intensa y bullente vida comunal.

El esfuerzo de construcción comunitaria de VES, realizado en las más difíciles condiciones, fue presidido y orientado por ciertos valores. La población definió su proyecto como la conformación de una comunidad autogestionaria participativa. Una visión colectiva centrada en la promoción de valores comunitaristas, de la participación activa y de la autogestión enmarcó todo el esfuerzo. En 1986, VES se convirtió en un municipio. Al estructurarlo se mantuvieron todos los principios anteriores. Así se acordó que las decisiones comunales serían la base de las decisiones municipales. Recientemente VES estableció, con asistencia de varias organizaciones no gubernamentales (ONG), el diario *El Comercio* y otras entidades, un sistema destinado a facilitar la participación de la población empleando la informática. Entre sus elementos, el Concejo Municipal transmite sus sesiones en circuito cerrado a la Villa; en ella hay terminales de computadora y los habitantes pueden recibir, por su intermedio, información acerca de qué se va a tratar en dichas sesiones, y también elementos de juicio al respecto; por su parte, hacen llegar al Concejo sus puntos de vista; el Concejo realiza, con la ayuda del sistema de computación, referendos continuos con las opiniones de los habitantes.

La experiencia de VES ha sido reconocida mundialmente y recibido varias distinciones. En 1973, la UNESCO premió a VES como una de las más desafiantes experiencias en educación popular; en 1986, el diario *La República* (de Lima) la declaró "personaje del año del país"; en 1987, las Naciones Unidas designaron a VES Ciudad Mensajera de la Paz, distinguiéndola como promotora ejemplar de formas de vida comunitaria. También en 1987 se le otorgó el Premio Príncipe de Asturias, del Rey de España, por el impresionante desarrollo alcanzado por la comunidad en las áreas social y cultural. Asimismo, entre otros, recibió el Premio Nacional de Arquitectura y Desarrollo Urbano de Perú y un premio por ser la comunidad con el mayor grado de forestación y arborización. En 1985, el papa Juan Pablo II visitó VES destacando sus logros y señalando:

> Con gran alegría me he enterado de la generosidad con que muchos de los habitantes de este "pueblo joven" ayudan a los hermanos más pobres de la comunidad, en los comedores populares y familiares, en los grupos para atender a los enfermos, en las campañas de solidaridad para socorrer a los hermanos golpeados por las catástrofes naturales.

En VES no se logró solucionar los problemas de fondo causantes de la pobreza, que tienen que ver con factores que exceden totalmente a la experiencia y forman parte de problemas generales del país. Sin embargo, se obtuvieron avances considerables respecto de otras poblaciones pobres y se creó un perfil de sociedad muy particular, que mereció la larga lista de premios obtenidos. La potenciación del capital social desempeñó un papel decisivo en los logros de VES. Factores no visibles, silenciosos, que actúan en las entrañas del tejido social, ejercieron aquí un rol positivo constante. Entre ellos: el fomento permanente de formas de cooperación, la confianza mutua entre los actores organizacionales, la existencia de un comportamiento cívico comunal, constructivo y creador, la presencia de valores comunes orientadores, la movilización de la cultura propia, la afirmación de la identidad personal, familiar y colectiva, el crecimiento de la autoestima en la misma experiencia. Todos estos elementos fueron dinamizados por el modelo genuinamente participativo adoptado por la comunidad. Desde ya, con avances y retrocesos, pasando por momentos muy duros como los que se padecieron durante el auge de la violencia en el país, VES se halla ahora, como se mencionó, buscando formas todavía más activas de participación de la comunidad; algunos periódicos de Perú indican que se ha convertido, probablemente, en el primer municipio de América Latina que ha sumado a las metodologías de participación democrática usuales la democracia virtual.

Las ferias de consumo familiar de Venezuela: los dividendos del capital social

La pregunta de cómo abaratar el costo de los productos alimenticios, para los sectores humildes de la población, ha tenido una respuesta significativa en la ciudad de Barquisimeto, Venezuela. Iniciadas en 1983, las ferias de consumo familiar han logrado reducir en alrededor del 40% los precios de venta al público de productos verdes, como frutas y hortalizas, y del 15 al 20% los precios de otros víveres. Esto beneficia semanalmente a 40.000 familias de esa ciudad de un millón de habitantes. Esas familias, integrantes principalmente de estratos bajos y medios bajos, obtienen comprando en las ferias un ahorro anual que se estima en 10,5 millones de dólares.

Las ferias están integradas por un amplio número de organizaciones de la sociedad civil. Formalmente constituyen parte de CECOSESOLA, la Central Cooperativa de Servicio Social Lara, pero en su operación intervienen grupos de productores, asociaciones de consumidores y pequeñas empresas autogestionarias. Así, en ellas participan 18 asociaciones de productores agrícolas, que agrupan a cerca de 600 productores, y 12 unidades de producción comunitaria. Esos pequeños y medianos agricultores y los productores de víveres colocan su producción a través de las ferias. Las ferias comprenden 50 puntos de ventas, que operan los tres últimos días de la semana y venden directamente a la población 300 toneladas semanales de productos hortofrutícolas y víveres comunes para el consumo hogareño.

Las ferias venden, como producto básico, un kilo de productos hortofrutícolas por un precio único; eso simplifica al máximo su operación. Algunos de esos productos son: la papa, el tomate, la zanahoria, la cebolla, el pimentón, la lechuga, el ñame, el ocumo, el apio, la ayuma, la yuca, el repollo y el plátano. Los hacen llegar mediante sus transportes y locales directamente del pequeño productor al consumidor. Todos salen ganando. El pequeño productor, antes dependiente de "roscas" de la comercialización y de vaivenes continuos, tiene asegurada a través de ellas la venta de su producción a precios razonables, y es uno de los cogestores de toda la iniciativa. Los consumidores reciben productos frescos a precios mucho más reducidos que los del mercado.

Las ferias han crecido rápidamente durante estos quince años y se han convertido en el principal proveedor de alimentos y productos básicos de la ciudad de Barquisimeto.

Su expansión puede observarse en el cuadro 1, incluido en el estudio sistemático de las ferias, preparado por Luis Gómez Calcaño (1998):

CUADRO 1. *Expansión de las ferias de consumo familiar*

Año	1984	1990	1997
Unidades de venta	1	87*	105**
Venta semanal de productos hortofrutícolas (en toneladas)	3	168	300
Número de familias atendidas	300	20.000	40.000
Número de trabajadores	15	400	700
Número de productores agrícolas	15	100	500
Número de organizaciones de productores	1	n/d	18
Número de unidades de producción comunitaria	1	9	12

* Incluye todo el Estado Lara; aproximadamente la mitad en Barquisimeto.
** Incluye 50 ferias y 55 centros de abastecimiento solidario.
Fuentes: CECOSESOLA, Ferias de Consumo Familiar, Estado Lara, Barquisimeto, 1990. CECOSESOLA, presentación del programa de Ferias de Consumo Familiar en la reunión del Grupo Santa Lucía, Puerto La Cruz, Venezuela, octubre de 1997.

Como se observa, partiendo de una sola, y casi sin capital inicial, las ferias han crecido aceleradamente en todos los indicadores incluidos en el cuadro. Entre 1990 y 1997, aumentó un 78% el número de toneladas semanales de productos verdes vendidos y se duplicó la cantidad de familias atendidas.

¿Cuáles han sido las fórmulas de estos éxitos económicos y de eficiencia de un conjunto de organizaciones de base de la sociedad civil, sin capital, que se lanzaron a un mercado como el de comercialización de productos agroalimentarios de alta competitividad y escasos márgenes de beneficio?

En la base del éxito parecen hallarse elementos clave del capital social. Los actores de la experiencia señalan, como fundamento de sus logros (Ferias de Consumo Familiar, 1996):

> Tratando de buscar las claves para comprender los logros que hemos obtenido, podemos mencionar:
> 1. Una historia de formación de capital social y humano.
> 2. Potenciar el capital social por encima del financiero.
> 3. Unas formas novedosas de gestión participativa.

Los varios centenares de trabajadores que llevan adelante las ferias y las asociaciones vinculadas a ellas han establecido un sistema organizacional basado en la cooperación, la participación y la horizontalidad y fuertemente orientado por valores.

Las ferias tienen tras de sí una concepción de vida que privilegia, según indican sus actores, la solidaridad, la responsabilidad personal y de grupo, la transparencia en las relaciones, la creación de confianza, la iniciativa personal, el amor al trabajo.

Esta tabla de valores no permanece confinada a alguna declaración escrita, como sucede con frecuencia, sino que se trata de cultivar sistemáticamente en la organización. Una observadora externa (Bruni Celli, 1996) describe así la dinámica cotidiana de las ferias:

> Los valores cooperativistas de crecimiento personal, apoyo mutuo, solidaridad, frugalidad y austeridad, de enseñar a otros, de no ser egoísta y dar lo mejor de sí para la comunidad son temas de reflexión continua en las ocho o más horas de reuniones a las que asisten todos los trabajadores de CECOSESOLA a la semana. El alto número de horas dedicadas a reuniones podría verse como una pérdida en productividad, pero son el principal medio a través del cual se logran la dedicación, el entusiasmo y el compromiso de los trabajadores de la organización.

Enmarcado en esos valores, el diseño organizacional adoptado parece haber desempeñado un rol decisivo en los resultados obtenidos. Está centrado en principios como la participación activa de todos los integrantes de la organización, en la comunicación fluida, el análisis y el aprendizaje conjunto y en la rotación continua de tareas. Uno de sus rasgos es que los centenares de trabajadores de la organización ganan igual remuneración, que es superior en el 75% al salario mínimo nacional. Además, la organización ha creado un fondo de financiamiento que presta a tasas bajas y un fondo integrado de salud. Al ser una remuneración modesta, los miembros de la organización han indicado que tienen otros incentivos, como participar de un proyecto con estos valores, formar parte de un ambiente de trabajo democrático y no autoritario, tener posibilidades de formación y desarrollo.

Los mecanismos concretos de operación de la organización incluyen: reuniones semanales de cada grupo para evaluar y planificar, toma de decisiones por consenso, información compartida, disciplina y vigilancia colectiva, trabajo descentralizado de cada grupo y la mencionada rotación de responsabilidades.

A ello se suman los espacios de encuentro denominados "convivencias". Están dedicados al encuentro personal y social.

Estos rasgos organizacionales coinciden con muchas de las recomendaciones de la gerencia de avanzada. Son propicios para crear lo que se llama hoy "una organización que aprende" y "una organización inteligente". El modelo organizacional de las ferias tiene gran flexibilidad; les permite absorber por todos sus "poros" información sobre lo que sucede en la realidad y, al compartirla internamente, aumenta la capacidad de reacción ante los cambios. Asimismo, permite monitorear sobre la marcha los procesos, detectando rápidamente los errores y corrigiéndolos. El clima de confianza creado entre sus integrantes evita los cuantiosos costos de la desconfianza y el enfrentamiento permanente, muy característicos de otras organizaciones. Por otra parte, los elementos del modelo favorecen un sentimiento profundo de pertenencia que es un estímulo fundamental para la productividad y la búsqueda continua de cómo mejorar la tarea.

Las ferias han resistido todos los pronósticos indicadores de que difícilmente podrían enfrentar los rigores del mercado. Por el contrario, se han posicionado en una situación de liderazgo en el mercado respectivo, obligando a otros competidores empresariales a tratar de ajustar sus precios para poder tener un espacio. Se han convertido en el principal comercializador de alimentos básicos de la cuarta ciudad en población de Venezuela y, a pesar de su dimensión local por las cifras que manejan, son una de las principales empresas de mercadeo de alimentos del país entero. Se han mostrado como una empresa con plena sustentabilidad que, en quince años, ha ido ampliando continuamente su operación. En la actualidad, su modelo está inspirando réplicas en diversas ciudades de Venezuela. Las claves de la excelencia alcanzada no están, en este caso, en grandes inversiones de capital manejadas con criterios empresariales clásicos de maximización de la rentabilidad y con una gerencia vertical "dura". El capital que han movilizado es, esencialmente, "capital social". Han promovido ciertos valores latentes en la sociedad civil, han mostrado la posibilidad de un proyecto colectivo, al mismo tiempo eficiente productivamente, útil socialmente y atractivo como marco de vida, y han potenciado –a través de su particular estilo gerencial, que ellas han denominado "gestión solidaria"– elementos básicos de la concepción aceptada de capital social, como la asociatividad, la confianza mutua y normas de comportamiento positivas hacia lo comunitario.

Su objetivo, en realidad, no se reduce a lo económico. Lo declara así uno de los líderes de la experiencia, Gustavo Salas (1991): "El objetivo fundamental del programa, y su mayor aporte a la organización popular, está dado por el proceso formativo que se intenta propiciar desde todas sus actividades concretas".

Cuando son examinadas desde el exterior, pareciera que se está frente a un mecanismo audaz e innovador de mercadeo. Pero como señala un agudo observador, Luis Delgado Bello (1998): "en realidad, son una escuela de vida. Una escuela que potencia el desarrollo humano en colectivo, e impulsa la felicidad en las relaciones en el trabajo, en la vida familiar y personal".

Analistas locales como Machado y Freytes (1994) afirman que, a su vez, se han apoyado en el vasto capital social existente en el Estado Lara. Hay en él una vieja tradición cooperativa: es el Estado de Venezuela con mayor presencia de organizaciones de ese tipo. En 1994, tenía 85 cooperativas; de ellas, 36 de servicios múltiples. Asimismo, presenta una densa red de organizaciones no gubernamentales (más de 3.500), numerosas asociaciones de vecinos y otras formas de organización social. Hay en el Estado Lara todo un hábitat "cultural" que favorece el desarrollo del capital social y que dio pie a una experiencia de estas características.

El *Presupuesto Municipal Participativo* de Porto Alegre: ampliando el capital social existente

La experiencia del Presupuesto Municipal Participativo iniciada en la ciudad de Porto Alegre, Brasil, en 1989, se ha transformado en una experiencia "estrella" a nivel internacional, concitando amplísima atención. Entre otras expresiones de ese reconocimiento, en 1996, las Naciones Unidas la escogió como uno de los 40 cambios urbanos elegidos, en todo el mundo, para ser analizados en la Conferencia Mundial sobre Asentamientos Humanos (Hábitat II, de Estambul) y, en 1997, el Instituto de Desarrollo Económico del Banco Mundial realizó una conferencia internacional en Porto Alegre, con la presencia de representantes de 9 países de la región para examinar la experiencia. Asimismo, el BID la seleccionó como una de las experiencias incluidas en su Libro de Consulta sobre Participación.

A nivel nacional, cerca de 70 municipios de Brasil están iniciando experiencias similares inspiradas en Porto Alegre.

Este impacto se debe a resultados muy concretos. La ciudad de Porto Alegre, de 1.300.000 habitantes, tenía en 1989 importantes problemas sociales, y amplios sectores de su población tenían limitado acceso a los servicios básicos. El cuadro era, asimismo, de penuria aguda con relación a los recursos fiscales. El nuevo alcalde electo (elegido en 1999 gobernador del Estado al que pertenece la ciudad de Río Grande do Sul) resolvió invitar a la población a cogestionar el proceso presupuestario con el fin de administrar, de acuerdo con sus reales prioridades, los recursos limitados y aumentar su eficiencia. La cogestión ofrecida se realizaría sobre el rubro de inversiones de dicho presupuesto. En este caso la invitación no fue mero discurso, sino que se estableció un complejo y elaborado sistema que posibilitaba la participación masiva. La ciudad fue dividida en 16 regiones, en cada una de las cuales se analizan las cifras de ejecución presupuestaria y las estimaciones futuras, y se identifican, en el nivel barrial, prioridades que luego se van concertando y compatibilizando en el nivel regional y en el global. Junto a las regiones, existe otro mecanismo de análisis y decisión que funciona por los grandes temas de preocupación urbana: desarrollo urbano, transporte, atención de la salud, tiempo libre, educación y cultura. Ruedas, reuniones intermedias, plenarios y otras formas de reunión se van sucediendo durante todo el año, con participación de públicos amplios, en algunos casos, y delegados elegidos por la mayoría, en otros, y con la colaboración de los funcionarios del municipio. El presupuesto que se va conformando de abajo hacia arriba por último es sancionado formalmente por el Concejo Municipal.

La población reaccionó con una "fiebre participativa", como la llama Navarro (1998), a la convocatoria del alcalde. En 1995, se estimaba que 100.000 personas participaban en el proceso.

Los resultados han sido sorprendentes y han echado por tierra los vaticinios pesimistas de algunos sectores, que veían como una heterodoxia inadmisible la entrega de una cuestión tan técnica y delicada como el presupuesto a un proceso de participación popular. Por un lado, la población determinó sus reales necesidades. Esto generó una precisa identificación de prioridades, reorientando recursos hacia los problemas más sentidos. Por otro, todo el trayecto del presupuesto, otrora impenetrable y cerrado, se abrió completamente para la ciudadanía. Al compartirse con ella, toda la información se tornó transparente. Esto originó condiciones propicias para la erradicación de toda forma de corrupción. La población, masivamente, hizo el control social de la ejecución y confección de la partida de inversiones, que significó el 15% del presupuesto total y sumó, en el período 1989-1995, 700 millones de dólares. Asimismo, al existir reglas de juego claras sobre cómo sería el proceso de toma de decisiones, se recortaron al máximo los espacios para prácticas clientelares arbitrarias.

La correspondencia del presupuesto, junto con las necesidades prioritarias y la mejora de su administración, llevaron a resultados muy significativos. Entre ellos, de 1990 a 1996, el abastecimiento de agua potable subió de 400.000 hogares atendidos a 484.000, cubriéndose el 98% de la población. En materia de alcantarillado, mientras que en 1989 sólo el 48% de los hogares estaban conectados a la red de cloacas, en 1997 era el 80,4%, cuando el promedio de Brasil es el 49%. El programa de legitimación de la propiedad de la tierra para los sectores pobres y asentamientos humanos benefició, entre 1990 y 1996, a 167.408 personas, el 13% de toda la población. La pavimentación de calles alcanzó a 30 km por año en las áreas pobres de la ciudad. La matrícula en la escuela primaria y en la secundaria subió en alrededor del 159% entre 1989 y 1997, y el municipio creó un programa de alfabetización de adultos que tenía, en 1997, 5.277 participantes.

La identificación de prioridades ajustadas a las reales y todo el sistema habían producido una vasta reasignación de recursos que, sumada a la participación colectiva en el monitoreo de los procesos de ejecución, posibilitó resultados de esta magnitud.

La población se transformó en un gran actor del presupuesto municipal. Como describe el Libro de Consulta sobre Participación del BID (1997):

Los ciudadanos de Porto Alegre han tenido oportunidad de pasar por un proceso plenamente participativo por haber:
 – expresado su comprensión de los problemas cruciales que enfrenta la ciudad;
 – establecido prioridades de los problemas que merecen más inmediata atención;
 – seleccionado las prioridades y generado soluciones prácticas;
 – tenido oportunidad de comparar con las soluciones creadas en otras regiones de la ciudad y en otros grupos de temas;
 – decidido, con el apoyo de técnicos de la oficina del alcalde, invertir en los programas menos costosos y más factibles de atender;
 – tomado la decisión definitiva sobre la aprobación, o no, del plan de inversiones;
 – revisado los éxitos y fracasos del programa de inversiones para mejorar sus criterios para el año siguiente.

La amplia base social de apoyo a cambios presupuestarios profundos se expresó también en una fuerte presión para hacer más progresivo y eficiente el sistema fiscal del municipio, y en él se realizaron importantes reformas que permitieron incrementar la recaudación y mejorar la equidad fiscal.

En su conjunto, cambió sensiblemente la fisonomía política tradicional del municipio, semejante a la de muchos otros de la región. Entre otras expresiones de este cambio, se hallaron: una nueva redistribución de funciones entre el municipio y la sociedad civil; su activación enérgica; la instalación de formas de democracia directa junto a la representativa; una reducción muy fuerte del margen para la corrupción, al hacerse tan transparente y vigilado el proceso de manejo de las finanzas públicas; condiciones desfavorables para las prácticas clientelares; descentralización de las decisiones.

El proceso se basó en el capital social existente en esa sociedad. Había en ella una tradición relevante de asociaciones de la comunidad. Se movilizaron activamente en este proceso y tienen un papel fundamental en los diversos niveles de deliberación creados. Como señala Navarro, el proceso tuvo un eje decisivo en la voluntad política del alcalde en cuanto a superar los esquemas de concentración del poder usuales y convocar a la población y a dichas asociaciones a, en definitiva, "compartir el poder". Ese llamado y la instalación de mecanismos genuinos de participación actuaron como ampliadores del capital social. Se disparó la capacidad de cooperación, se creó un clima de confianza entre los actores, se generaron estímulos significativos para un comportamiento cívico constructivo. La cultura asociativa preexistente fue un cimiento esencial para que la población participara y, a su vez, fue fortalecida enormemente por el proceso. Éste demostró las potencialidades que aparecen cuando se superan las falsas oposiciones entre Estado y sociedad civil y se produce una alianza entre ambos.

En Porto Alegre, el capital social se comportó de acuerdo con las previsiones de Hirschman antes señaladas. Al invertirse mediante el presupuesto participativo en mecanismos que implican su uso intensivo, éste creció. Lo indica con precisión el libro del BID antes mencionado (1997), destacando que el proceso participativo "ha tenido un enorme impacto en la habilidad de los ciudadanos para responder a los retos organizadamente, como comunidad, y en la capacidad de trabajar en forma conjunta para mejorar la calidad de la administración pública y, en consecuencia, la calidad de la vida".

Algunas enseñanzas

Las tres experiencias reseñadas han obtenido importantes impactos, demostrado fuerte sustentabilidad y alcanzado múltiples reconocimientos. ¿Cuáles han sido las claves de su éxito? Las experiencias se han desarrollado en medios muy diferentes y han atacado aspectos muy diversos; sin embargo, es posible encontrar como respuesta a esta pregunta algunos elementos comunes a todas ellas, que han influido significativamente en los resultados.

En primer lugar, en los tres casos, las estrategias utilizadas se han basado en la movilización de formas de capital no tradicional. Se ha apelado a elementos intangibles, no captados por los abordajes productivos usuales. Se ha promovido la puesta en acción de fuerzas latentes en los grupos sociales, que pueden incidir de modo considerable en su capacidad de generar soluciones y de crear. En todas las experiencias se hizo entrar en juego la capacidad de buscar respuestas y ejecutarlas cooperativamente, se creó un clima de confianza entre los actores, se partió de sus culturas, se las respetó cabalmente y se estimuló su desarrollo; también se fomentó un estilo de conducta cívica solidario y atento al bienestar general. El estímulo a estos factores y a otros semejantes creó energías comunitarias y organizacionales que pudieron llevar adelante amplios procesos de construcción, partiendo de la miseria en Villa El Salvador, de recursos ínfimos en las ferias de Barquisimeto y de recursos limitados y déficit en Porto Alegre.

Un segundo rasgo común es la adopción de un diseño organizacional, no tradicional en su totalidad, que se demostró en la práctica como conformador de un hábitat adecuado para la movilización de capital social y cultura y para la obtención de eficiencia. En los tres casos, la base de ese diseño fue la participación organizada de la comunidad. Hemos analizado en detalle las posibilidades organizacionales de la participación, en un trabajo reciente (Kliksberg, 1998). Allí se señala, sobre la base del análisis de experiencias internacionales comparadas y de amplia evidencia empírica, que la participación tiene ventajas competitivas relevantes respecto de los diseños jerárquicos usuales, y se identifican los mecanismos a través de los cuales se generan dichas ventajas. Por otro lado, la participación forma hoy parte central de los modelos de gerencia de las organizaciones más avanzadas existentes.

Un tercer elemento distintivo de las tres experiencias es que, tras la movilización del capital social y la cultura y los diseños de gestión, abiertos y democráticos, hubo una concepción en términos de valores. Esto es decisivo. Sin esa concepción no hubieran podido resolverse las múltiples dificultades que derivaron del camino seguido, innovador y no tradicional. Esos valores sirvieron de orientación continua, y al mismo tiempo motivaron poderosamente el comportamiento y transmitieron la visión de las metas finales hacia las que se dirigían los esfuerzos, visión que actuó de inspiradora permanente.

En la región se están desarrollando otras experiencias que se caracterizan, con las marcadas especificidades de cada caso, por seguir total o parcialmente rasgos como los delineados y por agregarles otros. Sus resultados son muy relevantes. Entre muchas otras dignas de mención, se hallan: el programa EDUCO en El Salvador, basado en la autoorganización de familias campesinas pobres para la gestión de escuelas rurales, los programas de Vaso de Leche en Perú, el rol de las comunidades indígenas organizadas en Bolivia y Ecuador, la participación de los padres en el manejo de las escuelas en Minas Gerais y los diversos programas identificados, y sistemáticamente documentados y evaluados, en el marco del encuentro "Programas sociales, pobreza y participación ciudadana", realizado por el BID (1998).

Se podrá argüir, como se ha hecho, que experiencias de este orden tienen un alcance limitado. Sin embargo, la realidad muestra que, si bien encuentran dificultades considerables y no son extensibles con facilidad, hacen aportes formidables: mejoran directamente la calidad de vida de amplios sectores desfavorecidos, son un laboratorio de formas sociales avanzadas e implican un llamado motivador a avanzar en esa dirección.

En definitiva, es posible extraer de todos estos programas la respuesta a la pregunta que se planteaba al final de la sección anterior de este trabajo. Movilizar el capital social y la cultura, como agentes activos del desarrollo económico y social, no constituye una propuesta deseable pero añadible a otras utopías, sino que es viable, da resultados efectivos. Hay referencias significativas en las que apoyarse. Llevar a cabo esa movilización en escala considerable, gran desafío hacia el futuro, requerirá políticas orgánicas y amplias concertaciones entre el Estado y la sociedad civil. En la última sección de este trabajo se reflexiona sobre algunas posibles líneas de acción en el campo de potenciación de la cultura para el desarrollo.

Hora de movilizar el potencial de la cultura

La actividad cultural ha sido vista con frecuencia, desde la economía, como un campo secundario ajeno a la vía central por la que debe intentarse hacer avanzar el crecimiento económico. Asiduamente, ha sido tratada de hecho como un área que insume recursos, que no genera retornos sobre la inversión, funcionales económicamente, que es de difícil medición y cuya gerencia es de dudosa calidad. A su vez también ha existido, desde el terreno de la cultura, cierta tendencia al autoencierro, sin buscar activamente conexiones con los programas económicos y sociales. Todo eso ha creado una brecha considerable entre cultura y desarrollo. Ese estado de situación significa pérdidas considerables para la sociedad. Obstaculiza seriamente el avance de la cultura, que pasa a ser tratada como un campo secundario y de "puro gasto" y, al mismo tiempo, tiene un gran "costo de oportunidad", no emplea sus posibles aportes a los procesos de desarrollo.

Se deben emprender esfuerzos sistemáticos para superar la brecha causante de estas pérdidas. Como se ha visto en las secciones anteriores, la cultura constituye parte relevante del capital social, es portadora de múltiples posibilidades de contribución a las acciones del desarrollo, y eso no es teorización, como lo han indicado las experiencias reseñadas y muchas otras en curso. La crisis del pensamiento económico convencional abre una "oportunidad" para que, en la búsqueda de un pensamiento más comprensivo e integral del desarrollo, se incorporen en plena legitimidad sus dimensiones culturales.

Antes de explorar algunas de las intersecciones posibles, una advertencia de fondo. La cultura puede ser un instrumento formidable de progreso económico y social. Sin embargo, allí no se agota su identidad. No es un mero instrumento. El desarrollo cultural es un fin en sí mismo de las sociedades. Avanzar en este campo significa enriquecer espiritual e históricamente a una sociedad y a sus individuos. Como lo subraya el Informe de la Comisión Mundial de Cultura y Desarrollo de la UNESCO (1996): "es un fin deseable en sí mismo porque da sentido a nuestra existencia". Esa perspectiva no debe perderse. Una reconocida economista, Françoise Benhamou (1997), hace al respecto prevenciones que deben ser atendidas. Señala:

> En realidad, sólo en áreas de un economicismo a ultranza se puede pretender justificar el gasto cultural en función de los recursos tangibles que éste puede generar como contrapartida. Las ganancias que la vida cultural le puede aportar a la colectividad no siempre cubren los gastos ocasionados. Evidentemente, el interés de estos gastos debe ser evaluado en función de otros criterios, que van más allá de la dimensión económica.

Benhamou reclama criterios diferentes para medir el "rendimiento" de algo que es, en definitiva, uno de los fines últimos de la sociedad. Advierte sobre la aplicación mecánica de criterios usualmente empleados en el campo económico y las consecuencias "fáciles" y erradas que pueden extraerse de ellos. Destaca:

> Sería lamentable que en momentos en que las ciencias de la economía reconocen el valor de la dimensión cualitativa del objeto que están evaluando, los economistas se empeñen en tomar en cuenta solamente las repercusiones comerciales de la inversión cultural. ¿Hay que quejarse del costo de la vida cultural que, en definitiva, es realmente modesto? ¿No habrá que ver, en él, el símbolo de una nación adulta y próspera?

Junto con ser un fin en sí misma, la cultura tiene amplísimos potenciales que movilizar para el desarrollo. Entre ellos se hallan los que se presentan, sumariamente, a continuación.

Cultura y políticas sociales

La movilización cultural puede ser de gran relevancia para la lucha contra la pobreza que hoy aflige, a través de diversas expresiones, a cerca de la mitad de la población de la región. Los elementos "intangibles" subyacentes en la cultura pueden cooperar de múltiples modos.

Los grupos pobres no tienen riquezas materiales, pero en ocasiones tienen un bagaje cultural, como sucede con las poblaciones indígenas que datan de siglos o milenios. El respeto profundo por su cultura creará condiciones favorables para la utilización, en el marco de los programas sociales, de saberes acumulados, tradiciones, modos de vincularse con la naturaleza, capacidades culturales naturales para la autoorganización, que pueden ser de alta utilidad.

Por otra parte, la consideración y la valoración de la cultura de los sectores desfavorecidos son un punto clave para el crucial tema de la identidad colectiva y la autoestima. Con frecuencia, la marginalidad y la pobreza económicas son acompañadas por desvalorizaciones culturales. La cultura de los pobres es estigmatizada por sectores de la sociedad como inferior, precaria, atrasada. Las razones mismas de la pobreza se adjudican incluso, "alegremente", a pautas de esa cultura. Los pobres sienten que, además de sus dificultades materiales, hay un proceso silencioso de "desprecio cultural" hacia sus valores, tradiciones, saberes, formas de relación. Al desvalorizar la cultura, se está en definitiva debilitando la identidad. Una identidad golpeada genera sentimientos colectivos e individuales de baja autoestima.

Las políticas sociales deberían tener como un objetivo relevante la reversión de este proceso y la elevación de la autoestima grupal y personal de las poblaciones desfavorecidas. Una autoestima fortalecida puede ser un potente motor de construcción y creatividad. La mediación imprescindible es la cultura. La promoción de la cultura popular, la apertura de canales para su expresión, su cultivo en las generaciones jóvenes y la creación de un clima de aprecio genuino por sus contenidos harán crecer la cultura y, con ello, devolverán su identidad a los grupos empobrecidos.

En América Latina hay interesantes experiencias de este orden. Entre ellas, la pujante acción de formación de coros populares y conjuntos musicales realizada en Venezuela en las últimas décadas. Por vía de un trabajo sostenido se conformaron en distintas comunidades, muchas de ellas pobres, conjuntos que aglutinaron a miles de niños y jóvenes en derredor, principalmente, de temas de la cultura popular. Estos espacios culturales, al mismo tiempo que permitían expresarse y crecer artísticamente a sus miembros, les transmitían amor y valoración por su cultura y fortalecían su identidad. Asimismo, tenían efectos no previstos. La práctica sistemática de estas actividades fomentaba, de hecho, hábitos de disciplina, culto por el trabajo y cooperación. Recientemente, en Colombia y en otros países se realizaron experiencias similares en gran escala.

Cultura e integración social

Uno de los problemas básicos de las sociedades latinoamericanas es la exclusión social. Ésta implica dificultades severas para acceder a los mercados de trabajo y de consumo, pero junto a ellas también se manifiesta la imposibilidad de integración a los marcos de la sociedad. Unos factores refuerzan a otros configurando círculos perversos regresivos.

La democratización de la cultura puede romper estos círculos en una forma relevante. La creación de espacios culturales asequibles a los sectores desfavorecidos, y estimulados especialmente, puede crear canales de integración inéditos.

La cultura puede, asimismo, reforzar significativamente el capital educativo de las poblaciones pobres. La región se caracteriza por altas tasas de deserción y repetición de dichas poblaciones en la escuela primaria. Cerca de la mitad de los niños abandona la escuela antes de completar seis grados. Deben realizarse todos los esfuerzos para mejorar esta situación. Pero, al mismo tiempo, las actividades culturales pueden funcionar como un parasistema educativo, que ofrezca posibilidades de formación informal, que complementen y refuercen la escuela. Un fenómeno donde esto puede destacarse es el de la amplia población de adultos que desertaron de la escuela en su juventud.

La cultura puede ser un marco de integración atractivo y concreto para los vastos contingentes de jóvenes latinoamericanos que se hallan actualmente fuera del mercado de trabajo y que, asimismo, no están en el sistema educativo. Constituyen, de hecho, una población muy expuesta al riesgo de la delincuencia. Los análisis sobre los fuertes avances de la criminalidad en la región, en las últimas décadas, indican que un porcentaje creciente de los delincuentes es joven y responde al perfil de desocupación y limitada educación. En los espacios culturales puede darse, a esta población, alternativas de pertenencia social y crecimiento personal.

La cultura puede realizar un aporte efectivo a la institución más básica de integración social, la familia. Investigaciones de los últimos años dan cuenta de que, junto con su decisivo rol afectivo y espiritual, la familia tiene impactos sobresalientes en muchas otras áreas. Influye fuertemente en el rendimiento educativo de los niños, en la formación de la creatividad y la criticidad, en el desarrollo de la inteligencia emocional y en la adquisición de una cultura de salud preventiva. Es, al mismo tiempo, una de las principales redes de protección social y el marco primario fundamental de integración social.

En América Latina, ante el impacto de la pobreza, numerosas familias de las áreas humildes de la sociedad se han tensado al máximo y han ingresado en procesos de crisis. Se estima que cerca del 30% de las familias de la región son unidades a cuyo frente sólo se encuentra la madre. En la gran mayoría de los casos, se trata de familias de escasos recursos. Asimismo, han aumentado los hijos extramatrimoniales, indicador de la renuencia de las parejas jóvenes a conformar familias estables, en muchos casos influidas por las dificultades económicas para sostenerlas.

Los espacios culturales pueden ayudar a fortalecer esta institución, eje de la sociedad y de muchos de sus aportes. La actividad conjunta de los miembros de la familia en dichos espacios puede solidificar lazos. En ellos, las familias pueden encontrar estímulos y respuestas, enriquecer sus realidades, compartir experiencias con otras unidades familiares con similar problemática.

Cultura y valores

Se asigna a los valores de una cultura un peso decisivo en el desarrollo. Se ha elaborado extensamente al respecto, en años recientes, sobre el tipo de valores que han ayudado a ciertos países que han obtenido crecimiento sostenido y logros sociales significativos.

Si los valores dominantes se concentran en el individualismo, la indiferencia frente al destino del otro, la falta de responsabilidad colectiva, el desinterés por el bienestar general, la búsqueda como valor central del enriquecimiento personal, el consumismo y otros semejantes, puede esperarse que estas conductas debilitarán seriamente el tejido social y conducirán a todo orden de impactos regresivos. Éstos pueden ir desde fuertes inequidades económicas que, según indican múltiples investigaciones, generan poderosas trabas a un desarrollo económico sostenido hasta, como ya se mencionó, descensos en la cohesión social que pueden, incluso, influir negativamente sobre la esperanza de vida promedio.[2] Uno de los efectos visibles de la vigencia de valores antisolidarios es la extensión de la corrupción en diversas sociedades. Como lo resalta Lourdes Arizpe (1998): "La insistencia monotemática de que enriquecerse es lo único que vale la pena en la vida ha contribuido en gran medida a esa tendencia".

Valores positivos conducen hacia direcciones diferentes. Así, por ejemplo, sociedades que han estimulado y cultivado valores favorables a la equidad, y los han reflejado en múltiples expresiones, desde sus sistemas fiscales hasta la universalización de los servicios de salud y educación de buena calidad, tienen actualmente buenos niveles en ese campo que, a su vez, facilitan su progreso económico y tecnológico y su competitividad. Se mencionan con frecuencia, al respecto, casos como los de los países nórdicos, Canadá, Japón e Israel, entre otros.

La cultura es el ámbito básico donde una sociedad genera valores y los transmite generacionalmente. El trabajo en cultura en América Latina para promover y difundir sistemáticamente valores como la solidaridad, de profundas raíces en las culturas indígenas autóctonas, la cooperación, la responsabilidad de unos por los otros, el cuidado conjunto del bienestar colectivo, la superación de las discriminaciones, la erradicación de la corrupción, actitudes pro mejoramiento de la equidad en una región tan marcadamente desigual y actitudes democráti-

---

[2] Una investigación pionera sobre la incidencia de los valores en la vida cotidiana y el tejido social se halla en el interesante trabajo del Programa de las Naciones Unidas para el Desarrollo (PNUD), "Desarrollo humano en Chile, 1998: las paradojas de la modernización", 1998. El trabajo explora el mundo interno de las personas y la calidad de sus relaciones con los otros, y realiza hallazgos de gran relevancia en términos de capital social, cultura y problemas del desarrollo. Identifica un extenso malestar social en la sociedad ligado, entre otros aspectos, al debilitamiento de las interrelaciones, la desconfianza y el temor al "otro". Muy probablemente se encontraría una agenda de problemas del mismo orden si la investigación se realizara en muchas otras sociedades actuales dentro de la región y fuera de ella.

cas,[3] puede claramente ayudar al desarrollo además de contribuir al perfil final de la sociedad.

Son notables, al respecto, los resultados alcanzados por sociedades que han cultivado consistentemente el voluntarismo en las nuevas generaciones. La acción voluntaria recoge muchos de los valores antes mencionados. Tiene un gran valor educativo, produce resultados económicos significativos al añadir horas de trabajo sin salario a programas relevantes para la sociedad y es un estímulo que promueve sentimientos de solidaridad y cooperación. En diversos países, los voluntarios representan un porcentaje importante de la fuerza de trabajo total del sector social: su actividad es valorada por toda la sociedad y se constituye en una posibilidad que puede atraer a numerosos jóvenes. Hay amplios contingentes de voluntarios en algunos países como, entre otros, los nórdicos, Canadá, varios de Europa Occidental, los Estados Unidos e Israel. En este último caso, Faigon (1994) indica que el 25% de la población realiza tareas voluntarias de modo regular, particularmente en el campo social, y genera bienes y servicios equivalentes al 8% del producto bruto nacional. Las bases de estos resultados se hallan –según subraya– en la cultura judía, que jerarquiza el servicio voluntario a la comunidad como un deber, y en la educación sistemática de valores solidarios en los marcos de la escuela israelí.

El cultivo de los valores a través de la cultura y de la participación desde los primeros años en actividades voluntarias y en tareas comunitarias tiene un peso considerable en la adquisición de compromisos cívicos en las edades adultas, según indican Youniss, McLellan y Yates (1997) sobre la base de investigaciones recientes. Se observa una correlación estadística entre haber actuado en organizaciones en los años de juventud y el involucramiento en la sociedad en épocas posteriores. Así, un estudio en los Estados Unidos evidenció que quienes fueron miembros de clubes tenían, veinticinco años después, el doble de probabilidad de estar integrando asociaciones cívicas que quienes no pasaron por ellos y una probabilidad cuatro veces mayor de estar participando en política. Otro estudio sobre graduados de escuelas secundarias mostró que, quince años después, los que habían participado en actividades extracurriculares en la escuela tenían mayor probabilidad de estar participando de asociaciones voluntarias. Los valores y la participación van moldeando lo que los autores llaman una "identidad cívica" orientada hacia la asunción de compromisos con la comunidad y hacia el aporte continuo a ella.

Una interesante experiencia orientada a promover valores culturales valiosos para la sociedad se ha iniciado hace poco en Noruega. El 30 de enero de 1998,

---

[3] Se puede encontrar una exploración detallada de la trascendencia de los valores culturales para el fortalecimiento de una sociedad democrática, y la necesidad de enfrentar y superar en la región actitudes culturales autoritarias, en los trabajos del Proyecto Regional Cultura y Democracia, impulsado por el Instituto de Estudios Latinoamericanos de la Universidad de Maryland que dirige Saúl Sosnowski.

este país estableció la Comisión Gubernamental de Valores Humanos. Tiene por finalidades centrales: a) crear en la sociedad una conciencia creciente acerca de los valores y los problemas éticos; b) contribuir a un mayor conocimiento acerca del desarrollo de valores humanos en nuestra cultura contemporánea; c) identificar desafíos actuales en materia ética de la sociedad y discutir sus posibles respuestas, y d) promover que los diferentes sectores de la sociedad se integren a este debate.

Esta comisión está constituida por integrantes que proceden de diversos sectores sociales y de diferentes generaciones. Sus actividades se orientan a que el tema de los valores esté en el centro de la agenda pública y sea discutido por las instituciones tanto públicas como privadas, a que se identifiquen y expliciten los dilemas éticos y se busquen respuestas para ellos. Entre las primeras iniciativas que puso en marcha, se encuentra la de que todas las escuelas del país discutan acerca de cómo los derechos proclamados en la Declaración de los Derechos Humanos de la Organización de las Naciones Unidas (ONU) se están aplicando en el ámbito local. También está impulsando estudios en el nivel municipal, en el que descentralizará muchas de sus acciones, sobre las tensiones que niños y jóvenes sufren entre los valores —con frecuencia, contradictorios— que reciben en el hogar, la escuela y la Iglesia en relación con los que les llegan por los medios masivos. Otro proyecto está destinado a aumentar el grado de conciencia asociado a la responsabilidad, la solidaridad y la participación. Uno de los proyectos invitó a los alcaldes de los municipios del país a iniciar un proceso deliberativo en el ámbito local para contestar la cuestión: ¿cuáles son los rasgos básicos de una buena comunidad local?

En la movilización de las potencialidades culturales de América Latina, una región con inmensas posibilidades en este campo, como lo evidencia su fecundidad en tantos ámbitos artísticos, se hallan importantes posibilidades de aporte a áreas tan fundamentales como las presentadas: lucha contra la pobreza, desarrollo de la integración social, fortalecimiento de valores comunitarios, solidarios y participativos. Dicha movilización requiere una acción concertada entre el Estado y las organizaciones de la sociedad civil. Ambos deben coordinar estrechamente esfuerzos, aportar lo mejor que cada uno pueda para, en conjunto, liberar las ingentes fuerzas populares de creatividad cultural latentes en la región y reforzar su legado de valores positivos.

Hay serias falencias en América Latina en esta materia. Junto con grandes esfuerzos de algunos sectores por lograr avances en la cultura y alcanzar importantes concreciones, se observan reservas y marginaciones por parte de otros en la incorporación de la cultura a la agenda central del desarrollo. Se le restan recursos, se la hace objeto preferencial de recortes presupuestarios, se la somete a continuos cambios sin permitir la estabilidad necesaria para asentar actividades e instituciones. Asimismo, se argumenta con frecuencia que se trataría de una especie de necesidad secundaria que tendría su lugar cuando otras previas se hubieran satisfecho. Se llega, en algunos casos, a la situación tan bien descripta por Pierre Bourdieu (1986): "La ausencia de cultura se acompaña, generalmente, de la ausencia del sentimiento de esta ausencia".

Estos razonamientos y prácticas están dejando de utilizar una de las grandes fuerzas que pueden hacer cambios profundos en las realidades de un continente con tan difíciles desafíos abiertos en campos decisivos de la vida cotidiana de las personas, como la pobreza y la inequidad.[4] Ha llegado la hora de superarlos y explorar activamente los múltiples aportes que la cultura puede hacer al desarrollo.

Bibliografía

ALESSINA, A. y R. PEROTTI (1994), "The political economy of growth: a critical survey of the recent literature", en: *The World Bank Economic Review*, vol. 8, núm. 3, pp. 351-371.

ARIZPE, L. (1998), "La cultura como contexto del desarrollo", en: L. Emmerij y J. Núñez del Arco (comps.), *El desarrollo económico y social en los umbrales del siglo XXI*, Washington D. C., BID, pp. 191-197.

AZCUETA, M. (1996), entrevista, mencionado por A. V. Zapata, *Sociedad y poder local. La Comunidad de Villa El Salvador, 1971-1996*, Lima, DESCO, p. 119.

BAAS, S. (1997), "Participatory institutional development. Conference on sustainable agriculture and sand control in Gansu desert area".

BANCO INTERAMERICANO DE DESARROLLO (1997), "Libro de Consulta sobre Participación".

——— (1998), "Programas sociales, pobreza y participación ciudadana". Seminario previo a la Asamblea del BID de Cartagena.

BANCO MUNDIAL (1998), *Beyond the Washington Consensus: Institutions Matter*.

BENHAMOU, F. (1997), *La economía de la cultura*, Montevideo, Trilce.

BOURDIEU, P. (1986), mencionado por F. Benhamou, *La economía de la cultura*, Montevideo, Trilce, 1997.

BRUNI CELLI, J. (1996), *Las ferias de consumo familiar de Barquisimeto*, Caracas. Mimeo.

BULLEN, P. y J. ONYX (1998), "Measuring social capital in five communities in NSW, Center for Australian Community Organizations and Management (CACOM)", en: *Working Paper Series*, núm. 41, Sidney, University of Technology.

CHANG, H. N.-L. (1997), "Democracy, diversity and social capital", en: *National Civic Review*, vol. 86, núm. 2, pp. 141-147.

---

[4] Pueden hallarse varios trabajos recientes sobre las nuevas formas de la pobreza en América Latina en B. Kliksberg, *Pobreza: un tema impostergable. Nuevas respuestas a nivel mundial*, 4ª ed., México, Fondo de Cultura Económica (FCE), 1997. Entre ellos: B. Kliksberg, "¿Cómo enfrentar los déficit sociales de América Latina?"; A. Minujín, "Estrujados. La clase media en América Latina"; J. Weinstein, "Desintegración y violencia urbana". El autor explora detalladamente el tema de la inequidad en B. Kliksberg, "Desigualdad y desarrollo en América Latina. El debate postergado", en: *Reforma y Democracia*, revista del Centro Latinoamericano de Administración para el Desarrollo (CLAD), 1999.

COLEMAN, J. (1990), *Foundations of social theory*, Harvard University Press.
DELGADO BELLO, L. (1998), "20 puntos de felicidad", en: *El Universal*, Caracas, 10 de diciembre.
FAIGON, Y. (2000), "El voluntarismo en la sociedad israelí", en: B. Kliksberg (comp.), *La lucha contra la pobreza en América Latina*, Buenos Aires, FCE.
FERIAS DE CONSUMO FAMILIAR DE BARQUISIMETO (1996), Caracas. Mimeo.
FRANCO, C. (1992), "Imágenes de Villa El Salvador", en: B. Kliksberg (comp.), *¿Cómo enfrentar la pobreza? Aportes para la acción*, Buenos Aires, Grupo Editor Latinoamericano, pp. 199-224.
FUENTES, M. L. (1998), *Chiapas: el capital social perdido*, México. Mimeo.
GÓMEZ CALCAÑO, L. (1998), "Las ferias de consumo familiar del Estado Lara, Venezuela. Una experiencia de organización participativa". Seminario "Programas sociales, pobreza y participación ciudadana", Cartagena, BID.
HAGAN, J., R. MACMILLAN y B. WHEATON (1996), "New kid in town: social capital and the life course effects of family migration on children", en: *American Sociological Review*, vol. 61, núm. 3, pp. 368-385.
HIRSCHMAN, A. O. (1984), "Against parsimony: three easy ways of complicating some categories of economic discurse", en: *American Economic Review*, vol. 74, núm. 2, pp. 89-96.
IGLESIAS, E. V. (1997), "Cultura, educación y desarrollo". Exposición en ocasión de la Asamblea General de la UNESCO, París.
———— (1998), prefacio, en: L. Emmerij y J. Núñez del Arco (comps.), *El desarrollo económico y social en los umbrales del siglo XXI*, Washington D. C., BID, pp. VII-XI.
JONSSON, J. O. y M. GAHLER (1997), "Family dissolution, family reconstitution, and children's educational careers: recent evidence of Sweden", en: *Demography*, vol. 34, núm. 2, pp. 277-393.
JOSEPH, J. (1998), "Democracy's social capital: civil society in a new era". *Address*.
KATZMAN, R. (1997), "Marginalidad e integración social en el Uruguay", en: *Revista de la CEPAL*, núm. 62 (LC/G.1969-P), pp. 93-119.
KAWACHI, I., B. KENNEDY y K. LOCHNER (1997), "Long live community. Social capital as public health", en: *The American Prospect*, noviembre-diciembre, núm. 35, pp. 56-59.
KLIKSBERG, B. (1998), "Seis tesis no convencionales sobre participación", en: *Revista Instituciones y Desarrollo*, Red de Gobernabilidad y Desarrollo Institucional, PNUD.
KNACK, S. y P. KEEFER (1997), "Does social capital have an economic pay-off? A cross country investigation", en: *Quarterly Journal of Economics*, vol. 112, núm. 4, pp. 1251-1288.
LA PORTA, R., F. LÓPEZ DE SILANES, A. SHLEIFER y R. VISHNY (1997), "Trust in large organizations", en: *American Economic Review*, vol. 87, núm. 2, pp. 333-338.
LEVI, M. (1996), "Social and unsocial capital: a review essay of Robert Putnam's 'Making democracy work' ", en: *Politics and Society*, vol. 24, núm. 1, pp. 45-55.
MACHADO, G. y N. FREYTES (1994), "Experiencias exitosas de gestión social en Lara", en: B. Kliksberg (comp.), *El desarrollo humano en Venezuela*, Caracas, PNVO-Monte Ávila, pp. 321-326.
MIGDLEY, J. (1995), *The development perspective in social welfare*, Sage Publications.
MORIN, E. (1991), *Un nouveau commencement*, París, Éditions du Seuil.
MOSER, C. O. N. (1998), "The asset vulnerability framework: reassessing urban poverty reduction strategies", en: *World Development*, vol. 26, núm. 1, pp. 1-19.

NARAYAN, D. y L. PRITCHETT (1997), "Cents and sociability", en: *Household income and social capital in rural Tanzania*, Banco Mundial.

NAVARRO, Z. (1998), "La democracia afirmativa y el desarrollo redistributivo: el caso del presupuesto participativo en Porto Alegre, Brasil (1989-1998)". Seminario "Programas sociales, pobreza y participación ciudadana", Cartagena, BID.

NEWTON, K. (1997), "Social capital and democracy", en: *American Behavioural Scientist*, vol. 40, núm. 5, pp. 575-586.

PAPA JUAN PABLO II, palabras en su visita a Villa El Salvador, 5 de febrero de 1985, en: A. V. Zapata, *Sociedad y poder local. La Comunidad de Villa El Salvador, 1971-1996*, Lima, DESCO, 1996, pp. 333-340.

PRIGOGINE, I. (1998), *Tan sólo una ilusión. Una exploración del caos al orden*, Barcelona, Tusquets.

PUTNAM, R. D. (1994), *Para hacer que la democracia funcione*, Caracas, Galac.

REUNIÓN DE LAS AMÉRICAS (1998), *Declaración de Santiago*, Santiago de Chile.

RUPP, J. C. (1997), "Rethinking cultural and economic capital", en: J. Hall (ed.), *Reworking class*, Nueva York, Cornell University Press, pp. 221-241.

SALAS, G. (1991), "El programa de ferias de consumo familiar: una alternativa de gestión de la economía popular en gran escala desde la organización comunitaria". Ponencia en las Jornadas Hispano-Venezolanas de Economía Popular, Barquisimeto, 12 al 14 de noviembre.

SANDERS, J. M. y V. NEE (1996), "Immigrant self-employment: the family as social capital and the value of human capital", en: *American Sociological Review*, vol. 61, núm. 2, pp. 231-249.

SEN, A. (1981), *Poverty and famines: an essay on entitlement and deprivation*, Oxford, Clarendon Press.

——— (1997), "Economics, business principles and moral sentiments", en: *The Journal of the Society for Business Ethics*, vol. 7, núm 3, pp. 5-16.

——— (1998), "Teoría del desarrollo a principios del siglo XXI", en: L. Emmerij y J. Núñez del Arco (comps.), *El desarrollo económico y social en los umbrales del siglo XXI*, Washington D. C., BID, pp. 589-610.

SERAGELDIN, I. (1998), "The initiative on defining, monitoring and measuring social capital: overview, and program description", en: *Social Capital Initiative*, papeles de trabajo, núm. 1, Banco Mundial.

STIGLITZ, J. (abril de 1998), *Más instrumentos y metas más amplias: desde Washington hasta Santiago*, Banco Mundial.

——— (octubre de 1998), "Towards a new paradigm for development: strategies, policies and processes", Prebisch Lecture, UNCTAD.

TEACHMAN, J. D., K. PAASCH y K. CARVER (1997), "Social capital and the generation of human capital", en: *Social Forces*, vol. 75, núm. 4, pp. 1-17.

TOURAINE, A. (1997), "Por una nueva política social", en: *El País*, 4 de agosto.

UNESCO (1996), "Nuestra diversidad creativa". Informe de la Comisión Mundial de Cultura y Desarrollo.

WALL, E., G. FERRAZZI y F. SCHRYER (1998), "Getting the goods on social capital", en: *Rural Sociology*, vol. 63, núm. 2, pp. 300-322.

WICKRANE, K. A. S. y C. L. MULFORD (1996), "Political democracy, economic development, disarticulation, and social well-being in developing countries", en: *The Sociological Quarterly*, vol. 37, núm. 3, pp. 375-390.

WILSON, J. (1994), "Los valores familiares y el papel de la mujer", en: *Facetas*, núm. 1, Washington D. C.

WOLFENSOHN, J. D. (1996), "El gasto social es clave", en: *Clarín*, Buenos Aires, 26 de febrero.

―――――― (1998), "La otra crisis". Discurso ante la Junta de Gobernadores, Washington D. C., Banco Mundial.

YOUNISS, J., J. A. MCLELLAN y M. YATES (1997), "What we know about engendering civic identity", en: *American Behavioural Scientist*, vol. 40, núm. 5, pp. 620-631.

ZAPATA, A. V. (1996), *Sociedad y poder local. La Comunidad de Villa El Salvador, 1971-1996*, Lima, DESCO.

El giro cultural de nuestro tiempo

Luciano Tomassini

Éste es el relato de dos procesos que en el fondo constituyen uno solo pero que de hecho corresponden a dos etapas de nuestra evolución reciente. Procura mostrar, primeramente, cómo los valores culturales de una sociedad determinan su estilo de desarrollo económico, político, social y personal, y luego de qué manera el giro cultural de nuestro tiempo, que a mi juicio equivale a un cambio de época, está alterando las consecuencias sociales de la modernidad, que alcanzaron su expresión más acabada durante los cien años anteriores al decenio de 1960. Las primeras tres secciones de este trabajo se dedicarán a mostrar las consecuencias sociales de los valores culturales de la modernidad en general, mientras que en las tres últimas se describirán las transformaciones valóricas experimentadas en el último tercio del siglo XX en nuestras sociedades y, consiguientemente, su impacto en las instituciones, las actitudes y el comportamiento de sus miembros. En particular, la cuarta sección, centrada en los fundamentos ontológicos de este giro cultural, puede ser omitida por los lectores menos interesados en las cuestiones filosóficas.

Una aparente paradoja

Un concepto, un ideal, agrupa los espíritus y reanima el corazón de las democracias occidentales en este final de milenio: la ética. Después de una decena de años, el problema ético sigue ganando fuerza, invade los medios de comunicación y alimenta la reflexión filosófica, generando instituciones, aspiraciones y prácticas colectivas inéditas. Ello no impide, al mismo tiempo, ver cómo se perpetúa, al hilo de una amplia continuidad histórica, un discurso social alarmista que enfatiza la quiebra de los valores, el individualismo cínico, el final de cualquier moral. Oscilando de un extremo a otro, las sociedades contemporáneas cultivan dos discursos aparentemente contradictorios: por un lado, el de la revitalización de la ética, por el otro, el del precipicio de la decadencia moral (G. Lipovetsky, 1992).

A este contrapunto, aparentemente contradictorio, se une otra paradoja. El renacimiento de la preocupación por la ética no refuerza su concepto tradicional como un conjunto de imperativos categóricos, racionales, trascendentes y normativos, sino que introduce una visión más flexible y cercana a la realidad, adaptándola a una variedad de situaciones, en las que la ética propone orientaciones, se abre al diálogo y establece márgenes sin reducir, sino replanteando, la preocupación valórica.

> No es la laxitud ni la espiral perversa de la subjetividad lo que avanza. Es el desarrollo paralelo de dos maneras antitéticas de remitirse a los valores. Por un lado, una lógica ligera y dialogada, liberal y pragmática, referida a la construcción gradual de los límites valóricos, que define sus umbrales, integra múltiples criterios e instituye derogaciones y excepciones. Por el otro, disposiciones maniqueas, lógicas estrictamente binarias, argumentaciones más doctrinales que realistas, más preocupadas por las muestras de rigor que por los progresos humanistas, por la represión que por la prevención (G. Lipovetsky, 1992).

Las controversias –o las perplejidades– a que conducen en la actualidad la reflexión o el debate sobre cuestiones éticas se deben, probablemente, a que no sólo han cambiado los valores sino la naturaleza misma de la ética. Ésa es la hipótesis de estas reflexiones. La ética es inseparable de la sociedad. Está en el corazón de la cultura, que configura la manera de ser, sentir y actuar de las sociedades y de las personas. Si la cultura de una sociedad cambia, debe cambiar también la ética. Ahora bien, ¿a qué se debería el cambio y qué dirección sigue?

A mi juicio, la respuesta a ambas preguntas se encuentra en el actual proceso de transformación de la cultura: de nuestra forma de entender y valorar las cosas. Nuestros juicios valóricos dependen de nuestra manera de concebir la realidad: la ética depende de la ontología.

El siglo XX ha descubierto –o ha subrayado– que, si bien las cosas están ahí y no dependen del sujeto, la verdad no está ahí (R. Rorty, 1991) sino que depende de nosotros. Nuestra definición de las cosas se origina en nuestro modo de percibirlas y entenderlas, en nuestra forma de conocerlas y en la epistemología dominante. Sospecho que vivimos una época postaristotélica. Desde los filósofos griegos hasta hace poco tiempo hemos pensado que las cosas eran lo que son porque respondían a una entelequia o a una esencia previa. Eran las sombras proyectadas en el fondo de la caverna platónica por esas esencias reales, verdaderas, al pasar frente a la luz del conocimiento. El neoplatonismo, con su búsqueda del intimismo y su aprecio por la subjetividad, constituyó un primer alejamiento de esa visión predominante. La querella entre realistas y nominalistas en la Baja Edad Media obedeció al cuestionamiento del valor universal de las ideas o esencias inmutables. Una parte creciente de la sociedad hoy en día siente que ella crea la realidad, o que puede hacerlo, a través de sus valores, la tecnología y el lenguaje: que la realidad está hecha del nombre que ponemos a las cosas. Carmen Orrego dice en uno de sus poemas: "me despoblé de ángeles un día/y erré por el camino/extrañada del nombre de las cosas".

Sin embargo, el hecho de que exista un proceso de construcción social de la realidad no elimina la existencia de la verdad. Recordé que Rorty afirmaba que, si bien las cosas están ahí y existen objetivamente en el mundo, la verdad no está simplemente ahí. Ello se debe a que el mundo está integrado por cosas de distinta naturaleza y por relaciones entre esas cosas. En su obra más reciente, Searle, uno de los líderes de la ontología del lenguaje, dedica un tercio de ella a demostrar la teoría de la correspondencia, esto es, que nuestros juicios o sentencias deben corresponder a la realidad para considerarse verdaderos:

> Muchas personas han argumentado que toda la realidad es de algún modo una creación humana, que no existen hechos brutos, sino solamente hechos que dependen de la mente humana. Más aún, varias de ellas han criticado la idea perteneciente a nuestro sentido común de que existen hechos en el mundo que hacen verdaderos nuestros dichos y que éstos son verdaderos porque corresponden a aquellos hechos. Por eso, después de responder a mi pregunta original: ¿de qué manera es posible la construcción social de la realidad?, también deseo defender la idea de que existe una realidad independiente de nosotros. Es más, debido a que mi método de investigación consiste en examinar la estructura de los hechos que hacen que nuestras declaraciones sean verdaderas y a los cuales éstas deben corresponder para ser consideradas tales, es que estoy defendiendo una teoría de la correspondencia entre la verdad y la realidad.

Si alguien afirma que la materia está compuesta de átomos o que el átomo de hidrógeno tiene un solo electrón, tales juicios son independientes del significado que atribuyamos a esas cosas, mientras que hay otras —como, por ejemplo, la de que después de comer hay que limpiar la cocina o que las viudas deben incinerarse juntamente con sus maridos después que éstos fallecen— que dependen del significado que atribuyamos a la cocina o a la viudez (J. R. Searle, 1995). Si bien la sensibilidad cultural de la modernidad avanzada percibe que nosotros construimos nuestras identidades y nuestro propio mundo a través de nuestra interacción con él, intermediada por nuestras relaciones comunicativas, no siente que el concepto de verdad no existe. Construimos el mundo, y a nosotros mismos, asignando significados a las cosas y a los hechos brutos no construidos por nosotros, pero para que sean verdaderas nuestras afirmaciones, deben corresponder al significado que atribuimos a esas cosas y a sus relaciones, en el marco de la cultura —o visión del mundo— que hemos desarrollado colectivamente en un momento histórico.

La que constituye, a mi juicio, la más poderosa corriente intelectual de nuestro tiempo, la que a través de múltiples caminos conecta a Heidegger con la filosofía del lenguaje, y que atribuye a este último la capacidad ontológica de dar sentido a las cosas, radicaliza esta conclusión. Con todo, y con los balances que se requieran, esa línea de pensamiento es la que en este ensayo proporcionará las claves necesarias para explicar el sentido del cambio cultural de nuestro tiempo. Con su visión del ser-ahí (*Dasein*), de un ser-en-el-mundo en que ambos términos se constituyen mutuamente, y de que por lo tanto somos un proyecto que se construye de manera permanente, Heidegger desestabiliza las categorías parmenídicas, platónicas o aristotélicas en que se basó nuestro conocimiento de las cosas, de su valor y su significado, según las cuales las cosas tienen una naturaleza o una esencia dura dada desde afuera que es necesariamente idéntica a sí misma. La idea de que la realidad reproduce una esencia previa es lo que determinó que la modernidad creyera que la sociedad debía construirse de acuerdo con un modelo o un proyecto ideológico previo. Esta noción de una identidad siempre igual a sí misma, aplicada a las personas y a su relación con el mundo, es lo que pone en tela de juicio la transformación cultural de nuestra época, corroborando lo que intuyó T. S. Eliot cuando escribió que "la naturaleza humana no puede soportar demasiada realidad".

> En la etapa postradicional de la modernidad, y contra el telón de fondo de nuevas formas de experiencias intermediadas, la identidad propia [self-identity] llega a ser un proyecto organizado reflexivamente. Ese proyecto reflexivo del ser, que consiste en desarrollar narrativas biográficas coherentes, y sin embargo continuamente revisadas, tiene lugar en el contexto de múltiples opciones filtradas a través de sistemas abstractos. En la vida social moderna, la noción de estilo de vida adquiere un significado particular. En la medida en que la tradición pierde su poder, y en que la vida diaria es reconstituida en términos del contrapunto dialéctico entre lo local y lo global, los individuos se ven más obligados a negociar sus estilos de vida considerando múltiples opciones. Por supuesto, hay también influencias estandarizadoras, principalmente con la forma de la "mercaderización" de la vida, puesto que la producción y la distribución capitalistas forman el componente central de las instituciones modernas. Sin embargo, a causa de la apertura de la actual vida social, de la pluralización de los contextos del comportamiento y de la diversidad de las autoridades, la elección de estilos de vida resulta cada vez más importante en la constitución de una identidad y en el desarrollo de nuestras actividades diarias (A. Giddens, 1991).

La cultura occidental ha concebido siempre la ética, desde distintos ángulos, como la fidelidad práctica a nuestra naturaleza. La educación, cuyo objetivo original es la formación moral de la persona, fue definida por Píndaro como el proceso de "llegar a ser lo que somos". La naturaleza o identidad de las personas y del mundo deja de ser concebida como paradigmática, imperativa o inmutable, si pierden validez los principios de identidad y de contradicción; se aceptan la pluralidad, el cambio y la existencia de múltiples opciones como modo de ser normal de nuestra vida, e inauguramos un estilo de vida basado en la presunción de nuestra capacidad para construir o elegir identidades, generalmente a través de una acción comunicativa. La tarea ética o cultural en la sociedad actual consiste en reflexionar sobre los valores en un mundo de identidades construidas. Por eso, porque se han debilitado las certezas propias de un mundo de identidades dadas, resulta hoy tan difícil entenderse al hablar de ética y valores.

Por una parte, pareciera que las sociedades actuales, en particular las generaciones más jóvenes, estuvieran reclamando grados crecientes de libertad, independencia o neutralidad moral, desinteresándose de las cuestiones éticas y de los valores culturales, y prefiriendo el trabajo profesional de carácter lucrativo, morigerado por actividades hedonistas o lúdicas. Pero por otra parte, se advierte un marcado renacimiento del interés de la comunidad por los temas valóricos. El escepticismo frente a los imperativos éticos tradicionales puede ir acompañado –o ser generado– por el surgimiento de nuevos énfasis valóricos. Lo que explica esta paradoja es que, de hecho, nos encontramos en una transición cultural y que, como se verá más adelante, dicha transición se define como un cambio de valores. Es la transformación de la concepción tradicional de los valores, y de sus fundamentos, lo que genera reacciones de desaprensión o de franca indiferencia frente a las preocupaciones éticas o de renovado interés por las cuestiones valóricas. Y es ese tránsito desde un mundo de identidades dadas hacia otro de identidades construidas, en las cuales tienen que arraigar nuestros valores, lo que hoy provoca tantas perplejidades y tantos diálogos de sordos.

Vivimos un "cambio de época" que rechaza, en lo esencial, los modelos racionales, uniformes y cerrados que propuso la modernidad madura, en nombre de la diversidad, de la capacidad para optar y para crear nuestra identidad en sociedades más complejas, hechas posibles por el avance del conocimiento, la tecnología, la información, la libertad, el consumo y las comunicaciones y por cambios profundos en la subjetividad de las personas. En este escenario cultural, las economías se orientan a la producción de significados, y las sociedades, la educación y el consumo se mueven en mundos virtuales, poblados de múltiples alternativas potenciales. En este contexto, la importancia del gobierno, las mayorías electorales y los equilibrios macroeconómicos, del producto bruto interno y de los ingresos monetarios promedio en las sociedades es por lo menos relativizada por la emergencia de preocupaciones en torno a la calidad de vida, la participación en la sociedad, la posibilidad de elegir los propios estilos de vida, la libertad de expresarse, el respeto a los derechos, la educación, la igualdad de oportunidades, la equivalencia en dignidad, el papel de la juventud y el de la mujer, la seguridad ciudadana y la vida en las ciudades que, a falta de conceptos previos, se denominan "temas valóricos".

Los que plantean estos temas, con diversos grados de racionalidad o de inconsciencia, son las personas, el público o la llamada sociedad civil. En cambio, da la impresión de que los gobiernos son receptores reticentes de esta transformación cultural. Las crisis de gobernabilidad –condición esencial del desarrollo– se deben en último término a la pérdida de confianza de la ciudadanía en el acceso a un conjunto de bienes públicos, físicos o intangibles que los gobiernos sólo pueden garantizar si su provisión está respaldada por las demandas, las preferencias y los valores culturales de una sociedad. Por eso es tan importante examinar en profundidad los factores éticos, culturales e institucionales del proceso de desarrollo en América Latina. Se ha perdido la fe en la capacidad de los grandes modelos para moldear nuestra vida a través de diversas formas de ingenierías sociales. También se ha erosionado la confianza en las políticas encaminadas a mantener los equilibrios macroeconómicos, incrementar el ahorro y, en la inversión, garantizar el funcionamiento del mercado y permitir que el público pueda hacer opciones racionales, orientadas a maximizar su utilidad individual, cuya suma coincidiría automáticamente con la máxima utilidad de todos. Se acrecienta la sensación de que los valores culturales, las instituciones y las formas de comportamiento de las sociedades constituyen un factor esencial del desarrollo económico, político y social de los países, hasta el punto de que los organismos que a partir del período posterior a la Segunda Guerra Mundial han sido los garantes de la sabiduría convencional, debido a la natural dificultad para romper en forma radical con ella, han dado a estos factores el nombre de "capital social". Este ensayo procura describir, en primer lugar, la influencia de estos factores en el desarrollo de los países y, en segundo término, esbozar de qué manera el cambio cultural que se ha iniciado en el último tercio del siglo XX está alterando también sus consecuencias sociales. Para hacerlo, seguramente incurriremos en el desorden y las repeticiones que parecen formar parte de la vida y de los valores en esta etapa de la modernidad. Lo haremos asimismo privilegiando la descripción conceptual de este proceso de transformación cultural por sobre la enumeración de sus manifestaciones, necesariamente más frondosas, con la esperanza de que su caracterización logre evocar algunas de sus manifestaciones cotidianas.

El fenómeno cultural

El concepto de cultura, no reducido a las bellas artes o a los aspectos estéticos de la vida, se refiere a las ideas y a los valores, a las actitudes o las preferencias y, por lo tanto, a las instituciones y a los comportamientos derivados de ellas, que predominan en cada etapa en una sociedad determinada. Ya Aristóteles distinguía entre la metafísica, la ética y la política, reservando a la primera el conocimiento del ser, a la segunda el juicio valórico o práctico sobre el comportamiento, y a la tercera cuanto tiene que ver con la convivencia en la ciudad y con su gobierno. No sólo no hay una estrecha afinidad entre la ética y el campo de los valores culturales, sino que no hay ninguna solución de continuidad entre ellos. Desde el concepto de visión del mundo hasta el de pautas de comportamiento, estas diversas nociones de cultura se escalonan en un continuo que amarra necesariamente los otros dos extremos del conocimiento esbozados ya por Aristóteles.

La ética se refiere siempre a visiones acerca de cuándo es buena o mala, deseable o no, una decisión, una conducta o una institución establecidas para asegurar ciertos comportamientos, esto es, ciertas visiones valóricas. Conviene diferenciarla de la moral entendida como el conjunto de normas inspiradas en esos valores, en un momento dado, que presiden la vida y las formas de convivencia social.

La moral es un código de conducta. Mientras que ella "propone acciones correctas para situaciones concretas, la ética —como filosofía moral— se remonta a la reflexión sobre las distintas morales y sobre los distintos modos de justificar racionalmente la vida moral, de modo que su manera de ordenar la acción es indirecta" (A. Cortina y E. Martínez, 1996). Mientras que la pregunta básica de la moral es ¿qué debemos hacer?, la de la ética es ¿por qué es mejor hacer esto que aquello? Es la ética, no la moral, la que está en el corazón de la cultura. Desde Aristóteles hasta Kant la filosofía ha sido o bien teórica, o bien práctica. La ética cae en el dominio de esta última. La primera se preocupa de la verdad, y la segunda, del valor de las cosas. La filosofía —relacionada con el *logos*— se ocupa de lo que las cosas son; la ética se refiere más a su significado, esto es, al *ethos* que da sentido al mundo simbólico que moldea el modo de ser y la conducta de las personas y de las sociedades. El concepto de la ética procede del griego *ethos*, que originalmente designaba la morada, pero que luego pasó a referirse al modo de ser o al carácter que una persona va adquiriendo a lo largo de su vida y, por lo tanto, a aquello que la motiva y que la mueve.

Por una parte, generalmente es la sociedad la que proclama los valores a que debe sujetarse el individuo. Por la otra, la estructura y el comportamiento de la sociedad dependen de los valores personales que prevalecen en ella, hasta el punto de que, en ausencia de los mismos, la sociedad puede caer en una suerte de indiferencia, de anomia e incluso de nihilismo, en el fondo antisociales, así como, en el extremo opuesto, la mitificación o la excesiva idealización o absolutización de los valores —las utopías y los fundamentalismos— han generado catastróficos conflictos y totalitarismos. En estas reflexiones nos interesan la cultura y los valores éticos como el marco inspirador, habilitante y limitante a la vez, de la vida de las personas y del desarrollo de las sociedades.

La organización económica y social de cada sociedad, así como su estilo de desarrollo, son una consecuencia de su cultura. Puede decirse que desde comienzos de este siglo la cultura ha constituido, salvo un largo paréntesis que coincide con el auge del capitalismo y la amenaza de la Guerra Fría, "el tema de nuestro tiempo". Esto ha sido planteado en forma muy categórica por Windelband, Rickert, Croce, Rothacker, Dilthey, Spengler, Weber, Toynbee, Ortega y Gasset, Braudel y Foucault, entre muchos otros pensadores. Los alemanes, que han tenido una mayor sensibilidad frente a la cultura, tienden a identificarla como una determinada "visión del mundo" (*Weltanschauung*). Un autor ha descripto cómo esas ideas influyeron poderosamente en las formas de convivencia y en el lenguaje norteamericanos después de la Segunda Guerra Mundial, como consecuencia de la apertura del mundo universitario a las ideas que habían florecido en Europa antes de la guerra; asimismo, se refirió a la pérdida de esa influencia como consecuencia de la ulterior operacionalización, banalización y comercialización de esas ideas ya convertidas en objetos de consumo (A. Bloom, 1987). Se podría definir la cultura como el conjunto de ideas, valores, percepciones, actitudes y pautas de comportamiento que moldean las instituciones y conductas en una sociedad y en una época determinadas, así como también los procesos de producción y distribución de sentidos que construyen el mundo simbólico en que se mueven los individuos y las sociedades, un mundo construido por las formas en que la sociedad y las personas conocen y valoran su entorno. El hecho de que la organización de la economía, por ejemplo, privilegie la protección social y la intervención del Estado (enfoque llamado hoy socialdemócrata) o casi exclusivamente el papel del mercado y del sector privado (enfoque neoliberal) depende, en última instancia, de visiones culturales acuñadas a través de evoluciones diferentes que en la historia occidental arraigaron mejor en los países de la Europa continental o en los países anglosajones, respectivamente.

Lo más central de una cultura son los valores que la inspiran. Éstos son, precisamente, la fuente de los sentidos que organizan el mundo de la vida y motivan los comportamientos de las instituciones y personas. Por lo tanto, como los valores pertenecen al campo de la ética, ésta se encuentra en el centro de toda sensibilidad cultural. Para Max Scheler, los valores conforman el *a priori* de lo emotivo. La inteligencia es ciega para ellos, pero se dan de inmediato al sentir intencional, aquel que funda un deseo o una acción. El conocimiento puede ser neutral o carente de propósitos más allá de sí mismo y se supone que el conocimiento científico está obligado a serlo. Los valores constituyen, en cambio, el objeto intencional del conocimiento, del sentimiento y de la acción.

Es el *ethos* más que el *logos* —los valores más que el conocimiento— lo que configura una cultura. De ahí la estrecha vinculación entre ésta y la ética. Toda visión ética del desarrollo es inseparable de la preocupación por los temas culturales, es decir, por los temas valóricos. El valor es una noción o figura de lo deseable o de lo bueno. Se distingue de la realidad, que es su origen y también su referente, en cuanto tiende a conducirla hacia un estado de cosas preferible. La ontología gira en torno a lo que es, y la axiología, en torno a nuestras preferencias. No es extraño que la reflexión sobre la cultura o los valores se haya desarrollado explícitamente, desde fines del siglo XIX, en forma paralela con unas economías cada vez más fuertemente basadas en el mercado y el dinero, como una manera de corregir o completar su neutralidad valórica.

Los valores configuran un mundo simbólico. Son símbolos que encarnan nuestras preferencias, prefiguran lo que es deseable y permiten la comunicación interpersonal y social. No sirven para efectuar una mera descripción de las cosas, sino para asignarles relevancia y sentido. No apuntan a dimensiones cuantitativas, sino cualitativas. Se expresan en el ámbito del significado, del lenguaje y del diálogo. Ése es el ámbito de la interpersonalidad y de la diferencia, en que cada relación y cada cosa tienen un significado e importancia distintos, lo cual no sucede con el dinero, que es el medio universal, intercambiable y neutral para efectuar transacciones en el mercado (G. Simmel, 1900). El hombre es el único ser que asigna al mundo y a las cosas un sentido que trasciende la mera interacción física o biológica entre ambos. Vive necesariamente en un mundo de sentidos. Lo que confiere significado o sentido al mundo en que vive es ese conjunto de ideas, valores y sentimientos que constituyen su cultura y que la sociedad a que pertenece ha construido o modificado a lo largo del tiempo.

Es interesante observar que los temas culturales o valóricos, que tuvieron gran importancia durante la primera mitad del siglo XX, agitado por fuertes turbulencias espirituales, ideológicas o militares, fueron silenciados en el período posterior a la Segunda Guerra Mundial debido, por una parte, al desafío de preservar la intangibilidad de los valores del mundo libre y de la economía capitalista tal como habían sido difundidos por los Estados Unidos frente a la amenaza del campo socialista y, por la otra, a la exitosa expansión de las economías de mercado hasta los años setenta. Ambos factores contribuyeron a crear en el mundo capitalista un clima de autocomplacencia que congeló el debate en torno a las opciones valóricas. El tipo de desarrollo capitalista, individual, competitivo y valóricamente neutral que se dio en aquel período, explicado por los enfoques conductistas, del *public choice* o de la teoría de los juegos, fue una singular excepción histórica, que durante menos de medio siglo se ha impuesto dentro del contrapunto entre la razón histórica y la razón individual, implícito en el pensamiento ilustrado. La estructura del mundo de posguerra y de su sucesor, el de la Guerra Fría, fue calculada para favorecer esa opción frente al colectivismo soviético. Pero esa tensión nunca desapareció. El reconocimiento de este debate con los movimientos contraculturales que se extienden por Europa y los Estados Unidos a partir de 1968, desde Praga y París hasta Woodstock y Tlatelolco (S. Hughes, 1988), es el punto de partida de las preocupaciones actuales en torno a la transformación de la cultura y a la renovación de su importancia en los asuntos sociales.

Resulta altamente significativo, y nada casual por cierto, que la fuerte preocupación por el mundo de la cultura que se desarrolla en Europa desde fines del siglo XIX haya estado colocada bajo el liderazgo del pensamiento alemán. Ello fue el resultado de los esfuerzos y del éxito de la unificación de Alemania, que había agotado la mayor parte de las capacidades territoriales, políticas y culturales del Sacro Imperio hasta mediados de ese siglo, y cuya unificación planteaba dramáticas interrogantes acerca de su alma o su idiosincrasia. Windelband fue uno de los primeros en oponer a las tradicionales ciencias naturales las ciencias del espíritu, que poseerían un objeto y un método propios, y en proponer que el principal campo del conocimiento es la historia. Max Weber, cuya influencia en las ciencias sociales del mundo actual ha sido decisiva, establece una clara distinción entre realidad y valor, donde la realidad está separada del mundo de los valores aunque puede aproximarse a ellos. Éstos dan cuenta de las calidades o características que quisiéramos ver encarnadas en las cosas. De esta manera, los valores organizan la realidad histórica. Weber utiliza el concepto de "tipo ideal" para describir el eje o polo al que tienden a aproximarse los valores perseguidos por cada proceso o institución en una sociedad dada. Para entender su acontecer histórico y sus estructuras sociológicas, hay que preguntar por los tipos ideales que han inspirado esos procesos. Así, Weber explica el desarrollo del capitalismo por los valores calvinistas y clasifica las diversas formas de autoridad a la luz de tres tipos ideales: carismática, tradicional y racional (que identifica con las organizaciones burocráticas).

Pero fue Dilthey, muerto unos diez años antes que Weber, quien profundizó más en la distinción entre el mundo de la naturaleza y el mundo del espíritu, el de la realidad y el de los valores. Dilthey se apoyó en la tradición hermenéutica del romanticismo filosófico de la segunda mitad del siglo XIX. Ésta constituye una reacción contra el dualismo representado por la contraposición entre el conocimiento y el ser, inaugurado por el racionalismo de Descartes, que despliega el supuesto de que aquello que es conocido se encuentra en el mundo independientemente de ese conocimiento. Para él, éste sería como una *tabula rasa* en que se inscribirían las realidades y los eventos objetivos. De hecho, cuando el objeto del conocimiento no era un fenómeno natural sino histórico, la matriz ontológica sujeto-objeto no resultaba adecuada para comprenderlo. Aquí el objeto resultaba ser una creación de la conciencia y su comprensión implicaba descifrar la intención encerrada en ella, revelar su sentido como en el estudio de un texto. Y ese texto poseía una voz propia, que había que escuchar, a través de la cual se comunicaba su sentido. La hermenéutica se refería, así, a la interpretación y la comprensión de los productos humanos (un proceso en cuyo mismo centro está el lenguaje). Ella, a su vez, podría referirse a lo hermético, entendido –como en la poesía de A. Uribe– como "un sistema cerrado de significaciones hasta cierto punto arbitrarias". Arbitrarias en cuanto conferidas por nosotros o por nuestra cultura. Cerrado en el sentido de que sólo nosotros podemos modificarlo, expandirlo o cancelarlo. No hay nada que se pueda introducir sin nuestra mediación en ese mundo o en ese texto. No hay que olvidar que la denominación de este proceso viene de Hermes, el dios al cual los antiguos atribuían la capacidad de hacer comprensibles las cosas que estaban más allá del entendimiento humano, por lo cual era considerado un intermediario entre los hombres y los dioses.

Dilthey se propuso completar la obra de Kant, quien atribuyó al conocimiento la posesión de unas categorías *a priori* con las que organizaba la realidad, desarrollando una crítica de la razón histórica. Él cree, con Hegel, que la vida es histórica, pero no concibe la historia como la manifestación de un espíritu absoluto sino como expresión de nuestra propia vida. Dilthey se interesa por las expresiones del mundo histórico en que se refleja la huella de la vida humana y que son objetivaciones de ella. Conocemos esas expresiones a través de la experiencia, término que en este pensador tiene una connotación propia, en el sentido de que no se refiere a algo que esté más allá de la conciencia sino que representa un acto de esta última ejercido antes de establecer una separación entre sujeto y objeto, con lo que se sientan las bases del pensamiento de Heidegger. Un rasgo importante del pensamiento diltheyano es la temporalidad, en cuanto a que ésta no es una categoría impuesta por la razón al conocimiento de determinadas cosas, aquellas que sólo existen en el tiempo, sino un elemento intrínseco a la experiencia de lo histórico que requiere formas de conocimiento igualmente históricas; otro de sus rasgos radica en su sentido de la relatividad: en cuanto la vida misma es relativa y se manifiesta de múltiples maneras, en nuestra experiencia ningún fragmento de ella nunca es algo absoluto (W. Dilthey, 1944). Estos desarrollos preparan el camino para la poderosa pero compleja visión de la realidad del hombre y del mundo que propondrá Heidegger.

Hoy en día asistimos a un renacimiento de estas visiones, lo que se expresa incluso en ciertas propuestas a mi juicio equivocadas. Una de ellas se refiere a la pretensión de que la historia y las opciones valóricas habrían sido clausuradas por el definitivo triunfo del mercado sobre cualquier otro tipo de modelo de desarrollo económico y social (F. Fukuyama, 1992). Otra interpretación muy popular es la de que el poder habría dejado de basarse exclusivamente en las guerras, los negocios o la política para reconstituirse alrededor de las culturas o civilizaciones que hoy coexisten, luchan o compiten, interpretación en la que la cultura es apreciada en términos de una nueva fuente de recursos de poder y como la principal causa de los conflictos futuros (enfoque tradicional), en lugar de ser entendida como aquellos conjuntos de significados que dan sentido a la vida individual y social, y que deberán aprender a convivir, colaborar y enriquecerse en el futuro (S. Huntington, 1993).

En suma, la cultura es un producto del fenómeno humano y éste, a su vez, es un producto de la cultura. Como a lo largo de la historia el fenómeno humano ha tenido y puede tener diversas manifestaciones, la cultura está condicionada por el espacio y por el tiempo. Considerando que desde nuestra particular perspectiva histórica carecemos de criterios adecuados para declarar legítimamente que una determinada visión cultural es válida y otras no lo son, debemos concluir que todas las visiones conocidas tuvieron la capacidad para desempeñar las funciones que se atribuyen a la cultura, la de dar sentido a la vida de las personas y de las sociedades en una etapa determinada, por lo que ésta contiene un esencial elemento de relatividad y pluralismo.

La construcción de la cultura cívica

"La cultura proporciona mapas del universo. Esos mapas son genéricos, pero tenemos que usarlos porque ellos suministran alguna orientación acerca de cómo llegar adonde deseamos, y un sentido de lo que la vida significa" (R. Inglehart, 1989). En el libro para niños *Alicia en el País de las Maravillas*, frente a una bifurcación del laberinto en el cual ella ha penetrado en persecución del conejo, le pregunta a un personaje: "¿Cuál camino debo tomar?". "Eso depende del lugar adonde tú quieras llegar", le responde ese personaje. "Es que no lo sé", contesta Alicia. La cultura y sus valores nos permiten conocer –o, mejor dicho, sentir– adónde queremos ir.

Si bien los valores culturales proporcionan a los miembros de una sociedad orientaciones con respecto a la calidad de sus comportamientos, a la intimidad de sus familias o a sus creencias religiosas, una parte muy central de la cultura de una sociedad se refiere a los valores, instituciones y pautas de conducta que inspiran las relaciones interpersonales en el seno de esa sociedad, sus procesos económicos o sus sistemas políticos. Este aspecto del mundo valórico, inseparable del resto, ha sido identificado con la llamada cultura cívica, con las instituciones de esa sociedad o, en una etapa más reciente y con referencia al desarrollo económico, con la noción de capital social.

Aquí este ensayo comienza a adentrarse en las consecuencias sociales de los valores culturales, si bien por ser muy general, encuadrará preferentemente los fenómenos mencionados dentro del marco de lo que se denomina la cultura cívica, sin ignorar otras perspectivas desde las cuales pueden ser apreciadas esas manifestaciones sociales. Algunas corrientes centrales del pensamiento social del siglo XX, en particular después de la Segunda Guerra Mundial, han girado, explícita o implícitamente, en torno al concepto de cultura cívica, considerada como el conjunto de valores e instituciones que pueden privilegiar la cooperación o el conflicto, la participación o la exclusión, sociedades abiertas o cerradas, objetivos relacionados con satisfacciones materiales o con la calidad de vida, o en general ciertas pautas de comportamiento sociales, políticas o económicas en comparación con otras.

Gran influencia adquirió la aproximación de Talcott Parsons, quien, en su aporte fundacional a la sociología de posguerra, desarrolló una potente tipología de aquellas pautas de comportamiento que diferencian una sociedad tradicional de una sociedad moderna: ambas se distinguirían por conductas orientadas hacia la colectividad o el individuo; hacia objetivos universalistas o particularistas; hacia la adscripción al grupo o al logro de *status*; hacia un papel difuso o una actividad específica, o hacia una conducta prescriptiva o una conducta electiva (T. Parsons, 1951). Gino Germani, en América Latina, refundó a su vez el análisis social a partir de esta última categoría que, de hecho, engloba a las anteriores (G. Germani, 1961). Aunque ambos autores provenían del campo de la sociología en una época en que las ciencias sociales tendían a ser autosuficientes, sin estar explícitamente influidos por la antropología cultural, estaban recurriendo a valores culturales para construir sus tipologías.

En su descripción del sistema político, que influyó en esta disciplina durante varios decenios, David Easton lo caracterizó como un proceso de interacción entre tres círculos concéntricos. El círculo externo estaba constituido por la ciudadanía, que en un sistema representativo de gobierno se convertía en electorado, y de este modo –periódicamente– era fuente indirecta de demandas sociales. El círculo interno era el gobierno, que procuraba responder a las demandas ciudadanas mediante la formulación de políticas públicas destinadas a darles solución, equilibrando de alguna manera los costos y beneficios entre los distintos sectores.

Y había un círculo intermedio, integrado por los partidos políticos y los grupos de presión, que precisamente intermediaban las demandas de los distintos sectores, socializándolas, articulándolas y representándolas frente al gobierno en busca de soluciones (D. Easton, 1965). El esquema de Easton ignoraba la existencia o la influencia de un cuarto círculo más externo aún, integrado por la sociedad civil y la cultura cívica, que define los valores, orientaciones, actitudes y comportamientos de la sociedad civil en forma relativamente estable antes de que los ciudadanos se dividan frente a distintas opciones en vísperas de las elecciones. Esa ignorancia comenzó a ser corregida con las investigaciones iniciadas por G. A. Almond y S. Verba sobre los elementos que constituirían la cultura cívica de cada país y sus diferentes comparaciones, pero después de los años sesenta esa tradición cayó en desuso (G. A. Almond y S. Verba, 1963). Esta exclusión correspondió al congelamiento de las opciones valóricas −políticas, económicas y sociales− que se produjo en el mundo capitalista debido al efecto combinado del temor a la expansión soviética y de la autosatisfacción con los logros materiales generados por el sistema, sin precedentes en la historia. En el fondo de esa imagen había, en realidad, una extrapolación de la capacidad explicativa que tenía el mercado, como orientador fundamental de la actividad económica, a la dinámica propia de la sociedad y la política, tal como lo describió Wright Mills con extraordinaria viveza (W. Mills, 1957). Ello implicaba ignorar, en virtud de una suerte de amnesia relacionada con la evolución de la civilización occidental, que la sociedad es un producto histórico y que lo que la moldea es su cultura, determinante de la estructura de esa sociedad, sus valores, su sistema político, sus formas de vida y su estrategia de desarrollo.

Esta visión siempre fue cuestionada desde sectores dotados de mayor memoria histórica pero relegados, durante esa etapa, a lugares en la periferia de la teoría económica y de las ciencias sociales. Uno de los más impactantes conjuntos de descubrimientos empíricos sobre el papel de la historia y de la cultura cívica en el desarrollo de las sociedades fue el que realizó Robert D. Putnam, con un pequeño grupo de colaboradores, a partir de 1990, acerca del papel que habían desempeñado las tradiciones cívicas en la formación de la Italia moderna, y de las diferencias observables a ese respecto entre sus diversas regiones, particularmente aquéllas localizadas en el sur y en el norte de la península (R. D. Putnam, 1993). A la luz del estudio empírico de la evolución exitosa de Italia en la posguerra, se plantea la pregunta ¿por qué los objetivos del desarrollo, la equidad y la democracia tienen éxito o fracasan? Su respuesta es que en el período reciente se han dado cuatro tipos de explicaciones: 1) la adopción de un régimen político adecuado, como ocurre cuando un pueblo logra reemplazar un sistema autoritario por otro representativo y democrático; 2) la calidad de las organizaciones −mayoritariamente públicas− encargadas de aplicar las políticas diseñadas para alcanzar esos objetivos; 3) las visiones según las cuales la sociedad constituye el campo en que los individuos constantemente adoptan opciones racionales para maximizar sus beneficios, y 4) aquellas visiones que asignan un papel a la historia, la cultura cívica y sus instituciones. Putnam y sus compañeros descubrieron que la experiencia italiana demostraba con meridiana claridad la importancia que su evolución histórica tuvo en la creación o en la carencia de precondiciones para el desarrollo, la de las instituciones construidas desde ese trasfondo histórico para inspirar y regular la vida de las personas y las comunidades, y la del contexto sociocultural, que configura las actitudes y comportamientos de los miembros de la comunidad antes que éstos ejerzan su capacidad de elegir en forma racional lo que más les conviene. Esta visión pone en tela de juicio la eficacia de la ingeniería institucional para crear contextos socioculturales favorables o habilitantes respecto del desarrollo. Destacan también la existencia de demandas sociales que por tener un carácter predominantemente cualitativo, cambiante o no anticipable, quedan fuera del cálculo que conduce a la opción racional (y, por supuesto, más allá del tercer círculo de Easton). Recuerdan que la calidad de vida de una comunidad depende en gran medida de bienes públicos que no pueden ser generados –ni lo han sido en la experiencia histórica– por motivaciones individuales orientadas a efectuar opciones racionales en beneficio propio.

Al colocar la historia, los valores culturales, la cultura cívica y sus instituciones en el centro del proceso de desarrollo económico, político y social, Putnam dirige una y otra vez sus alegatos en contra de la escuela de la opción racional actualmente en boga, que ha sido ilustrada tantas veces a través del dilema del prisionero. En éste, dos reclusos incomunicados son invitados a testimoniar uno en contra del otro; cada uno ignora si el otro callará (en cuyo caso, uno o ambos resultarían beneficiados) o si también lo inculpará (en cuyo caso, difícilmente coincidirían ambas historias y ambos serían condenados). Las dos partes obtendrían mejores resultados si pudieran cooperar, coordinando sus historias, pero carecen tanto de información como de confianza mutua. El autor cita a Diego Gambetta cuando sostiene que "no sólo es necesario confiar en los otros antes de actuar en forma cooperativa, sino que también hay que creer que los otros confían en uno mismo" (D. Gambetta, 1988). Los hallazgos de Putnam revelan, en la experiencia analizada, numerosos y relevantes indicadores de cooperación cívica como la proclividad a crear instituciones sectoriales y locales para fortalecer la cooperación dentro de ellas; los grados de participación social y electoral; la reducción del clientelismo y el fortalecimiento de la ciudadanía; el tránsito de una motivación política paternalista a una temática, y la prevalencia de un tipo de participación cuantitativa o cualitativa. Esta última es la que construye valores, instituciones y bloques de civilidad que proporcionan un ancla –y dan estabilidad– al desarrollo, la equidad y la democracia. Putnam se funda expresamente, en cuanto a la evaluación de sus hallazgos, en las tradiciones de Maquiavelo con su énfasis en las virtudes cívicas; en Montesquieu, con su preferencia por una sociedad fundada en una cuidadosa estructura de pesos y contrapesos, y en Madison, que abrió camino a la opción cooperativa y federalista en la construcción de los Estados Unidos de América.

James G. March y Johan P. Olsen perciben la misma contraposición entre las visiones del desarrollo económico, social y político basadas en la competencia entre intereses individuales y aquellas que lo conciben como una expresión de los valores, instituciones y patrones de comportamiento compartidos en cada comunidad (J. G. March y J. P. Olsen, 1995 y 1989):

> El pensamiento contemporáneo sobre la gobernabilidad democrática se ha construido fundamentalmente sobre las premisas del individualismo y de la búsqueda del interés propio. La noción de que los gobernantes persiguen autónomamente propósitos colectivos y virtudes públicas ha sido subordinada a las ideas de negociación, de competencia y de formación de coaliciones políticas. La visión de la capacidad de gobernar como el arte de actuar de acuerdo con el deber, la justicia y la razón en representación de una comunidad de ciudadanos ha sido superada en gran parte por un lenguaje que enfatiza los intercambios entre ciudadanos racionales maximizadores de sus propios intereses [...] Desde una perspectiva institucional, un sistema democrático está constituido por instituciones y prácticas básicas, tanto como por las intenciones y propósitos individuales, y la acción colectiva es organizada a través de las relaciones de interdependencia entre diversas identidades políticas. En este sentido, toda discusión moderna sobre un gobierno democrático es principalmente una discusión sobre cómo pueden organizarse dichos marcos institucionales para alcanzar los ideales democráticos y cómo las instituciones se constituyen y cambian a lo largo de un proceso que ellas mismas definen.

Conviene también al respecto referirse a las obras de E. Ostron, 1990, y M. Viroli, 1992. Se trata, una vez más, de la tensión inherente al pensamiento ilustrado entre la razón social y la razón individual.

La visión transaccional del desarrollo social –que lo concibe como el resultado de un continuo conjunto de interacciones, negociaciones y coaliciones entre distintos participantes que compiten individualmente por lograr sus objetivos, o dentro de regímenes o reglas del juego de carácter institucional para sectores específicos– constituye una derivación del enfoque de la opción racional y ha tenido una de sus expresiones en la denominada, hace algún tiempo, nueva economía institucional, en cuyo desenvolvimiento participaron R. H. Coase, W. H. Riker, K. A. Shepsle y M. Taylor (R. H. Coase, 1994, y K. A. Shepsle, 1990).

> Las teorías en las cuales el intercambio constituye la base de la vida en común son características de muchas tradiciones liberales que enfatizan sistemas políticos [yo agregaría económicos y sociales] basados en acuerdos voluntarios entre individuos autónomos. Ellas parecen como una parte dominante de la vida social y política del mundo occidental contemporáneo (J. G. March y J. P. Olsen, 1995 y 1989; la intercalación entre corchetes es mía).

Sus evidentes limitaciones para explicar aquellos aspectos de la vida colectiva que desbordan la esfera económica han vuelto a atraer la atención hacia los enfoques valóricos, culturales o institucionales del desarrollo económico y social. Este énfasis a menudo es caracterizado como una perspectiva institucional, lo cual tiene la limitación de apuntar, para la mayoría de las personas, hacia las organizaciones formales como los poderes ejecutivos, los parlamentos, la justicia y otras instituciones que tienen una estructura y un reconocimiento jurídicos. Personalmente, estimo que es más rico y más explicativo referirse a la cultura –en particular, a la cultura cívica– que inspira el funcionamiento de una sociedad determinada a través de los valores, las actitudes, las instituciones y las conductas compartidas de sus comunidades miembro. Las instituciones sociales son parte de la cultura cívica, son su expresión más objetiva, aun cuando actualmente se las considere constituidas en esencia por valores, comportamientos y sistemas de lenguaje coherentes más que por estructuras organizativas. Ello subraya la ventaja de utilizar un marco general de referencia, como el concepto de cultura cívica, la que frecuentemente puede adoptar expresiones institucionales.

En suma, una vez superada la inmediata posguerra, se han confrontado dos tipos de racionalidades sociales: la de la maximización de beneficios individuales, de la opción racional, de la negociación y del contrato, y la de los valores culturales, las pautas comunes de comportamiento y las instituciones como trasfondo de los comportamientos sociales.

La historia de la posguerra consistió en la reconstrucción, por parte de los Estados Unidos, de sus ex aliados y enemigos –con la excepción, en este último caso, de los de la órbita soviética–, mediante la aplicación y el fortalecimiento de la lógica mencionada en segundo término, que responde a la tradición histórica del mundo occidental, y a la cual resulta natural acudir en tiempos de emergencia, que son los que definen la historia, la cual nunca logró detener la rueda de la fortuna. La prosperidad alcanzada ulteriormente por el sistema capitalista y su temor a verse alterado por un eventual retroceso en el curso de la Guerra Fría condujeron a convertir la primera de estas visiones en una ideología, que adquirió caracteres fundamentalistas durante la época de Reagan y la señora Thatcher en los años ochenta, así como también en algunos países de América Latina desde fines de ese decenio por influencia del Consenso de Washington (con excepción de Chile, que lo hizo antes, a partir de ideas endógenas o importadas impuestas por un gobierno autoritario). Después de un decenio de reformas de mercado, comienza a descubrirse que las diversas formas de racionalidad económica –y *a fortiori*, las otras formas de racionalidad social– se encuentran arraigadas (aludiendo a Giddens, *embeddened*) en contextos culturales, valóricos e institucionales; que las opciones estratégicas que adoptan las sociedades y sus miembros dependen de la orientación de esos contextos, y que el reconocimiento político y social de esta realidad es el que marca la diferencia entre una sociedad de consumidores y una de ciudadanos.

El Banco Mundial, líder espiritual de la maximización racional de beneficios, ha ido legitimando lentamente en estos últimos años dicho reconocimiento. Después de presentar durante largo tiempo el milagro económico de los países del Sudeste Asiático como fruto exclusivo de su incorporación al juego irrestricto del mercado, reconoció hace pocos años el papel que en ese asombroso crecimiento habían desempeñado el Estado y las instituciones (Banco Mundial, 1994). Esta verificación preliminar, efectuada en una región del mundo que había servido como un campo experimental, terminó por universalizarse en un informe preparado en 1998 (Banco Mundial, 1998). El Consenso de Washington consiste en un conjunto de recomendaciones de políticas atribuidas a la concertación de ideas entre el Banco Mundial, el Fondo Monetario Internacional (FMI) y el Departamento del Tesoro, y amalgamadas en un influyente seminario, tendientes a fortalecer el mecanismo del mercado, particularmente en América Latina, mediante un conjunto de medidas encaminadas a restablecer los equilibrios macroeconómicos, la sanidad fiscal, la liberalización financiera, la apertura comercial, la privatización de empresas y servicios públicos y la reducción del papel interventor del Estado. El informe mencionado comienza por reconocer:

> Las prioridades de la región durante la crisis de la deuda se concentraron en lograr la estabilidad económica y desmontar los elementos fundamentales del modelo proteccionista de desarrollo. Según la visión consensual, esas prioridades eran necesarias para aprovechar los posibles beneficios de los crecientes volúmenes de intercambio comercial y de flujos de capital. Experiencias posteriores han demostrado fehacientemente que las políticas prescriptas en el marco del Consenso de Washington están dando frutos. En "La larga marcha" (otro documento elaborado por el Banco Mundial) se revisó la evidencia existente y se concluyó que la reanudación del crecimiento económico de la región en la década del noventa estuvo estrechamente ligada a la aplicación de muchas de las políticas recomendadas en el marco del Consenso. Sin embargo, no sólo se esperaba que la globalización y las reformas de primera generación aumentaran las tasas de crecimiento económico, sino que además disminuyeran de manera significativa la pobreza y la inequidad.

Y, acto seguido, inicia la crítica de sus resultados:

> Este resurgimiento del crecimiento no estuvo asociado a una fuerte demanda de mano de obra en el sector formal; el crecimiento de las exportaciones ha estado concentrado en los sectores de uso intensivo de recursos naturales; y la brecha salarial entre la mano de obra calificada y no calificada parece haber aumentado. Por consiguiente, los problemas de distribución de ingreso no han mejorado en muchos países y han empeorado en otros.

Agrega que la incertidumbre económica vinculada a la inseguridad laboral y a la volatilidad de los ingresos se ha extendido a la clase media. La recomendación derivada de esa comprobación consiste en una invitación a

> impulsar el diálogo entre las personas responsables por la formulación de las políticas, la sociedad civil y la comunidad académica en América Latina y el Caribe acerca de la mejor manera de diseñar y reformar las instituciones, es decir, acerca de cómo proveer reformas institucionales para satisfacer las nuevas demandas de la sociedad.

Es la primera vez, después de cincuenta años, que la sabiduría económica convencional que predominó en el mundo durante ese período reconoce que el desarrollo depende fundamentalmente de la contribución de la sociedad civil y de los centros de conocimiento, que son las fuentes de formación por excelencia de los valores sociales, de la cultura cívica y de las instituciones propias de cada comunidad.

Una nueva visión ontológica

Se sostenía al comienzo de este ensayo que durante el último tercio del siglo XX se ha registrado en todo el mundo, en mayor o menor medida y con pocas excepciones, una transformación cultural tan profunda que equivale a un cambio de época. Esta transformación implica que las ideas, las percepciones, los valores, las instituciones, las actitudes y las formas de convivencia y de comportamiento de las sociedades se están reorientando en direcciones radicalmente nuevas. Si la cultura, que integra todos los elementos anteriormente mencionados, representa la "visión del mundo" peculiar de una sociedad en cada época, que se traduce en un conjunto de preferencias conductuales inspiradas en un conjunto o en una diversidad de valores, es necesario que esa visión del mundo se fundamente en una ontología, que en el lenguaje filosófico se refiere al estudio del ser, esto es, de cómo es el ser en la realidad. Ahora bien, el cambio cultural a que este ensayo se refiere se basa en la emergencia de una nueva ontología, de un modo diferente de entender la estructura del mundo y de las cosas, incluidas en ellos las personas y las relaciones interpersonales. Una visión tan diferente que descarta las ideas fundamentales en que se originó la metafísica a partir del pensamiento griego o que incluso inaugura una manera de pensar posmetafísica.

Habría que recorrer un largo camino antes de poder esbozar las bases ontológicas y epistemológicas necesarias para dar cuenta de la forma de comprender la realidad y los valores que comienzan a manifestarse en la cultura del último tercio del siglo XX. El hombre medieval vivió en un mundo de presencias objetivas –la creación– del cual él formaba parte, si bien poseía el don singular de conocer a los demás seres que poblaban su universo. Vivía, básicamente, en un mundo de objetividades, en que había poco lugar para la subjetividad, razón por la cual la Alta Edad Media –que fue breve– no gustaba del cambio y gozó de una estabilidad mayor que otros períodos, mientras que se debió esperar hasta el final de aquella etapa para asistir al florecimiento de la mística en el plano religioso, a la humanización de las artes plásticas y al nacimiento de la lírica en la literatura.

El hombre moderno desplegó sus alas a partir del desarrollo de la subjetividad. Esto planteaba en el plano filosófico y epistemológico una aporía consistente en la coexistencia de un sujeto cognoscente y de objetos cognoscibles que, una y otra vez, planteó la interrogante acerca de la posibilidad misma del conocimiento, es decir, de la coincidencia entre ambos elementos. Es Descartes, en el *Discurso del método* de 1637, el que da una respuesta más sólida a ese dilema, que lo aparta de la perspectiva escolástica. El conocimiento deriva de la razón, porque "la facultad de distinguir lo verdadero de lo falso, que es propiamente lo que llamamos razón o buen sentido, es por su naturaleza igual en todos los hombres", de tal manera que "el sentido común es la cosa que está mejor repartida en el mundo". Con esto, Descartes cuestionaba que la autoridad fuese el fundamento de la verdad y ponía ésta al alcance del discernimiento de todos. Sin embargo, la verdad continuaba siendo algo objetivo, algo que estaba ahí, en el mundo, y que debía descubrir la razón.

El pensamiento de Martin Heidegger (1889-1976) representa una manera de mirar al hombre y al mundo, la historia y los valores no sólo radicalmente nueva, sino también –postulamos– llena de claves para comprender la sensibilidad y el comportamiento de las sociedades y la gente en la última parte del siglo XX. Sin mayores afinidades con esas corrientes que un reflejo de la ruptura cultural que representan el impresionismo y el cubismo, o en la literatura, Baudelaire, Joyce o Proust, Heidegger estuvo influido por el poderoso pensamiento de Nietzsche, el historicismo de Dilthey y la fenomenología de Husserl. Esta última había colocado la intuición de los objetos en la esfera de la conciencia. El mundo, según Husserl, no está constituido sólo por objetos, sino también por valores y acontecimientos que únicamente se manifiestan en el ámbito de la conciencia, y que influyen y transforman los objetos que ésta aprehende. Por eso, es necesario buscar el conocimiento de la realidad en la estructura de la conciencia misma. La fenomenología no se preocupa por las cosas en sí, como se darían en el mundo, sino por la forma en que ellas se revelan ante la conciencia.

Heidegger fue alumno de Brentano, cuya "psicología descriptiva" sostiene que la conciencia no consiste en representaciones sino que tiene una naturaleza intencional. Todo lo que hay en la conciencia denota una dirección, una cierta intencionalidad, un dirigirse hacia un objeto. Su propuesta se inserta, pues, en el cuestionamiento de la tesis de que el ser y el mundo están ahí, como algo independiente de la conciencia.

Heidegger distingue entre la esfera lógica y el mundo subjetivo, caracterizado por el cambio y el tiempo. El sujeto atribuye significados a las cosas que conoce o usa, y así crea un mundo de significaciones. Heidegger subraya la autonomía de ese mundo frente a los universales, a las categorías con que Aristóteles o Kant pretendían dar cuenta de la esencia de las cosas (Heidegger, traducciones de J. Gaos, en FCE, 1958, y de J. E. Rivera, 1997).

Esta centralidad del sujeto y del mundo de los significados no es para Heidegger un problema metodológico sino propiamente ontológico. Apunta éste a demostrar que el problema del ser sólo puede ser planteado en el terreno de la historicidad y de la vida. Su preocupación por la validez del conocimiento y la verdad lo acerca a las grandes preocupaciones metafísicas, mientras que su historicidad lo lleva a poner en tela de juicio las nociones tradicionales del ser, de la realidad, de la verdad o, por lo menos, la posibilidad de fundarlas en la aplicación de unas categorías universales establecidas por la razón al margen de la vida y de la historia. Para él, el problema del ser no puede ser resuelto fuera de su existencia. El concepto del ser se había identificado siempre con su objetividad, con una presencia que se da fuera del ámbito de la conciencia y que ésta solamente aprehende. Ahora el ser se presenta, en cambio, en los términos del sujeto que lo postula y que le da sentido.

La diferencia radical entre el modo de ser del hombre y el modo de ser de las cosas constituye aquí sólo el punto de partida del problema. En cambio, los filósofos siempre se detuvieron en este punto de partida y se limitaron a caracterizar al hombre con respecto a las cosas en forma negativa, es decir, como un sujeto que es distinto de todo lo que para él constituye un objeto. En Heidegger, ambos términos no se enfrentan sino que se imbrican. Heidegger caracteriza al ser del hombre como el *Dasein*, que literalmente significa "ser-ahí", lo que implica que su condición es la de "ser-en-el-mundo". Así, el mundo está constituido por el conjunto de personas, de cosas, de eventos y de relaciones que tienen consecuencias y significados para el ser-ahí, como sujeto, entidades cuyo ser consiste precisamente en aquellas consecuencias y significados. En cierto modo es el hombre (como el ser-ahí) el que, al otorgar significados, crea su mundo, lo cual supone que el ser-ahí conlleva constitutivamente un sentido del mundo, de estar rodeado de los significados que él mismo confiere, de un mundo que es precisamente el conjunto de esos significados y que se constituye mediante esa interacción recíproca. Un sentido que es consustancial a la naturaleza del ser-en-el-mundo y que es, además, condición esencial de la posibilidad de ambos términos. El ser del hombre es, por lo tanto, inseparable de su comprensión y de su uso de las cosas, y el mundo es una condición del ser-ahí que es el hombre.

Ese ser-ahí, arrojado o deyecto en el mundo, encierra todos los modos de ser reales o posibles del hombre, de manera que no se puede definirlo privilegiando una posibilidad frente a las otras. El hombre puede definirse, así, como posibilidad de ser, y el ser como la posibilidad más propia del hombre. Puede decirse que el poder ser es la naturaleza misma de los seres humanos y, por lo tanto, que su esencia se expresa, desarrolla y modifica en su propia existencia. Se trata de comprender al hombre, pues, como proyecto, como algo indeterminado que en la existencia histórica se va determinando.

Pero en ella se va determinando también la estructura del mundo. Examinando la naturaleza del mundo se descubre que éste no posee una determinación anterior al ser-ahí sino que, por el contrario, en cierto modo es una proyección suya. En efecto, ¿qué son en su cotidianidad las cosas que se encuentran en el mundo? Antes de ser simples presencias, realidades provistas de una existencia objetiva, las cosas son significados e instrumentos que tienen sentido para nosotros mismos. Un sentido valórico e instrumental a la vez. El significado de las cosas y, por lo tanto, su uso no son algo que se agregue a su objetividad, considerada como algo independiente, sino que son su modo de darse más originario: el modo en que, en primer lugar, se presentan a nuestra experiencia. Las cosas que conforman la realidad sólo se presentan ante nosotros como provistas de cierta significación y utilidad para nuestra propia vida. Si carecen de toda significación, no podemos darles un nombre, y en la práctica no existen. Por su parte, el hombre tiene siempre la condición de proyecto, está referido siempre a un mundo de posibilidades, y encuentra las cosas incluyéndolas en su propio proyecto. La filosofía y el sentido común generalmente entendieron que la realidad de las cosas es la que se aprehende de manera objetiva con la mirada desinteresada de la razón y del conocimiento. Pero la aproximación heideggeriana nos lleva a cuestionar el concepto mismo de realidad como simple presencia objetiva de las cosas. El modo originario en que éstas se presentan en nuestra experiencia no consiste en aparecer como objetos independientes de nosotros mismos, sino como entes y eventos provistos de significados que nosotros acuñamos y también podemos descifrar, por lo que la determinación y la estructura constitutiva del mundo no son independientes de esa relación con nosotros. La presencia de las cosas se deriva, en el fondo, del sentido que poseen para nosotros, que funda el verdadero modo de ser de las cosas. Y el hombre, a su vez, se constituye a través de su intimidad con ese conjunto de significados.

La relación entre el hombre y las cosas que se da en la situación de ser-en-el-mundo es una relación esencialmente hermenéutica. El mundo se constituye mediante la atribución de significados y se hace inteligible mediante la interpretación de los mismos. En tal sentido, el lenguaje es "la sede del evento del ser". Conocer la realidad es como comprender el lenguaje. Las cosas son la palabra que las nombra. Aquí se vincula el pensamiento de Heidegger con la filosofía del lenguaje del segundo período de Wittgenstein, o de Austin o de Searle (L. Wittgenstein, 1953; J. L. Austin, 1979, y J. R. Searle, 1995). Esto significa que la comunicación es, en última instancia, la sede del ser. No puedo existir en la vida cotidiana sin interactuar y sin comunicarme con los otros, sólo en la comunicación los otros existen para mí, y es esa acción comunicativa la que acuña y asigna significados compartidos a las cosas: crea nuestra cultura. La realidad de la vida cotidiana es la de un mundo intersubjetivo. Estamos a gran distancia aquí de la suficiencia del sí mismo que constituyó la tentación del hombre en el mundo moderno. Se abre la posibilidad, así, de una cultura de la alteridad y la asociatividad, en términos desconocidos hasta ahora. La idea de la modernidad como un progreso de la razón a través de la construcción de modelos de sociedad sucesivos o antagónicos, que al amparo del Estado o de elites ilustradas que tenían la capacidad de reflejar los intereses de los protagonistas generados por la matriz sociopolítica imperante y, por lo tanto, de modelar desde esa cima las aspiraciones y formas de vida de los individuos, no dejaba márgenes significativos de interacción creativa a la sociedad civil actuando con independencia del Estado o de las elites del poder. La corriente individualista implícita también en el pensamiento ilustrado, que llegó a ser dominante después de la Segunda Guerra Mundial, con su énfasis en la opción racional adoptada por agentes individuales que actúan en el mercado para maximizar sus intereses, cuya suma se identificaba axiomáticamente con el interés general, excluía con más fuerza aún todo tipo de acción colectiva no basado en la decisión individual y en la negociación sino en un contexto compartido de valores e instituciones sociales. En cambio, la concepción del hombre como un proyecto que se construye permanentemente a través de su vínculo con el mundo, con el cual se relaciona atribuyéndole significados acuñados mediante la interacción comunicativa, hace que cada trayectoria existencial dependa de su comunicación con otras trayectorias, que se entrelazan debido a su condición de ser-en-el-mundo, de constituirse a partir de dicha interacción y de expresarse a través de una acción colectiva.

La filosofía de Heidegger permite una comprensión hasta ahora desconocida acerca del mundo de la cultura. No se tropieza con dificultad alguna para atribuir un contenido cultural al mundo entendido como conjunto de significados. No es necesario ya formular esa distinción entre un mundo de la naturaleza y un mundo del espíritu, que parecían inconmensurables. En un mundo simbólico se facilita, además, la comprensión del papel de los valores. Y en la visión del hombre como un proyecto, como un conjunto de posibilidades, se encuentra también un punto de partida para apreciar la dirección que acusa la transformación de los valores en la modernidad avanzada.

Los valores en la modernidad avanzada

Los valores que inspiran una sociedad cambian con el tiempo. En general, no lo hacen en forma gradual y continua, sino por medio de transiciones más o menos bruscas, que dan lugar a un "cambio de época". Spengler y Toynbee explicaron esas transiciones en términos culturales, así como Kondraieff y Schumpeter lo hicieron desde el ángulo económico. Existe consenso en torno a que estamos en medio de una de esas transiciones. Esto implicaría una crisis o un quiebre en el desarrollo de la modernidad. Ésta fue definida por un historiador, al comparar la Edad Media con el Renacimiento, como una "revuelta de la razón contra un mundo de autoridades admitidas" (J. Vicens Vives, 1956). Podríamos caracterizar el actual quiebre como una rebelión del sujeto contra la progresiva hegemonía de la razón sobre la vida. El tipo de sociedad a que está dando lugar ese proceso ha sido denominado posmaterialista, postindustrial, poscapitalista, postestructuralista o posmoderno. No resulta explicativo caracterizar un período sólo por su contraposición con el anterior; ninguna época puede ser definitivamente "pos". Además, no sólo no está claro el sentido del cambio, sino tampoco si éste es impulsado por visiones ajenas a la modernidad o si se origina en una crisis o cambio de rumbo ocurridos dentro de ella.

Resulta muy difícil encontrar un denominador común o una línea central a través del confuso debate entre los distintos cuestionamientos de la modernidad surgidos en estos decenios. Los tiempos modernos se caracterizaron por una fuerte tensión entre una progresiva reglamentación de la vida social, por una parte, y un potente impulso a la individualización, por la otra, dos procesos desarrollados en nombre de la razón. La primera de estas tendencias fue la que predominó cuando comenzó a quedar atrás el pluralismo de las ciudades-Estado del mundo renacentista, pasando por el absolutismo, la Ilustración y la ideología de la Revolución Francesa (difundida por la independencia de los países americanos y las guerras napoleónicas), hasta llegar a las sociedades industriales, militares, burocráticas y urbanas que emergen a fines del siglo XIX. Dentro de esta visión, la sociedad era progresivamente organizada de acuerdo con un proyecto social, un paradigma o un modelo, preponderantemente ejecutados por el Estado. El resultado era el predominio de lo general sobre lo particular, de la estructura sobre la persona, de la sociedad sobre el individuo y de la idea sobre la vida. Eso aseguraba una uniformidad que se extendía desde la organización del Estado y la burocracia gubernamental hasta la planificación urbana y la vida en las ciudades, pasando por el taller de producción en serie, el consumo en masa, la estructura de clases, el mercado de trabajo, el regimiento, el hospital, la escuela, la organización del tiempo libre y la familia. Esa tendencia predominante en la evolución de la modernidad a partir del siglo XIX tuvo siempre, como contrapunto, la alternativa del ejercicio de una racionalidad individual, de una actitud utilitarista y de una competencia darwiniana que prometía el progreso a través del triunfo de los más aptos, alternativa que sólo se impuso en el campo capitalista al terminar el período de posguerra y que hoy genera profundas contradicciones y malestares.

La modernidad avanzada cuestiona la eficacia de los modelos, proyectos o narrativas globales para modelar la sociedad y la vida de las personas. Implica una preferencia por la capacidad de optar, por la iniciativa personal, la creatividad y la diferencia, así como también por lo transitorio, particular y contingente. Esto no supone necesariamente dejar a la sociedad y al individuo más desprotegidos, más carentes de raíces, sino que esas raíces deben buscarse en una pluralidad de nichos, en lo particular y lo local, en lo electivo, más que en la generalidad legitimadora de un proyecto social o de un modelo. No apunta demasiado a la permanencia o estabilidad de las cosas, ni las privilegia como requisito de todo proyecto existencial. Puede llegar a poseer una finísima sensibilidad para lo temporal, lo transitorio o lo efímero, así como también para lo particular o fragmentario, para el significado que se encierra en un momento. Escribe el poeta Cardarelli:

"La idea que tenemos de cada cosa es motivo de que todo nos desilusione. Mala cosa es soñar lo verdadero, proyectar lo ignoto... El tiempo ama la broma que lo ronda, no el lento desear que se demora".

Conviene hacer una advertencia. La cultura es el conjunto de valores, instituciones y prácticas compartidos por la sociedad en un período dado. Sin embargo, en épocas de cambio cultural, cuando una nueva visión del mundo y un nuevo conjunto de valores pugnan por sustituir el antiguo orden valórico, la nueva sensibilidad es encarnada por vanguardias que, por diversas razones, sienten la necesidad del cambio. Incluso en épocas de estabilidad, históricamente no todos los estratos de la sociedad han experimentado con la misma fuerza o claridad los fundamentos de su propia cultura, percepción que normalmente es más notoria en determinados grupos, como los de los señores y obispos medievales o el de los filósofos de la Ilustración en la época de tránsito desde la modernidad del Antiguo Régimen hacia la modernidad liberal. La siguiente descripción de las tendencias centrales que inspiran el actual cambio cultural se refiere, pues, sólo a las vanguardias actuales de este cambio. Aquí las vanguardias no se entienden como las que poseen la verdad, o siquiera el poder, sino como las que lideran las transformaciones. La única hipótesis que hay en esta descripción es la de que los sectores que de alguna manera comparten las percepciones postuladas por ella, aunque con grandes diferencias y contradicciones, son los que están marcando la dirección del cambio, y no otros.

¿Cómo podría caracterizarse en pocas palabras la dirección de esas mutaciones? Se trata, en primer lugar, de un cambio en nuestra visión del mundo, en que dejamos de sentir que éste es un conjunto de objetos dados, que está enfrente de nosotros y al que nos representamos tal como es mediante el conocimiento. La visión emergente percibe que la relación entre nosotros y el mundo no es distante sino íntima, que nosotros y el mundo nos determinamos mutuamente, que nosotros damos significado a las cosas y a los comportamientos que se despliegan en la realidad y que ésta es, fundamentalmente, un mundo de significados constituido por nosotros; una visión que no considera que ese mundo sea una proyección de nosotros como individuos sino, en gran parte, una construcción social que se genera a través de nuestra interacción y nuestra comunicación recíproca. En segundo término, la dirección de las mutaciones se basa en una sensibilidad que se aparta de la visión aristotélica, según la cual el hombre y las cosas tienen una esencia única o unívoca, y en que cada uno de los entes que constituyen el mundo es necesariamente un reflejo de unas esencias universales, que serían similares a los objetos reales cuyas sombras proyecta la luz del sol en el fondo de la caverna contra el cual estamos encadenados. Se trataría, en cambio, de un mundo que no tiene una estructura fija y que puede ser constituido y reconstituido conforme desarrollamos nuestro proyecto en él, y nuestra trayectoria se entrelaza con el proyecto de los otros y se inserta en un contexto formado por una trama de proyectos interrelacionados. Por último, esta nueva sensibilidad propone que el hombre en el mundo es un proyecto indeterminado, es un horizonte de posibilidades que se podrán realizar en el curso de su propia biografía. El hombre consiste en sus posibilidades. No tiene necesariamente una naturaleza o un destino fijos. Ser posibilidad es la definición del hombre. Éste debe construir su identidad –y la de su comunidad– mediante la interacción con su contexto y, por ello, tomar constantemente opciones, generando lo que Ulrich Beck denominó "la sociedad del riesgo". De ahí el carácter ambiguo y perturbador del mundo y de la vida en la modernidad avanzada: toda posibilidad encierra oportunidades y peligros, plantea llamados y advertencias, nos enfrenta a contradicciones y reemplaza las certidumbres por un conjunto de opciones.

¿Cuál sería el origen de esos cambios? Desde el punto de vista de sus antecedentes históricos, la Revolución Industrial desencadenó un conjunto de cambios que reestructuraron los valores de las sociedades que la protagonizaron. Un siglo y medio más tarde, el nivel de la actividad económica, el desarrollo tecnológico, el ingreso y el consumo, la seguridad y las comunicaciones habían aumentado drásticamente en esas sociedades. Habían quedado atrás dos guerras mundiales y la estabilidad generada por la Guerra Fría parecía garantizada por la disuasión nuclear. Aquellas sociedades comenzaron a sentir así que sus valores y temores ya estaban protegidos. Ello alentó además, en el mundo occidental, comportamientos basados en los intereses individuales, la elección racional de las opciones más favorables a esos intereses, la competitividad y la maximización de las ventajas personales con olvido del contexto valórico e institucional y de los bienes públicos producidos por aquellas sociedades en sus etapas anteriores, que crearon los márgenes de permisividad que estimularon esos comportamientos y que hoy se han redescubierto reunidos en el concepto de capital social. Pero al iniciarse el último tercio del siglo XX, sus valores comenzaron a cambiar de nuevo.

> Los valores del público occidental han estado cambiando desde un interés abrumador en el bienestar material y la seguridad física hacia un mayor énfasis en la calidad de la vida. Actualmente, una proporción sin precedentes de la población del mundo occidental ha sido educada en condiciones excepcionales de seguridad económica. La seguridad económica y física sigue siendo apreciada, pero su prioridad relativa es inferior que en el pasado.

Han adquirido precedencia, así, los aspectos cualitativos de la vida. Además, "una proporción creciente del público en esas sociedades ha pasado a tener un interés y una compresión suficientes acerca de la política nacional e internacional como para participar en el proceso de adopción de decisiones en todos los niveles" (R. Inglehart, 1989; véase también Inglehart, 1997). Esa visión fue incorporada inicialmente en el revelador informe de la OCDE sobre el cambio valórico que estaban experimentando las sociedades industrializadas en los años setenta (OCDE, 1979).

El aumento de las oportunidades de participación política y social se desarrolla junto con el fortalecimiento de la capacidad ciudadana para organizarse colectivamente en la prosecución de intereses específicos. Comienza a apreciarse de nuevo el valor de la sociedad civil frente al Estado benefactor y el del espacio público frente a la excesiva privatización de la vida en el capitalismo liberal. El fuerte auge de la competencia individual o empresarial en el mercado, estimulada durante ese período, comienza a sentir los costos intolerables de la desprotección social y los límites que procuran imponerle la sociedad civil y sus instituciones. En todas partes surgen presiones para recobrar el espacio público invadido o expropiado por la expansión de la competencia en el mercado y de los proyectos de vida privados. Todos estos fenómenos estimulan la sensibilidad de la gente con respecto a sus propios valores y fortalecen su capacidad para identificar las situaciones en que ellos se encuentran en juego. De allí el renacimiento de los temas valóricos.

Vivimos un período histórico en que la modernidad parece haber alcanzado sus límites, en el cual la sociedad tecnoindustrial, la organización burocrática o la extrapolación del mercado como convalidador de proyectos en todas las esferas, generadas por el hombre racional como sujeto de la historia, parecieran estar amenazando con aplastar a dicho sujeto, y en que éste pareciera escapar hacia un mundo menos racional, regulado, competitivo y homogéneo, y más posibilista, diverso y personal. En este momento el hombre vive entre la angustia de ser absorbido por la pesada racionalidad incorporada en la cultura de la modernidad madura y la de la levedad que le hace sentir el salto hacia una visión indeterminada de la vida.

Esta contradicción se refleja magistralmente en la visión de Berman:

> Hay una forma de experiencia vital –la experiencia del tiempo y del espacio, de uno mismo y de los demás, de las posibilidades y de los peligros de la vida– que comparten los hombres y mujeres de todo el mundo de hoy. Llamaré a este conjunto de experiencias la modernidad. Ser modernos es encontrarnos en un entorno que nos promete aventuras, poder, alegría, crecimiento, transformación de nosotros mismos y del mundo y que, al mismo tiempo, amenaza con destruir todo lo que tenemos, todo lo que sabemos, todo lo que somos. Los entornos y las experiencias modernos atraviesan todas las fronteras de la geografía y la etnia, de la clase y la nacionalidad, de la religión y la ideología: se puede decir que en este sentido la modernidad une a toda la humanidad. Pero ésa es una unidad paradójica, la unidad de la desunión: nos arroja a todos en una vorágine de perpetua desintegración y renovación, de lucha y contradicción, de ambigüedad y angustia. Ser modernos es formar parte en un universo en el que, como dijo Marx, "todo lo sólido se desvanece en el aire" [...] En el siglo XX, los procesos sociales que dan origen a esa vorágine, manteniéndola en un estado de perpetuo devenir, han recibido el nombre de modernización (M. Berman, 1988).

En un informe sobre el estado del saber encomendado por el gobierno de Quebec a fines de los años setenta, Lyotard sostiene que todos los sistemas de conocimiento modernos, incluida la ciencia, se han apoyado en ciertos "metarrelatos", o grandes discursos, acerca de la estructura de la realidad y de la dirección general de la historia. Ellos actúan como grandes modelos capaces de reunir de modo coherente el pensamiento, la política, la sociedad y el arte en un período dado, y de relacionarlos mutuamente, dándoles un sentido unificado. Él sugiere que vivimos en una era de "incredulidad en los metarrelatos". Una época en que no sólo "el centro ya no se sostiene", para citar a Yeats, sino en que hay varios centros. De allí la sensación de diversidad y de contradicción que nos transmite la vida moderna, como tan bien percibía Berman.

El pensamiento moderno debía fundamentar o legitimar sus propuestas mediante su coherencia con una determinada visión racional del hombre y del mundo.

En la sociedad y la cultura contemporáneas, sociedad postindustrial y cultura posmoderna, la cuestión de la legitimación del saber se plantea en otros términos. El gran relato ha perdido su credibilidad, sea cual fuere el modo de unificación que se le haya asignado: relato especulativo o relato de emancipación. Se puede ver en esa decadencia de los relatos un efecto del auge de las técnicas y tecnologías a partir de la Segunda Guerra Mundial, que ha puesto el acento sobre los medios de la acción más que sobre sus fines; o bien del redespliegue del capitalismo liberal avanzando tras su repliegue bajo la protección del keynesianismo durante los años 1930-1960, auge que ha eliminado la alternativa comunista y que ha revalorizado el disfrute individual de bienes y servicios (F. Lyotard, 1984).

Se ha propuesto que la modernidad madura se estructura dentro de tres coordenadas cuya disolución marcaría el fin de ese período. La primera consiste en la codificación racional del pensamiento y el arte dentro de unos Estados y unas sociedades fuertemente influidos aún, o incluso dominados, por unas aristocracias socioeconómicamente superadas pero política y culturalmente fuertes. La segunda radica en la novedosa aparición de un conjunto de tecnologías e invenciones propias de la segunda revolución industrial, como el teléfono, la radio, el automóvil y el transporte aéreo. La tercera es la proximidad imaginativa de la revolución social, una revolución que sólo se materializó en Rusia, pero que estuvo en el aire desde la Belle Époque. Según Anderson, "fue la Segunda Guerra Mundial –no la primera– la que destruyó estas tres coordenadas históricas y, con ello, concluyó la vitalidad del modernismo", con la destrucción definitiva de los remanentes del antiguo orden aristocrático o agrario y la instalación de las promesas de la industrialización, la organización de las empresas en forma de tecnoestructuras, la producción y el consumo en masa, la organización industrial del trabajo y el alejamiento de la posibilidad de una revolución o desestabilización en Occidente (P. Anderson, 1984). Eso iba a desarraigar (término con el cual podría traducirse el *disembedding* de Giddens) a las personas y las comunidades de una estructura preordenada, para dar lugar a "la experiencia de que todo se reduce a situaciones –juegos de lenguaje– cuyo sentido es difícil de captar" (J. J. Brunner, 1998).

Con ello se desvanece también la convicción de que el pensamiento, la ética y los valores están fundados en la naturaleza de las cosas tal como ésta es revelada por el conocimiento y la razón, convicción central del pensamiento de la Ilustración, heredado de alguna manera por la modernidad madura. En ésta, debilitada la potencia del pensamiento de Locke o de Rousseau o la visión histórica de Diderot o de Condorcet, aquélla parecía identificarse con la matriz socioeconómica de la triunfalista y estable sociedad decimonónica. No era difícil dar a esa matriz el nombre de naturaleza, que el siglo de oro había buscado en el derecho natural y el pensamiento ilustrado en un nuevo orden social, conceptos que aún manejaban los humanistas, teólogos, historiadores, políticos y juristas de la época. La irrelevancia en que actualmente cae la idea de que existe una "naturaleza de las cosas" que define su identidad en forma irrevocable acarrea consigo una sensación de ausencia de fundamentos, de desaparición de fines intrínsecos y de pérdida de la necesaria coherencia que se atribuía a la realidad, al mundo y a la vida. Eso nos introduce en una situación llena de posibilidades pero, al mismo tiempo, en una edad sin certezas.

Esto va unido a la crisis del concepto de representación que en la Edad Moderna dominó la teoría del conocimiento. De acuerdo con éste, comprender la verdad en la vida social y representarla resultan sinónimos o, por lo menos, están en estrecha relación: los elementos reales utilizados para saber que X es verdadero son los mismos elementos lingüísticos que deben utilizarse para representar ese X. Para el pensamiento antirrepresentacionista, esta distinción es inútil. Reconoce que nuestro lenguaje es modelado por el entorno en que vivimos y que no puede usarse si está fuera de contacto con la realidad. Lo que niega es la utilidad explicativa del procedimiento consistente en escoger de entre los contenidos de nuestro lenguaje o de nuestra mente algunas nociones para decir que ellas corresponden a la realidad social, o la representan, mientras que otras no lo hacen. La única forma de dar cuenta de la realidad social en que vivimos, desde este punto de vista, es a través de aquellos contenidos de nuestra conciencia que nos permiten interactuar con la realidad en forma significativa y práctica. En tal sentido, nosotros no usamos la ciudad porque ella es lo que es, sino que la ciudad es lo que es porque nosotros la usamos de esa manera. Volvemos aquí a la visión heideggeriana de que es nuestro trato simbólico e instrumental con el mundo lo que lo determina. Junto con la evanescencia del concepto de naturaleza, de que las cosas tienen una naturaleza fija, el descrédito de la noción de representación tiene el efecto de conferir una gran plasticidad al mundo en que vivimos y al ser que nosotros mismos somos, lo que se traduce en una aproximación posibilista a ambos.

Se trata de una revolución que se manifiesta poderosamente en la subjetividad de las personas, para expresarse a partir de ésta en la percepción y la estructura del mundo en que aquélla se desarrolla y se proyecta. La modernidad avanzada está caracterizada por la duda de que la verdad sea simplemente la representación objetiva de la realidad; por la focalización en la forma en que las sociedades usan el lenguaje para construir sus realidades; por una preferencia por lo local y lo particular sobre lo abstracto y lo universal; por la aceptación de que las distintas descripciones de la realidad puedan ser de alguna manera compatibles; por la legitimación de la diferencia y por la disposición a aceptar las cosas como se presentan en lugar de buscar su significado profundo como en Freud o en Marx. Esta modernidad se caracteriza por la pérdida de la creencia en un mundo objetivo y por la incredulidad con respecto a los metarrelatos que lo legitiman. Con este proceso de deslegitimación se debilitan los fundamentos que garantizan la existencia de una realidad universal y objetiva.

Esta nueva sensibilidad no ha descartado, con todo, las nociones de la realidad, del sujeto y de lo absoluto. Las ha modificado. La realidad no es un mundo de cosas objetivas que la razón es capaz de representarse, sino que es un mundo de significados entre los cuales nos movemos en la medida en que nuestra esencia consiste en ser-en-el-mundo. La modernidad avanzada no constituye el fin de la subjetividad, como se ha declarado, sino el agotamiento de un modo cartesiano de concebir la sujeción a la razón del sujeto cognoscente, ya que éste sigue estando en el centro de ese ser-en-el-mundo; porque, ¿quién describe el proceso de despersonalización sino la conciencia crítica del sujeto?, ¿quién habla del fin del sujeto sino el sujeto mismo? Por último, la sensibilidad de nuestro tiempo tampoco implica la pérdida de la noción de lo absoluto, en la medida en que distingamos entre el deseo de lo absoluto y el tipo de respuestas que históricamente se han dado a ese deseo; en nuestro tiempo, el deseo de lo absoluto no parece satisfacerse tanto con la instalación en un estado de cosas definido como deseable, sino que más bien se caracteriza por una situación de búsqueda, por una insatisfacción constitutiva del sujeto como lo exactamente opuesto a la aceptación de respuestas dogmáticas excluyentes y autocomplacientes y por una progresiva capacidad de determinación de la realidad por el sujeto. De este sentimiento del hombre como un proyecto que se desarrolla en el mundo, en que la posibilidad misma es su esencia, surge una nueva valoración cultural y una nueva ética. Una sensibilidad cultural y una nueva ética que desafían la creencia de que el mundo tiene una estructura fija e invalidan las clasificaciones excluyentes en que los valores y la moral de la modernidad madura procuraron encuadrar nuestro comportamiento y nuestro quehacer histórico. Un *ethos* en cuyo centro, a mi juicio, se encuentra la fe en nuestra capacidad de construir identidades individuales y colectivas, y de conferir significado a los otros y a las cosas que constituyen nuestro mundo. Identidades de las cuales brota una ética de la convicción, que antecede a la ética de la responsabilidad, a la que da su contenido. Esta ética de la posibilidad, la opción y la convicción no es valóricamente neutra, nihilista o relativista. Supone que, como proyecto, aspiramos al bien, pero que tenemos que escogerlo.

"Vivimos en una época en que la experiencia privada de poder descubrir una identidad personal, un destino que cumplir, ha llegado a constituir una fuerza política subversiva de grandes proporciones" (T. Roszak, 1979). Las grandes contradicciones de nuestro tiempo se explican porque el *ethos* de la identidad personal puede dar lugar, por una parte, al individualismo característico de nuestro tiempo y a la búsqueda de la ventaja personal y de la acumulación capitalista a través de la competencia en el mercado, mientras que, por la otra, puede hacer posible un crecimiento personal sensible a la inserción social del individuo y compatible con una cultura solidaria.

> Lo que es subversivo no es el proyecto centrado en la reflexión sobre el sujeto: lo que ocurre más bien es que el *ethos* del crecimiento personal revela las grandes transiciones sociales de la última etapa de la modernidad en su conjunto: un pujante cuestionamiento de las instituciones, la liberación de las relaciones sociales frente a los sistemas abstractos y la consecuente interpenetración entre lo local y lo global (C. Lasch, 1988).

En términos de los valores de la sociedad podemos distinguir, así, entre una ética del deber y del logro y una ética de la convicción y de la vida.

Algunas consecuencias sociales del actual giro cultural

El profundo giro cultural experimentado en nuestro tiempo está alterando intensamente los valores, las preferencias, las actitudes, los comportamientos y las instituciones de nuestras sociedades. La confusión y la perplejidad que hoy embargan a muchas personas cuando se enfrentan con las opciones que se ven obligadas a adoptar en las sociedades en que viven, a las que me referí en un comienzo, se deben en parte, ciertamente, a la transición desde una cultura hacia otra, pero también a que este proceso nos hace vivir en un campo de fuerzas indeterminadas y contradictorias. Las instituciones con las cuales nos encontramos vinculados en nuestra propia vida cotidiana siguen experimentando el peso de los valores de la modernidad, pero de una modernidad que ya no es luminosa como lo fue en sus comienzos, sino que muchas veces sentimos como el peso de la noche. Los grandes modelos sociales en que creímos en el pasado, y por los cuales se libraron guerras y revoluciones, conservan aún gran parte de su prestigio y poder normativo, así como también las respuestas a esos modelos colectivos formuladas después de la posguerra que postulan que la libertad de elegir lo que es más útil para cada uno, dentro de comportamientos considerados como normalmente racionales, es lo mejor para todos. Pero ambas interpretaciones acerca del funcionamiento de la realidad socioeconómica comparten una rigidez, incluso una pesadez, que no es necesariamente física sino moral y psicológica, y que en la actualidad tiende a ser rechazada por la sociedad y por sus miembros.

Éstos buscan crecientemente construir su proyecto vital tanto al margen de modelos colectivos centralmente ejecutados como al margen de la ley de hierro de tener que efectuar de modo constante opciones racionales utilitarias estrictamente individuales, sin la orientación ni el respaldo de un contexto sociocultural. Tenemos la sensación de que vivimos en un mundo posibilista en esencia, cuya estructura no está dada, así como tampoco lo está la posición del hombre en el mundo, y de que para poder tener un proyecto o una identidad propios es necesario asumir nuestra relación con el mundo desde una perspectiva constructivista. Esto es lo que yace detrás de la impresión de que nuestro tiempo privilegia un tipo de cultura *light*. Lo que en el fondo está detrás de ella no son sus símbolos externos relacionados con la moda, la superficialidad, la falta de compromisos, el hedonismo o las actividades lúdicas, la indiferencia o el tedio, el consumismo, las relaciones emocionales de carácter tentativo, las imágenes impuestas por la televisión o las revistas del corazón y la psicología del *zapping*, sino el rechazo a someternos a una disciplina *heavy*, representada por la ingeniería social requerida para imponer un modelo o por la estresante obligación de vivir adoptando siempre decisiones racionales necesariamente ventajosas (E. Rojas, 1992). Por eso yo comenzaría a sugerir qué consecuencias sociales podría tener el actual giro cultural con respecto a los valores, los comportamientos y las instituciones con unas reflexiones "calvinistas". La obra póstuma de Ítalo Calvino fueron seis conferencias solicitadas en 1984 para un prestigioso ciclo literario que la Universidad de Harvard organiza cada año, de las cuales el autor antes de morir sólo alcanzó a escribir cinco, y en las que él trató de extraer los rasgos que tendrían las preferencias y conductas de las personas en el próximo milenio a partir de la literatura:

> Tras cuarenta años [dice Calvino] de escribir ficción, tras haber explorado distintos caminos y hecho experimentos diversos, ha llegado el momento de buscar una definición general para mi trabajo; propongo ésta: mi operación ha consistido las más de las veces en sustraer peso; he tratado de quitar peso a las figuras humanas, a los cuerpos celestes, a las ciudades; he tratado sobre todo de quitar peso a la estructura del relato y al lenguaje.

A continuación, en cada capítulo de la que sería su obra póstuma, extrapolando hábilmente historias y rasgos efímeros de la literatura universal hacia el futuro de nuestras sociedades (Ovidio y Montale, D'Aurevilly y Bocaccio, Leopardi y Valéry, Borges y otros), nos propone que sus características consistirán en la levedad, la rapidez, la flexibilidad, la exactitud, la visibilidad y la multiplicidad, en contraste con la pesada homogeneidad que implicaba la modernidad madura con su fe en modelos globales para planificar nuestras sociedades o, en el último período, en la necesidad de actuar individualmente en forma racional y ventajosa (Í. Calvino, 1990).

Esta reflexión constituye la clave más importante que personalmente he encontrado para comprender las características y, por lo tanto, las exigencias que el cambio cultural de nuestro tiempo impondrá al proceso de desarrollo económico, político y social, y a nuestra forma de insertarnos en él como comunidades y personas. La nueva visión posibilista se aparta igualmente de la fe en la salvación mediante un modelo ejecutado desde arriba o de la maximización de nuestras ventajas gracias a la racionalidad de nuestro comportamiento electivo. Sin duda, estas corrientes que coexisten contraponiéndose fuertemente dentro del pensamiento moderno producen un agudo desgaste, con sus secuelas de alienación, estrés y desafección frente a la vida pública o social, y de incertidumbre y desconcierto, hasta que no logremos asumir que la vida es un proyecto que tenemos que construir en un mundo de posibilidades. Desde una visión más política, generalmente se estima que estas tensiones redundan en una combinación de liberalismo económico y de conservadurismo moral, en que el primero es a la vez una pantalla y un incentivo que facilita el funcionamiento de una sociedad disciplinaria y sutilmente represiva, inmune a transformaciones radicales y a las antiguas promesas revolucionarias. Esa contradicción entre dos *ethos* provoca angustias y confusiones.

> Quizá por esa mala nueva de que son portadores, los posmodernos no han encontrado eco en la corte de la modernidad. Por el contrario, al globalismo posmoderno le ha salido al paso una sorprendente coalición intelectual de neoconservadores y marxistas académicos, humanistas y positivistas, metafísicos y liberales de la más variada gama (J. J. Brunner, 1998).

De estas dos vertientes de la modernidad, con sus dos tipos de racionalidad, durante el período intermedio de la segunda posguerra triunfó la racionalidad utilitaria, basada en la convicción de la posibilidad e incluso del imperativo de que las personas adopten siempre decisiones racionales que impliquen la mejor opción desde el punto de vista de sus intereses. Se confía en que la prosecución de los intereses individuales garantizará, en virtud de una suerte de promedio estadístico no explicitado (que ignora el fenómeno de la exclusión), el interés general de la sociedad.

> La moda del deporte; la mediatización a través de la empresa; la explosión de la aventura; la glorificación del éxito social y la apología del consumo: en una decena de años, la sociedad francesa se convertirá al culto del desempeño o de la performatividad. El nuevo credo se ha instalado en las costumbres y ha modificado en forma notable las imágenes que la sociedad acuña acerca de ella misma: los movimientos sociales parecen haber cedido su lugar a los triunfadores, el *confort*, a la hiperactividad, y las pasiones políticas, a los rudos encantos de la competencia económica. La acción individual se convierte, en todas partes, en el valor de referencia y los engloba en el consumo, que promete una relación activa con los objetos, los servicios y los placeres (A. Ehsenberg, 1991).

En esta encuesta sobre Francia, se pasa revista a los empresarios o ejecutivos como imágenes del triunfador, replicable en el nivel masivo; al compromiso con el éxito pero no con la solidaridad de la empresa con la comunidad; a la meritocracia como *show* y al *ranking* y a la premiación como indicadores de ese mérito; a la ideología como el opio del pueblo y a una sociedad artificial drogada por el consumo, las imágenes o, simplemente, la droga; a la desestructuración de las clases medias desarraigadas de sus nichos –el colegio, la provincia, el club o el barrio– y enfrentadas a la abundancia de opciones y de imaginarios sociales, y a la banalización de aquello que era importante en la etapa de madurez de las sociedades modernas, como la política, la literatura, el debate público, el espacio familiar, el sindicato, las instituciones voluntarias que dependían de la Iglesia o de los rotarios, el "liceo", las universidades y las comunidades científicas o intelectuales del país.

El giro cultural de nuestro tiempo está difundiendo, por otra parte, una visión del mundo que privilegia las relaciones existentes entre las cosas, las redes constituidas por las relaciones entre ellas, por sobre las cosas mismas, como anticipó Brack cuando explicó que no creía en las cosas sino en las relaciones. El rechazo de los modelos, la tendencia a la diversidad, la vida como proyecto, la creencia en que éste se construye en nuestra relación con el mundo y la confianza en nuestra capacidad para crear identidades no son sinónimo de individualismo sino que suponen la alteridad, una actitud relacional y un *ethos* solidario. Nuestro ser como proyecto sólo se construye a través de la acción comunicativa, como lo ha subrayado Habermas y anteriormente Olson (M. Olson, 1961). Él percibe que la racionalidad interesada o utilitaria de las actuales sociedades capitalistas y burocráticas está determinando en forma creciente nuestras vidas individuales, pero no cree correcto equiparar ese sistema individualista y autorregulado, que elimina toda motivación en la conciencia de las personas que no sea su interés propio, con el "mundo de la vida" en que realmente vivimos, que es un mundo de autoconciencia, reflexividad y acción comunicativa. El mundo en que realmente vivimos, el que nosotros percibimos y al cual se dirige nuestra conducta se encuentra mediatizado por un repertorio de significados atribuidos a las cosas constituido por nuestra cultura. Esos significados, a su vez, son acuñados por la comunidad, a lo largo del tiempo histórico, a través del intercambio de mensajes, un proceso que supone tanto alguien que los emite como alguien que los escucha. Habermas explica en su obra "lo que significa para el que habla, al utilizar el lenguaje en algunas de sus formas estándar, adoptar una relación pragmática con algo perteneciente al mundo objetivo, es decir, al mundo social o a la valoración subjetiva que él hace de ese mundo, que es el mundo de ese actor" (J. Habermas, 1987).

Los valores de la modernidad avanzada modificarán las instituciones y las formas de vida que generó ese mismo proceso en su etapa madura y, a través de ellos, las formas de producción, de intercambio, de organización social y la vida misma de las personas. Esa reorientación será equidistante del imperio colectivo de grandes modelos impuestos centralmente por una elite o por el Estado y del inexorable imperativo de tomar decisiones racionales para maximizar los intereses propios. En el centro de esa reorientación estará la conciencia de vivir en un mundo de posibilidades, de que dentro de él somos un proyecto y de que tenemos que construir nuestras propias identidades a través de la interacción con el mundo y con las personas, de una existencia en redes y de un creciente cultivo de la alteridad y la solidaridad. Este ensayo sólo puede sugerir algunas de las direcciones principales en que se abre este proceso y, para ello, escogerá en forma arbitraria diez áreas en las que están en juego las consecuencias sociales del giro cultural de nuestro tiempo.

Entre las consecuencias más importantes producidas por este cambio cultural se cuentan las que se refieren a la subjetividad de las personas. La sensación de que la preocupación moral se ha debilitado en nuestro tiempo se debe a que el origen de los valores ha tendido a apartarse de imperativos absolutos y de códigos externos, y a forjarse a partir de la interioridad del sujeto y de su interacción reflexiva con su propia comunidad. Hay menos confianza en la protección que brinda el apego a una normativa y más búsqueda de sinceridad y de autenticidad. Hay menos inclinación a asumir roles sociales y más capacidad para crear identidades propias. Despunta una preocupación menos colectiva y más personal y más humana por la presencia del otro. En un mundo postestructuralista, en que diversas alianzas entre conocimiento, información, libertad, espíritu de innovación, capacidad de opción, afectividad y escepticismo plantean el desafío de llenar los vacíos dejados por los modelos establecidos y por la desestructuración de las instituciones heredadas, la posibilidad de construir o reconstruir identidades propias no puede hacerse sin el respaldo que da la búsqueda de raíces locales, históricas o valóricas. La necesidad de defender o construir identidades culturales, como una de las fuerzas centrales de la modernidad avanzada, es la respuesta a los sentimientos de desarraigo, angustia y estrés propios de la sociedad contemporánea y la fuente más probable de seguridad, autoestima y realización personal y social en nuestro tiempo. El informe del PNUD "Desarrollo humano en Chile 1998..." señala entre las paradojas de la modernización el surgimiento de una subjetividad vulnerable y de altos grados de inseguridad personal y social, precisamente en uno de los países que ha mostrado mejores indicadores macroeconómicos en la evolución reciente de América Latina. Destacados líderes del desarrollo consideran que la autoestima y los impulsos positivos que puede proporcionar la construcción de una identidad cultural fuerte son factores esenciales para promover ese proceso.

> La desvalorización de la propia imagen, que generalmente acompaña a la creencia en la propia incapacidad, genera actitudes fatalistas y dependientes que son funestas para las mismas posibilidades de desarrollo, en cuanto éste supone un crecimiento dignificador y autorrealizador de todas las personas (E. V. Iglesias, 1997).

Lo anterior estimula una cultura de la participación, y el compromiso con el otro gana terreno respecto de la responsabilidad por el cumplimiento de imperativos abstractos. Paradójicamente, el sentimiento de desprotección que deja la destrucción de las redes tradicionales de pertenencia, sentido y seguridad social impulsa a buscar formas de vinculación y pertenencia nuevas. La pérdida de la protección que tradicionalmente brindaron las estructuras, las instituciones y las normas estatales y sociales reorienta la atención del público hacia las realidades de la convivencia humana, como la sexualidad, las relaciones de pareja, la vida de familia, el bienestar derivado del medio ambiente, la calidad de la vida en las ciudades, la paz social y la seguridad ciudadana. Frente a esta nueva generación de preocupaciones valóricas compartidas, las respuestas universalistas que el Estado y la sociedad procuraron brindar desde fines del siglo XIX y durante los dos primeros tercios del siglo XX resultan inadecuadas. La comunidad exige soluciones específicas para aquellos nichos de problemas que ella misma identifica, soluciones que difícilmente pueden encontrarse sin su participación, la que se ve estimulada por la creciente tendencia a construir identidades a partir de la comunidad.

Por eso, otra de las posibilidades que encierra la sensibilidad cultural de la modernidad avanzada es el incremento de la asociatividad. La reacción de las personas que viven en los ámbitos urbanos, locales o comunitarios de sociedades muy complejas, frente a la desprotección e inequidades que genera el desequilibrado predominio del mercado y de la competitividad ante las legítimas demandas generadas por la sociedad, así como también frente a la crisis del Estado paternalista heredado del pasado, se traduce en la búsqueda de un *locus*, de nichos, raíces, redes y asociaciones cercanos en los que apoyarse y construir proyectos, seguridades e identidades colectivos. El auge de las autonomías regionales y municipales dentro de la Unión Europea, en contraste con la debilidad que exhiben estas instituciones en América Latina, es expresión de este fenómeno. Lo es también la tendencia a promover organizaciones comunales, vecinales o de intereses femeninos, juveniles, deportivos, urbanos, ecológicos, científicos o de otro orden, a pequeña escala. Por otro lado, las dimensiones que está alcanzando el voluntariado en algunos países de Europa, en Israel y en los Estados Unidos son una expresión más de este fenómeno. Las raíces históricas de los países iberoamericanos no contienen fuertes semillas comunitarias o asociativas. La insuficiencia de nuestro antiguo contexto cultural y de nuestras instituciones jurídicas tradicionales para facilitar estos procesos abriendo puertas a la constitución expedita de asociaciones comunitarias o ciudadanas, de redes de protección social o de consorcios entre instituciones públicas y privadas para fines de interés público, así como también los incipientes esfuerzos de los medianos y pequeños empresarios por cooperar y surgir, ponen de manifiesto un fuerte déficit, agravado ciertamente por el retiro del Estado.

El cuestionamiento de la modernidad madura cambia también la estructura de las sociedades. Las formas tradicionales de estratificación social se desdibujan, atenuando las tensiones de clases y tornando poco gratas las invitaciones a revivir ese tipo de conflictos, mientras surgen sociedades más abiertas, más fragmentadas y diversas, más educadas e informadas, y con grados mucho mayores de movilidad horizontal, que complementan fuertemente la de carácter vertical. Emergen, por ello, nuevas aspiraciones sociales que reivindican elementos perdidos durante la modernidad madura, sea por la imposición homogénea de modelos de ingeniería social o bien por la similar exigencia de desplegar comportamientos racionales y competitivos, en el ámbito individual, que ignoran la importancia de los bienes públicos y los espacios sociales. Hoy comienza a reivindicarse la importancia de los espacios públicos, de la comunicatividad y del debate, y el hecho de que los significados se produzcan por la interacción en el seno de la comunidad, y no sólo en las segmentadas y jerarquizadas esferas en que se desenvuelve hoy la vida privada. Se reivindican con fuerza los antiguos ámbitos públicos como la familia, el barrio, la escuela, el maestro, el líder o el club, el aire puro, las áreas verdes o la cultura popular, en que se encuentran las afinidades, reemplazadas desde hace tiempo por el consumo, por los centros comerciales donde las multitudes no ven a las personas sino a las mercaderías que están detrás de las vidrieras, y por la explosión de las opciones que convirtió las anteriores sociedades de ciudadanos en sociedades de consumidores (N. García Canclini, 1995).

Hay una relación más indirecta, y ciertamente menos percibida, entre la nueva sensibilidad cultural y el tipo de economías adoptadas en la mayor parte del mundo durante el último período. La última parte del siglo XX ha asistido al triunfo universal del mercado que, curiosamente, fue acompañado del triunfo de la democracia. Fue ese doble triunfo el que produjo el derrumbe de los socialismos reales en 1989. Habiéndose superado las turbulencias económicas que prevalecieron durante la primera mitad del siglo XX, las dos guerras mundiales y, finalmente, la Guerra Fría, que privilegiaron el papel del Estado, el mercado volvió a surgir, con mayor fuerza y menos competencia, como el mecanismo por excelencia para asignar recursos en la economía y promover el crecimiento. El mercado tiene algunas preferencias o "valores" propios, como la eficiencia, la productividad y la competitividad entre los agentes económicos, pero en principio es neutro frente a la mayor parte de lo que hoy se consideran con propiedad "ámbitos valóricos". No obstante que sus "propios valores" generan un claro sesgo concentrador y excluyente, las características del mercado parecen valores positivos, pero hay que complementarlos con otros. El mercado es bueno para la economía, pero no lo es necesariamente para la sociedad, la salud, la educación, la seguridad social, la familia y el desarrollo de las personas. La gran tarea por delante es restablecer un cierto equilibrio entre mercado, sociedad y Estado. Dicho balance debe provenir de la visión y de la fuerza de la sociedad civil y las personas. Por lo demás, contrariamente a lo que afirman algunos sectores que han hecho de la fe en el mercado una suerte de fundamentalismo, no existe en el mundo un solo tipo de economía de mercado. *The Economist* analizaba en un editorial la diferencia que existe entre la economía de los *stockholders* de los países anglosajones y la economía de *shareholders* de los países europeos continentales y Japón. M. Albert (1992) señalaba también la diferenciación entre las economías anglosajonas y las economías renanas (o del continente europeo) donde el mercado siempre ha funcionado sobre la base de la preservación de sólidos acuerdos sociales. Lo mismo muestra el libro del BID compilado por L. Emmerij y J. Núñez del Arco, *El desarrollo económico y social en los umbrales del siglo XXI*, basado en un seminario en el que un conjunto seleccionado entre los más distinguidos economistas de la actualidad profundizó en las diferencias entre los diversos estilos de economía de mercado.

Las transformaciones culturales han dado nacimiento también a un nuevo paradigma de organización diametralmente opuesto a las estructuras piramidales, burocráticas y jerarquizadas que predominaron en el pasado, mientras que su imagen se expande en forma de redes sin fronteras para enhebrar cualquier aspecto de la vida económica y social. Toda organización no es más que un conjunto de personas reunidas para satisfacer un interés común. Las sociedades actuales, complejas, pluralistas y abiertas, caracterizadas por su diferenciación y por su multiplicidad de opciones, son sociedades de organizaciones. Un rasgo común a la transformación de los valores que está viviendo nuestro tiempo se refiere al aprecio por la flexibilidad como característica de toda clase de organizaciones económicas y sociales, así como también de formas de comportamiento y de vida. Éste es uno de los muchos rasgos de la sensibilidad prevaleciente en la modernidad avanzada que vinculan sus valores con la obra de Ítalo Calvino. Existe un rechazo a la pesadez de unas organizaciones empresariales, políticas y sociales construidas para responder a un paradigma social y de acuerdo con un diseño rígido, y se prefiere la levedad que les confiere su apertura a diversas opciones y posibilidades, su capacidad de cambiar y su estructuración en forma de redes. Robert Reich subraya esta tendencia como un rasgo fundamental del proceso de globalización, y afirma que la fuerza motriz de las actividades económicas y sociales ha dejado de estar radicada en lo que él denomina procesos rutinarios de producción o en los servicios personales, para transferirse a las tareas analítico-simbólicas. Los analistas simbólicos

> incluyen las actividades de los expertos en intermediación estratégica, y en identificación y solución de problemas, que al igual que en los procesos rutinarios de producción (y a diferencia de lo que ocurre en los servicios personales), pueden prestarse universalmente, y por eso tienen que competir con proveedores extranjeros, pero que no se ofrecen en los mercados mundiales como algo estandarizado: ellos comercian con símbolos, datos, palabras, relaciones, imágenes, escenarios y representaciones visuales u orales, que permiten a las organizaciones económicas y sociales insertarse en la compleja, fluida e indeterminada realidad de nuestro tiempo.

Seguramente en pocos ámbitos ha sido más devastadora la nueva sensibilidad cultural que en el campo de la política. El rechazo a la validez prescriptiva y a la fuerza uniformadora de los grandes modelos sociales y la valorización de la diferencia, la innovación y la elección de las propias identidades han debilitado fuertemente la mayor parte de los clásicos referentes políticos: las ideologías, las clases sociales, los partidos, los sindicatos, los grupos de presión y las instituciones parlamentarias. Es más, se ha erosionado el propio concepto de representación, piedra fundamental de la democracia liberal y representativa. Las preocupaciones e intereses de la gente se ven hoy en día más representados en las pantallas de la televisión y en las exhibiciones comerciales. Los dirigentes políticos y los parlamentarios confiesan que viven persiguiendo una cámara para aparecer un minuto en pantalla, donde no alcanzan a expresar cabalmente su pensamiento, y abren las puertas a fuertes polémicas o contribuyen poderosamente a la devaluación de las ideas como sustancia del diálogo político. El desinterés por la política ha aumentado peligrosamente, en particular entre los jóvenes, expresándose en forma muy directa en los procesos electorales, donde proporciones crecientes de la ciudadanía no participan por no estar inscriptas, abstenerse o anular su voto. La retribución económica y social que antiguamente brindaban la política y la cosa pública ha disminuido, y las nuevas generaciones buscan esas gratificaciones en el sector privado o procuran expresarse en formas no tradicionales de manifestar su interés en asuntos públicos como la salud, la educación, el *status* de la mujer o de la juventud en la sociedad, la seguridad ciudadana, el medio ambiente y los problemas de la vida comunal y urbana. La ciudadanía considera que, a diferencia de los temas macroeconómicos o de las clásicas preocupaciones políticas en que se centra la mayor parte de la agenda del gobierno, son los temas valóricos los que realmente la preocupan. La clave para seguir la pista de estos temas parece ser escuchar lo que dice la sociedad civil al gobierno.

Naturalmente, el Estado parece ser otra de las grandes bajas producidas por la transformación cultural a que se refiere este ensayo. El tema se ha convertido en el símbolo y la piedra de toque de un falso debate ideológico entre quienes atribuyen a otros la nostalgia por un Estado benefactor, desarrollista y grande y quienes acusan a los primeros de neoliberales comprometidos con la desaparición del Estado. Esta visión del debate es una caricatura ideológica o frívola, dos rasgos que a mi juicio generalmente coinciden. La carga ideológica que lo impregna hace difícil a algunos sectores comprender que el Estado grande, planificador, empresario y benefactor que predominó en el pasado fue necesario para responder a las circunstancias históricas que se impusieron en el mundo y en los países latinoamericanos durante la mayor parte del siglo XX. Sin embargo, en otros sectores también se hace difícil entender que ese Estado ya no responde a las nuevas realidades, y que éstas exigen un Estado más pequeño pero también más estratégico, asociativo, abierto al mercado y a la sociedad civil, y defensor de la equidad social y la igualdad de oportunidades. Esto exige no sólo un Estado más eficiente, sino un Estado inteligente y desburocratizado, que traspase las fronteras que históricamente lo han separado de la sociedad civil y la ciudadanía, capaz de insertar su acción dentro del mercado, que ejerza bien sus funciones privatizadoras y reguladoras, y que promueva activamente la igualdad de oportunidades en estrecha asociación con las organizaciones sociales y con la ciudadanía.

El formidable esfuerzo de adecuación a estos cambios valóricos que han hecho las sociedades contemporáneas, con su rechazo a los modelos generales y su preferencia por la diferenciación frente a un horizonte concebido como un mundo de posibilidades, ha colocado a la gobernabilidad en el centro de la preocupación de muchos países del mundo. En primer lugar, se trata de un concepto que no existe en nuestra *lingua franca*, pues el idioma inglés sólo conoce la palabra *governance*, que significa "buen gobierno", mientras que entre nosotros, en la práctica, la gobernabilidad ha sido entendida como la capacidad de un gobierno para continuar gobernando el año siguiente. En segundo término, se trata de una preocupación que no existió hasta hace un par de decenios, como lo demuestra el hecho de que la crisis de los años treinta no desestabilizó ningún gobierno en las democracias que con posterioridad se aliarían frente a los países del Eje (cuyas rupturas políticas se debieron fundamentalmente a las intolerables condiciones que impuso a Alemania la Paz de Versalles, como lo denunciara Lord Keynes). En tercera instancia, se trata actualmente de una inquietud que trasciende la esfera de los gobiernos, ya que hoy se habla con frecuencia de la gobernabilidad de una familia, un sindicato o una escuela. Las crisis de gobernabilidad han pasado a ser una amenaza permanente de los sistemas democráticos, y hasta los años noventa adquirieron caracteres endémicos y particularmente agudos en el caso de América Latina. Con anterioridad, la alternativa a un gobierno democrático era su ruptura y su reemplazo por un régimen autoritario, como ocurrió en la Rusia de los zares, en la República de Weimar o en las repúblicas bananeras, ganaderas, salitreras e incluso petroleras de América Latina durante muchos decenios. Hoy en día es más bien una enfermedad de baja intensidad que aqueja a la política, erosiona su calidad y debilita a la democracia, o produce fisuras amenazadoras en el funcionamiento de esta última (R. Urzúa y F. Agüero, 1998). Lo que torna difícil la gobernabilidad de las sociedades actuales es su evasión con respecto a los antiguos modelos que antes la encuadraron, su actual diversidad valórica y su creciente capacidad para elegir entre distintas opciones. En el ámbito político, se encuentra amenazada por el fuerte desequilibrio producido en favor del mercado por un liberalismo triunfante que pretende que este último no sólo sea el motor de la actividad económica, sino también el regulador de las actividades sociales al margen de toda institucionalidad. Éste es el dilema que están enfrentando con notable claridad de miras los gobiernos de la Unión Europea cuando dicen "queremos el mercado como motor de la economía, pero no lo queremos como base de la sociedad, la educación, la salud y la familia". La gobernabilidad de la democracia pasa por un reequilibrio entre el mercado, la sociedad y el Estado, el gran desafío del futuro. Es por eso que en lugar de la definición que los organismos financieros internacionales proporcionaban acerca de la gobernabilidad en la época del Consenso de Washington, como la capacidad de los gobiernos para asegurar los equilibrios macroeconómicos, la sanidad fiscal y el control de la inflación, personalmente ya desde esa época yo consideraba que dicho fenómeno consistía en la capacidad de los gobiernos para atender en forma equilibrada las demandas por el crecimiento económico, la equidad social y la participación democrática formuladas por la sociedad civil y la ciudadanía (L. Tomassini, 1993).

Sin duda, el proceso de globalización es, al mismo tiempo, una causa fundamental y una expresión esencial del cambio cultural de nuestro tiempo. Todos los sectores concuerdan en que constituye la principal fuerza de cambio en el mundo de hoy. Las posiciones discrepan en cuanto a si se trata de un proyecto deliberado y perverso de los centros del poder mundial o de un proceso que naturalmente se ha venido desplegando a través de la tercera revolución tecnológica mundial basada en el conocimiento y la informática. Personalmente, pienso que es un proceso y no un proyecto deliberado, al cual se están incorporando de manera gradual todos los países del mundo, aunque en condiciones fuertemente desiguales para aprovechar sus ventajas: primero, las economías del Sudeste Asiático seguidas por las latinoamericanas; más tarde, Rusia y los países de Europa del Este, y recientemente, China en forma muy selectiva. Desde luego, no se trata de un fenómeno exclusivamente económico, y se diferencia con claridad de la transnacionalización de las empresas industriales que se generó a partir de la posguerra. En otra parte, lo he definido diciendo que

> la globalización comprende fundamentalmente la difusión de un nuevo paradigma tecnológico al mismo tiempo que la de los procesos productivos, los movimientos financieros, los cambios en los mercados laborales, los diseños organizativos, las formas de gestión, la educación y las habilidades de la gente, los sistemas de información y de comunicaciones, las formas de vida urbana y familiar, las pautas de consumo, publicidad y mercadeo, los conocimientos, valores y preferencias de la ciudadanía y, por ende, las maneras de hacer política y las formas de vida de las sociedades y de las personas.

Para no extenderme en la descripción de este fenómeno, que merecería una sección de este ensayo, me limitaré a señalar que no es otra cosa que la difusión de los cambios generados por la transformación de los valores en las sociedades instaladas en la modernidad avanzada, un cambio valórico que posee como rasgo consustancial su capacidad de difusión y su comunicabilidad (L. Tomassini, 1991). Una de las grandes incógnitas que plantea la globalización es la de si se trata de una fuerza necesariamente unidireccional y homogeneizadora o, como pienso, de un proceso multidimensional que conlleva la capacidad de generar nichos diferenciados –si se quiere, anticuerpos– expresados en la fuerza que están adquiriendo las realidades y autonomías regionales, locales y municipales en la economía y en la política mundial, así como en la diversidad de opciones valóricas dentro de unas mismas sociedades (K. Ohmae, 1995).

Paradójicamente, todas estas tendencias parecen converger en una especie de "jardín de senderos que se bifurcan", según el título de un cuento de Borges. Refiriéndose a un estudio literario de Hans Blumenberg, comenta Ítalo Calvino:

> El capítulo que más me interesa en el libro de Blumenberg en relación con mi tema es el titulado "El libro del vacío del mundo", dedicado a Mallarmé y Flaubert. Siempre me fascinó el hecho de que Mallarmé, que en sus versos había logrado dar a la nada una incomparable forma cristalina, hubiese dedicado los últimos años de su

vida al proyecto de un libro absoluto como fin último del universo, misterioso trabajo cuyas huellas destruyó enteramente. Igualmente me fascina pensar que Flaubert, que había escrito a Louise Colet el 16 de enero de 1852 "*cet que je voiyez faire c'est un livre sur rien*", dedicara los últimos diez años de su vida a la novela más enciclopédica que jamás se haya escrito, *Bouvard et Pécuchet*.

Naturalmente, la nada cristalina de Blumenberg, de acuerdo con Calvino, es el vacío dejado por la muerte de los modelos absolutos y poblado por la búsqueda de identidad en la diversidad.

Bibliografía

ALBERT, M. (1992), *Capitalismo contra capitalismo*, Barcelona, Paidós.
ALMOND, G. A. y S. VERBA (1963), *The civic culture*, Little Brown.
ANDERSON, P. (1984), *Modernidad y revolución*, Madrid, Leviatán, núm. 16.
AUSTIN, J. L. (1979), *Philosophical papers*, Oxford University Press.
BANCO MUNDIAL (1994), *The Asian miracle*.
———— (1998), *Beyond the Washington Consensus: Institutions Matter*.
BERMAN, M. (1988), *Todo lo sólido se desvanece en el aire*, Madrid, Siglo XXI.
BLOOM, A. (1987), *The closing of the American mind*, Simon & Schuster.
BRUNNER, J. J. (1998), *Globalización cultural y posmodernidad*, México, FCE.
CALVINO, Í. (1990), *Seis propuestas para el próximo milenio*, Madrid, Siruela.
COASE, R. H. (1994), *Essays on economics and economists*, Chicago University Press.
CORTINA, A. y E. MARTÍNEZ (1996), *Ética*, Madrid, Akal.
DILTHEY, W. (1944), *Introducción a las ciencias del espíritu*, México, FCE.
EASTON, D. (1965), *A system analysis of political life*, John Wiley & Son.
ECO, U. (1968), *Apocalípticos e integrados*, Barcelona, Lumen.
EHSENBERG, A. (1991), *Le culte de la performance*, París, Calmann-Lévy.
EMMERIJ, L. y J. NÚÑEZ DEL ARCO (comps.) (1998), *El desarrollo económico y social en los umbrales del siglo XXI*, Washington D. C., BID.
FUKUYAMA, F. (1991), *Trust: the social virtues and the creation of prosperity*, The Free Press.
———— (1992), *The end of History and the last man*, Nueva York, The Free Press.
GAMBETTA, D. (ed.) (1988), *Trust: making and breaking cooperative relations*, Oxford, Blackwell.
GARCÍA CANCLINI, N. (1995), *Consumidores y ciudadanos: conflictos multiculturales de la globalización*, México, Grijalbo.
GERMANI, G. (1961), *Sociedad y política en una época de transición*, Buenos Aires, EUDEBA.
GIDDENS, A. (1991), *Modernity and self-identity: self and society in the late modern age*, Stanford University Press.
HABERMAS, J. (1987), *The theory of communicative action*, Bacon Press.
HEIDEGGER, M. (1997), *Ser y tiempo*, Santiago de Chile, Editorial Universitaria.
HIRSCHMAN, A. O. (1963), *Journeys toward progress: studies in economic policy-making in Latin America*, FCE.
HUGHES, S. (1988), *Sophisticated rebels*, Harvard University Press.

HUNTINGTON, S. (1993), *The clash of civilizations*, Simon & Schuster.
IGLESIAS, E. V. (1997), "Cultura, educación y desarrollo". Exposición en ocasión de la Asamblea General de la UNESCO, París.
INGLEHART, R. (1989), *Culture shift in advanced industrial societies*, Princeton University Press.
────── (1997), *Modernization and postmodernization*, Princeton University Press.
KLIKSBERG, B. (1993), *Pobreza: un tema impostergable. Nuevas respuestas a nivel mundial*, México, FCE.
LASCH, C. (1988), *The culture of narcissism: American life of an age of diminishing expectations*, Norton.
LIPOVETSKY, G. (1992), *El crepúsculo del deber: la ética indolora de los nuevos tiempos democráticos*, Barcelona, Anagrama.
LYOTARD, F. (1984), *La condición postmoderna*, Cátedra.
MARCH, J. G. y J. P. OLSEN (1989), *Rediscovering institutions: the organizational basis of politics*, The Free Press.
────── (1995), *Democratic governance*, The Free Press.
MILLS, W. (1957), *La elite del poder*, México, FCE.
OCDE (1979), *Interfutures: facing the future*, París.
OHMAE, K. (1995), *The end of the nation State: the rise of regional economies*, The Free Press.
OLSON, M. (1961), *The logic of collective action*, Harvard University Press.
OSTRON, E. (1990), *Governing the commons*, Cambridge University Press.
PARSONS, T. (1951), *The social system*, The Free Press.
PEYREFITTE, A. (1995), *La sociedad de la confianza*, Barcelona, Andrés Bello.
PNUD (1998), "Desarrollo humano en Chile, 1998: las paradojas de la modernización", Santiago de Chile.
PUTNAM, R. D. (1993), *Making democracy work: civic traditions in modern Italy*, Princeton, Princeton University Press.
ROJAS, E. (1992), *El hombre light: una vida sin valores*, Madrid, Planeta.
RORTY, R. (1991), *Objectivity, relativism and truth*, Cambridge University Press.
ROSZAK, T. (1979), *Person-planet. The creative destruction of industrial society*, Gallancz.
SCHELER, M. (1928), *El puesto del hombre en el cosmos*, primera edición alemana.
SEARLE, J. R. (1995), *The construction of social reality*, The Free Press.
SHEPSLE, K. A. (1990), *Perspectives on positive economics*, Cambridge University Press.
SIMMEL, G. (1900), *Filosofía del dinero*.
TOMASSINI, L. (1991), *La política internacional en un mundo postmoderno*, Buenos Aires, RIAL-GEL.
────── (1993), *Estado, gobernabilidad y desarrollo*, Washington D. C., BID.
────── (ed.) (1994), *¿Qué espera la sociedad del gobierno?*, Santiago de Chile, Universidad de Chile (CAPP).
────── (1997), "El proceso de transnacionalización y sus impactos sociopolíticos", en: R. Urzúa (ed.), *Cambio social y políticas públicas*, Santiago de Chile, Universidad de Chile (CAPP).
URZÚA, R. y F. AGÜERO (1998), *Fracturas en la gobernabilidad democrática*, Santiago de Chile, Universidad de Chile (CAPP).
VICENS VIVES, J. (1956), *Historia general moderna*, Montaner y Simón.
VIROLI, M. (1992), *From politics to reasons of State*, Cambridge University Press.
WITTGENSTEIN, L. (1953), *Philosophical investigations*, MacMillan College Publishing Co.

Desafíos de un desarrollo humano: individualización y capital social

Norbert Lechner

Resumen

El informe titulado "Desarrollo humano en Chile, 1998: las paradojas de la modernización" (PNUD) plantea que una subjetividad vulnerada pone en peligro la sustentabilidad social del proceso de modernización. Uno de los desafíos del desarrollo humano reside pues en lograr un desarrollo de la subjetividad que sea complementario al avance modernizador. Asumiendo el actual impulso a la individualización, el problema parece radicar en la recomposición de una "individualidad colectiva" capaz de incidir sobre el desenvolvimiento de los sistemas funcionales. En esta perspectiva el texto analiza, por una parte, las imágenes de "lo social" implícitas en las aspiraciones de los chilenos y presenta, por otra, una reflexión preliminar sobre el capital social en Chile.

Paradojas de la modernización en Chile

El desarrollo de Chile en la última década ha sido muy exitoso tanto en el campo económico como en el social. La transformación de la estructura productiva ha dado lugar a un crecimiento ininterrumpido del producto bruto interno (PBI) y del empleo junto con una disminución sostenida de la inflación. Se logró incrementar la tasa de ahorro interno y, al mismo tiempo, reducir la pobreza. Además, mejoraron sustantivamente las remuneraciones reales y los indicadores de salud y educación. A esto se agrega la modernización del Estado mediante un proceso de descentralización administrativa, la reforma del Poder Judicial y la consolidación de las instituciones democráticas tanto en el nivel nacional como en el regional y en el municipal. En suma, el país ha conocido una profunda modernización de todos los sistemas funcionales. Las turbulencias financieras internacionales no han puesto en peligro la tendencia. Estos avances se reflejan en el índice de desarrollo humano, ya que Chile ocupa el primer lugar entre los países latinoamericanos.

El país presenta, sin embargo, una paradoja: junto con los notables éxitos de la modernización existe un difuso malestar social. Según muestra el informe del PNUD titulado "Desarrollo humano en Chile, 1998: las paradojas de la modernización", el buen desempeño de los indicadores macroeconómicos y macrosociales no brinda necesariamente un sentimiento de seguridad a la población. Sabemos que la modernización conlleva seguridades e inseguridades. Hoy en día, los chilenos tienen la seguridad de no pasar hambre y de ser respetados en sus derechos humanos. Simultáneamente, expresan sentimientos de inseguridad e incertidumbre. Sus experiencias remiten a razones objetivas y subjetivas. Los antecedentes empíricos permiten distinguir tres ámbitos:

1) El miedo a la exclusión: a pesar del buen desempeño de los indicadores socioeconómicos, la gente no está segura de que los sistemas de salud y de previsión le otorguen una protección adecuada contra los infortunios de la vida. Tampoco confía en poder aprovechar las oportunidades brindadas por el desarrollo del país en términos de educación y empleo. Dicha percepción no es arbitraria. Los sistemas funcionales son deficientes porque ni cubren a toda la población ni mucho menos aseguran un acceso equitativo a los servicios. Esto provoca fuertes sentimientos de inequidad y desprotección. Tales experiencias son potenciadas por las dinámicas de una economía capitalista de mercado cuyos criterios de flexibilidad y competencia trastrocan las pautas establecidas. En la medida en que el mercado no satisface ciertas demandas de reconocimiento e integración simbólica, anteriormente cubiertas por el Estado, la exclusión es vivida como una amenaza cotidiana por la mayoría de los chilenos. Esta desconfianza en los sistemas es tanto mayor por cuanto existe también una desconfianza en las relaciones interpersonales.

2) El miedo al otro: el temor al delincuente, muy superior a las tasas reales de criminalidad, es la metáfora de otros miedos. La aguda percepción del extraño como un potencial agresor refleja la debilidad del "nosotros". Las identidades colectivas han perdido su anclaje material y simbólico; su lugar es ocupado por una retracción al hogar y un "individualismo negativo". Mas las estrategias individuales o familiares no pueden reemplazar la sociabilidad. Al debilitamiento del vínculo social contribuyen el miedo a los conflictos, producto de la traumática experiencia del país, y la vivencia del mercado. La interiorización de la competitividad y de la precariedad como experiencias vitales agudiza la sensación de soledad e incomunicación.

3) El miedo al sin sentido: la experiencia cotidiana (estrés, contaminación, drogadicción, agresividad) muestra la vida social como un proceso caótico. Dicha experiencia de descontrol, que actualiza la memoria del pasado, es acentuada por el desvanecimiento del futuro. La falta de un horizonte temporal de duración dificulta desarrollar un "sentido de orden". En la medida en que los referentes habituales (familia, escuela, empresa, nación) pierden su fuerte significado, crecen las dificultades de elaborar un "sentido de vida" individual. En el marco de un pluralismo de valores y opiniones con el consiguiente debilita-

miento de las tradiciones y convenciones heredadas, el avance de la individualización plantea retos inéditos.

En síntesis, la gente percibe que no es el sujeto de una modernización que parece avanzar a sus espaldas ni es la beneficiaria de las nuevas oportunidades. Lograr un desarrollo humano en Chile plantea pues un desafío mayor: poner las exigencias de la modernización en relación con la subjetividad.

¿Cómo pensar la subjetividad?

En Chile, como en América Latina, no hubo generalmente mayor preocupación por la subjetividad. Los análisis del ajuste estructural y la transformación productiva se refieren únicamente a expectativas restringidas a un cálculo económico. Tampoco las investigaciones sobre la transición política, centradas en las acciones estratégicas –de tipo *rational choice*– de los actores y los estudios de opinión pública, dedicados a preferencias y actitudes, ofrecen una reflexión sostenida acerca de la dimensión subjetiva. El citado informe del PNUD tiene el mérito de instalar una nueva mirada: la subjetividad importa. Quedó así planteada una interrogante de fondo: ¿existe una relación entre el proceso de modernización y dichos síntomas de malestar? Podría afirmarse que, *a pesar de* un avance de la modernización, existen sentimientos de desazón e inseguridad, o bien, a la inversa, que ellos surgen precisamente *a raíz de* esa estrategia de modernización. Del debate suscitado por el estudio se desprenden tres líneas de interpretación:

1) La explicación más obvia de la asintonía diagnosticada remite a la celeridad y el carácter impositivo con que la dictadura inició la actual modernización. En efecto, mientras en Europa el proceso avanza paulatinamente a lo largo de muchas décadas, amortiguado por formas tradicionales de sociabilidad, en Chile ocurre una profunda reestructuración en tan sólo diez, quince años, que vuelve súbitamente obsoletas las experiencias prácticas y disposiciones mentales de gran parte de la población. El malestar reflejaría el desconcierto de una gente que se encuentra de pronto arrojada a un mundo desconocido. En ausencia de herramientas adecuadas a las nuevas condiciones de vida, su orfandad daría lugar a una visión nostálgica que añora los tiempos pasados. De cara a este *cultural gap*, estimación inevitable en todo proceso de modernización, se proponen diversas estrategias.

Germani (1966) habló del "tradicionalismo ideológico", propio de las viejas elites, que busca limitar la modernización al ámbito económico a la vez que reforzar la socialización de los valores tradicionales a través de la familia y la escuela. Tal tradicionalismo representa una estrategia viable para los grupos de nivel socioeconómico alto. Pero no es una opción para la mayoría de la población que sufre la sobrecarga de la familia tradicional y de la enseñanza pública. La alternativa es "darle tiempo al tiempo"; es decir, apostar a una adaptación gradual de los valores y hábitos. La propia modernización generaría procesos de aprendizaje relativamente acelerados, permitiendo interiorizar las nuevas exigencias. Pero entre tanto, ¿qué respuesta damos al individuo agobiado por la disgregación de la vida social? La preocupación actual por la moral y las virtudes tiende a olvidar que las transformaciones en curso abarcan igualmente a ese ámbito. Resulta pues ingenuo invocar sin más a la moral como el "cemento de la sociedad".

2) Vinculada a la línea anterior, otra interpretación entiende el malestar como resultado de una "inflación de expectativas" que no logran ser satisfechas. La modernización crearía un incremento de las demandas de bienes y servicios mucho más rápido que las capacidades de satisfacción. Dicho de otro modo, el descontento reflejaría una disonancia entre las promesas del crecimiento económico y las potencialidades efectivas. El problema radicaría no en el actual estilo de modernización, sino en su alcance limitado. En consecuencia, la estrategia apropiada consistiría en acelerar el proceso iniciado: "más de lo mismo, pero más rápido".

Esta interpretación equipara el malestar a un desequilibrio entre demanda y oferta en el mercado. Cabe sospechar, empero, que las expectativas de la gente (al menos, algunas) y los resultados de los sistemas funcionales operan en registros diferentes. Probablemente el miedo a la exclusión tiene que ver, en una parte importante, con demandas de protección, reconocimiento e integración; o sea, con una dimensión simbólica que el mercado, por eficiente que sea, no logra satisfacer. Por un lado, la reforma del Estado altera no tanto su capacidad reguladora como su papel de instancia garante de la comunidad; no sólo se desvanece la idea de que –por medio del Estado– "nos hacemos de la sociedad". Además, por otro lado, la combinación de régimen militar y mercado ilimitado produce un debilitamiento material de lo social. Los individuos pierden aquel enraizamiento en el tejido social que les permite explicitar y codificar las relaciones de reconocimiento recíproco y construir lazos de integración social.

3) Desde un punto de vista más general, el malestar es visto como una expresión típica de la modernidad que, como lo atestigua el propio desarrollo de las ciencias sociales, acompaña todas sus fases. En un orden social que ya no descansa sobre un fundamento externo inamovible, sustraído a toda crítica, la incertidumbre debe ser considerada un fenómeno normal. Esta premisa correcta suele dar pie a dos conclusiones erróneas. La primera transforma un proceso histórico-social en un hecho natural. Tiene lugar una "naturalización" de la modernización de modo que su rumbo y su ritmo parecen estar fuera del alcance de la voluntad humana. Ésta debe adaptarse al proceso como se adapta

al sol y a la lluvia. Por ende, las personas no serían sino agentes o máscaras de una lógica impersonal superior. Para esta visión histórica, la preocupación por la subjetividad, por los miedos y anhelos de la gente, por la erosión de sus vínculos sociales, representa una reacción neoconservadora.

Dicha conclusión deriva fácilmente en un segundo error: absolutizar determinada estrategia de modernización. El pensamiento neoliberal fomenta una nueva ortodoxia dogmática que olvida las condiciones particulares de cada país; olvida las diferencias entre el "modelo anglosajón" y el "capitalismo renano" o el "modelo japonés", diferencias que se desprenden precisamente de sus distintas tradiciones históricas. Para bien y para mal, la experiencia pasada condiciona el presente. En cambio, al dar por sentada la estrategia predominante, queda escamoteada su relación (o, mejor dicho, su ruptura) con lo que fue el proceso histórico cultural de la sociedad. Por consiguiente, cualquier crítica a dicha estrategia equivale a un cuestionamiento de *la* modernización.

La complementariedad entre modernización y subjetividad

Las tres líneas de interpretación tienen un denominador común: descansan sobre una escisión entre modernización y subjetividad como dos procesos autónomos, inconexos entre sí. Tanto aquellos que apuestan decididamente por la modernización, asumiendo el malestar como un costo inevitable, como quienes hacen hincapié en las identidades atropelladas, sin considerar las oportunidades que brinda el proceso, tienen una visión unilateral y, por ende, ciega a las implicancias. El enfoque estructuralista de los primeros ilumina bien la "lógica del sistema" y las exigencias de su funcionamiento, pero deja en la oscuridad a la subjetividad, reducida a un problema de gobernabilidad (Brunner, 1998). Los segundos, por su parte, no logran vincular su defensa de la subjetividad con el nuevo contexto estructural (Moulián, 1997). Incluso quienes denuncian el "pensamiento único" toman la globalización en curso por un proceso cuasi automático y monolítico, frente al cual la subjetividad representa apenas un nicho de refugio o resistencia (Bourdieu, 1980).

Para obtener una visión integrada de la realidad como orden social es necesario relacionar modernización y subjetividad. Esta mediación es establecida por la modernidad como un proceso que engloba ambos momentos. Dicho muy esquemáticamente: la modernidad nace del desacople entre subjetividad y modernización y se despliega en la tensión entre ambas. Como esta relación entre modernización y subjetividad implica una tensión insuperable, el desafío radica en su complementariedad. Toda sociedad moderna ha debido hacerse cargo de su manejo acorde a cada período histórico. Mientras que el liberalismo decimonónico apuesta a una complementariedad espontánea entre modernización y subjetividad, el modelo socialdemócrata construye la complementariedad por medio del Estado. En la actualidad, según vimos en el caso chileno, la primacía acordada a la modernización vulnera la subjetividad de las personas y, por lo tanto, limita las oportunidades de un desarrollo humano.

Varias razones aconsejan prestar atención a la complementariedad entre modernización y subjetividad. En primer lugar, el enfoque responde a un criterio normativo que afirma a la persona como sujeto del desarrollo y beneficiario de sus oportunidades. Acorde a esta perspectiva, existe un desarrollo humano cuando el proceso de modernización se encuentra al servicio de las personas. La modernización no es un fin en sí mismo, pero tampoco los sujetos son plenamente autónomos. Sólo logran conducir el desarrollo social si respetan la lógica intrínseca a los sistemas funcionales. Han de compatibilizar, pues, las propias exigencias de autonomía con la autonomía relativa de los sistemas.

En segundo lugar, la complementariedad da cuenta de la modernización como un proceso histórico-social. Los sistemas funcionales no son procesos automáticos, impermeables a su entorno. Son prácticas formalizadas, moldeadas por valores e intereses sociales. A la inversa, la subjetividad tampoco es un proceso espontáneo, sino condicionado por las formas específicas de la modernización. En realidad, ambos procesos asumen, al menos tácitamente, la complementariedad. Tanto los sistemas (mediante estadísticas, expertos, encuestas) como los sujetos desarrollan una reflexividad acerca de su relación recíproca.

Esto remite a una tercera razón: la sustentabilidad social de la modernización. Ésta es sólida y duradera solamente en la medida en que sintoniza con las bases culturales de la sociedad. Todo proceso de racionalización está impregnado de las tradiciones valóricas, suposiciones cognitivas y motivaciones afectivas (necesidades antropológicas) de la gente. La cultura representa pues un "límite crítico" para la modernización, una especie de "mínimo" que ha de ser respetado so pena de provocar un bloqueo. Ni la subjetividad es totalmente moldeable ni tampoco lo son los sistemas. También ellos tienen un "límite crítico" que restringe la capacidad de disposición. El debate sobre las estrategias de desarrollo es en buena parte una pugna por determinar dichos límites críticos en ambos sentidos.

Vistas así, las políticas de desarrollo conciernen fundamentalmente al manejo de la complementariedad entre modernización y subjetividad. Ese manejo depende de las megatendencias de la época y de las condiciones específicas de una sociedad. Debemos referirnos al nuevo contexto si queremos visualizar los retos actuales. Dicho sintéticamente, este cambio de época se caracteriza por el fin de la "modernidad organizada" (Wagner, 1997). Entre 1930 y 1970, la sociedad moderna se organizó en torno al Estado: Estado nacional, que acota el espacio territorial y el horizonte temporal de las interacciones sociales, y Estado social, que asegura la integración de los diferentes actores. Este tipo de organización social se agotó y apenas se vislumbra el perfil de la nueva fase histórica. Entre sus rasgos, dos tendencias parecen tener especial impacto. Por un lado, los procesos de globalización en tanto desanclaje espacio-temporal que rompe el marco nacional de los procesos. Su forma específica –el mercado– responde a otro rasgo de la nueva época: la creciente complejidad social. La diferenciación social y funcional de la sociedad contemporánea incrementa la contingencia de modo tal que una coordinación exclusivamente política por vía del Estado resulta insuficiente. Pero el mercado por sí solo tampoco genera ni asegura la integración de la vida social. Esto adquiere especial relevancia en miras del impulso que presenta, por otro lado, el proceso de individualización. Aumenta el ámbito de la autonomía individual a la vez que disminuye la protección que brindaban las convenciones y normas sociales. Conviene mirar de cerca este fenómeno porque, como señalan varios autores (Beck, 1997; Giddens, 1997; Touraine, 1997), nos puede ofrecer una clave para comprender el proceso actual.

Hoy por hoy, los individuos tienen una mayor libertad de elección no sólo en el consumo de bienes y servicios, sino también en términos de elegir con quiénes quieren convivir y con qué reglas. Se amplían, pues, las opciones de elegir los principios morales, los gustos estéticos, las relaciones de pertenencia e identificación. De hecho, los individuos se ven obligados a diseñar y realizar sus planes de vida sin referencia al marco habitual. Entonces, desprendido de sus lazos naturales, el individuo aparece como un Robinson único y aislado; "robinsonada" que repiten las ciencias sociales actuales en el individualismo metodológico del *rational choice*. Los individuos aparecen en escena dotados de una existencia presocial y la sociedad aparece como una realidad derivada de ellos. Tal concepción de *"homo clausus"* olvida que los hombres contraen vínculos que no son solamente interdependencias funcionales debido a la división del trabajo, sino también nexos emocionales, y ello sucede tanto en escenarios de pequeña escala como en escenarios de gran escala. No existe ni es imaginable siquiera un Yo sin un Tú, un Ellos, un Nosotros (Rochabrún, 1993, p. 146). Es imposible la construcción aislada de una identidad individual. El individuo logra tomar conciencia de su individualidad sólo por medio de la mirada del Otro. Dicho sucintamente: su autonomía exige el reconocimiento intersubjetivo. El vínculo social no es, por lo tanto, algo externo y posterior al Yo, sino una dimensión intrínseca a la persona. Formulado enfáticamente: "el hombre es, en el sentido más literal, no solamente un animal social, sino un animal que sólo puede individualizarse en la sociedad" (Marx, 1971, p. 4). No hay persona sin sociedad. Mas esta socialidad se encuentra amenazada por la disgregación de las formas tradicionales de convivencia social. Parece una situación paradójica: el proceso de individualización presupone una socialización que, no obstante, el mismo individuo socava. Por cierto, la descomposición afecta una de las formas de convivencia a la vez que genera la recomposición de nuevas formas. Esto nos señaliza el desafío actual: ¿cuál es la vida en común acorde al actual proceso de individualización?

No podemos asumir la individualización y fortalecer la autonomía personal sin interrogarnos acerca de su complemento necesario: "lo colectivo". Es por intermedio de un "Otro generalizado" –un imaginario y una experiencia de "sociedad"– que la persona afirma su autonomía individual. La persona se sabe y se siente partícipe de una comunidad a la vez que es reconocida por ella en sus derechos y responsabilidades. ¿Cuál es la forma de unidad colectiva que permite respetar y desplegar las diferencias individuales? No basta con la mera sumatoria de individualidades. Sería falso, dice Habermas (1987, p. 173), imaginarse la identidad colectiva como una identidad individual en formato grande; entre ambas no existe analogía, sino una relación de complementariedad. Según vimos, la conformación y la estabilización de las identidades individuales ya no pueden descansar sobre las formas anteriores de lo colectivo; ni la religión, ni las tradiciones o la nación ofrecen un valor compartido y por encima de toda sospecha. Tampoco el "patriotismo constitucional" propugnado por Habermas parece ser una opción viable de identidad postradicional en América Latina. Entonces, ¿de qué modo las personas conciben y realizan el vínculo social?

A continuación, enfocaré las oportunidades y las restricciones que enfrenta "lo social" a través de dos ámbitos: los sueños de los chilenos y la transformación de su sociabilidad.

Los deseos de cambio

El diagnóstico del malestar social ofrece una contribución fructífera a la discusión del "modelo de desarrollo" en la medida en que provoca una reflexión acerca de las alternativas viables. En efecto, el malestar puede ser leído como una crítica tácita (no verbalizada) del estado de las cosas y, simultáneamente, como una búsqueda de alternativas. Suponiendo que la desazón conlleva un deseo de cambio, es menester preguntarse acerca de los sueños de la gente: ¿qué aspiraciones tienen los chilenos? Nuestra hipótesis –la individualización en curso requiere una reconstrucción de lo social– pone el acento de la indagación en las imágenes de lo colectivo.

Los deseos de cambio se inscriben en las representaciones colectivas que se hace la gente sobre su realidad respectiva en determinado momento. Descansan sobre una apreciación de cómo funciona la vida social; evaluación que se encuentra condicionada por los hábitos mentales, las experiencias acumuladas del pasado y las imágenes acerca de "lo posible" en el futuro. Las aspiraciones son pues complejos productos culturales, elaborados en la sociabilidad cotidiana. Pero no es posible, en este marco, abordar tales representaciones y su circulación diferenciada en la sociedad chilena actual. Me limito a una aproximación impresionista sobre la base de las aspiraciones formuladas en diversos grupos de discusión.

Conviene distinguir las aspiraciones de la gente, como esperanzas de algún futuro mejor, de las meras expectativas (referidas a futuros probables), de las preferencias (acerca de opciones disponibles) y de las fantasías (sin referencia a la realidad). Enseguida cabe analizar los contenidos de las aspiraciones. Del estudio que realiza el PNUD en Chile se desprenden dos resultados preliminares.

El bloqueo de los sueños

En primer lugar, llama la atención la dificultad de la gente entrevistada para formular sus sueños. Mientras que las quejas fluyen con gran facilidad y encuentran rápidamente un eco en los demás, las aspiraciones aparecen sólo a contracorriente. Predomina una situación de bloqueo. En parte, puede tratarse del pudor de manifestar y compartir alguna aspiración, considerada como algo íntimo que no se quiere exponer. Más frecuentemente, la gente entrevistada quisiera compartir una aspiración, pero no es acogida. De este modo, lo que un grupo finalmente comparte no es una esperanza, sino una desesperanza. Prevalece la resignación ante un sueño considerado imposible, o bien el desencanto con un futuro que no es el deseado. Y es solamente a contrapelo del discurso explícito que se vislumbran las aspiraciones. O sea, no suele haber una formulación positiva de los sueños y más bien, como en las fotografías, hay una imagen en negativo.

¿Cómo interpretar dicho bloqueo? A modo de hipótesis cabe adelantar algunas razones posibles. Una razón sobresaliente en el caso de Chile es, sin duda, la memoria histórica. El "*affaire* Pinochet" ha subrayado el trauma persistente. Por un lado, hay una "memoria del olvido", al menos una memoria silenciosa, que no quiere recordar lo pasado; antes bien, prefiere borrarlo. Sin embargo, ese velo de silencio es una amputación; eliminando el pasado se eliminan también las energías afectivas para proyectarse al futuro. Sin memoria no hay imaginación. Con un pasado vacío y un futuro plano, sólo queda el presente. Por otro lado, persiste de manera subcutánea (y, muchas veces, de modo agudo) un miedo al conflicto. Aquí echa sus raíces el miedo al otro, señalado en el inicio. Esa memoria pervierte la relación con el otro, pues tiende a vivirla como una guerra. No se ofrece ni se busca reconocimiento. Por lo mismo, la autonomía individual se vuelve estéril. Le falta la autoconfianza para proyectarse al futuro. Como los sueños pasados se transformaron en pesadilla, más vale cancelar todo sueño.

Otra razón significativa parece ser la fuerza normativa de lo fáctico. Ésta es la parte invisible del iceberg neoliberal que, a través de una naturalización y absolutización del mercado, tiende a congelar el orden existente de las cosas y a censurar toda alternativa. A los ojos de la gente, la realidad aparece sustraída, en buena parte, al control social. Aún más: se afirma que el buen funcionamiento de los sistemas radica precisamente en su operación cuasi automática. En la medida en que, como en el caso chileno, el sistema económico opera exitosamente, la facticidad de lo dado adquiere fuerza normativa. Cualquier duda acerca de los criterios del "éxito" parece fuera de lugar. El hecho de que, en proporciones similares, la gente estima que su voto incide (49%) o no incide (45%) en cambiar el estado de las cosas (Latinobarómetro, 1996) sugiere que no existe una fuerte motivación a la acción colectiva. Ese poder de lo fáctico es acentuado por los "poderes fácticos" (empresarios, Fuerzas Armadas), percibidos como fuerzas que definen la marcha de las cosas al margen de la normatividad establecida. Una vez que la gente interioriza que su entorno obedece más a equilibrios espontáneos que a regulaciones sociales, la preocupación por el futuro se vuelve irrelevante. Dicho de otra manera: un orden social que se proclama independiente de la subjetividad no da lugar a aspiraciones. Como mucho, la preeminencia de la "lógica del sistema" ofrece espacio a estrategias individuales de acomodo.

Esa "lógica del sistema" gravita en proporción inversa al protagonismo de lo colectivo. Lo fáctico tiene tanto más peso cuanto más débil es la subjetividad social. Aceptando dicha hipótesis, es menester suponer que el actual proceso de individualización, volcado a lo privado, contribuye al bloqueo de los sueños. Éstos no son simple producto de la imaginación individual; están condicionados por la inserción del individuo en determinada sociedad. Dependen pues de las condiciones histórico-sociales en que las personas elaboran y seleccionan las aspiraciones. En consecuencia, podemos ver en el fenómeno (de manera similar al malestar diagnosticado en el informe del PNUD de1998) el resultado de un proceso de privatización que dificulta la comunicación social. Retraídos a la familia y al hogar, los individuos disponen de menos posibilidades de verbalizar y compartir sus miedos y sus anhelos. Faltan oportunidades de "codificar" los sueños, por así decir; codificación que suele elaborarse en la conversación e interacción social. Vale decir, la privatización podría tener un alcance mucho más vasto de lo sospechado. Más allá de la privatización de los servicios públicos y la consiguiente privatización de riesgos y responsabilidades, la sociedad chilena actual se caracterizaría por una privatización de las aspiraciones. Tal interpretación puede apoyarse en la otra conclusión provisoria que se desprende de la investigación emprendida.

La ausencia de proyectos colectivos

Los contenidos de las aspiraciones revelan una relación ambivalente con la realidad; las personas tienden a percibirla como carencia (queja) o a negarla (fantasías de fuga). En general, las aspiraciones se refieren principalmente al ámbito personal de los individuos entrevistados. En cambio, la manifestación de sueños colectivos es débil y la referencia a la sociedad se encuentra muy desdibujada.

Las personas tienden a expresar aspiraciones referidas a sí mismas o a su familia. Afloran deseos de promoción social, de superación personal, de poder "ser sí mismo" y de tener una vida espiritual más plena. Concordante con tales anhelos de bienestar y búsqueda de sentido, Chile conoce un auge de las terapias, de diversos grupos de apoyo y de manifestaciones masivas de espiritualidad religiosa (tanto católica como evangélica). Ya no se trata de "cambiar el mundo" como en los años sesenta, sino de "cambiar de vida", sea porque es lo más significativo, sea porque parece ser lo único que se puede cambiar. Frecuentemente, dichas aspiraciones son enunciadas a partir de la queja; hay un sentimiento de carencia que duda poder ser satisfecho. La carencia se expresa, en parte, como resignación; es mediante la constatación de la discriminación y de la exclusión que se vislumbra el sueño de bienestar. Por otra parte, prevalecen manifestaciones de desencanto; las experiencias de vacío y saciedad parecen no poder ser superadas en el futuro previsible.

Este cuadro sombrío es más notorio cuando las aspiraciones remiten a la sociedad chilena actual. En este caso, las personas entrevistadas no formulan sueño alguno. La desesperanza, el miedo, "el sistema" inhiben todo vuelo. Las aspiraciones emergen sólo en negativo, como la sociedad que no será. La igualdad, la diversidad, la calidad de la vida social son los valores que se echa de menos, pero sin mayor esperanza de verlos concretados. En realidad, el horizonte de futuro carece de promesas. No cabe esperar del mañana sino más de lo mismo. Prevalece una sensación de impotencia de cara a un "sistema" que (mediante el consumismo, la televisión, etc.) es percibido como una expropiación de la subjetividad.

Esto podría explicar las fantasías de escape a la naturaleza, particularmente entre las personas más jóvenes. Ellas suelen evocar una visión romántica de la naturaleza; un entorno no contaminado en contraste con la contaminación ambiental de las ciudades y también como ambiente puro en el sentido de relaciones francas y transparentes.

La interpretación de los antecedentes remite, en primer lugar, a la dimensión temporal. En la medida en que las aspiraciones implican una noción de futuro, una formulación restrictiva de los sueños señaliza el desvanecimiento de los horizontes de futuro. Éstos quedan restringidos al bienestar de los hijos. Prevalece cierto espíritu de la época, expresado con el rótulo de "posmodernidad", en el cual inciden diversas tendencias: 1) el desmoronamiento de la fe en el progreso y una creciente sensibilidad acerca de los "riesgos fabricados" por la modernización; 2) el auge del mercado y el consiguiente debilitamiento de la política como instancia reguladora, y 3) el cuestionamiento de la noción misma de sociedad como sujeto colectivo capaz de moldear su ordenamiento. En el caso de Chile, se agrega un factor ya reseñado: el pasado traumático de la dictadura. Aunque silenciada, la memoria de las profundas divisiones del pasado persiste inhibiendo el debate de cualquier tema que pueda resultar conflictivo. Dado que el futuro es abierto y, por lo tanto, una controversia, la gente teme que su discusión abra nuevamente los conflictos de antaño. Pues bien, negando la diversidad y acallando las controversias se hace difícil elaborar alguna idea compartida de futuro. No queda, en definitiva, sino el presente. En este ámbito, la percepción de las deficiencias de los sistemas, así como la de las amenazas para lo que se ha conquistado, determinan los estrechos límites de las aspiraciones.

Javier Santiso argumenta que en América Latina –ese "continente del futuro" tan agobiado de promesas vanas– la retracción del futuro ofrece oportunidades para un "posibilismo" (según Hirschman) finalmente más fecundo que los sueños desmedidos. La región conoció, en efecto, una "inflación ideológica" de futuro y, por ende, ambiciones imposibles de realizar con la consiguiente frustración. La evaporación actual del futuro, empero, no arregla las cosas. Aun los cambios graduales y "posibilistas" exigen algún tipo de "proyecto" –esbozo de un objetivo social deseable– como una "medida" dada (siempre provisoriamente) para medir, confrontar y articular las diferentes aspiraciones. Vale decir, la referencia al futuro parece indispensable para desplegar creativamente la diversidad social. Es el papel que desempeña la idea de Europa para los países europeos y para el cual las sociedades latinoamericanas no han encontrado un equivalente.

En segundo lugar, la debilidad de los sueños colectivos no implica la desaparición de "lo colectivo". El vínculo social está presente, aunque sea por ausencia y como carencia. Tanto en las aspiraciones acerca del bienestar personal y en las quejas sobre la sociedad realmente existente como en las fantasías de una vida natural, resuena una melodía subyacente: la demanda de una mejor calidad de la vida social. No sólo calidad de vida, sino de vida social. Esto se expresa en deseos de conversar, de tener más "tiempo propio", de sentirse partícipe. Vale decir, la gente tematiza el vínculo social, pero no los proyectos colectivos. La distinción obliga a reflexionar más detenidamente acerca de "lo colectivo".

Hay que hacerse a la idea de que las transformaciones de la sociedad moderna implican necesariamente un cambio tanto de las relaciones interpersonales como de la misma persona. No es fácil tomar conciencia de tales cambios, pues afectan las experiencias más básicas de la persona. Tanto las convenciones que rigen las relaciones sociales (normas de cortesía, por ejemplo) como la imagen que se hace la persona de sí misma (individuo autónomo y racional) suelen ser parte de lo que –por ser "normal y natural"– se toma por dado. Sin embargo, son construcciones culturales que varían acorde cambia el ordenamiento de la vida social. Hoy se vuelve evidente que la globalización y la diferenciación de las estructuras sociales socavan los referentes materiales y simbólicos de las identidades colectivas. A las clases sociales, basadas en intereses, se sobrepone una multiplicidad de "tribus" agregadas tenuemente en torno a emociones, símbolos y gustos pasajeros. Ellas representan el impacto de una individualización que parece anteponer el individuo a todo "hecho colectivo". Se renueva la escisión nominalista de individuo y sociedad. Las oportunidades y las amenazas –ambivalencias biográficas que anteriormente eran decididas de acuerdo con el marco establecido por la familia, el grupo o la clase social– ahora deben ser detectadas, interpretadas y manejadas por los propios individuos. Y éstos ven a su Yo, supuestamente monolítico, fragmentarse en múltiples y contradictorios elementos. Vale decir, la individualización conlleva una transformación de la intimidad y de la identidad del Yo (Beck, 1997), lo cual altera la noción de "lo social".

Probablemente, estamos asistiendo a la recomposición del Yo mediante combinaciones flexibles y móviles de elementos viejos y nuevos, a la par de una reestructuración igualmente tentativa y *light* del vínculo social. En este proceso, el anterior énfasis en el "hecho colectivo" como condición de la individualidad se desplaza hacia el "individuo social" que define su socialidad. Este desplazamiento de la óptica, apenas perceptible, modifica sustantivamente el significado de "lo colectivo". Simplificando groseramente, podría decirse que ya no es tanto punto de partida como punto de llegada. De ser así, la pregunta de fondo ya no concierne al *"homo sociologicus"* condicionado por las normas establecidas, sino a "lo social" construido a partir de la individualización y en miras de su despliegue.

Sospecho que este giro subyace tras la retracción de los "proyectos colectivos" en beneficio de una mayor sensibilidad por el "vínculo social" con el otro. En consecuencia, hay que reformular la perspectiva de análisis y prestar atención a las formas emergentes de "lo colectivo". Dicho esquemáticamente: si buscamos relaciones muy pautadas, con roles estrictamente acotados, compromisos fuertes y una duración estable en el tiempo, entonces sólo constataremos la erosión de "lo social". Se trata, en efecto, de formas de organización demasiado rígidas y pesadas que no responden a las exigencias de una individualidad de perfil abierto. En cambio, pueden estar emergiendo nuevas formas de "lo colectivo", más flexibles, livianas y fugaces. En esta perspectiva, presentaré en la parte final un posible enfoque del capital social.

Las capacidades de cambio: el capital social

El proceso de individualización brinda grandes oportunidades para un desarrollo humano en el que la persona sea el sujeto efectivo del proceso. Mas la centralidad de la persona no ha de entenderse de modo individualista. Según vimos, la autonomía del sujeto exige el reconocimiento del otro y, por consiguiente, no se despliega efectivamente sino en ese vínculo social. Dado que la persona se individualiza sólo en sociedad, la calidad del desarrollo humano se define en las formas de vínculo social que caracterizan a determinada sociedad. Cuando la organización de la sociedad se flexibiliza, liberando al individuo de sus lazos habituales, ¿cuáles son las nuevas formas del vínculo social? Conocer esos vínculos sociales emergentes significa a la vez conocer las formas de individualización en curso. Una manera fecunda de analizar la dialéctica de individualización y socialización subyacente tras el desarrollo humano nos la ofrece el concepto de capital social, entendido como la trama de confianza y cooperación desarrollada para el logro de bienes públicos.

Acerca del concepto

La noción de capital social ha sido conocida principalmente a través de la obra de Robert D. Putnam, posterior a las formulaciones de Bourdieu (1980) y Coleman (1990). Me refiero sobre todo a sus trabajos porque plantean el término en relación explícita con las estrategias de desarrollo. En su libro *Making democracy work: civic traditions in modern Italy*, Putnam define como capital social aquellos "rasgos de la organización social como confianza, normas y redes que pueden mejorar la eficiencia de la sociedad facilitando acciones coordinadas" (1993, p. 167). Indagando acerca de las razones que explicarían que el norte de Italia muestre un desempeño institucional y un desarrollo económico muy superior a los del sur de la península, Putnam resalta la existencia de una "comunidad cívica". Ésta resulta de un proceso histórico, cuyas tradiciones asociativas son preservadas mediante el capital social. Dicha forma de organización permite evitar los dilemas de la acción colectiva a través de lazos de confianza social. Las relaciones de confianza personal llegan a generar una *confianza social* o confianza generalizada (entre anónimos) cuando prevalecen *normas de reciprocidad* y *redes de compromiso cívico*. Estos tres elementos circunscriben el capital social.

La obra de Putnam suscitó inmediatamente múltiples comentarios. ¿Es el capital social el *missing link* entre los niveles micro y macro del desarrollo social? De manera más o menos crítica, todos objetaron la falta de claridad conceptual. La historia del término (Wall, Ferrazzi y Schryer, 1998) permite visualizar diversas líneas de reflexión que convergen –y se confunden– en él. La ausencia de un marco teórico desemboca en problemas metodológicos para cuantificar empíricamente el fenómeno. Según Coleman, "su valor actual radica en su utilidad para análisis cualitativos" (1990, p. 300). Estudios posteriores de Putnam para cuantificar el capital social en los Estados Unidos (1993 b, 1995, 1996) corren el peligro de enfocar el tema más bien a partir de los datos disponibles que de una reflexión sobre su significado.

Sobresalen, en concreto, tres dificultades. *Primero*, hay que tener en cuenta la lista de indicadores. Aceptando la definición de capital social como "redes, normas y confianza social que facilitan la coordinación y cooperación en beneficio mutuo" (Putnam, 1995, p. 67), ¿cuáles serían los indicadores adecuados y su factibilidad operacional? *Segundo*, es preciso distinguir los diversos niveles del capital social. Putnam se refiere a ámbitos informales (familia, vecindario), a membrecía en organizaciones secundarias, a participación en la política nacional, a normas de reciprocidad general. En definitiva, ¿quién dispone de capital social? A la asociatividad en los niveles micro y medio se agregan las normas de reciprocidad y los valores cívicos vigentes en el nivel macro. Es decir, el capital social funcionaría como una "muñeca rusa". La indeterminación del universo impide su análisis empírico (Haug, 1997). Acorde a una propuesta (modificada) de Harris y De Renzio (1997, p. 932), conviene distinguir: 1) las relaciones informales de confianza y cooperación; 2) la asociatividad formal, y 3) el marco institucional, normativo y valórico. *Tercero*, hay que discriminar formas positivas y negativas de capital social. El crimen organizado ilustra un tipo de asociación que también descansa sobre relaciones de confianza y cooperación. O sea, la asociatividad puede tener un lado oscuro (Putzel, 1997). En consecuencia, ¿qué criterio permite distinguir el capital social "bueno" del "malo" (mafia)? Puede ser el compromiso cívico, planteado por Putnam, o la producción de un bien público. Aun así, la definición de "bien público" es ambigua por cuanto depende de lo que públicamente sea así definido. Un caso ilustrativo es la trama densa de cooperación, muy propia de guetos, que puede acentuar los límites de pertenencia/exclusión e inhibir la individualización en beneficio de solidaridades tradicionales (Portes y Landolt, 1996).

A pesar de las críticas, la noción de "capital social" ha recibido una aceptación instantánea tanto en círculos académicos como en instancias de políticas públicas. ¿A qué se debe la enorme resonancia del concepto? Aunque problemas metodológicos dificulten la investigación empírica, resulta muy plausible la relevancia del llamado "capital social". "El capital social encarnado en normas y redes de compromiso cívico parece ser un prerrequisito para el desarrollo económico, así como para un gobierno efectivo" (Putnam, 1993 b). La conceptuación equívoca facilita interpretaciones diferentes. La lectura neoconservadora aprecia en el concepto las virtudes de la comunidad históricamente crecida y ahora amenazada por los sistemas abstractos. El enfoque neoliberal festeja las posibilidades de una sociedad autoorganizada y autorregulada para resolver las fallas del mercado sin necesidad de una intervención estatal. Los partidarios de la "tercera vía" (Tony Blair) visualizan la complementariedad de políticas públicas y asociatividad ciudadana. En suma, desde distintas perspectivas se ve en el capital social la oportunidad de fortalecer las capacidades de la "sociedad civil".

La relevancia del tema salta a la vista si consideramos los bajos niveles de confianza social existentes en América Latina. Chile no es una excepción, a pesar de su fama de país relativamente homogéneo. La yuxtaposición de algunas encuestas disponibles, aunque no sean comparables, sugiere la presencia de una tendencia consistente.

Se puede confiar en la mayoría de las personas (porcentaje de acuerdo)

1964:	22,3%
1990:	23,0%
1995:	8,2%
1996:	18,0%

Este rasgo de la sociedad chilena (latinoamericana) debe ser motivo de preocupación. Muestra la vulnerabilidad de la convivencia social y, en concreto, de las estrategias de desarrollo. La globalización exige estrategias de competitividad sistémica que presuponen la participación de las personas involucradas. Pero la organización de la participación suele plantear problemas; la gente quiere beneficiarse de los resultados de la acción colectiva, sin pagar los costos de la cooperación. El dilema puede ser superado mediante una sociabilidad que genere lazos de confianza y cooperación. Es lo que aporta el capital social. Él permitiría: 1) compartir información y disminuir así la incertidumbre acerca de las conductas de los otros; 2) coordinar actividades y así reducir comportamientos oportunistas; 3) gracias al carácter reiterativo de la relación, incentivar la prosecución de experiencias exitosas de colaboración, y 4) fomentar una toma de decisión colectiva y así lograr resultados equitativos para todos los participantes (Putnam, 1993, pp. 171 y ss.; Grootaert, 1998).

Putnam analiza el capital social como un *stock* acumulado históricamente, del cual dependen las opciones actuales de desarrollo. En concordancia con la tesis de North (1993) sobre *path dependence* (la dependencia que guardan las oportunidades de un país respecto de sus tradiciones históricas), la existencia o la ausencia de capital social serían un "dato histórico" relativamente fijo. "La comunidad cívica tiene profundas raíces históricas. Ello es una observación deprimente para quienes ven la reforma institucional como una estrategia de cambio político" (Putnam, 1993, p. 183). La tesis de Putnam desincentiva medidas políticas tendientes a crear y fortalecer el capital social en un plazo razonable. En cambio, el interés práctico, como la iniciativa del Banco Mundial, apunta a la construcción del capital social. Dos hipótesis motivan la mirada hacia el futuro: primero, la presencia del capital social mejora la efectividad de los proyectos de desarrollo; segundo, se puede estimular la acumulación del capital social mediante intervenciones selectivas (Banco Mundial, 1998). Aquí me preocupa más el presente emergente que las raíces históricas. Pero además, la historicidad del capital social, sobre la cual volveré más adelante, nada dice acerca de sus eventuales transformaciones. ¿Acaso el capital social tiene una forma única, establecida históricamente?

El capital social como relación

No es ajeno al eco suscitado el hecho de que los lazos de confianza y cooperación cívica hayan sido tematizados como una forma de capital, análoga al capital físico y al capital humano. ¿Qué hace del capital social un capital? El capital social –como toda forma de capital– expresa una relación: concretamente, relaciones de confianza y cooperación cívica. Comencemos pues por precisar dichas relaciones.

Su relevancia para el desarrollo económico ha sido destacada por el enfoque neoinstitucionalista. Asumiendo que un aspecto crucial de todo intercambio económico radica en los "costos de transacción" resultantes de la interpretación subjetiva de la información, así como del monitoreo y la sanción de los acuerdos establecidos, hay que prestar particular atención a la inserción institucional del mercado (Granovetter, 1985; North, 1993). El fracaso de la ortodoxia neoliberal en América Latina y Europa del Este nos recuerda nuevamente algo sabido desde Adam Smith y Marx hasta Polany: el carácter social de la economía capitalista de mercado. El mercado no sólo es una construcción social, sino que opera mediante relaciones sociales (Bagnasco, 1988). En esta perspectiva, la noción de capital social, similar a la relación de capital, permite corregir la visión un tanto simple del mercado como competencia entre individuos aislados. El enraizamiento (*embeddedness*) de las relaciones económicas en las relaciones sociales encuentra en el capital social un modo de reducir los costos de transacción. Las relaciones de confianza y cooperación ayudan a superar problemas de información y transparencia, facilitando la ejecución de acuerdos.

Si el capital social no es una relación exterior y posterior entre individuos atomizados, entonces el proceso de individualización afecta al capital social. Al cambiar la individualidad, también cambian las relaciones de reconocimiento recíproco mediante las cuales las personas afirman su identidad. ¿Cómo cambia la relación de confianza y compromiso cívico? La distinción que hace Putnam entre lazos fuertes y débiles ofrece una aproximación. Mientras que un vínculo fuerte incrementa la cohesión del *in-group* y la exclusión del *out-group*, un vínculo débil logra relacionar grupos diferentes. "Irónicamente, como señaló Granovetter, lazos interpersonales 'fuertes' (como parentesco o amistades íntimas) son menos importantes que lazos 'débiles' (como la relación entre conocidos y la membrecía compartida en asociaciones secundarias) para sostener la cohesión comunitaria y la acción colectiva" (Putnam, 1993, p. 175). En analogía al capital, podemos distinguir un capital social constante, objetivado en asociaciones formales, y un capital social variable, que se despliega a través de vínculos informales (Salazar, 1998).

Parece que en general –y particularmente en el caso de Chile– tiene lugar un desplazamiento desde vínculos sociales fuertes y duraderos hacia lazos más tenues y flexibles. En el proceso de individualización, las personas "salen" de un grupo con valores compartidos, convenciones indiscutidas y una identidad colectiva asentada, y tienden a establecer relaciones de confianza y cooperación más acotadas a determinados ámbito y plazo. Visto así, no se trata de diagnosticar la existencia o la ausencia de capital social. En lugar de analizar "la extraña desaparición de la América cívica" (Putnam, 1996), interesa dar cuenta de la *transformación* del capital social.

Las relaciones de confianza social y compromiso cívico no sólo pueden adoptar diferentes formas de acuerdo con los diversos contextos, sino que también pueden tener una graduación distinta. Mientras que Putnam admite únicamente dos estados –existencia o inexistencia– de capital social, aquí postulamos la posibilidad de grados mayores o menores de capital social. Las relaciones de confianza y compromiso cívico no representan un *stock* sino un "flujo" que puede ser más o menos intenso. Tales diferencias pueden ser geográficas (urbano-rural; capital-provincia) o sociales (según género y edad, estrato socioeconómico, nivel educacional). Es decir, habría una disponibilidad diferenciada de capital social. Como veremos enseguida, se trata de un tema decisivo en países de fuertes desigualdades como los nuestros.

La transformación del capital social debe ser analizada desde un doble punto de vista: tanto en relación con los cambios de la identidad individual como en relación con la transformación de la sociedad. Dicho proceso, impulsado por la globalización y la desregulación de las prácticas sociales, modifica las relaciones sociales. En este contexto, el desplazamiento de las relaciones sociales fuertes y estables por vínculos flexibles me parece concordante con el desarrollo acelerado de redes sociales. Como es sabido, actualmente tales redes de actores (individuales y colectivos) representan un nexo sobresaliente en la relación entre las personas y los sistemas funcionales. Por una parte, los procesos de globalización y flexibilización posfordista y, por otra, las limitaciones de la coordinación jerárquica por medio del Estado han hecho de las redes una instancia privilegiada de coordinación horizontal. Su papel en la nueva gestión empresarial y en la conformación de polos regionales de desarrollo se encuentra acrecentado en la "sociedad de conocimiento". En efecto, el flujo de conocimiento e información que exige la sociedad contemporánea tiene en las redes su principal soporte (Borja y Castells, 1998). Tales redes (a nivel local, nacional y global) pueden ser entendidas como un capital social que permite articular diferentes recursos, mejorar la eficiencia adaptativa de la estructura económica y consolidar mecanismos de concertación social. En tales ocasiones, el capital social aparece más nítidamente como "fuerza productiva".

El capital social suele consistir en relaciones más bien horizontales. Pero no debemos ignorar la importancia de los liderazgos a la hora de crear y reproducir relaciones de cooperación cívica. Sabemos que la vitalidad de las organizaciones sociales de base está muy vinculada a la presencia de dirigentes reconocidos; también su papel está cambiando (Departamento de Organizaciones Sociales, 1998; Serrano, 1998). La capacidad de la "autoridad" de dar voz y rumbo a la demanda de vínculo social se encuentra ahora empañada por un individualismo reacio a los liderazgos.

Una última distinción permite precisar el tipo de relación establecida. El capital social puede tener un carácter instrumental y/o expresivo. Con frecuencia, las personas establecen relaciones de confianza y cooperación con el fin de lograr determinado propósito. Es decir, usan el capital social como un recurso. Se trata de un recurso crucial para el desarrollo humano porque permite potenciar las capacidades de las personas para incidir en la marcha de las cosas. Retomando nuestro punto de partida, podemos apreciar en el capital social un fortalecimiento de la subjetividad de cara a los procesos de modernización. Antes de volver sobre el uso instrumental, quiero mencionar otro tipo de vínculo social. El capital social puede ser también una relación puramente expresiva y gratuita: un fin en sí mismo. En este sentido, la familia y la amistad son núcleos fuertes de capital social. Pero recordemos igualmente las quejas acerca del agobio, el tedio y la falta de sentido, o las aspiraciones de satisfacción personal, tranquilidad y "tiempo propio". Tales "pasiones" (a diferencia de los "intereses") permean y favorecen los mencionados "vínculos débiles". Algunas veces, las relaciones de confianza y cooperación, tal vez establecidas por otros motivos, son mantenidas y cultivadas sin un propósito determinado. En otras ocasiones, es justamente el gusto por el encuentro con otros, por estar juntos y actuar juntos, por conversar y compartir, por ser parte de un grupo, lo que motiva el contacto social. La dimensión expresiva del capital social puede crecer en la medida en que la modernización avanza. Precisamente, la disolución de la sociabilidad tradicional y el advenimiento de una sociedad más impersonal realzan el valor de las relaciones "sin fines de lucro". Se trata, sin embargo, de una dimensión menos aprehensible (según vimos a propósito de los deseos de cambio). En consecuencia, suele ser subestimada en los estudios del capital social.

El marco contextual del capital social

Otra dificultad del concepto reside en los diferentes niveles de análisis. Lo que es su mérito como eventual *missing link* entre los ámbitos micro y macro del desarrollo social, es una desventaja a la hora de analizar conjuntamente las relaciones de confianza generalizada y de asociatividad y, por otra parte, las normas de reciprocidad y de compromiso cívico vigentes en la sociedad.

Las relaciones de confianza que desarrollan las personas dependen de las oportunidades y las restricciones que ofrece el contexto histórico-social. Cabe suponer que ellas requieren un ambiente de "moral generalizada" en el sentido de normas de conducta interiorizadas. En la medida en que existen tales normas morales compartidas, las personas pueden confiar en que un amplio grupo de anónimos compartan su juicio acerca de lo que son acciones buenas y malas, legítimas e ilícitas. Sólo en combinación con una moral generalizada, aplicable más allá del estrecho círculo de conocidos personales, la autonomía individual deviene en motor del desarrollo social moderno (Platteau, 1994). La vigencia de tales normas abstractas predispone a la cooperación social. En cambio, un debilitamiento de la moral como normas socialmente vinculantes suele conllevar un debilitamiento de los lazos de confianza y cooperación.

Diversos síntomas señalan una "crisis de la moral". El protagonismo de la criminalidad y de la drogadicción en las grandes urbes suele ser interpretado como un incremento de las "conductas desviadas". Instancias fundamentales en la socialización de los valores sociales (familia, escuela) parecen desbordadas. Por otra parte, el papel de la religión (especialmente, la católica) como "cemento moral" de la sociedad aparece debilitado si consideramos la menor obligatoriedad de los preceptos y la disminución de la asistencia a oficios religiosos. En suma, distintos rasgos de la sociedad contemporánea –individualismo, narcisismo, hedonismo– estarían motivando un "vacío de sentido" y un "ocaso del deber". No obstante tales augurios, no hay anomia. La convivencia cotidiana suele fluir por los cauces establecidos y previsibles. Más que un debilitamiento de las normas morales, hay una pérdida de rigidez. Crece la autonomía individual, o sea, el juicio y la determinación estrictamente personales acerca de las reglas que rigen la conducta en cada situación. Dichas reglas siguen siendo ampliamente compartidas. La aceptación de los derechos humanos como un referente universal indica que, a pesar de las reiteradas violaciones de las que han sido objeto, existe un reconocimiento básico de las normas de reciprocidad. Su aplicación práctica, empero, sufre severas restricciones. Un indicador es el desconocimiento de la diversidad. En diciembre de 1998, después del "*affaire* Pinochet", el 64% de los entrevistados estimó que los chilenos no son tolerantes con personas que tienen otras ideas políticas. El anverso de la intolerancia es la autocensura; de acuerdo con una encuesta de la Facultad Latinoamericana de Ciencias Sociales (FLACSO) de 1997, alrededor del 58% de los chilenos entrevistados afirmó que no se puede hablar de lo que se piensa. Ambas cifras sugieren un enorme despilfarro de creatividad social y, en definitiva, de capital. La limitación principal de las normas abstractas de reciprocidad parece ser la falta de un trato equitativo, y la baja credibilidad de que gozan los empresarios puede reflejar la percepción de que hay "poderes fácticos" al margen de las "reglas de juego".

También el otro elemento del capital social –el compromiso cívico– depende del contexto. La disposición a colaborar con otros con el fin de conseguir un bien público o, en términos generales, de contribuir al bien común es favorecida u obstaculizada por la idea que se forma la gente acerca del orden social. Probablemente las personas están más dispuestas a establecer lazos de confianza y cooperación entre sí en la medida en que tienen confianza en las instituciones públicas y, concretamente, en la capacidad del Poder Judicial de sancionar con rapidez y eficacia eventuales transgresiones. Al ser la confianza una "anticipación arriesgada" (Luhmann, 1996) acerca de la conducta previsible del otro, hay que acotar los riesgos de un abuso de confianza. De modo similar, la cooperación en beneficio de un bien público se ve favorecida por la credibilidad de las instituciones públicas de estar cumpliendo adecuadamente sus funciones. En cambio, es posible que las personas descreen de cualquier involucramiento cívico en la medida en que desconfíen de la institucionalidad vigente y, en particular, de la vigencia de "reglas de juego" iguales para todos.

Analizando las oportunidades y los riesgos que brinda el contexto institucional para el capital social, visualizamos las dificultades que enfrenta su fortalecimiento. A modo de ejemplo, señalo tres aspectos para el caso de Chile. En primer lugar, la confianza en las instituciones. De acuerdo con distintas encuestas de opinión, suelen ser bien evaluados los medios de comunicación y la Iglesia católica y mal evaluados el Parlamento, la justicia y especialmente los partidos políticos. Vale decir, existe desconfianza hacia la efectividad de algunas instituciones fundamentales del civismo. Ello se ve ratificado, en segundo lugar, por la percepción mayoritaria de que no existe igualdad ante la ley. Según el Latinobarómetro de 1996, sólo uno de cada cinco chilenos estima que reina la igualdad de derechos. Este antecedente es tanto más preocupante por cuanto el "legalismo" y la tradición de Estado de derecho podrían ser considerados un momento del "capital social constante" en Chile. Por último, preocupa igualmente la relativa indiferencia respecto del orden democrático. Para el 23% de los entrevistados en la encuesta mencionada (contra el 7% de los encuestados en España) resulta indiferente que exista democracia o un gobierno autoritario. Posterior al "*affaire* Pinochet", el 71% de los entrevistados en el Gran Santiago (encuesta Qué Pasa-Feedback, diciembre de 1998) se declara poco o nada satisfecho con el proceso de retorno a la democracia. En resumen, Chile no parece ofrecer un entorno muy favorable para desarrollar el capital social.

El capital social como recurso

La tematización del vínculo social como capital subraya su papel de recurso. Hacer hincapié en este aspecto, particularmente relevante para el desarrollo económico, tiene ciertas implicancias que conviene destacar.

Hablar de un recurso significa, por un lado, que el capital social es algo "neutral" que puede ser aprovechado en el marco de diferentes estrategias (Guerra, 1997). En un marco neoliberal, expresa el aporte (cuantificable monetariamente) de la sociedad en función de una privatización de los servicios públicos. Pero canaliza igualmente la organización de demandas de la "sociedad civil" frente al Estado. Representa, en general, la contribución de la participación a la gestión tanto privada como pública (Kliksberg, 1998).

Por otro lado, implica una oportunidad de *acumulación*. El capital social es un recurso acumulable que crece en la medida en que se hace uso de él. Dicho a la inversa, "el capital social se devalúa si no es renovado" (Coleman, 1990, p. 321). Eso implica círculos virtuosos, en los que experiencias exitosas de confianza producen su renovación fortalecida, y círculos viciosos, en los que la falta de confianza socava la cooperación y termina por incrementar la desconfianza. Por sobre todo, implica una consecuencia, subrayada por Grootaert (1998), de gran relevancia para Chile. La posibilidad de acumular capital social conlleva también la posibilidad de *una acumulación concentrada y segmentada*. El capital social representa una forma de poder (simbólico), como destaca la temprana formulación de Bourdieu. Lejos de una visión romántica de la "sociedad civil", cabe esperar una distribución desigual del capital social según grupos socioeconómicos, aumentando el capital social junto con mayores niveles de educación e ingreso. Tal correlación positiva significaría que el crecimiento económico por sí solo no asegura un fortalecimiento del capital social. Por el contrario, la fuerte concentración de ingresos y educación –como ocurre en toda América Latina– parece ser potenciada por la distribución desigual del capital social. En la medida en que el sistema educacional, especialmente por medio de la brecha entre escuelas privadas y públicas, agrave –en vez de reducir– tal desigualdad, el acceso de los sectores pobres a las redes de capital social seguirá siendo escaso (Lora, 1998). En resumidas cuentas, según reconoce un documento del Banco Mundial, un alto desarrollo económico puede coexistir con un debilitamiento de las relaciones de confianza y cooperación cívica (Grootaert, 1998). Otros autores ratifican la incidencia de las desigualdades económicas en la participación cívica; la opinión pública y la participación electoral están profundamente distorsionadas por la inequidad socioeconómica en los Estados Unidos (Verba, 1997) –y no veo razones para que sea distinto en América Latina–.

Por último, al hablar del capital social como recurso, se resalta su *movilidad*: la posibilidad de transferir el capital social de un ámbito a otro. La tesis fuerte de Putnam sostiene que las relaciones de confianza y compromiso cívico aprendidas en asociaciones crean un capital social que influye en el desarrollo económico y en el desempeño de las instituciones democráticas. De su investigación sobre el capital social en los Estados Unidos se desprende que "miembros de asociaciones están mucho más dispuestos que los no miembros a participar en política, pasar el tiempo con vecinos, expresar confianza social, etc." (Putnam, 1995, p. 72). Es decir, el capital social sería una capacidad que, una vez aprendida, puede ser activada en los diversos ámbitos. La afirmación parece validada por la comparación transnacional de Inglehart respecto de la democracia: "La membrecía en asociaciones voluntarias está fuertemente correlacionada con democracia estable" (Inglehart, 1997, p. 189). En cambio, de acuerdo con el World Values Survey, no existiría correlación entre altas tasas de asociatividad y altas tasas de crecimiento (Inglehart, 1997, p. 227). Sobre la base de los mismos antecedentes, otro estudio concluye que la asociatividad no está relacionada con el desempeño económico, pero sí con la confianza interpersonal y la cooperación cívica (Knack y Keefer, 1997). Conviene pues evitar conclusiones apresuradas acerca de la articulación entre estructura social, desarrollo económico e instituciones democráticas. Puede haber redes sociales extraordinariamente poderosas en términos económicos, pero de escasa vocación democrática. O sea, no todo lo que es bueno para el mercado lo es también para la democracia (Putzel, 1997). Ésta, a su vez, requiere confianza, pero además una dosis de desconfianza propia de la reflexividad crítica del ciudadano.

Existe una movilidad limitada en la medida en que el capital social está estructurado en torno a un código específico e intransferible. Bourdieu señala que el capital social (simbólico) se encuentra ligado a la lógica específica de cada campo y, por consiguiente, no tiene una conversión inmediata en otro campo. En términos generales, podemos concluir que una forma dada de capital social puede ser útil y valiosa para facilitar algunas acciones y nociva para otras (Coleman, 1990, p. 302). Además, hay que tener presentes las tendencias contradictorias que cruzan al proceso social: posiblemente, existe un capital social que favorece el desempeño económico mediante redes de cooperación (*pooling* de recursos), a la vez que la expansión del mercado descoloca las identidades socioculturales sobre las cuales descansa el capital social (Messner, 1998).

La historicidad del capital social

Es el momento de volver sobre la dimensión temporal. ¿En qué medida las relaciones de confianza y compromiso cívico son una tradición histórica dada (o ausente) y en qué medida pueden ser generadas a través de medidas apropiadas? Putnam resalta el desarrollo histórico del capital social, aseverando un determinismo cultural de las pautas de conducta social. "El problema no radica en las preferencias o predilecciones individuales de los norteamericanos y latinoamericanos, sino en los contextos sociales históricamente constituidos que les presentan un marco diferente de oportunidades e incentivos" (Putnam, 1993, p. 179). Tomando el capital social por un *stock* acumulado lentamente, quizás a lo largo de siglos, sería imposible su creación en un plazo razonable. En ausencia de tradiciones cívicas, prevalecen relaciones clientelares y oportunistas, y mientras predominen tales conductas, no se generará capital social. Como señalé antes, esta tesis es conceptualmente errónea pues no considera las diversas formas que puede adoptar el capital social a través del tiempo. Además, como reconoce el mismo Putnam, es políticamente frustrante.

Si entendemos las instituciones (morales, económicas, políticas) como el marco dentro del cual las personas deciden sus actitudes y relaciones, es dable reconocer que en América Latina han faltado incentivos para la acción colectiva. Tanto el clientelismo populista como las grandes desigualdades económicas inhiben relaciones de confianza generalizada y fomentan la búsqueda de ventajas materiales a corto plazo. Este *amoral familism* (Banfield, 1958) es favorecido, ante todo, por una visión orgánica del orden social; al asumir una unidad preconstituida de lo social, pierde sentido la construcción de identidades colectivas y solidaridades sociales (Reis, 1998). Tales dificultades no son, sin embargo, barreras infranqueables. Muy al contrario, incluso donde no existe un capital social plenamente constituido, siempre se encuentran las bases socioculturales para su desarrollo. A partir de la experiencia guatemalteca, John Durston (1998) preconiza una "arqueología" del capital social, capaz de rescatar sus raíces (memoria, identidades culturales) temporalmente enterradas o reprimidas. Su recuperación no depende sólo de los lentos cambios culturales; es más bien el resultado combinado de cambios estructurales y estrategias deliberadas de los actores. Al crearse un entorno favorable, se pueden construir relaciones de cooperación y compromiso cívico en pocos años.

Veamos ahora lo que ha sido el centro del actual debate norteamericano: la *erosión* del capital social. Tal vez el interés refleje cierto romanticismo nostálgico de la vida rural de antaño. Pero no faltan motivos para tomar en serio el eventual declive en América Latina. Posiblemente la "destrucción creativa" de la modernización ha roto más ámbitos de confianza social que los que ha generado. En el caso de Chile, da la impresión de que ha disminuido la asociatividad como indicador de capital social. El ejemplo más ilustrativo sería la organización popular, tan rica e innovadora en el período de la dictadura, que parece haberse debilitado con el advenimiento de la democracia. No disponemos de datos fiables acerca de la cantidad de chilenos asociados antaño a las múltiples organizaciones informales de base (centros de empleo, ollas populares, cooperativas, etc.). Una comparación (problemática) de encuestas "pre 73" con resultados "pos 90" arroja una tasa similar –entre el 40% y el 50%– de participación en organizaciones (Gran Santiago). De ser así, el cambio que apreciamos a primera vista no implicaría una erosión sino una transformación del capital social. Probablemente, estamos ante la tendencia ya señalada: la vida asociativa vinculada a organizaciones formales tradicionales (sindicatos, partidos políticos, pero también centros de madres y juntas de vecinos) disminuye y, en cambio, aumenta la participación en asociaciones con fines específicos y objetivos inmediatos, así como aumentan los vínculos débiles de carácter más expresivo.

Ratificando nuestra hipótesis –las relaciones de confianza y compromiso cívico están cambiando–, la tarea radica en precisar las razones de dicha transformación. Por una parte, hay que prestar atención a dos razones que, según Putnam (1996), explican el declive del capital social en los Estados Unidos: un efecto generacional (vinculado a la paulatina desaparición de la "larga generación cívica" nacida entre 1910 y 1940) y el efecto de la televisión (y el consiguiente desplazamiento en el uso del tiempo libre). Aunque la interpretación que ofrece Putnam del fenómeno como una erosión me parece errónea, las dos razones señaladas bien pueden influir igualmente en un proceso de transformación. Respecto del primer efecto, conviene estudiar más detalladamente las actitudes de "los hijos de la dictadura" que, además, son también "los hijos de la TV". Por otra parte, conviene tener presente un cambio de contexto caracterizado por: 1) la rápida expansión del mercado que aumenta las oportunidades de contacto, multiplicando las transacciones, a la vez que socava los anclajes materiales y simbólicos de las identidades colectivas, fomentando estrategias individualistas; 2) la gravitación que tiene el carácter fáctico del estado de las cosas porque afecta la idea que se hace la gente acerca de poder incidir sobre el desenvolvimiento de los sistemas funcionales, y 3) un cambio del horizonte temporal, donde el silenciamiento del pasado y el desvanecimiento del futuro retrotraen los intereses y las pasiones a objetivos inmediatos.

La construcción del capital social

Putnam concluye su libro afirmando que "construir capital social no es fácil, pero es la llave para hacer funcionar la democracia" (1993, p. 185). La "constructibilidad" del capital social es, en efecto, el tema central en América Latina y bien podríamos haber puesto la presente reflexión en esa perspectiva. Aquí me limito a un breve comentario final. Putnam plantea la construcción del capital social con clara inspiración liberal como requisito del orden democrático: "Tocqueville tenía razón: el gobierno democrático es fortalecido, no debilitado, cuando enfrenta una sociedad civil vigorosa" (Putnam, 1993, p. 182). La asociatividad es considerada aquella virtud ciudadana sobre la cual descansa una participación efectiva en el gobierno democrático. Sin duda, este aspecto es crucial a la hora de hacer efectivo el ejercicio de los derechos ciudadanos, tan menoscabados en la región (Przeworski, 1998).

Pero crear un capital social capaz de sostener a la participación ciudadana exige incentivos de parte de las instituciones. La construcción del capital social presupone iniciativas políticas no sólo en los Estados Unidos sino también en América Latina (Skocpol, 1996). En nuestras sociedades, el problema consiste en la orientación clientelística y populista que suele guiar tales iniciativas desde el poder central o por parte de caciques locales. Sin embargo, hay experiencias en las que incluso en tramas semiclientelares se creó capital social (Durston, 1998). ¿Cómo debería ser una intervención política no dirigista? Posiblemente tenga que ver con la complementariedad de recursos e intereses entre el ámbito local y las instituciones gubernamentales y con el enraizamiento de dichas instituciones en las redes sociales de base (Evans, 1996). La descentralización efectiva de la gestión pública exige, por el otro lado, una vigorosa acción ciudadana. La acción colectiva suele organizarse como reacción a determinado agravio o en torno a reivindicaciones específicas. No implica pues una reflexividad que, junto con las propias demandas, contemple las exigencias funcionales de los sistemas. Esa interacción de subjetividad y modernización, empero, caracteriza a la acción ciudadana. ¿Es posible transformar el capital social en capacidad de acción ciudadana? Éste parece ser el problema de fondo que queda pendiente.

Bibliografía

BAGNASCO, A. (1988), *La construzione sociale del mercato*, Bolonia, Il Mulino.
BANFIELD, E. (1958), *The moral basis of backward society*, Nueva York, The Free Press.
BECK, U., A. GIDDENS y S. LASH (1997), *Modernización reflexiva*, Madrid, Alianza.
BORJA, J. y M. CASTELLS (1998), *Global y local*, Madrid, Taurus.
BOURDIEU, P. (1980), "Le capital social", en: *Actes de la Recherche*, vol. 3, núm. 31.
BRUNNER, J. J. (1998), "Malestar en la sociedad chilena, ¿de qué exactamente estamos hablando?", en: *Estudios Públicos*, 72, Santiago de Chile, Centro de Estudios Públicos.
COLEMAN, J. (1990), *Foundations of social theory*, Belknap.
DEPARTAMENTO DE ORGANIZACIONES SOCIALES (1998), *El laberinto de las soledades. El discurso de los dirigentes sociales sobre la participación*, Ministerio de la Secretaría General de Gobierno.
DURSTON, J. (1998), *Building social capital in rural communities*, manuscrito, CEPAL.
EVANS, P. (1996), "Government action, social capital and development: reviewing the evidence on synergy", en: *World Development*, vol. 24, núm. 6.
GERMANI, G. (1966), *Política y sociedad en una época de transición*, Buenos Aires, Paidós.
GIDDENS, A. (1997), *Modernidad e identidad del Yo*, Barcelona, Península.
GRANOVETTER, M. (1985), "Economic action and social structure. The problem of embeddedness", en: *American Journal of Sociology*, vol. 91, núm. 3.
GROOTAERT, C. (1998), "Social capital: the missing link?", en: *Social Capital Initiative*, papeles de trabajo, núm. 3, abril, Banco Mundial.
GUERRA, C. (1997), *La nueva estrategia neoliberal. La participación ciudadana en Chile*, México, UNAM.

HABERMAS, J. (1987), *Eine Art schadensabwicklung*, Francfort, Suhrkamp.

HARRIS y DE RENZIO (1997), "Missing link or analytically missing? The concept of social capital", en: *Journal of International Development*, vol. 9, núm. 7.

HAUG, S. (1997), "Soziales Kapital", en: MZES, papeles de trabajo, núm. 15, Mannheim.

INGLEHART, R. (1997), *Modernization and postmodernization*, Princeton University Press.

KLIKSBERG, B. (1998), "Seis tesis no convencionales sobre participación", en: *Revista Instituciones y Desarrollo*, Red de Gobernabilidad y Desarrollo Institucional, PNUD.

KNACK, S. y P. KEEFER (1997), "Does social capital have an economic pay-off? A cross country investigation", en: *Quarterly Journal of Economics*, vol. 112, núm. 4, pp. 1251-1288.

LEVI, M. (1996), "Social and unsocial capital: a review essay of Robert Putnam's 'Making democracy work' ", en: *Politics and Society*, vol. 24, núm. 1, pp. 45-55.

LORA, E. (1998), "Mucho que aprender", en: *Políticas económicas de América Latina*, núm. 5, BID.

LUHMANN, N. (1996), *Confianza*, Barcelona, Anthropos.

MARX, K. (1971), *Elementos fundamentales para la crítica de la economía política*, Buenos Aires, Siglo XXI.

MESSNER, D. y G. VOBRUBA (1998), *Die sozialen Dimensionen der Globalisierung*, INEF-Report 28, Duisburg.

MOSER, C. (1996), "Confronting crisis", en: *Environmentally Sustainable Development Series*, núm. 8, Banco Mundial.

MOULIÁN, T. (1997), *Chile actual. Anatomía de un mito*, Santiago de Chile, Lom-Arcis.

NARAYAN, D. y L. PRITCHETT (1997), *Household income and social capital in rural Tanzania*, Banco Mundial.

NORTH, D. (1993), *Instituciones, cambio institucional y desempeño económico*, México, FCE.

PLATTEAU, J. P. (1994), "Behind the market stages where the real society exist", en: *Journal of Development Studies*, vol. 30, núms. 3 y 4.

PNUD (1998), "Desarrollo humano en Chile, 1998: las paradojas de la modernización", Santiago de Chile.

PNUD-BID (1998), *El capital social*, Buenos Aires.

PORTES, A. y P. LANDOLT (1996), "The downside of social capital", en: *The American Prospect*, mayo, núm. 26.

PRZEWORSKI, A. et al. (1998), *Democracia sustentable*, Buenos Aires, Paidós.

PUTNAM, R. D. (1993), *Making democracy work. civic traditions in modern Italy*, Princeton, Princeton University Press.

——— (1993 b), "The prosperous community: social capital and public life", en: *The American Prospect*, primavera, núm. 13.

——— (1995), "Bowling alone, America's declining social capital", en: *Journal of Democracy*, vol. 6, núm. 1.

——— (1996), "The strange disappearence of civic America", en: *The American Prospect*, invierno, núm. 24.

PUTZEL, J. (1997), "Accounting for the dark side of social capital: reading R. Putnam on democracy", en: *Journal of International Development*, vol. 9, núm. 7.

RAYO, G. y G. DE LA MAZA (1998), "La acción colectiva popular urbana", en: C. Toloza y E. Lahera (eds.), *Chile en los noventa*, Santiago de Chile, Dolmen.

REIS, E. (1998), "Banfield's amoral familism revisited. Implications of high inequality structures for civil society", en: J. Alexander (ed.), *Real civil society*, Londres, Sage Publications.

ROCHABRÚN, G. (1993), *Socialidad e individualidad*, Lima, Universidad Católica del Perú.
SALAZAR, G. (1998), "De la participación ciudadana: capital social constante y capital social variable", en: *Proposiciones*, 28, Santiago de Chile, SUR.
SANTISO, J. (1998), *Le capital temps comme capital social*. Seminario "Culture et développement", BID.
SERAGELDIN, I. (1998), "The initiative on defining, monitoring and measuring social capital: overview, and program description", en: *Social Capital Initiative*, papeles de trabajo, núm. 1, Banco Mundial.
SERRANO, C. (1998), *Participación social y ciudadana*. Manuscrito.
SKOCPOL, T. (1996), "Unravelling from above", en: *The American Prospect*, marzo-abril, núm. 25.
SZRETER, S. (1998), *Social capital, the economy and the third way*, Cambridge. Manuscrito.
TOURAINE, A. (1997), *¿Podemos vivir juntos?*, Buenos Aires, FCE.
VERBA, S., K. LEHMAN y H. BRADY (1997), "The big tilt. Participatory inequality in America", en: *The American Prospect*, mayo-junio, núm. 32.
WAGNER, P. (1997), *Sociología de la modernidad*, Herder.
WALL, E., G. FERRAZZI y F. SCHRYER (1998), "Getting the goods on social capital", en: *Rural Sociology*, vol. 63, núm. 2.

La cultura y el capital social:
¿cómplices o víctimas del "desarrollo"?

Gilbert Rist

Introducción

El objetivo de este texto es comprender los motivos por los cuales los nuevos enfoques del "desarrollo" les atribuyen tanta importancia a factores socioantropológicos desconocidos hasta ahora: la diversidad de las culturas y la confianza mutua, creadora de lazos sociales.[1] Plantearemos la hipótesis de que la introducción de la "dimensión cultural" y de la noción de "capital social" en el discurso referido al "desarrollo", lejos de proponer una nueva perspectiva para repensar el "desarrollo", constituye en realidad la búsqueda del mismo objetivo –la ampliación de la lógica del mercado– a través de otros medios. Del mismo modo que la "etnología de emergencia" se apresuraba a hacer el inventario de las costumbres de los "salvajes" antes de que fueran arrastradas por la modernidad, el pensamiento económico dominante elogia hoy en día las prácticas sociales, que contribuye a hacer desaparecer.

Propuestas teóricas y aspectos socioculturales del "desarrollo"

Algunos sospechan que los estrategas del "desarrollo" de mediados de los años setenta se interesaron de pronto por los aspectos socioculturales del "desarrollo" para disculpar a los economistas, cuyos modelos no habían logrado hasta entonces hacer que surgiera el "desarrollo" tan esperado por todos. En efecto, consideradas por mucho tiempo como obstáculos para el "desarrollo", las culturas se resistían desviando los planes de "desarrollo" de sus objetivos anunciados.[2] Según otros, fue por razones de visibilidad institucional que a la UNESCO se le ocurrió

---

[1] Una primera versión de este texto fue presentada durante una reunión organizada por el BID y el Instituto de Estudios Políticos (IEP) el 9 y el 10 de octubre de 1998 en París. Después de ese encuentro, y teniendo en cuenta los imperativos editoriales, esta ponencia fue reelaborada en profundidad, tomando en consideración las observaciones críticas que fueron hechas por mis colegas Christian Comeliau, Yvan Droz y Marie-Dominique Perrot y, sobre todo, fue abreviada: reducir un texto implica renunciar a ciertos matices y limitar las referencias teóricas. Esto también permite presentar el argumento con mayor claridad, aun a riesgo de simplificar el propósito. Espero que el lector tome en cuenta esta limitación.

[2] "Se sabe, sin embargo, que muchos fracasos, incluso catástrofes en el plano del desarrollo, se deben a que no se toman suficientemente en cuenta los factores culturales y étnicos" (*Nuestra*

participar en el concierto del "desarrollo", no solamente para orientar políticas educativas o proteger el patrimonio artístico de la humanidad, sino también para atraer la atención sobre la diversidad cultural. Sea como fuere, a mediados de los años setenta apareció una nueva sensibilidad, bajo la influencia conjunta de la crítica a la sociedad occidental y de la denuncia del etnocidio practicado en nombre del "desarrollo". Para la UNESCO era necesario que de ahí en más "se tuviera en cuenta" a la cultura para asegurar el proceso de "desarrollo". Si bien esta toma de conciencia no puede sino alegrarnos, para tratar de evaluarla es conveniente ver cómo se tradujo, primero en los textos y luego en la práctica.

El invento del "desarrollo cultural"

La propia sigla de la UNESCO implica que esa organización se preocupa por "la educación, la ciencia y la cultura", como si estos tres campos pudiesen considerarse en forma separada unos de otros, como si la cultura –para hablar sólo de ella–[3] tuviera una existencia aparte, no solamente de la educación y de "la ciencia", sino también del conjunto de prácticas que caracterizan a una sociedad dada. Parecería que esa ambigüedad original nunca se hubiera podido superar y que continuara determinando los discursos de la institución.

El término "cultura" puede entenderse, en efecto, de dos maneras diferentes, según se tome la acepción estrecha o la acepción amplia. En su sentido estrecho, la cultura se aplica a las actividades y productos del espíritu humano, mientras que en su sentido amplio (o antropológico), se refiere al conjunto de relaciones que los miembros de una sociedad dada mantienen entre sí, así como a las relaciones que mantienen con la naturaleza y lo sagrado y las prácticas que de allí derivan. Sin duda, el sentido estrecho –que corresponde a la "cultura cultivada" o a la "alta cultura", que se expresa en la literatura, los museos, las academias de bellas artes o a través de las "industrias culturales", y que constituye el terreno de los ministerios de Cultura– está incluido en el sentido antropológico. No obstante, cabe señalar inmediatamente que esta distinción no tiene validez universal, porque ha sido en el Occidente moderno donde se ha adquirido la costumbre de separar las artes (literatura, música, pintura, cine, etc.) y las disciplinas especulativas (filosofía e historia, así como todas las formas de "comunicación") de los otros conocimientos concretos y prácticos. El sentido de la cultura llamado "restringido" lo es doblemente: por un lado, porque sólo se refiere a prácticas específicas (relacionadas con el "buen gusto") y, por otro, porque esta forma de aislar las actividades

---

diversidad creadora, informe de la Comisión Mundial de la Cultura y el Desarrollo [J. Pérez de Cuellar, dir.], versión condensada, doc. CLT-96/WS-6, París, UNESCO, 1996, p. 19).

[3] Habría que preguntar también cuáles son las razones por las que la UNESCO insiste siempre en hablar en singular de *la ciencia* y de *la técnica*, cuando en realidad existen *ciencias* y *técnicas*.

humanas no se puede generalizar al conjunto de las sociedades.⁴ Por lo tanto, en la manera en que la UNESCO trata a la cultura existe una forma de sociocentrismo occidental.⁵

Si nos atenemos a una definición antropológica, la cultura puede ser considerada como una especie de *hábito colectivo*, es decir, parafraseando a Bourdieu, como un conjunto de disposiciones duraderas que son producidas por la historia y a la vez productoras de historia, que determinan prácticas y representaciones tanto más regulares cuanto que funcionan de por sí y, al mismo tiempo, se van ajustando sin cesar a las nuevas circunstancias que debe enfrentar la sociedad.⁶ Esto significa que si las sociedades están determinadas (o in-formadas) por su cultura, también son ellas las que forjan esa cultura. Por lo tanto, ésta no constituye un todo intangible e inmutable que ejerce una restricción totalitaria. Toda sociedad se ve atravesada por luchas y conflictos; sin duda, sus reglas son observadas, pero también son interpretadas, deformadas y transgredidas por los individuos o los grupos en la búsqueda del poder. Con el tiempo, lo que estaba prohibido puede volverse permitido, y la tradición, constantemente reescrita y remodelada por una mezcla de prácticas antiguas y nuevas, garantiza la permanencia del cambio manteniendo una apariencia de continuidad. Por ende, la cultura no constituye una instancia ubicada en posición de exterioridad respecto del mundo social –aunque a menudo se siente como tal y se

---

⁴ Así, cuando los museos exponen máscaras africanas, cerámicas andinas o "tesoros" aztecas, eso no los transforma en "objetos de arte", salvo para la mirada occidentalizada. En la mente de sus autores, se trata de "obras totales" imposibles de concebir fuera de un sistema complejo de relaciones sociales y de relaciones con la naturaleza y lo sagrado. La indudable belleza de estas producciones sociales no constituye ni su razón de ser ni el motivo del placer que brindan. Su principio está en otra parte, en una tradición que informa acerca de la existencia social en su totalidad.

⁵ Por supuesto, la UNESCO no desconoce la existencia del sentido antropológico de cultura. En particular, afirma que ésta abarca "el conjunto de trazos distintivos, espirituales y materiales, intelectuales y afectivos, que caracterizan a una sociedad o un grupo social. Más allá de las artes y las letras propiamente dichas, abarca además los modos de vida y de producción de los bienes económicos y simbólicos, los derechos fundamentales del ser humano, las tradiciones y las creencias, individuales o colectivas" (doc. 22.G/94, 3 de noviembre de 1983, párr. 5). Se podrían mencionar muchos otros textos con un contenido similar, en especial en las primeras páginas del informe titulado *Nuestra diversidad creadora*. Sin embargo, el problema surge cuando se trata de poner en práctica estas buenas intenciones. Así, cuando se proponen "los tipos de medidas a tomar" para promover la afirmación de las entidades culturales, el interés es sobre todo la preservación del patrimonio cultural, la lucha contra el tráfico de obras de arte o de objetos arqueológicos, el "enriquecimiento" de esas identidades mediante la educación, la comunicación, los aportes de la ciencia y la tecnología, los medios de comunicación, etc. Para convencerse, basta con consultar la *Liste de documents et publications dans le domaine de la culture (1996-1997)*, doc. CLT-98/WS-10, París, UNESCO, 1998. Por lo tanto, el problema reside en la diferencia entre la teoría y los medios con que se la aplica concretamente.

⁶ Se trata de una "reformulación libre" del *hábito* que, en Bourdieu, caracteriza en primer lugar a la pertenencia de clase. Eso también significa que éste es sólo identificable a través de un proceso comparativo aplicado a los actores que participan en un mismo campo. Cf. P. Bourdieu, *Esquisse d'une théorie de la pratique*, Ginebra, Droz, 1972, p. 175.

impone por "la fuerza de las circunstancias"–, sino que se construye y se transforma sin cesar a través de la complejidad de las relaciones sociales. Por último, como ninguna sociedad vive en un recipiente cerrado, todas están comprendidas en las redes de intercambio, se prestan técnicas, comparten representaciones, incluso cuando esos "encuentros" tienen lugar de un modo conflictivo. Así, frente a cierto culturalismo que considera a las culturas como totalidades homogéneas significantes y armoniosas, es conveniente subrayar su historicidad.

¿Acaso la importancia de la cultura como "gramática generadora" de las prácticas sociales y la diversidad de sus manifestaciones no son tan trascendentes que parecería normal tomarlas en cuenta en la puesta en práctica del proceso de "desarrollo"? Por eso, la UNESCO propuso a las Naciones Unidas proclamar la Década Mundial del Desarrollo Cultural.[7] En primer lugar, se trata de una iniciativa digna de encomio, justificada en particular por la siguiente afirmación indiscutible: "el desarrollo sólo tiene un verdadero sentido cuando les permite a los individuos y a los pueblos a la vez vivir mejor y realizar a plenitud sus aspiraciones morales, espirituales y el pleno florecimiento de sus facultades creadoras".[8]

¿Pero qué es entonces la "dimensión cultural", supuestamente aliada al "desarrollo"? Dos citas bastan para mostrar de qué manera la UNESCO aborda el tema:

> La toma de conciencia creciente de la importancia de la dimensión cultural del desarrollo en el seno de la comunidad internacional surge como un hecho mayor de la época actual.[9]

> En la Resolución 27 referida a la Década, la conferencia de México efectivamente subrayó en primer lugar que "la cultura es un elemento fundamental en la vida de cada individuo y de cada comunidad y que el desarrollo, cuya finalidad es el hombre, posee una dimensión cultural esencial". Para responder a esta primera preocupación, el programa de acción de la Década apunta a promover políticas, estrategias y programas de desarrollo que, en toda transformación económica y social, tomen en cuenta la dimensión y las finalidades culturales.[10]

En estos dos textos, la existencia de una "dimensión cultural del desarrollo" simplemente se supone de antemano, es decir que escapa al debate. Así, en el primer

---

[7] Sin entrar aquí en los meandros de la administración de las Naciones Unidas, nos limitaremos a recordar que la Resolución 27 de la Conferencia Mundial sobre Políticas Culturales (México, 1982) solicitó expresamente a la Conferencia General de la UNESCO (sesión 22ª, París, 1983, Resolución 11.20) que propusiera a la Asamblea General de las Naciones Unidas la proclamación de la Década Mundial del Desarrollo Cultural. En efecto, ésta fue lanzada en 1988.

[8] Doc. 22.C/94, 3 de noviembre de 1983, párr. 7.

[9] Ibíd., párr. 22.

[10] *Informe del Director General sobre la Década Mundial del Desarrollo Cultural*, doc. 124.EX/18, 5 de mayo de 1986, párr. 9.

ejemplo, se puede eventualmente llevar a cabo una discusión para saber si la toma de conciencia de esa "dimensión" constituye o no "un hecho mayor de la época actual" (¡aunque el carácter perentorio de la afirmación parezca prohibirlo!), pero para que esa discusión pueda tener lugar, los interlocutores deben admitir *a priori* que existe en efecto algo que se podría designar con el término de "dimensión cultural" y que es ese acuerdo previo (implícito) lo que fundamenta el hecho de que se suponga de antemano. En cuanto al segundo ejemplo, parece explicar el origen de la famosa "dimensión cultural", proponiendo un encadenamiento lógico: todo individuo está inserto en una cultura; ahora bien, la finalidad del "desarrollo" es el ser humano y, por ende, el "desarrollo" tiene una "dimensión cultural". Pero vemos claramente que el razonamiento tiene una falla, porque la menor de las propuestas de este seudosilogismo no queda en absoluto demostrada, ya que se basa en un buen deseo o en una simple probabilidad.

Además, lejos de entender a la cultura en su sentido antropológico, como el conjunto de prácticas y representaciones sociales que aseguran la vida en sociedad, se la constituye en un campo separado, destinado a proporcionar "finalidades" a las "transformaciones económicas y sociales" provocadas por los "programas de desarrollo".[11] No solamente la cultura se reduce a una especie de "reserva de sentido", sino que además se transforma en un instrumento que sirva al objetivo principal que constituye el "desarrollo".[12]

¿Qué cabe entonces entender por esta famosa "dimensión cultural"? En verdad no se sabe demasiado, salvo que "el enfoque global adoptado por la Década postula el reconocimiento de las interacciones existentes entre la cultura y los sectores clave del desarrollo (educación, comunicación, ciencia y tecnología, pero también salud, industria, agricultura, transporte y comunicaciones, hábitat, trabajo, población, entorno...) y, en forma más general, entre la cultura y el desarrollo económico y social".[13] ¿Por qué la cultura constituye un campo diferente en relación con los sectores clave del desarrollo? ¿A qué prácticas específicas corresponden esas

---

[11] Se podrían encontrar numerosos ejemplos que confirman esta interpretación; así, el párrafo siguiente (10) del mismo texto, dedicado al "campo propiamente dicho de la cultura", afirma que "en ese marco, se trata de promover la salvaguarda y la valorización del patrimonio, la preservación de los valores espirituales, sociales y humanos fundamentales, que sustentan la vida de las diferentes sociedades, de estimular las actividades culturales como expresión de las identidades, de mejorar el acceso y la participación de todos en la vida cultural, de facilitar el florecimiento de la creación y de la creatividad y de reforzar los intercambios y la cooperación cultural". Queda entonces claro que, para la UNESCO, la cultura forma parte de las "cosas del espíritu"; si fuera entendida en el sentido antropológico, la voluntad "de mejorar el acceso y la participación de todos en la vida cultural" carecería de sentido, ya que, por definición, todo ser humano está inscripto en su cultura.

[12] A veces se ha denunciado esta instrumentalización (cf. *Nuestra diversidad creadora*, ob. cit., p. 14), pero la UNESCO no renunció sin embargo a ella: en efecto, acaba de publicar el *Plan de acción sobre políticas culturales para el desarrollo* (CLT-98/CONF.210/CLD.18), cuyo título ya es significativo.

[13] *Informe del Director General sobre la Década Mundial del Desarrollo Cultural*, doc. 124.EX/18, 5 de mayo de 1986, párr. 27.

"interacciones" (¡también ellas postuladas!) entre los dos conjuntos? Y, sobre todo, ¿qué es lo que le queda de específico a la cultura después de sustraerle tantos "sectores clave"? *Todas éstas son preguntas sin respuestas, pero que muestran a las claras que es posible a la vez pretender "tomar en cuenta" a la cultura y tratarla como un elemento residual.* Si de todas maneras hubiese que intentar resumir lo que entienden las organizaciones internacionales por "tomar en cuenta la dimensión cultural del desarrollo", podría decirse que se trata de asegurar el éxito del "desarrollo", dándoles un "color local" a sus diferentes "sectores clave". Como si el "desarrollo" constituyese una realidad transcultural adaptable a la multiplicidad de "formas culturales".[14]

Así, la jerga de las Naciones Unidas permite jugar con las palabras, no sólo utilizando una fraseología hueca de contenido y matizada con "evidencias" difícilmente verificables,[15] sino además deformando su sentido. En efecto, si nos abstraemos de la retórica de la ONU, lo que aparece es una realidad muy diferente. En el diccionario *Petit Robert*, "dimensión" significa "el aspecto dinámico y significativo" de algo; "un eje de significación", y también un "componente de un fenómeno social". La "dimensión", por lo tanto, caracteriza a la cosa de que se habla y no se puede disociar de ésta. Afirmar con Camus que "la rebelión es una de las dimensiones esenciales del hombre" es subrayar que el deseo de rebelión es profundamente humano. Desde esa perspectiva, ¿qué significa entonces la "dimensión cultural del desarrollo"? En otras palabras, desde un punto de vista cultural, *¿qué es lo que forma parte del "desarrollo"? La respuesta es sencilla: como proceso que se caracteriza por tener como objetivo el crecimiento económico y la elevación constante del "nivel de vida", el "desarrollo" es un invento típicamente occidental.* Nacido con la Revolución Industrial y prefigurado (en los países del Sur) por la "valorización de las colonias", el "desarrollo" está íntimamente ligado a los valores de la cultura occidental (racionalidad, utilitarismo, productivismo, libertad, igualdad, etc.) y a las prácticas que la caracterizan (ampliación del sistema de mercado, industrialización, etc.). En efecto, ninguna otra sociedad se construyó en torno a

---

[14] "Dado que la diversidad es un tesoro de la humanidad, es uno de los factores indispensables para el desarrollo" (*Plan de acción sobre políticas culturales para el desarrollo*, p. 2, párr. 6).

[15] Por ejemplo: "El propósito de estas propuestas es responder a los grandes desafíos mundiales que se presentan en el umbral del siglo XXI. Tienen a la vez como objeto el sensibilizar a todos los actores [...] en lo referente al papel de la cooperación cultural internacional como factor de enriquecimiento mutuo y de comprensión recíproca entre los diferentes pueblos" (*Informe del Director General sobre la Década Mundial del Desarrollo Cultural*, doc. 124.EX/18, 5 de mayo de 1986, párr. 12). ¿Cuáles son esos "grandes desafíos"? ¿Quién los lanzó? ¿Cuál es la importancia de acercarse al final de un milenio (siempre y cuando se trate del calendario de la era cristiana)? ¿Cómo se sabe que los contactos culturales conducen necesariamente a un "enriquecimiento mutuo" y a una "comprensión recíproca"? Como decía Hannah Arendt: "Los clichés, las frases hechas, los códigos de expresiones normalizadas y convencionales tienen como función reconocida a nivel social la de proteger de la realidad, es decir, de las solicitaciones que los hechos y los acontecimientos plantean a nuestra atención por su propia existencia" (*La vie de l'esprit*, mencionado en C. Dejours, *Souffrance en France. La banalisation de l'injustice sociale*, París, Éditions du Seuil, 1998, pp. 144-145).

un proyecto semejante, privilegiando la acumulación en todas sus formas, mediante el dominio de la naturaleza y la transformación de las poblaciones en ejércitos de asalariados.

Por lo tanto, la afirmación de la "dimensión cultural del desarrollo" debería llevarnos simplemente a reconocer que éste nació en una cultura específica y que es difícil desprenderlo de ella. A partir de allí, se podría abrir un debate acerca de la compatibilidad del "desarrollo" con otras construcciones sociales u otras culturas, que no se basan en los mismos supuestos, porque sus sistemas sociales son jerárquicos y no igualitarios, porque la reciprocidad es considerada como más segura que el intercambio mercantil, porque la acumulación no puede ser sino provisoria, en espera de la oportunidad de redistribución, porque el logro individual es sospechoso y produce envidia ("los malos ojos") o desorden social, porque las relaciones familiares están por encima de las obligaciones contractuales, etc.[16] Ciertamente esas confrontaciones serían exigentes desde el punto de vista intelectual y sus consecuencias prácticas serían considerables, porque les permitirían a los especialistas en ciencias sociales (y a los que toman las decisiones) plantearse preguntas respecto de la diversidad de las realidades y de las prácticas sociales. En vez de esto, dado que resulta intelectualmente molesto (y políticamente incorrecto) reconocer la dimensión cultural *occidental* del desarrollo, se prefiere hacer creer que el "desarrollo" se trata de un fenómeno "neutro", sin ningún origen particular, universalmente deseado y deseable, capaz de adquirir "dimensiones culturales" múltiples, de las que se puede hacer entrega a quien las quiera tomar.

Y para coronar todo esto, se inventa por fin la noción de "desarrollo cultural" que debería significar, hablando claro, el "desarrollo de la cultura" (así como "desarrollo regional" significa "desarrollo de la región"), pero en cambio se intenta hacernos creer en la maleabilidad del "desarrollo" y en sus facultades de adaptación a todas las formas posibles de cultura.[17] Esto sería lo mismo que desconocer la naturaleza profunda, históricamente fechada y culturalmente determinada del fenómeno. Sería también superponer dos términos contradictorios, lo que constituye una figura de estilo denominada oxímoron. Se trata de un procedimiento corriente en la poesía, por ejemplo cuando Gérard de Nerval dice "el sol negro de la melancolía", pero su uso no es desconocido en la política, por ejemplo cuando los Estados Unidos prometían llevar a cabo en el Golfo "una guerra limpia", o cuando tal jefe de Estado se apoya en la legitimidad que le confiere la existencia de un "partido

---

[16] Dado que en las declaraciones de la ONU podemos encontrarlo todo y también todo lo que lo contradice, cabe reconocer que algunas partes hubieran podido dar lugar a un debate interesante. Por ejemplo, "la felicidad no puede provenir del exterior. Sólo puede ser el resultado de una acción consciente, deseada y asumida por poblaciones que estén advertidas de lo que está en juego y que hayan aceptado asumirlo plenamente" (*Informe del Director General sobre la Década Mundial del Desarrollo Cultural*, doc.124.EX/18, 5 de mayo de 1986, párr. 15).

[17] "El desarrollo sostenible y el florecimiento de la cultura son interdependientes" (*Plan de acción sobre políticas culturales para el desarrollo*, p. 2., párr. 1).

único"... El mundillo del "desarrollo" no se ha quedado atrás, ya que además del "desarrollo cultural" inventó el "desarrollo humano" o el "desarrollo sostenible". *Fuera del contexto poético, estas manipulaciones de la lengua tienen evidentemente como objetivo el camuflaje, anulando la negatividad asociada a uno de los términos, para reemplazarla por la valoración positiva que se le da al otro*: aunque sea único, un partido sigue siendo un partido, como el que se ve en todas las democracias; al darle el calificativo de "limpia", la guerra se torna más aceptable; acompañado del adjetivo "sostenible", el "desarrollo" aparece como milagrosamente reconciliado con el medio ambiente, cuya destrucción ha acelerado desde hace dos siglos. Transformado de pronto en "cultural", se deduce que hará buenas migas con todas esas culturas exóticas que antes consideraba como obstáculos para seguir avanzando.

Antes de concluir estas consideraciones sobre el "desarrollo cultural", cabe señalar dos observaciones para evitar cualquier malentendido.

En primer lugar, es posible que en todas las sociedades los hombres y las mujeres aspiren a vivir mejor; la cultura no podría entonces constituir una instancia represiva, que en nombre de la salvaguarda de determinada "tradición" prohibiese el cambio social. Además, las tradiciones son evolutivas y a menudo son el aval de las transformaciones sociales. El tema no es saber si las sociedades tienen que cambiar o no –porque de todas maneras cambian– sino saber si el "desarrollo" (tal como se define en el pensamiento ordinario) constituye la única forma de encarar ese cambio.

En segundo lugar, ¿habría que rechazar entonces todas las iniciativas tomadas en nombre del "desarrollo cultural", renunciar a preservar el patrimonio cultural, a estimular el uso de idiomas vernáculos (no sólo en la escuela sino también en los medios de comunicación), a valorar la creatividad cultural y artística, para mencionar unas pocas de las medidas propuestas por las resoluciones de la ONU? Ciertamente, no. El problema reside en que no se puede, so pena de folclorización, limitar la "afirmación de las identidades culturales"[18] a la exclusiva promoción de las cosas del espíritu, como lo hace constantemente la UNESCO. Porque el debate se plantea a un nivel mucho más profundo. Se trata realmente de preservar las identidades culturales o, en otras palabras, las lógicas sociales específicas de las distintas sociedades, y en ese caso habría que preguntarse otra vez acerca de la compatibilidad de las diferentes lógicas y acerca de la posibilidad de hacer coexistir a algunas de ellas con la "cultura científica y técnica moderna" (cuyo dominio se considera necesario). ¿Acaso es ésta realmente transcultural, está emancipada de sus orígenes, o lleva siempre en sí la marca de la sociedad que la creó? Aquí tenemos otro debate posible

---

[18] Aunque esta noción de "identidad cultural" se utiliza constantemente, sigue siendo sumamente vaga: "La identidad es una especie de foco virtual al que es indispensable referirse para explicar cierta cantidad de cosas, pero sin que haya tenido nunca una existencia real" (C. Lévi-Strauss [dir.], *L'identité*, París, Grasset, 1977, p. 332). Esto significa, una vez más, que la identidad no puede ser descripta simplemente como un objeto, porque se la debe poner en evidencia como un *sistema de diferencias*, a través de un proceso comparativo.

y hasta necesario.[19] No se trata de reservar los beneficios de la "ciencia moderna" a sus autores. ¿No tiene todo el mundo "derecho" a los antibióticos, al motor de explosión, a la computadora y al teléfono? Pero cuando *al mismo tiempo* se pretende preservar la especificidad de las lógicas sociales, cabría preguntarse acerca de la compatibilidad de estos dos razonamientos.[20] Una vez más, no se trata ni de rechazar el cambio ni de crear "reservas" de identidad cultural, pero tampoco pueden resolverse los problemas que plantea el cambio ignorándolos.

La noción de "desarrollo cultural" constituye, por lo tanto, una forma de "bricolaje" o de ensamblaje de conceptos heteróclitos que sólo se mantienen unidos por la virtud normativa que caracteriza al discurso de la ONU. Como si bastase con decir que "el 'desarrollo' *debe* tomar en cuenta la diversidad de las culturas" para que así sea. La marca más clara de esta forma de ilusionismo se resume en el oxímoron que superpone nociones contradictorias, queriendo creer que son compatibles. Sin embargo, el procedimiento no es solamente literario ni tampoco es inocente. No hace sino encubrir la carencia de reflexión sobre las prácticas sociales, pero hace posible mantener intactas la legitimidad y la necesidad del "desarrollo". Existe allí una especie de zona ciega que permite evitar la discusión sobre lo que está principalmente en juego. *Debido a que el "desarrollo" es un problema que pasa por ser una solución, se evita hacer preguntas al respecto, para no ver que la seudosolución forma precisamente parte del problema.*

La noción de "capital social": ¿hacia un nuevo enfoque?

Entre los nuevos conceptos propuestos para renovar el enfoque y reorientar las estrategias, precisamente el de "capital social" marcha hoy en día viento en popa.[21] Como veremos, las preocupaciones que abarca no dejan de estar relacionadas con

---

[19] Ese debate no es nuevo; ya le preocupaba a Roger Bastide, quien consideraba que los proyectos de "desarrollo" eran intentos de "aculturación planificada" (*Anthropologie appliquée*, núm. 183, París, Petite Bibliothèque Payot, 1971, pp. 65 y ss.).

[20] Este problema no se les escapó totalmente a los que redactaron la resolución y que le dedican un párrafo. No obstante, la "solución" sólo se basa en afirmaciones normativas y prescriptivas: "La creación científica *representa sin embargo* parte intrínseca del patrimonio cultural de la humanidad. Así, *es importante* que la ciencia no sea considerada como una amenaza a las identidades culturales, sino como un factor de enriquecimiento para la personalidad de las sociedades. [...] Además, el reconocimiento de las diferencias entre ciencia y cultura *no podría ignorar* su carácter complementario. El encuentro entre la ciencia y las diferentes tradiciones del mundo *permite imaginar* una nueva visión de la humanidad, incluso un nuevo racionalismo. [...] *Se trata de hacer que las mentes evolucionen* al ritmo de la ciencia y de sus aplicaciones tecnológicas, para dominar la herramienta en vez de ser su esclavo" (*Informe del Director General sobre la Década Mundial del Desarrollo Cultural*, doc. 124.EX/18, 5 de mayo de 1986, párr. 100 [el destacado es nuestro]).

[21] Cf. E. Wall, G. Ferrazzi y F. Schryer, "Getting the goods on social capital", en: *Rural Sociology*, vol. 63, núm. 2, 1998, pp. 300-322. Los autores hacen notar, sobre la base de palabras clave utilizadas para caracterizar los artículos de unas cuantas revistas anglosajonas, que el uso de la noción de "capital social" se desarrolló sobre todo a partir de los años noventa.

las que se encontraban en el meollo del "desarrollo cultural", a saber, la toma en cuenta de factores "no económicos"[22] o institucionales, cuya importancia parece estar descubriéndose en la actualidad. Esta proximidad justifica también que se haga una crítica común de ambas nociones, en la última parte de este texto.

Son probablemente las dificultades racionales insolubles de la teoría económica dominante (puestas en evidencia por las formalizaciones relacionadas con la teoría de los juegos) las que obligaron a introducir en el razonamiento económico cierto número de condiciones que habían sido excluidas. En otras palabras, se advirtió progresivamente que para que la lógica del mercado funcionara era necesario presuponer algo que se le escapa –o que se opone– a lo que se denominó "capital social" o "confianza". Se trata de una de las múltiples paradojas de las "ciencias" económicas.[23] Volveremos más tarde sobre lo extraño de este proceder (que por lo general escapa a los teóricos del capital social) y comenzaremos por presentar brevemente los argumentos que explican cómo esta noción vino a agregarse a los otros diferentes tipos de capital que se supone contribuyen al "desarrollo".[24]

En la sociología norteamericana, los trabajos pioneros fueron los de James Coleman[25] y Robert D. Putnam,[26] que luego se incluyeron en la reflexión de las organizaciones internacionales y que más recientemente difundió en forma amplia Francis Fukuyama.[27] En el área francoparlante, donde el capital social está estrechamente ligado a la sociología de Bourdieu –que lo utiliza en un sentido

---

[22] Se utiliza aquí el término "no económico" en forma irónica, retomando la terminología empleada por ciertos medios (entre otros, el Banco Mundial) que clasifican a las ciencias sociales en dos grupos: la economía... ¡y todo lo demás!

[23] Si bien se proponen instaurar la abundancia, se ven obligadas a basar su razonamiento en la escasez (para definir los bienes económicos) y en recrearlo sin cesar para estimular nuevas "necesidades"; si bien su objetivo es probar que para maximizar sus ganancias los actores tienen que comportarse de manera racional, sin contar con la benevolencia del prójimo, tienen que admitir que la benevolencia mutua es lo que precede al intercambio, aunque en las demostraciones que le siguen tengan que recurrir a todos los medios para hacer desaparecer esa confianza primitiva. De este modo, todo transcurre como si la lógica del mercado no pudiese desplegar sus efectos y verificar sus hipótesis sino socavando sin cesar sus propios fundamentos.

[24] Un texto difundido por el PNUD lo presenta de la manera siguiente: "An attempt is made to redefine the role of capital in the development process to include different forms of capital, in particular institutional and social capital, the accumulation of which could constitute the core of a sustainable human development strategy" [Se está haciendo un intento por redefinir el rol del capital en el proceso de desarrollo para incluir diferentes formas de capital, en especial el capital institucional y social, cuya acumulación podría constituir la médula de una estrategia sostenible de desarrollo humano] (S. de Vylder, "Sustainable human development and macroeconomics, strategic links and implications", en: A UNDP Discussion Paper, Nueva York, agosto de 1995, p. 43).

[25] J. S. Coleman, "Social capital in the creation of human capital", en: The American Journal of Sociology, vol. 94, suplemento, 1988, pp. S95-S120.

[26] R. D. Putnam, Making democracy work: civic traditions in modern Italy, Princeton, Princeton University Press, 1993.

[27] F. Fukuyama, Trust. The social virtues and the creation of prosperity, Nueva York-Londres, Simon & Schuster, 1995.

bastante diferente del de los autores norteamericanos–, lo que recibió más atención fue la noción de confianza, cuyo origen se encuentra en Durkheim,[28] en especial entre los que pertenecen a la escuela denominada "de las convenciones", entre quienes se encuentra André Orléan; se podría agregar el último trabajo de Laurent Cordonnier.[29]

Bourdieu fue sin lugar a dudas el primero en identificar tres tipos de capital que los actores sociales se esfuerzan por controlar y acumular: el capital económico, constituido por los ingresos y la fortuna; el capital cultural, ampliamente determinado por la posesión de grados escolares, pero también por las prácticas distintivas que forman el gusto (o el "buen gusto"), y finalmente el capital social "del que se puede dar una idea intuitiva diciendo que es lo que en el lenguaje común se denomina 'las relaciones' ",[30] es decir, el conjunto de redes sociales que un actor puede movilizar en provecho propio.

Los trabajos de Bourdieu influenciaron a la sociología norteamericana[31] y, en primer lugar, a la perspectiva de James Coleman. Sin embargo, existen diferencias considerables entre ambos autores. En primera instancia, porque Bourdieu no le adjudica ningún valor particular al capital social y para él no constituye una variable explicativa de los otros tipos de capital, y en segunda instancia –otra diferencia fundamental entre Bourdieu y Coleman–, porque éste trata de reconciliar la estructura social con el paradigma de la acción racional (*rational choice theory*), mientras que aquél no ha cesado de mostrar que este enfoque "brinda un modelo normativo de lo que debe ser el agente si desea ser racional (en el sentido del docto) en una descripción del principio explicativo de lo que realmente hace".[32] Así, fuera del hecho de que tanto uno como el otro utilizan el mismo término, entre ambos autores existen más diferencias que semejanzas.

Lo que le interesa a Coleman es la importancia que revisten para la vida social las obligaciones mutuas, las normas sociales y las relaciones de confianza (*trustworthiness*), que en cierto modo reducen el alcance de la axiomática del interés. Si no, ¿cómo explicar el funcionamiento del mercado de diamantes en Amberes o en Nueva York, o el del suk árabe? Por ende, el capital social constituye ese "recurso social informal" que une a las personas entre sí, les impone reglas

---

[28] "El interés es [...] lo menos constante que existe en el mundo. [...] Una causa de este tipo no puede dar lugar sino a acercamientos pasajeros y a asociaciones por un día" (É. Durkheim, mencionado en A. Orléan, "Sur le rôle respectif de la confiance et de l'intérêt dans la constitution de l'ordre marchand. A qui se fier? Confiance, interaction et théorie des jeux", en: *La Revue du Mauss Semestrielle*, núm. 4, 2ª semestre de 1994, p. 21).

[29] L. Cordonnier, *Coopération et réciprocité*, Coll. Sociologies, París, PUF, 1997.

[30] P. Bourdieu, *Questions de sociologie*, París, Éditions du Minuit, 1984, p. 55.

[31] Cf. E. Wall, G. Ferrazzi y F. Schryer, artículo citado en n. 21.

[32] *Méditations pascaliennes*, París, Éditions du Seuil, 1997, p. 167; la cita es seguida por una nota que se refiere a James Coleman (*Foundations of social theory*, Cambridge, Harvard University Press, 1991).

(y sanciones), reduce los costos de las transacciones y es más fuerte si la sociedad está más encerrada en sí misma, soldada por una infinidad de relaciones entretejidas. Para probar la hipótesis según la cual el capital social tiene efectos favorables sobre la formación de otros tipos de capital –y en particular sobre la constitución del capital humano–, Coleman muestra que el capital social de que dispone una familia tiene una fuerte influencia en el porcentaje de logro escolar. Así, un alumno que dispone de un alto capital social tiende a realizar estudios más prolongados y a alcanzar mayores logros que aquel que no tiene esas mismas posibilidades como punto de partida.

Finalmente, el capital social inscripto dentro de la estructura social[33] puede ser considerado también como un bien colectivo (*public good*) del que nadie puede apropiarse para sí solo (a diferencia del capital económico) y del que cada uno se beneficia aunque cada actor no contribuya en igual medida que otros en su creación. Al ayudar a reforzar los lazos sociales, facilita el crecimiento de otros tipos de capital. De allí que Coleman pregone que la sociedad se dé a sí misma los medios de acrecentar su capital social, brindándoles particular atención a las instituciones primarias (en particular, a la familia) que son sus creadoras y depositarias. De Bourdieu a Coleman pasamos así de la posición del sociólogo a la del ingeniero social.

El sociólogo que ejerció mayor influencia sobre los "desarrollistas" es, sin lugar a dudas, Robert D. Putnam,[34] quien emplea la noción de capital social para definir las condiciones institucionales de una comunidad cívica participativa y viva. En su estudio dedicado a las diferencias en los comportamientos cívicos en Italia,[35] Putnam muestra que lo que explica el éxito económico y la participación política en la región del norte de ese país es el capital social históricamente acumulado (por innumerables asociaciones que privilegian las relaciones horizontales), mientras que el sur quedó apresado en sus redes clientelistas (verticales) tradicionales. También agrega –y la idea reviste importancia en la perspectiva del "desarrollo"– que las prácticas que derivan de la reciprocidad generalizada representan un papel muy particular en la formación del capital social, ya que cada uno está en derecho de esperar que su abnegación por la comunidad llegue a proporcionarle beneficios en retorno, lo que refuerza los comportamientos de cooperación.[36]

---

[33] Cf. J. Coleman, "Social capital inheres in the structure of relations between actors and among actors", en: artículo citado en n. 25, p. S98.

[34] Citado por S. de Vylder (cf. artículo citado en n. 24).

[35] Cf. R. D. Putnam, ob. cit. en n. 26 (obsérvese la forma prescriptiva del título).

[36] "According to Putnam, social capital, as an aspect of social organization that includes trust, norms and networks (all of which enhance cooperative actions), persists in the long run and re-asserts itself under suitable circumstances. Social capital can increase with use and diminish with disuse, allowing for either virtuous or vicious cycles" [Según Putnam, el capital social, como aspecto de la organización social que incluye confianza, normas y redes (todo lo cual aumenta las acciones cooperativas), persiste en el largo plazo y se reafirma a sí mismo en circunstancias adecuadas. El capital social puede acrecentarse con el uso y disminuir con el desuso, permitiendo tanto ciclos virtuosos como viciosos] (cf. E. Wall, G. Ferrazzi y F. Schryer, artículo citado en n. 21, p. 311).

Por último, cabe decir algunas palabras acerca de la manera en que el capital social es utilizado en el campo del "desarrollo humano sostenible".[37] Según De Vylder, existen diferentes tipos de capital, todos los cuales constituyen factores de producción: el capital financiero, el capital físico (las máquinas, los equipos, las infraestructuras), el capital humano (la formación escolar y profesional), el capital natural (los recursos naturales) y, finalmente, el capital social que comprende

> parliamentary democracy, a free press, respect for human rights, norms of social interaction, systems for rapid dissemination of new ideas, trade unions and a myriad of other large or small organizations, a judiciary system which, by and large, defends law and justice and other institutions [democracia parlamentaria, prensa libre, respeto por los derechos humanos, normas para la interacción social, sistemas de rápida propagación de nuevas ideas, sindicatos y un sinfín de otras organizaciones grandes o pequeñas, un sistema judicial que en general defiende la ley y la justicia, y otras instituciones].

Esta lista, aunque larga, no es exhaustiva, y el autor agrega:

> If we broaden the definition of social capital somewhat [sic!], we may also include formal and informal processes and structures, that is how different institutions relate to each other, power structures, norms and networks within and between different organizations, issues related to accountability and transparency, to degree of democratic participation and control, and other issues [Si ampliáramos un poco (¡sic!) la definición de capital social, podríamos incluir también los procesos y estructuras formales e informales, que constituyen la forma en que las distintas instituciones se relacionan entre sí, las estructuras de poder, normas y redes entre diferentes organizaciones y dentro de ellas, temas vinculados con la rendición de cuentas y la transparencia, el grado de participación democrática y de control, y otras cuestiones].[38]

Al igual que Coleman y Putnam, De Vylder define el capital social como un bien colectivo, cuya acumulación −contrariamente a los demás tipos de capital− va en provecho de todos y no sólo de algunos. Esta noción es tan central que el autor no duda en afirmar: "It is a society's accumulation of social capital that is typically the key to a more human and sustainable form of development" [La acumulación de capital social de una sociedad constituye de modo característico la clave para una forma más humana y sostenible de desarrollo].[39] En otras palabras, De Vylder subraya la importancia del marco institucional y de la vida asociativa para la economía del "desarrollo": las relaciones sociales múltiples y armoniosas son un prerrequisito necesario para el proceso de "desarrollo"; en efecto, éste no puede

---

[37] Sin lugar a dudas, el "desarrollo humano sostenible" podría calificarse como "hiperoxímoron".
[38] Cf. S. de Vylder, artículo citado en n. 24, p. 9.
[39] Ibíd., p. 10.

ser puesto en marcha recurriendo únicamente a las otras formas de capital como se creyó hasta ahora, sea que se trate de capital natural, en el caso de países ricamente dotados, sea de capital financiero, como ocurrió en los años setenta cuando el dinero era barato.

A continuación de Putnam,[40] De Vylder afirma que existe una relación positiva entre el capital social, el "good and efficient governance" [el gobierno bueno y eficiente] y el crecimiento económico, y destaca que, contrariamente a la teoría económica dominante basada en la competencia, hay que tomar en cuenta también las virtudes de la cooperación que son complementarias de ésta, porque despiertan la confianza (*trust*) indispensable en los niveles político y económico, lo que asegura que los comportamientos sean previsibles (*predictability*), garantiza la continuidad en la aplicación del derecho, reduce los costos de transacciones y favorece el clima de inversión. Por último —y esto no deja de tener relación con las consideraciones anteriores referidas a la cultura—, De Vylder subraya la importancia de respetar las tradiciones, que son las que suelen mantener la cohesión social: su reemplazo demasiado veloz por normas corre el riesgo de plantear más problemas que los que podría resolver.[41] En efecto, se observa que, en la mayoría de los casos, lo único que hicieron los intentos de "modernización" (o la aplicación de planes de ajuste estructural) fue reducir el capital social y socavar la confianza que sostenía las relaciones entre los miembros de la sociedad civil. He aquí una observación de la que tendrían que haberse extraído las consecuencias.

Finalmente, la creación del capital social depende en gran medida de la estructura democrática de la sociedad, de su respeto por los derechos humanos y por la libertad de expresión, que constituyen las condiciones básicas para un tejido asociativo: "the denser such networks in a community, the more likely that its citizens will be able for mutual benefits" [cuanto más densas son esas redes en una comunidad, tanto más posibilidades hay de que sus ciudadanos puedan obtener beneficios mutuos].[42] Aunque el capital social pueda también nacer en el transcurso de luchas contra regímenes antidemocráticos (como en África del Sur bajo el régimen del *apartheid* o en América Latina en las décadas del setenta y del ochenta),[43] la mejor

---

[40] De Vylder cita explícitamente su estudio sobre Italia (ibíd., p. 13).

[41] "Sustainable human development begins with people, and with their culture and traditions. While existing norms and values may, or may not, be conducive to development —there is no need to romanticize everything that is old—, they form the point of departure, and are regarded as assets rather than liabilities" [El desarrollo humano sostenible comienza con la gente, y con su cultura y sus tradiciones. Si bien las normas y valores existentes pueden o no conducir al desarrollo —no es necesario ver con ojos románticos todo lo antiguo—, constituyen el punto de partida y son vistos como activos y no como pasivos] (ibíd., p. 14; esta misma frase es prácticamente retomada en la conclusión del estudio, p. 41).

[42] De Vylder (p. 16) cita otra vez a Putnam (ob. cit. en n. 26, p. 173).

[43] Como señalaba N. Lechner, es probable que el restablecimiento de la democracia en Chile haya reducido la importancia del capital social. Se dice: "ya los únicos que se hablan son los perros".

garantía de su existencia y de su persistencia radica, a pesar de todo, en la posibilidad de un control participativo de la base sobre las autoridades, para evitar la confiscación del poder.

Por supuesto, uno podría preguntarse si es realmente necesario utilizar la noción de "capital" social para designar lo que también podría denominarse "tejido social", "cohesión social" o "lazos sociales". ¿Se justifica siempre que la sociología tome prestados cada vez más términos del lenguaje de la economía? En este caso, nos encontramos probablemente ante una estrategia que apunta a obtener la atención benévola de los economistas, por lo general poco propensos a tomar en cuenta los problemas que no pueden clasificar en la conceptuación propia de su disciplina...

Por el contrario, Fukuyama tiene el mérito de resistir a la invasión del vocabulario de la economía en la sociología, hablando de "confianza" en vez de "capital social". A pesar de esta diferencia semántica,[44] se inscribe en la línea de los autores presentados hasta ahora, aunque defiende claramente más que ellos la economía neoliberal: "the world's advanced countries have no alternative model of political and economic organization other than democratic capitalism to which they aspire" [los países más avanzados del mundo no tienen otro modelo alternativo de organización política y económica que el capitalismo democrático al que aspiran].[45] Sin embargo, la lógica del mercado sólo explica el 80% del éxito del capitalismo; para que éste sea completo, se le debe agregar el 20% de confianza y de lazo social, ya que "liberal and economic institutions depend on a healthy and dynamic civil society for their vitality" [la vitalidad de las instituciones liberales y económicas depende de una sociedad civil saludable y dinámica]. De allí la trascendencia de esa confianza, que posee un "valor económico importante", dado que reduce los costos de transacción. Fukuyama reconoce entonces la necesidad de esos valores premodernos que constituyen las tradiciones, la cultura, la moral y la religión y que son la base de la "sociabilidad espontánea". Pero éstas son transformadas en instrumentos (como la cultura en las resoluciones de la UNESCO) para asegurar el triunfo del mercado: "Liberal democracy and capitalism remain the essential, indeed the only, framework for the political and economic organization of modern societies" [La democracia y el capitalismo liberal siguen siendo el marco esencial y realmente el único para la organización política y económica de las sociedades modernas].[46] Aunque Fukuyama admite que esa sociabilidad (que estima tan importante) tiende a desaparecer de la sociedad norteamericana en la que se multiplican los crímenes, los divorcios y los procesos de todo tipo, no se pregunta acerca de los motivos de ese debilitamiento. ¿Y si la confianza, terreno

---

[44] F. Fukuyama utiliza también la noción de capital social: "social capital is a capability that arises from the prevalence of trust in a society or in certain parts of it" [el capital social es una capacidad que surge del predominio de la confianza en una sociedad o en ciertas partes de ésta] (cf. F. Fukuyama, ob. cit. en n. 27, p. 26).

[45] Ibíd., p. 4.
[46] Ibíd., p. 353.

indispensable para el crecimiento económico, se fuera destruyendo progresivamente por efecto de la lógica del mercado, de la que aseguró el florecimiento?

Para concluir con esta noción de capital social, nos atendremos a dos observaciones. En primer lugar, lo que reúne a Coleman, Putnam, De Vylder y Fukuyama es ante todo su punto de interrogación común en cuanto a las condiciones previas del "desarrollo"; los cuatro llegan a la conclusión de que para valorar los diferentes capitales que originan el crecimiento económico es necesaria la confianza, o –como dice Putnam– se trata de que cada uno "to trust in the trust of others" [confíe en la confianza de los demás]. Putnam también afirma que lo que produce el capital social es la reciprocidad generalizada. ¡Extraño descubrimiento! Por lo menos desde la publicación de *L'essai sur le don* de Marcel Mauss (1922), la antropología no ha dicho otra cosa. Dado que la donación obliga al donatario, éste se ve obligado a devolver y es ese intercambio constante de donaciones y contradonaciones (que no son solamente materiales porque se trata también de un intercambio de favores y gentilezas) lo que crea y mantiene el lazo social.

Se trata entonces de saber si el paradigma de la donación es compatible con la axiomática del interés (*rational action paradigm*) que se quiere conservar a toda costa. En efecto, ¿adónde nos conduce la lógica del mercado (basada en la maximización del beneficio individual del intercambio), sino a suprimir el lazo social? Si la práctica de la donación (incluso simbólica) crea obligaciones y expectativas, establece *créditos* sinónimo de *confianza*; el acto de compraventa, en cambio, concentrado enteramente en el valor del objeto intercambiado, libera del lazo a los socios, que una vez concluido el negocio se separan y quedan a mano. *Lo que muestra la antropología es que la lógica del mercado no logra por sí sola administrar el desorden social.*[47] Por eso, la mayoría de las sociedades inventaron sistemas específicos para asegurar el orden social: imponiendo un orden moral, originado en las verdades divinas, como ocurrió en la Edad Media occidental,[48] o fundando las relaciones sociales en la obligación de reciprocidad, y basando el prestigio en la generosidad y no en la acumulación, como en la mayor parte de las sociedades "tradicionales". Únicamente la sociedad occidental moderna creyó poder asegurar el orden social liberándose de la moral y afirmando que la búsqueda de cada quien de su interés particular permitía realizar el bien común, gracias a la mano invisible de la economía. Parece que en la actualidad se descubre que, a pesar de su elegancia formal, los modelos neoclásicos acarrean en la práctica consecuencias muy alejadas de la armonía. Se vuelve entonces a descubrir al capital social como anterior al "desarrollo". ¿Pero

---

[47] Es interesante observar que Putnam evoca la teoría de Hobbes, como una forma de asegurar el orden social. Ya que no podemos admitir que todos sean altruistas, dice, ¿no le correspondería al Estado obligar a cada quien a cooperar? Pero inmediatamente desecha esa hipótesis, porque no hay nada que pueda garantizar que todos confíen en el Estado en lo que se refiere a aplicar la ley de manera imparcial.

[48] J.-L. Corrieras, *Les fondements cachés de la théorie économique. La science économique à l'épreuve des sciences sociales*, Coll. Logiques Sociales, París, L'Harmattan, 1998.

acaso no habría que reconocer también que éste en realidad se construye *en contra de la lógica del mercado?* Lo paradójico es que se celebran las virtudes del capital social, afirmando que facilita el crecimiento económico, pero sin comprender que la economía de mercado, cuyo crecimiento se espera, va a hacer desaparecer ese mismo capital social. Como lo señalaron claramente diferentes teóricos, el capital social constituye una especie de "recurso" que crece cuando se lo utiliza, es decir, cuando se multiplican las redes sociales basadas en la confianza. *Pero cuando triunfa la lógica del mercado, el capital social no hace sino empobrecerse.*

En segundo lugar, cabe constatar que en el preciso momento en que el sistema dominante destruye el capital social y, por lo tanto, la participación de la base se vuelve aleatoria a la vez que el control democrático y la facultad de cada grupo social de tomar por sí solo las decisiones que le incumben[49] ya no son posibles, es cuando se acuerda de magnificar la importancia de lo que se está aniquilando o prohibiendo. Un pueblo puede decidir si quiere o no rehacer la carretera que lo atraviesa, pero los campesinos no son dueños del precio de sus cosechas; una empresa puede decidir lanzar un nuevo producto, pero los empleados no saben si a la fábrica la comprará mañana un banco extranjero, ni si conservarán sus empleos; un gobierno puede decidir presentar un presupuesto al Congreso, pero determinada institución financiera puede obligarlo a modificar sus prioridades y, por lo general, a realizar recortes claros; el banco central puede decidir sostener su moneda o aumentar su tasa de interés, pero los mercados financieros se opondrán. Estos pocos ejemplos, que podrían multiplicarse, intentan simplemente mostrar que hay algo risible en la promoción de la autonomía de las colectividades locales o nacionales cuando en realidad lo que la sociedad elige escapa a los responsables de las decisiones, aparentemente más poderosos (sin que se logre identificar siempre a los autores de la decisión final), dado que los grandes Estados o los grandes grupos industriales están sometidos a presiones que los obligan a hacer lo que tal vez no tenían intención de hacer (privatizar, desregular, devaluar, desemplear, mudarse, etc.). *Del mismo modo en que se inventó el "desarrollo cultural" en el momento en que las culturas eran puestas en peligro por el "desarrollo", existe la preocupación por el capital social en el momento en que éste es puesto en la picota por las fuerzas del mercado.*

Modelos virtuales y realidades sociales

En efecto, uno podría sorprenderse por el hecho de que se proclamen e imaginen teorías sucesivas para realizar el "desarrollo" y que, al fin de cuentas, los éxitos de éste sean tan magros o tan dudosos. Para el tema que nos ocupa, no se

---

[49] "Social capital seeks to improve the ability of a collectivity to make decisions" [El capital social busca mejorar la habilidad de una colectividad de tomar decisiones] (T. Banuri et al., "Sustainable human development from concept to operation", en: *A UNDP Discussion Paper*, Nueva York, 1994, p. 19, citado en De Vylder, ob. cit. en n. 24, p. 9).

trata de decir que la cultura no constituye un elemento fundamental que conviene integrar a las diferentes maneras de definir la "buena vida" (tal como la concibe la sociedad de la que hablamos), ni de cuestionar la importancia del capital social, es decir, la de las relaciones de confianza que pueden establecerse entre los miembros de una colectividad determinada. Estos dos enfoques —a pesar de sus lagunas o defectos conceptuales— tienen el mérito de llamar la atención sobre los aspectos socioantropológicos, más que sobre los puramente económicos, de la vida en sociedad. No podemos pues sino felicitarnos. No obstante, vistas más detalladamente, estas dos perspectivas no tienen sino un solo objetivo: hallar los medios para asegurar la realización del "desarrollo", considerado como el objetivo indiscutiblemente buscado por la totalidad de las poblaciones del planeta.

Ahora bien, ¿qué es el "desarrollo"? Para que la definición sea operativa, no debe basarse ni en opiniones ni en apreciaciones subjetivas (¿cómo determinar si una sociedad ha "florecido" o si el desarrollo es realmente "humano"?) y, además, debe incluir el conjunto de fenómenos que podrían incluirse en el término "desarrollo" (no solamente lo referente a la "cooperación para el desarrollo" o los proyectos de "desarrollo", sino también todo aquello que hace que ciertos países pretendan ser "desarrollados"). En otras palabras, el "desarrollo" no puede definirse sino por sus características externas, observables por cada quien. Si nos atenemos a este razonamiento, llegamos a la definición siguiente: *el "desarrollo" es el resultado de prácticas que consisten en transformar la naturaleza y las relaciones sociales, con miras a una producción creciente de mercancías destinadas, a través del intercambio, a una demanda solvente.*[50] Despojado de sus connotaciones normativas (que lo transforman en una descripción de la sociedad ideal), el "desarrollo" ya no tiene nada de misterioso; corresponde muy exactamente a lo que abarca el indicador que los economistas utilizan para medirlo: el PBI por habitante. Un país está "desarrollado" cuando los recursos naturales han sido privatizados, cuando se venden su tierra y su agua, cuando se ha generalizado la condición de asalariado de sus habitantes, cuando se han creado bancos para acumular el dinero y todo tipo de "datos" (especialmente, biogenéticos), cuando se monetarizan los "servicios", cuando la industria (o las exigencias de *confort* individual) destruye los recursos naturales sin tener en cuenta su renovación, cuando han sido eliminadas las identidades culturales y se ha dilapidado el capital social. Podemos buscar y buscar; ¿acaso históricamente ha sucedido algo diferente desde que nos esforzamos por "desarrollarnos"? Sin duda, se han realizado algunos progresos, si recordamos por ejemplo el mejoramiento de las condiciones de vida de la clase obrera entre el siglo XIX y el XX; pero lejos de derivar automáticamente del "desarrollo de las fuerzas productivas", ese aumento de bienestar se ha ganado *contra* los "imperativos del mercado", a lo largo de las luchas sindicales y políticas. Ésa es pues la

---

[50] Hallarán una presentación más detallada de esta definición en G. Rist, *Le développement histoire d'un croyance occidentale*, París, Presses de Sciences Po, 1996, pp. 19-36.

realidad, que por cierto no podemos sino deplorar, pero que primero tenemos que constatar: *la famosa "brecha" entre el Norte y el Sur, que todas las declaraciones de la* ONU *se comprometieron ritualmente a reducir en nombre del "desarrollo", no ha dejado de ensancharse debido al "desarrollo"*. Hoy en día, la globalización ha tomado el relevo del "desarrollo"; en el fondo, nada ha cambiado realmente, salvo que se han ido suprimiendo de manera progresiva las reglas del juego impuestas por el poder político, que hacían que el proceso fuese soportable. De ahora en más, los efectos del proceso puesto en marcha a partir de la Revolución Industrial se han vuelto más visibles, lo que relega la esperanza del "desarrollo" al horizonte de la historia, como una utopía que tuviera que realizarse "por añadidura".

Lo que debería sorprendernos es la confusión sostenida entre el "desarrollo" que realmente se produce, cuyos efectos saltan a la vista pero no se quieren ver, y el "desarrollo" soñado que no existe en ninguna parte. Ahora bien, ésta es la confusión que explica que se siga considerando al "desarrollo" como una solución ("protegida" a fuerza de oxímorones sucesivos) cuando en verdad constituye el verdadero problema.[51]

Este fenómeno deriva del carácter religioso en que está envuelta la idea de "desarrollo" en el pensamiento occidental.[52] Como lo mostró Durkheim, toda religión constituye un sistema de creencias que implica prácticas obligatorias, no porque los miembros de la sociedad que comparten esas creencias estén íntimamente convencidos de su buen fundamento, sino porque no les resulta posible no creer en ello –porque cada uno cree que todos los demás creen– so pena de ser excluidos de la sociedad. Así como hoy nos sorprendemos de que los aztecas hayan podido creer que era necesario sacrificar a seres humanos para asegurar el retorno del Sol, es posible que nuestros descendientes se sorprendan de que hayamos creído en asegurar la felicidad de la humanidad "desarrollando".

Quizá la confusión que se ha instalado entre el sueño y la realidad pueda explicarse de manera diferente. En efecto, todo transcurre como si la proliferación (y la vulgarización) de mundos imaginarios hubiese conducido a hacer más vaga la frontera que separa las realidades virtuales de la realidad. Junto con lo real (lo que se ofrece a nuestra percepción y resiste) se construye de ahora en más, a través de la tecnología digital, el nuevo mundo de la cibercultura que permite hacer creer en las realidades más extravagantes. En efecto, esta técnica consiste "en crear, mediante la computadora, espacios virtuales en los que los operadores pueden desplazarse y actuar sobre un entorno reconstituido con imágenes de síntesis".[53] Por ende, no se trata solamente de pantallas de cine o de computadoras, sino más

---

[51] Una vez más, hay que considerar al "desarrollo" como un fenómeno global, que no puede reducirse a la simple "cooperación para el desarrollo". Por otra parte, la función principal de esta última es atenuar los efectos funestos del... "desarrollo" y ayudar a las víctimas de éste.

[52] Cf. G. Rist, ob. cit. en n. 50, y M.-D. Perrot, G. Rist y F. Sabelli, *La mythologie programmée, l'économie des croyances dans la société moderne*, París, PUF, 1992.

[53] J. de Rosnay, *L'homme symbiotique*, París, Éditions du Seuil, 1995, p. 134.

bien de *inmersión* en un mundo donde uno puede tener la ilusión de moverse y tocar como si estuviera dotado de un espesor "real". De allí el riesgo de confusión o de superposición entre lo imaginario (proyectado en la realidad virtual) y lo real. La ventaja, si se puede decir, de lo virtual es que no se resiste y hace pensar que todo podría ser posible; el peligro es que uno también se puede instalar en eso, considerarlo como real y contentarse con vivir en el puro imaginario.

De lo anterior surgen las siguientes interrogantes: ¿en qué mundo viven los estrategas del "desarrollo" y los redactores de resoluciones de la ONU? ¿Acaso están inmersos en una realidad virtual que ellos mismos fabricaron o están en contacto con lo real que resiste? ¿No serán víctimas de una ilusión de la percepción, olvidando que el "desarrollo" del que hablan está construido como una imagen de síntesis, fruto de la imaginación y del deseo, a la que se le han borrado todos los efectos perversos y que cada quien puede modificar a voluntad? Como si bastara con "cliquear" para hacer que la imagen de éste se transforme: se le puede cambiar el color en función de las culturas a las que se lo quiere adaptar; según el lugar en que se aplique, se lo puede hacer sostenible en vez de biodegradable por los efectos de la contaminación; para que sea simpático, se le puede poner un "rostro humano", enriquecerlo con capital social u obligarlo a respetar los derechos humanos.

A fuerza de confundir sus deseos con realidades o de colmar sus deseos huyendo en lo imaginario, para evitar confrontarse con una realidad que se resiste, los "desarrollistas" mantienen –sin darse cuenta, sin duda, ¿pero no es eso más grave?– una total confusión entre el sueño (¡legítimo en sí!) de un mundo mejor y las realidades sociales. En esencia, lo que dicen es: "ya que los hechos son desalentadores, veamos más bien la representación que hemos hecho de ellos y que seguimos mejorando permanentemente". Pero como bien sabemos, los hechos son testarudos y siempre acaban por triunfar. Lamentablemente, las frustraciones, la miseria y las desigualdades que derivan de esta confusión no son imaginarias, sino bien reales.

Como vemos, esta hipótesis presenta puntos comunes con la que habíamos hecho en relación con el carácter religioso del "desarrollo". En ambos casos, existe una confusión de planos y una negación de la realidad. Así como el "desarrollista" es incapaz de ver los efectos reales del "desarrollo" y cree firmemente que logrará resolver los problemas (que creó) desarrollando más y mejor, al creerlo seguirá convencido de que la base de su fe reposa en el amor al prójimo, aunque se le demuestre que a lo largo de la historia eso sirvió para justificar espantosas masacres. Uno y otro están inmersos en lo imaginario y sus retornos ocasionales a la realidad no logran desmoronar sus certezas. Todas las creencias son siempre autoinmunes. A pesar de las múltiples expediciones infructuosas, los cazadores del unicornio o de quimeras no tienen motivos para abandonar sus batidas.

De lo que se trata no es de los arreglos cosméticos que se le puedan hacer al "desarrollo". Unos dicen que hay que preocuparse por la cultura; otros, que conviene favorecer la formación del capital social. No hay nada que decir. Por el contrario, cabe afirmar que todo eso es necesario. En cambio, lo que es problemático es la compatibilidad de esas realidades con el "desarrollo" en sí. Si el "desarrollo" está totalmente ligado, por sus orígenes y por el tipo de sociedad que lo impuso, a la cultura occidental, ¿cómo podría esperarse colarlo en otros moldes culturales sin producir daños? Si el "desarrollo" provoca ineluctablemente el aumento de las desigualdades, ¿cómo creer que pueda ir de la mano de la creación de capital social?

Lo que está en juego no es lo que se cree. *La tarea no consiste en multiplicar las "dimensiones" (en el sentido que las organizaciones internacionales le dan al término) del "desarrollo", ni en insuflarle algunas medidas de capital social, sino en cuestionarlo, invirtiendo las prioridades.* Si queremos realmente crear un mundo en el que hombres y mujeres puedan vivir según sus culturas (lo que, una vez más, no implica cosificación alguna de éstas), preservar un medio ambiente que permita proseguir la vida y construir (o ¿volver a hallar?) colectividades no desmembradas en individuos alentados únicamente por un espíritu de competencia, sino unidas por lazos sociales fuertes, entonces debemos preguntarnos seriamente acerca del "modelo de desarrollo" que Occidente exporta desde hace cinco décadas, con los resultados conocidos –y probablemente, acabar con él–. ¿Retorno a Copérnico? Quizá. Pero tal vez sea ésa la posibilidad de supervivencia para la humanidad. Porque lo único cierto es que la generalización del "desarrollo" –es decir, de la economía de los países industrializados–[54] al conjunto del planeta es materialmente imposible. Ni siquiera es seguro que sea deseable.

Los que tratan de "sumarle" cultura o capital social al "desarrollo" dan muestras o bien de gran ingenuidad o bien de un profundo cinismo y, sobre todo, de un extraño desconocimiento de la antropología económica. En efecto, la cuestión central –constantemente relegada– es saber si se puede garantizar el orden social con el paradigma de la racionalidad individual, generalizando la lógica del mercado, que constituye el hueso duro del "desarrollo", o si, por el contrario, no se ha vuelto necesario limitar el lugar que ocupa el intercambio del mercado para volver a descubrir la relevancia de las otras formas de intercambio (intercambio no mercantil, donación y contradonación, gastos de prestigio, etc.) creadoras de lazos sociales.[55] No basta con constatar la importancia del capital social como *prerrequisito* para facilitar el "desarrollo"; hay que preguntarse sobre todo cuáles son los medios *de conservarlo y de acrecentarlo*. Ahora bien, el aumento de las desigualdades económicas y sociales –derivadas de la hegemonía de las prácticas impuestas por la "ciencia" económica neoliberal– va de la mano de la erosión de las identidades culturales, de la confianza y del capital social, al que supuestamente se le presta tanta atención. Al fin de cuentas, lo que está en juego es el fundamento teórico del modelo económico dominante. La cultura, la confianza y el

---

[54] En el ítem "desarrollo", el diccionario *Petit Robert* indica: "país, región en desarrollo, cuya economía no ha alcanzado el nivel de los países industrializados". No podría ser más claro.

[55] Cf. G. Rist, "Préalables à une théorie générale de l'échange", en: *Pratiques de la dissidence économique. Réseaux rebelles et créativité sociale* (Y. Preiswerk y F. Sabelli, dirs.), Nouveaux Cahiers de l'IUED, núm. 7, Ginebra-París, PUF, 1998, pp. 17-40.

capital social no son *medios* con miras al "desarrollo", sino *fines* que serán alcanzados sólo a condición de modificar radicalmente el modelo de "desarrollo" basado en la lógica del mercado.

Por el momento, lo que proponen los "inventores" del capital social es una versión modernizada de "Caperucita Roja": aunque el lobo consienta en disfrazarse de abuelita para establecer un lazo de confianza con la niña, sigue siendo lobo. Aunque acepte revestirse con una "dimensión cultural" y se adorne con capital social, el "desarrollo" sigue siendo "desarrollo".

Capital social y poder
Alfredo G. A. Valladao

La "cultura", con todas las ambigüedades que encierra este término, constituye en la actualidad el centro de los debates sobre el desarrollo. El fracaso relativo de las políticas de ayuda desde hace ya tres décadas y la intensificación de las dinámicas de exclusión social relacionadas con el proceso de globalización hicieron surgir la necesidad de tomar en cuenta los factores culturales como "nodos" esenciales de todo proyecto de desarrollo. En efecto, la creación artística, las idiosincrasias populares, la industria cultural o las "cosmovisiones" de las diferentes sociedades del globo tienen un impacto evidente en la forma en que una colectividad se organiza y adopta o no una lógica de crecimiento económico o de cambio social. En lo que nos concierne, la cultura se define aquí en su sentido más amplio, incluyendo el conjunto de símbolos, lazos sociales y prácticas que caracterizan el funcionamiento de una comunidad determinada.[1]

Cultura y política

El tomar en cuenta la variable cultural dio lugar a varios tipos de posiciones entre los expertos, los investigadores y los académicos. Este conjunto de trabajos se encuentra en la actualidad demarcado por dos actitudes extremas. La primera considera el desarrollo como una simple "creencia" (Rist, 1996), una ideología occidental cuyo avance impetuoso acaba por destruir todas las demás alternativas socioculturales que no se basan en las leyes del crecimiento y del mercado. Desde esa perspectiva, lo que constituye el factor de pobreza y de exclusión es el desarrollo en sí mismo. El mercado, basado necesariamente en la competencia entre los individuos y los grupos, provocaría, en efecto, una desorganización catastrófica de la confianza y los lazos sociales. Los partidarios más radicales de esta forma de concebir lógicamente el problema abogan por que se detenga la "ayuda al desarrollo", considerada como una injerencia intolerable en sociedades cuyos valores son fundamentalmente diferentes. La alternativa más extrema sería la de promover

---

[1] Por supuesto, dejamos de lado las posiciones, que aún son mayoría en el seno de las instituciones internacionales y que consideran siempre que la variable cultural debería representar un papel mínimo en las políticas de desarrollo.

nuevos modelos de organización social, lo más desligados posible del mercado mundial y basados más en la cooperación que en la competencia. En realidad, se percibe entre líneas el sueño de una especie de "secesión de la plebe" mundial que acabaría por quebrar la tiranía del mercado y del crecimiento.

La segunda actitud extrema, defendida por un número creciente de expertos en el seno de las grandes agencias internacionales de desarrollo, toma a la cultura como una simple variable instrumental. Los fracasos de la ayuda al desarrollo son analizados como la consecuencia de políticas marcadamente mecánicas y economicistas, que no toman en cuenta el medio ambiente cultural de las sociedades a las que están dirigidas (Kliksberg, 1998). Por ende, habría que "potencializar" esa variable, considerada entonces como un "capital social" que habría que valorizar para que los beneficios del desarrollo lleguen a las sociedades, comunidades o capas sociales más necesitadas. La palabra clave de esta estrategia es la "participación" (Banco Mundial, 1994): la implicación directa de las comunidades, a partir de los usos y costumbres que les son propios, en la discusión acerca de la aplicación de las opciones de desarrollo. Esto deja entrever el sueño de un "desarrollo democrático" demarcado por el pensamiento de las ciencias económicas, cuyos autores serían los expertos internacionales.

La trampa del "culturalismo"

Estas dos posiciones opuestas que circunscriben el amplio campo del debate sobre el tema cultural enfrentan, sin embargo, una misma limitación: su concepción "culturalista" del problema. Las culturas son percibidas como sistemas esencialmente cerrados y coherentes, conviviendo y negociando, con mayor o con menor éxito, sus contactos con el "exterior", es decir, con otros bloques culturales relativamente homogéneos (aunque se admitan influencias recíprocas y la importancia de ciertas normas universales, UNESCO, 1996). Por otro lado, se parte a la vez del principio de que todos los individuos y grupos sociales en el seno de una misma comunidad viven y comparten un mismo lazo social de la misma forma. Pero la realidad es mucho más compleja.

Desde hace por lo menos cinco siglos y desde las grandes navegaciones europeas, las "culturas" se construyen y despliegan en el marco de una interdependencia creciente. El número de sociedades aisladas y no "contaminadas" por valores externos se ha reducido prácticamente a cero. Son incontables ya los estudios (por ejemplo, Anderson, 1991; Appadurai, 1996, o Leguil-Bayart, 1996) que demostraron ampliamente que la mayoría de las identidades nacionales (o comunitarias) modernas son objetos construidos en el intercambio con otros y a menudo influidos de manera directa por los puntos de vista y criterios "occidentales". En la actualidad, ya no existe prácticamente una identidad cultural original, desprendida del proceso de globalización e interdependencia, a la que se pueda hacer referencia y menos aún regresar. Incluso las últimas tribus amerindias del Amazonas se ven confrontadas a una realidad brasileña infinitamente más poderosa que ellas mismas. Por consiguiente, en cada comunidad, sociedad o Estado nacional, los individuos o los grupos, según su ubicación o su *status*, viven de manera muy diferente el impacto del "desarrollo" y de la integración en el proceso de globalización. El individuo ya no es una categoría estrictamente occidental y surge en las formas más diversas en todas las sociedades del mundo. Además, en una misma cultura, en el seno de un mismo espacio simbólico y de una práctica social particular compartida, algunos tienen todo para ganar con los cambios, pero otros tienen todo por perder. Y esto es válido, incluso para las comunidades más pequeñas.

Por otra parte, cuando se habla de "capital social", el primer tema que hay que plantear es el de los poseedores y los administradores de ese capital. Una cultura en sí, desde el punto de vista de los antropólogos, de los tecnólogos o de los funcionarios internacionales del desarrollo, constituye a lo sumo una "riqueza" entre otras más, un objeto de estudio. En cambio, la noción de capital social implica, necesaria y literalmente, una "valorización" de esa riqueza. Ahora bien, toda cultura en el sentido amplio constituye de por sí un mecanismo de valorización, es decir, un sistema de poder, en el cual el lazo social es mantenido y administrado por instituciones y personas más o menos legítimas. Un sistema que garantiza el funcionamiento de reglas que permiten definir la distribución de los bienes simbólicos y materiales (cualesquiera que sean las modalidades: mercado, trueque, donación y contradonación, instituciones religiosas o políticas, etc.), así como los instrumentos para hacer frente a la vez a los transgresores y a los creadores que proponen cambios (desde la ejecución ritual hasta el proceso iniciático de integración a las estructuras de poder, pasando por todas las formas intermedias de represión, exclusión, persuasión y cooptación). Así, cualquier intento voluntarista exógeno de valorizar el capital social de una comunidad crea inmediatamente desequilibrios de poder que habrán de favorecer a algunos y amenazar a otros. En otras palabras, el cambio inducido por una nueva empresa con respecto a la valorización de un capital social en particular a veces culminará en procesos de inclusión y al mismo tiempo de exclusión (marginación o empobrecimiento), que se reflejarán en una nueva distribución del poder, fundada a su vez en nuevas reglas. Por otra parte, este trastrocamiento no dejará de tener además un impacto similar en las comunidades y sociedades vecinas o que viven en contacto directo o indirecto con ella.

La ilusión de "autenticidad"

Paradójicamente, la ayuda clásica al desarrollo, que consiste en aportar fondos a los gobiernos de los países pobres, era por lo general muy respetuosa del capital social de esos Estados. En efecto, los encargados de administrar el cambio socioeconómico nacional eran precisamente los poseedores y administradores de ese capital social.

Sin embargo, en la mayoría de los casos el resultado fue catastrófico: las elites locales, mediante la ayuda (que en verdad se reveló como una forma particular de promoción de su inserción en los mecanismos de interdependencia mundial), adquirieron un poder desmesurado en relación con su espacio social original. Esa situación no podía sino acelerar los fenómenos de exclusión internos. Además, la dinámica actual de la globalización está generando mecanismos similares, incluso en los grandes países industrializados.

La toma de conciencia general acerca del fracaso de las políticas de desarrollo y de la agravación de la exclusión y la pobreza conduce en la actualidad a negar la autenticidad de esas elites y a buscar a los "verdaderos" portadores del capital social en las comunidades subnacionales, locales e incluso sociales específicas (aldeas, tribus, categorías socioprofesionales, etc.). Lo urgente sería hacer llegar la ayuda a los que realmente la necesitan, independientemente de los debates sobre los modelos de sociedad que se defienden o de la definición de las metas del desarrollo. Para ello, habría que asegurar la participación directa de las poblaciones en la administración de esa ayuda. Pero también allí el problema persiste: toda ayuda refuerza el poder de unos y debilita el de otros. ¿Acaso el poder de una ONG será mejor para las poblaciones que el del cacique de una tribu? Es cierto que la promoción de formas democráticas de decisión en el nivel local constituye a la vez un avance en materia de derechos y un aporte activo y eficaz a la responsabilidad por su propio destino. Sin embargo, puede también significar un recuestionamiento violento de la cultura en cuestión (aunque pueda ser considerado positivo). El microcrédito otorgado a grupos de mujeres empresarias en un país musulmán como Bangladesh, por ejemplo, puede generar verdaderas microrrevoluciones en la cultura pueblerina. Constituye además un poderoso instrumento de transformación de ese capital social específico, y esa mutación puede perfectamente resultar desestabilizadora para el capital social de la sociedad en que tiene lugar.

El empowerment *es una injerencia*

El desafío que tiene que enfrentar cualquier política de desarrollo que pretenda apoyarse en la valorización de la dimensión cultural de las sociedades es, sin duda, el de la injerencia. Una acción voluntaria con miras a potencializar un capital social determinado puede ser percibida por los dirigentes y, en general, por todos los beneficiarios del *statu quo* –autoridades nacionales, locales, tribales, etc.– como una amenaza y una injerencia "externa" intolerable, a menos que contribuya a reforzar su poder. Ahora bien, la idea del *empowerment*, que promueve la participación activa y la representación de las poblaciones o de las comunidades implicadas en los programas de ayuda, lleva en sí misma una dinámica de cambio que afecta al conjunto de equilibrios que definen justamente el capital social que habría que movilizar. En efecto, hoy en día está claro que los aparatos del Estado que le dan forma institucional a la trama de "redes, normas y confianza social que facilitan la coordinación y la cooperación con miras a un beneficio mutuo" (Putnam, 1995) son en sí factores de exclusión. Independientemente de cuáles sean sus niveles de responsabilidad, las instituciones estatales son ante todo la expresión de los "incluidos"; por ende, no pueden representar a los "excluidos" sino de manera sumamente fraccionada y parcial (Figueiredo y Gore, 1999). Cualquier posibilidad que se les dé a estos últimos de dotarse de medios propios para formular y defender sus intereses y necesidades no puede ser vivida sino como la irrupción de nuevos actores locales en el seno de los procesos de decisión política. La promoción de una participación democrática de las poblaciones marginadas, así como la existencia de una "cláusula democrática", incorporada en los programas de ayuda al desarrollo, trastroca en profundidad no solamente los equilibrios internos del modelo de capital social en cuestión, sino también su propio horizonte político y cultural. Este tipo de proceso, donde la palabra y la organización de los "excluidos" provocan una mutación general de los valores y del lazo social propiamente dicho, no es algo nuevo. El ejemplo quizá más espectacular data de la Antigüedad, de la época de la gran metamorfosis del Imperio Romano tardío en "Imperio Cristiano", a partir del aumento de poderío de la Iglesia cristiana, cuya fuerza proviene de la organización y movilización de los "pobres" y de los "no ciudadanos" (Brown, 1992).

Una política de desarrollo fundada en la valorización del capital social se ve entonces confrontada con una difícil contradicción: tiene que estar atenta a las culturas particulares y respetarlas, pero su éxito pasa por el cuestionamiento de esas mismas culturas y por la promoción del cambio en su seno. En verdad, el dilema tiene una sola solución razonable. A menos que se abandone todo deseo de acción y se condene a sectores completos de la humanidad a la pobreza y a la exclusión, habrá que aceptar *volens nolens* la responsabilidad de la injerencia. Sin embargo, ésta no se limita a la formulación y a la simple puesta en marcha de un proyecto de desarrollo científico. También deberá asumir las consecuencias de desencadenar un mecanismo colectivo de expectativas sociales, políticas, culturales, etc. Ya no es posible escudarse tras unas recetas llamadas "técnicas" (basadas en la racionalidad económica occidental), cuyas virtudes dependerían esencialmente de la manera, más o menos "correcta", en que los beneficiarios las acepten y las apliquen. Los que proporcionan los fondos y las ideas, los grandes organismos internacionales de desarrollo y los gobiernos de los países industrializados, así como las ONG u otras instituciones que trabajan en ese campo, no pueden al mismo tiempo apoyar la participación de las sociedades civiles, la libre asociación de los "pobres" y los "excluidos" en general, y la transparencia o la reforma de los sistemas judiciales, y pretender tener la neutralidad de simples expertos. En la actualidad, cualquier programa serio de desarrollo es una intromisión política en las sociedades "ayudadas".

El desarrollo: un proceso de mestizaje

La incorporación de la "cultura" en el debate no puede hacer pasar por alto el tema del poder. Más bien, hace que la cuestión política vuelva a surgir en el propio seno de las estrategias "técnicas" del desarrollo. ¿Cuál es entonces el modelo de lazo social y, por ende, político que se propone? ¿Quién está capacitado para manejar el trastrocamiento cultural que produce esta nueva manera de "desarrollar"? ¿Cuáles son los lazos (y las respectivas prerrogativas) entre los actores del desarrollo local, regional, nacional, transnacional? El programa Poverty and Environment in Amazonia (POEMA), lanzado por la Universidad Federal de Pará en Amazonas, conectó directamente, y con éxito, a una pequeña comunidad de agricultores locales en el ciclo de producción de una gran multinacional (Daimler-Benz). En este caso, el desarrollo depende de una toma de autonomía respecto del desarrollo regional y nacional y de una fuerte conexión con los circuitos globalizados. ¿Pero cómo va a manejar esa comunidad su nuevo poder frente a las poblaciones vecinas? Además, este tipo de conexión, de lo local a lo global, es sumamente frágil. El socio más fuerte –la multinacional– tiene todos los medios para cambiar de parecer de la noche a la mañana, precipitando al más débil a una crisis sin salida.

En esas condiciones, ¿se debe aún continuar el esfuerzo por un desarrollo más equitativo? El sueño de una secesión parcial o mundial, fuera del mercado globalizado, parece también tan poco probable hoy en día como la "revolución mundial del proletariado", otro sueño que ha caído en desuso. ¿No es acaso el "desarrollo" la expresión ideológica de la civilización occidental y de su "democracia de mercado"? Sin duda, pero esos valores son ampliamente compartidos por una cantidad creciente de actores sociales prácticamente en todas las comunidades y culturas del planeta. Más aún, han moldeado además esas culturas, a distintos niveles, desde hace por lo menos dos siglos. Es casi imposible definir en cada comunidad quién es auténtico y quién no lo es, o quién es realmente "no occidental" y, por lo tanto, cuáles serían los sujetos de una futura secesión y cuáles serían sus adversarios. Frente al poderío de un mercado mundial interdependiente, que funciona gracias a una división del trabajo cada vez más sofisticada, cualquier intento de autocentrarse será a lo sumo tolerado, a condición de que no amenace los grandes equilibrios (en caso contrario, será aplastado tanto por el *hard* como por el *soft power* global). Además, creará a su vez exclusiones, ya que por definición los más ambiciosos, los más capaces y los más creativos de una comunidad tienen en la actualidad la opción de partir o la de quedarse. No resulta para nada seguro que la autogestión de la frugalidad ("edad de piedra, edad de la abundancia", Sahlins, 1976) les parezca una opción estimulante.

Individuo-ciudadano y nacionalismos de identidad

En verdad, cuando se propone la "participación", cuyo fundamento implica delegar poder, así como la transparencia de los procesos de decisión y de los debates, lo que se está promoviendo son los valores de las sociedades occidentales democráticas. Por supuesto, es obvio que el Occidente euronorteamericano no solamente es la cuna de esos valores considerados como universales, sino también de prácticas e ideologías por así decir bárbaras, como el nacionalismo chauvinista, el colonialismo, el racismo llamado "científico", el nazismo o el comunismo de Estado. Aunque sea difícil separar la maleza, no se puede negar sin embargo que el espacio occidental, desde hace por lo menos dos siglos, constituye el principal centro de elaboración y difusión de la idea de que las sociedades están compuestas de individuos que tienen derechos, en particular el derecho a participar mediante la representación política en la definición y en las decisiones referidas a su destino colectivo. Además, también en Occidente, se desarrolla un distanciamiento del individuo respecto de su propia sociedad, lo que permite que ésta se vuelva un objeto de estudio, de análisis y de experimentación. El individuo-ciudadano tiene entonces la posibilidad de discutir la organización de su comunidad y, por lo tanto, de su propia identidad en el seno del cuerpo social, con todo lo que esto implica en cuanto a divergencias de puntos de vista, que hacen que la vida social no sea algo dado por naturaleza, que reitera una tradición, sino un proceso de creación permanente y voluntario.

Escapar al *oikós* comunitario por la individualización significa, de hecho, rechazar toda práctica holística de la vida en sociedad. Ahora bien, paradójicamente, esta exterioridad reivindicada como tal tuvo un impacto decisivo en la formación del imaginario social de las comunidades no occidentales. En efecto, es la que origina el desarrollo de disciplinas como la antropología o la etnología que, con su mirada externa que permite análisis cada vez más finos de las "costumbres locales", serán utilizadas como instrumentos, ya sea por los poderes coloniales, ya sea por las elites colonizadas, para "crear" identidades que aparezcan como holísticas, "naturales" y eternas (Amselle, 1990). La universalidad de este proceso de occidentalización de la mirada provoca desde el siglo XIX la destrucción *de facto* de las formas tradicionales de organización de las sociedades no occidentales, en provecho de nuevos modelos en que habrán de combinarse valores locales (vistos a través de las lentes de la "ciencia" de los antropólogos) y valores occidentales, viejas instituciones colectivas e individualización. Se trata de comunidades "imaginadas" (Anderson, 1991), pero que adquieren la fuerza de un dogma atemporal. Los nacionalismos virulentos de los Estados-naciones a la occidental, creados por la descolonización en África o en Asia, así como los "tribalismos" agresivos actuales, son muestras de esta hibridación ya irreversible.

Valores occidentales y agentes del desarrollo

Por lo tanto, evocar hoy en día el "capital social" significa ante todo hablar de esa dinámica sumamente diferenciada en función de cada región del globo, entre los valores constitutivos de los diversos lazos sociales de una comunidad determinada (familias, clanes, aldeas, espacio nacional, conexiones con redes transnacionales) y los valores basados en los derechos de los individuos, cuya universalidad es afirmada en la Declaración Universal de los Derechos Humanos, firmada por el conjunto de los Estados miembro de la ONU. Cualquier política de desarrollo que busque apoyarse en la participación de aquellos a los que va dirigida deberá, por ende, tener en cuenta dos elementos esenciales. El primero es que los valores y las prácticas llamadas "occidentales" ya forman parte del patrimonio de casi todas las colectividades del planeta. El segundo es que su expresión y sus condiciones de existencia varían según la dinámica de las diferentes realidades sociales y su articulación en cada momento histórico considerado. Sin lugar a dudas, la razón económica y política occidental –el proceso de globalización– está forjando el destino del mundo contemporáneo, pero su impacto en cada una de las realidades sociales particulares obedece a principios de combinación, diferenciación y mestizaje.

El conocimiento preciso de estas realidades diversas, el dominio de una "topografía cultural e institucional" (Hermet, 1999), se transforma de este modo en una condición *sine qua non* de una política de desarrollo participativo. Pero sean cuales fueren las precauciones que se tomen, no se puede soslayar que se trata de una injerencia caracterizada. Esta última no debe forzosamente tomar una connotación peyorativa. Frente al agravamiento alarmante de la situación social en América Latina desde hace dos décadas (Kliksberg, 1999), se justifica incluso evocar un "deber de injerencia". Pero éste no puede limitarse simplemente al terreno de la indignación moral o de la acción humanitaria. Una vez establecido que el libre juego del mercado no basta para hacerle frente a la pobreza creciente en el mundo –y sólo una ínfima minoría de los ideólogos ultraliberales rechazan esa evidencia–, queda por saber qué política adoptar para ayudar a las poblaciones más desguarnecidas.

Salvo para los antidesarrollistas más acérrimos, el intento de combatir la miseria, las desigualdades y la exclusión no es una opción, sino la única vía posible. El desarrollo, y lo que implica como crecimiento económico y de lucha por una participación efectiva en los procesos de decisión política, sigue siendo la única opción actual. En ese marco, la noción de "capital social" es esencial, a condición de que no se transforme en una herramienta "técnica" sino que se conciba además, y ante todo, como una forma de ingeniería política. Como se ha dicho, todo capital social particular es en sí una forma de organización sociopolítica. Y en la actualidad, esta última ya fue modelada por al menos tres décadas de políticas desarrollistas. La introducción de nuevas visiones y acciones de "desarrollo" en ese capital produce ineludiblemente metamorfosis. Por ende, el punto previo es saber quiénes son los agentes de ese cambio. El "pueblo" o los "pobres" son categorías demasiado generales como para ser operativas. Los que acaban por aplicar o no una política son siempre instituciones o individuos particulares. Si se trata de darles objetivamente más poder a algunos, valdría la pena saber anticipadamente quiénes serán los felices elegidos.

Participación y nuevos actores políticos

El tema esencial del "desarrollo" es transformar a las comunidades asistidas en participantes activos en las decisiones que afectan a su destino (Figueiredo y Gore, 1999). Ahora bien, la interdependencia de todas las sociedades del planeta y la globalización de los procesos de producción y de decisión son fenómenos difícilmente reversibles, con crisis financieras o sin ellas. Integrarse en el proceso de globalización como actor, aunque sea modesto, constituye por lo tanto el problema central de esta ecuación. En otras palabras, el objetivo es gerenciar la mutación permanente de un "capital social" determinado, de manera de seguir garantizando su eficacia esencial con los lazos sociales, pero introduciéndole elementos a veces radicalmente nuevos para adecuarlo a las exigencias impuestas por la globalización: más derechos, transparencia, posibilidades de organización política y social (en el nivel local, nacional e incluso transnacional). En suma, más democracia.

En toda comunidad, la gestión de esas mutaciones se basa en los elementos más dinámicos, más creativos, más valientes, más emprendedores: los que no se asustan con el cambio y que tienen todo para ganar. Pero hoy por hoy, esos "creadores" (empresarios, artistas, líderes de asociaciones o de opinión, aventureros, inmigrantes) tienen la posibilidad y la opción de abandonar su "cultura" original para desarrollarse en otra parte. El problema principal que deben enfrentar los que están a cargo de las políticas de desarrollo –en particular, en el seno de instituciones como el BID– es el *brain and ambition drain* (la fuga de cerebros y ambiciones), hacia los grandes centros de actividad mundiales, de los elementos más dinámicos de las comunidades o de los Estados más pobres.

Una estrategia de ayuda al desarrollo, fundada en la valorización del "capital social", debería por lo tanto enfocarse en la identificación y el apoyo a la actividad de esos "creadores sociales", que podríamos denominar "gerentes del cambio", en todos los sectores de la sociedad o de la comunidad en cuestión. La meta es abrir oportunidades para que esos elementos elijan ejercer sus talentos en provecho de su propia comunidad. Los campos de trabajo son inmensos: formación de cuadros (locales o nacionales), reciclaje de funcionarios, apoyo a las asociaciones locales y ONG, protección a jóvenes artistas que "inventan" una nueva imagen o visión de su propia cultura (en particular, en el campo clave del audiovisual), promoción de microempresas o cooperativas, ayuda a los que (en el sector público o en el privado) participan en las reformas de la administración del Estado, la Justicia, la policía, los sistemas de representación política, la formación de las elites...

La idea sería invertir en esos "desmultiplicadores sociales", situados en cualquier nivel jerárquico o institucional, que asumirán de hecho el papel de gestores de su propio capital social comunitario, con una perspectiva de lucha contra la pobreza y la exclusión. Pero la identificación de esos "creadores" pasa por el abandono de toda visión "culturalista", que hace que las "identidades" sean consideradas fijas y homogéneas, a tal punto que algunas llegan a teorizar acerca de un "choque de civilizaciones". Los organismos internacionales de desarrollo deberían entonces proveerse rápidamente de los instrumentos para pensar y analizar las diferentes configuraciones sociopolíticas de las comunidades o de las sociedades en las que intervienen. Asimismo, deben lograr que ese conocimiento tenga un impacto directo y central en la propia elaboración y formulación de las políticas de ayuda. Hoy en día, respetar las culturas, trabajar con ellas y obrar para mantener la diversidad y el pluralismo en el planeta no pasa solamente por la promoción de los valores universales y de las mutaciones necesarias para adaptarse a ellos. Es urgente además reflexionar sobre el poder y la representación política, su articulación con los niveles local, nacional, macrorregional y transnacional, y sobre la formación e identificación de los nuevos actores políticos.

Los "gerentes del cambio"

Aceptar asumir la injerencia y mirar de frente esa responsabilidad de actor político directo significa, sin embargo, que habrá que someterse también a las mismas reglas democráticas y de transparencia que se pregonan para los demás. *¿Quis custodiet custodem?* La pregunta central es ciertamente la de la legitimidad política de los "injerentes". Pero ésta sólo puede garantizarse mediante la creación de instituciones democráticas que le den a los "injeridos" un poder de control y de participación en los proyectos y decisiones que los afectan. El *empowerment* local, a riesgo de descender al rango de nuevo instrumento de la razón tecnocrática internacional, no puede ser disociado de los mecanismos de representación y de participación a todos los niveles de toma de decisión –municipales, regionales, nacionales, transnacionales–. Este debate está por cierto a la orden del día desde que la gran ola de la crisis financiera sacudió a Asia, Rusia y Brasil (Rubin, 1999). La discusión sobre los modelos de desarrollo, sobre las ventajas e inconvenientes de recurrir al ahorro externo y sobre las formas que debería tomar una posible regulación transnacional de los flujos financieros plantea claramente el tema de la legitimidad política de las diferentes instancias internacionales: Grupo de los Siete (G7), Fondo Monetario Internacional (FMI), Banco Mundial... Asimismo, abre el debate sobre la necesidad de ampliar los procesos de decisión, no solamente a la participación de un mayor número de Estados, sino también a la participación de organizaciones de la "sociedad civil" (asociaciones de empresarios, sindicatos, ONG, etc.). Por cierto, en la actualidad, las grandes negociaciones comerciales, en el seno de la Organización Mundial de Comercio (OMC) o de las zonas de integración (Asia Pacific Economic Cooperation [APEC], Mercosur, Tratado de Libre Comercio [TLC], Área de Libre Comercio de las Américas [ALCA], Unión Europea, etc.), ya cuentan con la participación institucional de representantes del empresariado, los sindicatos y ciertas ONG. Además, el papel de esas organizaciones llamadas "de la sociedad civil" se hace cada vez más importante en el proceso de las grandes conferencias temáticas de la ONU (Smouts, 1998). En el futuro, esa participación no gubernamental, si bien plantea problemas de funcionamiento democrático en su seno y mantiene relaciones ambiguas con los gobiernos proveedores de fondos, no podrá sino crecer en el seno de organismos encargados de llevar a cabo las políticas de desarrollo.

El tema de la democratización del conjunto de instituciones en las que se toman las decisiones en materia de desarrollo –y de modo más general, en las que se definen los parámetros de la gestión de la economía global– no significa sin embargo que se pueda ignorar a los gobiernos nacionales. Entre los partidarios de una acción que implique mayor participación de las poblaciones, existe la gran tentación de considerar al nivel nacional como burocrático y corrompido y de inclinarse, por lo tanto, por una especie de alianza entre los grandes organismos transnacionales y una estructura participativa local, que garantice supuestamente el *empowerment* de las comunidades beneficiarias de la ayuda. Pero, se quiera o no, el Estado nacional sigue siendo no sólo el único "sujeto" legal de la política internacional, sino también el único espacio institucional de legitimidad y de autoridad plena ("perfecta", dirían los legistas de la Europa medieval). En la inmensa mayoría de las regiones del mundo, únicamente el Estado –o ciertos movimientos que reivindican un proyecto de Estado– posee la autoridad necesaria como para determinar legítimamente la parte de riqueza social que se asignará a la colectividad (monopolio de lo atinente al fisco) y exigir el sacrificio de la vida ("morir por la patria"). Los gobiernos gozan así de una autoridad y de redes institucionales en el propio terreno que les permiten tener "injerencia" en cualquier proyecto local –lo que nunca dejan de hacer, por cierto, en cuanto este último presenta cierta importancia–.

Es verdad, como hemos visto, que los Estados nacionales, expresión por definición de los "incluidos", no pueden representar a los "excluidos" sino de manera muy imperfecta. Por otra parte, en un mundo en el que las interdependencias crecen sumamente rápido, van perdiendo poco a poco el monopolio de sus funciones de regalía en todos los campos, desde la moneda hasta la defensa, pasando por la cultura y la formación. Sobre todo, porque tienen también que lograr arreglos con procesos de fragmentación interna alentados por la dinámica de la globalización, que les permite a las municipalidades, regiones o comunidades locales adquirir mayor autonomía conectándose directamente con las redes transnacionales (Badie, 1999). Sin embargo, el problema no reside en evitar las interferencias de los gobiernos, sino más bien en favorecer una injerencia "positiva", es decir, compatible con las prácticas de la "participación". Ésta sólo es posible si se crean verdaderas alianzas de interés entre los niveles locales y nacionales, portadoras de un proyecto de desarrollo participativo y capaces de enfrentar y de negociar con las inevitables coaliciones de adversarios del proyecto. Los gobiernos no son monolíticos. En toda administración central o regional existen funcionarios y responsables políticos dispuestos a aceptar, promover y llevar a cabo activamente los cambios. Se trata, por ende, de articular las posibilidades de acción de esos "gerentes del cambio" con las iniciativas locales para que se nutran mutuamente.

Democratizar las instituciones internacionales

Sin embargo, una estrategia de participación que ponga en juego diversos niveles y diferentes expresiones de un "capital social" determinado puede tomar fuerza, legitimidad y eficacia siempre y cuando pueda también participar en los procesos de formulación de objetivos y de decisión, a nivel macroeconómico y político transnacional. ¿Qué credibilidad podrán tener los líderes locales y nacionales que aceptan jugar el juego de la transparencia democrática, si no tienen voto en el capítulo referente a la elección de las políticas de desarrollo, ni siquiera las locales, y su finalidad? Sin duda, la urgencia actual, sobre todo en América Latina, es asegurarle a alrededor del 50% de la población, lo más rápidamente posible, la satisfacción de las necesidades humanas más elementales (alimentación, salud, educación, trabajo, etc.). Existen varios caminos para lograrlo, que implican opciones presupuestarias, institucionales, ideológicas, etc., arduamente debatidas en el ruedo político, nacional y local, pero también internacional. No se pueden, por lo tanto, ignorar las oportunidades que ofrece la participación en la elaboración de las finalidades de los proyectos de desarrollo, a menos que uno se contente con algunas experiencias piloto de "microgobierno" local, toleradas por las autoridades de la región en la medida en que no tengan un impacto significativo sobre la organización del poder que define el "capital social" implicado. La emergencia humanitaria es esencial, pero sólo permite resolver problemas puntuales y permanece impotente frente al efecto masivo. En suma: no puede haber un proyecto de desarrollo participativo a gran escala, sin una cooperación entre los "portadores del cambio" locales y nacionales y sin su participación (conforme a modalidades que habrá que inventar) en los debates y tomas de decisión de los grandes organismos internacionales.

Esta democratización de las grandes instituciones internacionales que administran las políticas de desarrollo se transforma así en una condición *sine qua non* para asegurar la compatibilidad entre las lógicas "culturales" locales y otras más poderosas aún, las de los procesos macroeconómicos. En efecto, son estos últimos los que, a través de las restricciones que imponen a toda opción política (tanto en los países en desarrollo como en los países industrializados), definen en realidad los límites actuales de lo posible. Los que desarrollan estrategias que implican políticas conducidas "de lado" o "en contra" de este universo de lo posible pueden, por supuesto, cumplir una función de testimonio, pero están condenados a la impotencia. De hecho, la pregunta esencial para cualquier comunidad a la que se le abre el camino a la participación es saber cómo mantener viva la dinámica de su propio capital social híbrido, en el seno de esta restricción transnacional colosal. Por otra parte, la adaptación pura y simple a esta "macrológica" no haría sino provocar la desarticulación total de ese mismo capital social local. Además, las poblaciones asistidas y participantes tienen frente a sí un sendero estrecho que transita entre la desintegración cultural y la esclerosis por inmovilidad y cierre, y ambas engendran formas de pobreza y de exclusión que son aún más graves.

El desafío que debe superar cualquier política de desarrollo participativo es, por lo tanto, el de dominar los ritmos del cambio social, político y cultural de cada comunidad. Pero esto implica que ese diálogo desigual entre las fuerzas de la globalización y las de un capital social determinado tenga una expresión democrática. Los portadores del cambio dentro de una cultura determinada son los responsables de manejar la velocidad de las metamorfosis necesarias, así como su imaginario, para poder transformarse en verdaderos actores del destino de su colectividad. Y para ello habrán de demostrar que sus ideas, sus sueños, sus prácticas y sus innovaciones tienen un impacto real en las decisiones que afectan a sus comunidades. En caso contrario, o bien es que carecen de los medios necesarios para consolidar una autoridad legítima, o bien será que prefieren desarrollar sus dotes en otra parte. Los grandes organismos internacionales del desarrollo, en especial el Banco Mundial o el BID, están hoy frente a un dilema: abrir el proceso de decisión interna a la influencia y a la participación de los elementos –institucionales o individuales– más dinámicos de las sociedades beneficiarias de la ayuda o atrincherarse en una lógica de expertos, neutra y científica, y reiterar una vez más los fracasos del pasado, a riesgo de huir de sus responsabilidades proponiendo "participaciones" en un solo sentido.

PARTE II

Participación y cultura

Seis tesis no convencionales sobre participación

Bernardo Kliksberg

La participación en el centro del escenario

Hasta hace pocos años, la participación comunitaria en el desarrollo económico y social era un tema muy polémico, objeto de fuertes controversias, fácilmente susceptible de rápidos etiquetamientos ideológicos. Una de sus descalificaciones más frecuentes era considerarla integrante del reino de las "utopías" sin sentido de realidad. En la actualidad, se está produciendo en un nuevo consenso. Gran parte de los organismos internacionales de mayor peso están adoptando la participación como estrategia de acción en sus declaraciones y proyectos, e incluso en diversos casos están institucionalizándola como política oficial. Entre ellos, el Banco Mundial publicó en 1996 un libro "maestro" sobre la participación. Señala que presenta "la nueva dirección que el Banco está tomando en apoyo de la participación" y resalta que "la gente afectada por intervenciones para el desarrollo debe ser incluida en los procesos de decisión". Su Departamento de Políticas preparó estrategias y un plan de acción en el largo plazo en el que se formulan lineamientos muy concretos. Entre ellos, que el Banco fortalecerá las iniciativas de los prestatarios que fomenten la incorporación de los métodos participativos en el desarrollo, que la participación de la comunidad será un aspecto explícito del diálogo con el país y de las estrategias de ayuda a éste y que el Banco fomentará y financiará asistencia técnica que fortalezca el involucramiento de la gente de escasos recursos y de otros afectados por el proyecto. Ya desde años anteriores, el sistema de las Naciones Unidas había integrado la promoción de la participación como un eje de sus programas de cooperación técnica en el campo económico y social. Los informes sobre desarrollo humano que viene publicando desde 1990 y que examinan problemas sociales fundamentales del planeta indican en todos los casos que la participación es una estrategia imprescindible en el abordaje de dichos problemas. El BID editó en 1997 el *Libro de consulta sobre participación*. En su introducción, se afirma que "la participación no es simplemente una idea sino una nueva forma de cooperación para el desarrollo en la década de 1990". Se destaca el peso que se proyecta asignarle. La participación en el desarrollo y su práctica reflejan una transformación en la manera de encarar el desarrollo a través de los programas y proyectos del Banco. La OCDE (1993) reconoce que "la participación más amplia de todas las personas es el principal factor para fortalecer la cooperación para el desarrollo". El PNUD (1993) señala que "la participación es un elemento esencial del desarrollo humano" y que la gente "desea avances permanentes hacia una participación total".

Otros organismos de cooperación internacional globales, regionales, subregionales y nacionales están sumándose al nuevo consenso. Pero el proceso no se limita a los dadores de cooperación y préstamos para el desarrollo. Va mucho más lejos. En las sociedades latinoamericanas se está dando un crecimiento continuo de abajo hacia arriba de la presión por estructuras de participación y también hay una exigencia en aumento sobre el grado de autenticidad de estas estructuras. La población demanda participar y, entre otros aspectos, una de las causas centrales de su interés y apoyo a los procesos de descentralización en curso se basa en que entrevé que ellos pueden ampliar las posibilidades de participación si son adecuadamente ejecutados.

Como todos los cambios significativos en la percepción de la realidad, esta relectura de la participación como una estrategia maestra de desarrollo tiene anclajes profundos en necesidades que surgen de la realidad. América Latina está llegando a principios del siglo XXI con un cuadro social extremadamente delicado. Como lo señalaron expresamente los presidentes de todo el continente en la Cumbre de Santiago (1998): "Superar la pobreza continúa siendo el mayor desafío que confronta nuestro hemisferio".

La referencia a la pobreza como el mayor problema abierto tiene bases en los hechos. Según el informe al respecto de una comisión especial presidida por Patricio Aylwin (1995), casi la mitad de los habitantes de la región están por debajo de la línea de pobreza y el 41% padece de algún grado de desnutrición. Según el Fondo Internacional de las Naciones Unidas de Socorro a la Infancia (UNICEF), el 60% de los niños son pobres. La escolaridad promedio es de 5,2 años (menor que la primaria completa). De acuerdo con el Banco Mundial (1996), 2.200.000 niños nacen sin que sus madres cuenten con asistencia médica de ningún tipo al dar a luz, con los consiguientes impactos en las tasas de mortalidad materna e infantil. Asimismo, la región es caracterizada como la más desigual del mundo. Se observan severas inequidades en la distribución de los ingresos, el acceso a activos productivos, el acceso al crédito y las posibilidades de obtener una educación de calidad razonable.[1] Este panorama de pobreza e inequidad pronunciada, bloqueador del desarrollo e inadmisible en un sistema democrático como el que ha alcanzado la región después de largas luchas, reclama respuestas urgentes e imaginativas. Ha sido el motor fundamental del nuevo interés surgido en torno de la participación comunitaria. La experiencia, muchas veces frustrada o

---

[1] Entre muchas otras afirmaciones coincidentes al respecto, destaca Shadid Javed Burki, vicepresidente para América Latina del Banco Mundial (1996): "La región de América Latina y el Caribe tiene la más pronunciada disparidad en los ingresos de todas las regiones en desarrollo en el mundo", y resalta un editorial de *The New York Times* (1997) que América Latina es la región "que tiene la mayor brecha entre ricos y pobres".

de resultados limitados en las políticas y proyectos de enfrentamiento de la pobreza, ha dejado como uno de sus saldos favorables la constatación de que en la participación comunitaria puede haber potencialidades de gran consideración para obtener logros significativos y al mismo tiempo mejorar la equidad.

La participación siempre tuvo en América Latina una legitimidad de carácter moral. Desde amplios sectores se planteó con frecuencia como un derecho básico de todo ser humano, con apoyo en las cosmovisiones religiosas y éticas predominantes en la región. También tuvo continuamente una legitimidad política. Es una vía afín con la propuesta histórica libertaria de los padres de las naciones de la región y con el apego consistente de dicha propuesta al ideal democrático. Ahora se agrega a estas legitimidades otra de carácter diferente, que no excluye las anteriores sino que se suma a ellas. La participación tiene una legitimidad macroeconómica y gerencial. Es percibida como una alternativa con ventajas competitivas netas para producir resultados en relación con las vías tradicionalmente utilizadas en las políticas públicas. Ello encuadra la discusión sobre la participación en un marco diferente del de décadas anteriores. No se trata de una discusión entre utópicos y antiutópicos, sino de poner los instrumentos más efectivos al servicio de los severos problemas sociales que hoy agobian a buena parte de la población; allí aparece la participación, no como "imposición de algún sector, sino como oportunidad".

Como toda oportunidad, su movilización efectiva enfrenta fuertes resistencias de diversa índole. Su presencia es evidente si se observa la vasta brecha que separa en América Latina el "discurso" sobre la participación de sus realidades de implementación concreta. En el discurso, el consenso parece total y la voluntad de llevar adelante la participación parece potente. En la realidad, el discurso no ha sido acompañado por procesos serios y sistemáticos de implementación. Esa distancia tiene entre sus causas principales la presencia silenciosa de bloqueos considerables al avance de la participación.

Este trabajo procura ser un aporte a la reflexión abierta que es imprescindible llevar a cabo hoy para ayudar a que las promesas de la participación comunitaria puedan hacerse realidad en beneficio de los amplios sectores desfavorecidos de la región. Para eso, plantea una serie de tesis sobre aspectos clave del tema. Intenta dilucidar en qué consiste la nueva legitimidad de la participación, resaltar cómo forma parte de un movimiento más general de replanteo de la misma en la gerencia de avanzada, identificar algunas de sus principales resistencias subterráneas y sugerir estrategias para encararlas.

El objetivo de fondo no es ser exhaustivo con ninguno de los temas planteados, sino ayudar a construir una agenda de discusión históricamente actualizada sobre la materia y estimular su análisis colectivo.

Primera tesis: la participación da resultados

Según enseña la experiencia concreta, promover y poner en marcha modelos participativos genuinos significa, en definitiva, gerenciar con excelencia. En el campo social, la participación da resultados muy superiores a los de otros modelos organizativos de corte tradicional como los burocráticos y los paternalistas.

Uno de los estudios más significativos al respecto es el llevado a cabo por el Banco Mundial sobre 121 proyectos de dotación de agua potable a zonas rurales, efectuados en 49 países de Asia, África y América Latina (1994, 1996). Los proyectos estaban apoyados por 18 agencias internacionales. Se seleccionó el agua como tema central de la evaluación, debido a que la falta de acceso al agua potable es un problema que afecta a vastos sectores de la población pobre, tiene el más alto rango de importancia y, además, hay una larga historia de programas en esa área.

La investigación recogió información sistemática sobre dichos proyectos y realizó análisis cuantitativos y cualitativos comparativos entre ellos. Al mismo tiempo, efectuó exámenes de la evolución de los proyectos durante períodos que, en algunos casos, eran superiores a los diez años. Se estudiaron 140 variables y se introdujeron diversas precauciones metodológicas para evitar efectos "halo" y otros posibles sesgos. Los resultados finales pueden apreciarse en el cuadro 1:

CUADRO 1. *Efectividad según los niveles de participación de la comunidad en proyectos rurales de agua*

Variable		Nivel de participación de los beneficiarios			Total de proyectos
		Bajo	Mediano	Alto	
Nivel de efectividad de los proyectos	Bajo	21	6	0	27 (22%)
	Mediano	15	34	5	54 (45%)
	Alto	1	18	21	40 (33%)
Total de proyectos		37 (31%)	58 (48%)	26 (21%)	121 (100%)

Fuente: D. Narayan, "The contribution of people's participation: 121 rural water supply projects", Workshop on Participatory Development, Banco Mundial, 1994.

Como se observa, el cuadro clasifica los proyectos según el nivel de participación de los beneficiarios en proyectos con baja, mediana y alta participación. A su vez, cruza esa clasificación con otra, que es la identificación de los proyectos que tuvieron baja, mediana y alta efectividad en términos de las metas buscadas. En los proyectos con baja participación, sólo el 3% tuvo alta efectividad, mientras que en los proyectos con mediana participación, el 31% tuvo alta efectividad, es decir, se multiplicó por 10 la efectividad. En los proyectos con alta participación, la efectividad llega a su tope: el 81% de los proyectos tuvo alta efectividad. El grado de efectividad alcanzada multiplica por 27 al obtenido en los proyectos con baja participación y por 2,6 al obtenido en los proyectos con mediana participación.

La participación de la comunidad cambió radicalmente los grados de logro de metas de los proyectos.

Según indica la investigación, algunos de sus resultados fueron:

– el mantenimiento de los sistemas de agua instalados en buenas condiciones (factor crucial en esta materia);
– la extensión alcanzada del porcentaje de población;
– la mayor igualdad en el acceso;
– beneficios económicos generales, y
– beneficios ambientales.

Por otra parte, señalan los investigadores, la participación fue un factor fundamental del grado de poder de la comunidad. Influyó fuertemente en:

– la adquisición, por parte de los miembros de la comunidad, de nuevas habilidades organizativas y de destrezas relacionadas con el manejo del agua;
– el fortalecimiento de la organización comunitaria.

Los resultados indican que la participación no debe limitarse a algunas etapas del proyecto. La efectividad aumenta cuando está presente en todo el ciclo del proyecto. Por eso, son serios los problemas de los proyectos relacionados con el agua que son diseñados sin consultar a los beneficiarios y en los que se espera que después la comunidad no consultada se haga responsable por su operación y mantenimiento.

El cambio en la aplicación de la participación generó variaciones sustanciales a lo largo del desarrollo de los proyectos. Entre otros casos examinados, en su fase 1, el proyecto del Aguthi Bank en Kenia fue conducido sin la participación de la comunidad. Estuvo plagado de problemas, como demoras en la construcción, sobrecostos y desacuerdo sobre los métodos de pago de los consumidores, y tuvo que paralizarse. Fue rediseñado y los líderes locales se autoorganizaron en el Aguthi Water Committee. Junto con el equipo del proyecto, movilizaron el apoyo de la comunidad, que comenzó a contribuir con trabajo y aportes económicos. Desarrollada de ese modo, la fase 2 del proyecto se completó en los tiempos establecidos y dentro del presupuesto fijado. La comunidad paga las tarifas mensuales acordadas por el servicio y el mantenimiento del sistema y cogestiona ambos con el gobierno. En Timor, Indonesia, el Programa Wanita Air Dan Sanitasi se propuso ayudar para que los grupos de la comunidad fundaran y administraran su propio sistema de agua. Se formaron los grupos, pero los equipos gubernamentales demoraban en llegar. Los grupos incrementaron su participación y comenzaron a operar solos. Negociaron derechos de agua con un grupo vecino, consiguieron material de construcción y construyeron tanques de agua con una limitada asistencia técnica.

La opción por la participación en lugar de otras modalidades posibles se considera asimismo la causa determinante del éxito en el Proyecto de Agua Rural del Banco Mundial en Paraguay. Se ayudó a fortalecer el Servicio Nacional de Saneamiento Ambiental (SENASA), agencia gubernamental que tuvo la misión de promover en cada comunidad la creación de juntas y acordar con ellas contratos para la construcción y el mantenimiento de los sistemas de agua. Se eligió esa alternativa que llevaría más tiempo, en lugar de la de contratar una empresa externa que llevara adelante en corto plazo las construcciones. Los resultados convalidaron la elección. El proyecto excedió las expectativas. Las comunidades contribuyeron con el 21% de los costos totales de construcción (alrededor de un 6% más que los estimados originales) y el proyecto sirve a 20.000 personas más que las estimadas en un principio. La operación y el mantenimiento son satisfactorios. Las juntas comunitarias están bien motivadas, manejan los sistemas de manera adecuada, cumplen con los compromisos financieros y tienen limitados problemas en recoger las contribuciones.

Dharam Gai (1989) llega a conclusiones similares a las de la investigación mencionada al examinar nueve experiencias de participación popular en el trabajo con comunidades rurales pobres. Algunas se refieren al crédito para los pobres, como la del Grameen Bank; otras, a la organización de pequeños productores, grupos de autoayuda y ayuda mutua. El investigador indica que la efectividad es muy alta en todos ellos y que, además, es muy significativa la contribución al mejoramiento de la equidad. Resalta: "Estas experiencias demuestran que una modalidad de desarrollo arraigada en organizaciones populares de participación, al mismo tiempo que permite la plena iniciativa individual y de grupos, promueve una distribución relativamente igualitaria de los ingresos y el acceso a los servicios y medios comunes".

En América Latina, numerosas experiencias en marcha indican que la participación comunitaria puede arrojar resultados fuera del alcance de otros tipos de abordajes en los campos más disímiles. Revisaremos brevemente tres de ellas, que en la actualidad son referentes internacionales, llevadas a cabo en áreas muy diferentes: Villa El Salvador en Perú, las Ferias de Consumo Familiar en Barquisimeto, Venezuela, y el Presupuesto Municipal Participativo en Porto Alegre, Brasil.

Cincuenta mil familias pobres se instalaron a comienzos de los años setenta en un vasto arenal ubicado en las afueras de Lima, desprovisto de recursos de toda índole y distante de las vías de acceso. A ellas se fueron sumando otras familias marginales y se conformó una población de 250.000 habitantes. Adoptaron un diseño urbanístico muy peculiar altamente descentralizado. El municipio está constituido por manzanas y cada grupo de manzanas tiene su propio parque central y espacios para la deliberación comunitaria, la recreación y la cultura. Los habitantes se organizaron sobre la base de modelos altamente participativos, con directivos por cada grupo de manzanas y más de 1.000 espacios organizativos donde se desarrollan las actividades básicas de la villa. En dos décadas, en condiciones socioeconómicas muy difíciles, levantaron con su esfuerzo comunitario gran parte de la infraestructura física. Construyeron 38.000 viviendas, 60 locales comunitarios, 64 centros educativos, 22 bibliotecas populares, 41 núcleos de servicios integrados de salud, educación y recuperación nutricional, 4 centros de salud, farmacias, etcétera.

Su esfuerzo comunitario permitió lograr metas sociales de envergadura. El analfabetismo es del 3,5%, muy inferior a la media nacional. Asisten a la escuela primaria casi la totalidad de los niños y a la secundaria un porcentaje mucho mayor que la media del país. La mortalidad infantil es marcadamente menor que la nacional, y lo mismo sucede con la mortalidad bruta. Hubo concreciones muy significativas en agricultura y se estableció un parque industrial de microempresas. Se desenvolvió una intensa vida productiva, social y cultural en medio de condiciones económicas muy adversas, con resultados muy diferentes de los de otras poblaciones marginales. La experiencia ha recibido continuos laudos mundiales. La UNESCO la premió como una de las más desafiantes experiencias de educación popular. Las Naciones Unidas la reconocieron como promotora ejemplar de formas de vida comunitaria. España le concedió el Premio Príncipe de Asturias como experiencia modelo de desarrollo social. En Perú, se le otorgó el Premio Nacional de Arquitectura por su diseño urbano. Recientemente, con apoyo de organizaciones de la sociedad civil, se ha transformado en uno de los primeros municipios de la región que ha incorporado la informática al servicio de la democracia. Se han instalado terminales públicos de computación y una red de televisión de circuito cerrado. Los habitantes reciben por estas vías información sobre los temas a tratar a través del Concejo Municipal y le hacen llegar continuamente sus puntos de vista.[2]

La experiencia en su conjunto es desde ya de alta complejidad y ha tenido, como es inevitable, avances y retrocesos, pero sus logros son notables. La práctica permanente de la participación comunitaria ha constituido una de sus bases principales. Uno de los resultados ha sido la elevación de la autoestima individual y colectiva, fuerza de enormes potencialidades. Como describe un agudo analista de la experiencia, Carlos Franco (1992):

> Cuando se asiste con alguna frecuencia a reuniones de pobladores y se conversa con los "fundadores" de la comunidad o sus dirigentes, no resulta difícil advertir expre-

---

[2] Véase al respecto "Villa El Salvador: Municipio Cibernético", *El Comercio*, Lima, 23 de junio de 1997. Respecto de Villa El Salvador en general, puede ampliarse la información consultando: C. Franco, "La experiencia de Villa El Salvador: del arenal a logros fundamentales a través de un modelo social de avanzada", en: B. Kliksberg (comp.), *Pobreza: un tema impostergable. Nuevas respuestas a nivel mundial*, 4ª ed., México, FCE, 1997, y G. A. Zapata, "Una estrategia de desarrollo alternativo basada en la participación social y la organización comunitaria. Villa El Salvador", en: B. Kliksberg, *¿Cómo enfrentar la pobreza? Aportes para la acción*, Buenos Aires, Grupo Editor Latinoamericano, 1992. Asimismo, véase C. Franco, "Imágenes de Villa El Salvador", en: B. Kliksberg, *¿Cómo enfrentar la pobreza?...*, ob. cit.

siones recurrentes de autoconfianza colectiva, certidumbres sobre la disposición de un poder organizado, cierta creencia en las capacidades de la comunidad para proponerse objetivos y unirse para su logro.

Las Ferias de Consumo Familiar de Barquisimeto implican la incursión de la participación comunitaria en un terreno económico difícil, como es el de la comercialización de productos de consumo masivo. Son una red de 50 organizaciones donde participan productores agrícolas, cooperativas, asociaciones civiles y parroquias, los que logran hacer llegar a la cuarta ciudad de Venezuela productos verdes y otros a precios un 40% más baratos que los del mercado. Las ferias compran a los pequeños productores sus cosechas a precios justos y las venden a la población durante los fines de semana en ferias abiertas. Iniciadas con un capital de 4.000 dólares, venden actualmente 25 millones de dólares anuales, y la repercusión de sus logros ha motivado el intento de replicarlas en otros Estados. Cumplen múltiples funciones al mismo tiempo: organización de los productores agrícolas, apoyo a la producción popular, educación nutricional, formación en el trabajo y una contribución clave al abaratamiento del costo de vida de los sectores populares. Han debido competir en el mercado con cadenas comerciales altamente especializadas y con fuertes recursos financieros; sin embargo, han alcanzado un posicionamiento creciente que las ha convertido en uno de los principales comercializadores de alimentos del país. En la base de sus logros se halla un sistema organizativo de participación activa. Identifican como fundamentos de su organización las siguientes actividades: reunión semanal de planificación y evaluación por grupos, rotación de responsabilidades, toma de decisiones por consenso, información para todos, disciplina y vigilancia colectivas, descentralización e integración, espacios de encuentro fuera de la tarea, etc. Consideran que sus logros han tenido como pilares una historia de formación de capital humano y social, la potenciación del capital social sobre el capital financiero y formas de gestión novedosas. Se definen como un proyecto de vida, y no sólo productivo, orientado por valores como la solidaridad, la responsabilidad personal y de grupo, el amor al trabajo como medio para alcanzar el desarrollo personal y comunitario, la iniciativa personal y el respeto.[3]

En otro campo muy distinto de los anteriores se ha desenvuelto en América Latina, en años recientes, una experiencia que hoy es referente internacional obligado: el Presupuesto Municipal Participativo de Porto Alegre.[4] Con una población de 1.300.000 habitantes y serios problemas sociales, el nuevo alcalde electo de Por-

---

[3] Puede ampliarse al respecto en "Las Ferias de Consumo Familiar de Barquisimeto" (mimeo) y en L. Gómez Calcaño, "Las ferias de consumo familiar del Estado Lara, Venezuela. Una experiencia de organización participativa", seminario "Programas sociales, pobreza y participación ciudadana", BID, 1998.

[4] La experiencia es expuesta sistemáticamente en Z. Navarro, "La democracia afirmativa y el desarrollo redistributivo: el caso del presupuesto participativo en Porto Alegre, Brasil (1989-1998)", seminario "Programas sociales, pobreza y participación ciudadana", BID, 1998.

to Alegre, capital del Estado de Río Grande, Brasil, abrió en 1989 un proceso por el cual las inversiones del presupuesto municipal serían decididas por toda la ciudadanía de manera participativa. Fuertes críticas vaticinaron una suerte incierta al propósito de hacer ingresar la participación en un área tan técnica. El municipio estableció un sistema organizativo descentralizado que posibilitó el acceso masivo de sus habitantes a la toma de decisiones presupuestarias mediante su integración en grupos vecinales y otros niveles de representación. Los habitantes recibieron por esta vía información continua sobre el presupuesto y su ejecución, e identificaron sus propias prioridades. Según describe el BID (1997), el proceso les permitió:

- expresar su comprensión acerca de los problemas cruciales que enfrenta la ciudad;
- establecer prioridades respecto de los problemas que merecen más inmediata atención;
- seleccionar las prioridades y generar soluciones prácticas;
- tener oportunidad de comparar con las soluciones creadas en otras regiones de la ciudad y en otros grupos de temas;
- decidir, con el apoyo de técnicos de la oficina del alcalde, acerca de la inversión en los programas menos costosos y más factibles de atender;
- tomar la decisión definitiva sobre la aprobación, o no, del plan de inversiones, y
- revisar los éxitos y fracasos del programa de inversiones para mejorar sus criterios para el año siguiente.

La participación en el proceso ha ido creciendo y se estimaba que en 1995 más de 100.000 personas se vincularon a la creación del presupuesto de la ciudad. Los resultados refutaron los pronósticos escépticos, fueron más allá de lo esperado y se han convertido en objeto de análisis internacional. La participación comunitaria masiva demostró ser un mecanismo más eficiente de asignación de los recursos que los métodos tradicionales. Los recursos fueron reorientados hacia las prioridades reales de la población. Entre 1989 y 1995, entre otros aspectos, la cobertura de agua subió del 80% al 98% de la población, el sistema de alcantarillado se extendió del 46% al 74% de la población, las escuelas públicas matricularon el doble de niños y se expandió la pavimentación en los barrios pobres. Mejoraron de manera destacada el diseño y la gestión del presupuesto, al recibirse los puntos de vista de la población y hacerse totalmente transparentes. Más aún, la participación produjo un aumento del "poderío" comunitario de amplias proporciones. Como señala el BID: "El proceso participativo también ha tenido un enorme impacto en la habilidad de los ciudadanos para responder a los retos organizadamente, como comunidad, y en la capacidad de trabajar en forma conjunta para mejorar la calidad de la administración pública y, en consecuencia, la calidad de la vida".

Los resultados de investigación expuestos y los casos reseñados, a los que se pueden sumar muchos otros, corroboran que la participación da resultados concretos y superiores a los esquemas tradicionales de "arriba hacia abajo". Las experiencias presentadas tienen ciertas características comunes a pesar de su diversidad, dado que corresponden a realidades muy diferentes y han operado en campos muy variados. En primer lugar, en todos los casos se intentó poner en marcha formas de participación "real", no "simulaciones de participación". La apelación no fue –como se ha dado con tanta frecuencia– a consultas erráticas o coyunturales o a la recepción de opiniones no tenidas en cuenta después, sino que efectivamente se diseñaron modalidades organizativas que facilitaron y estimularon la participación activa y continua. En segundo término, en todos los casos ha habido respeto por aspectos como la historia, la cultura y la idiosincrasia de la población. No se "impusieron" formas de participación de laboratorio, sino que se intentó construir modalidades que fueran coherentes con esos aspectos. Por último, todas estas experiencias, que son de largo aliento, tuvieron como marco subyacente un proyecto relacionado con los valores, con el perfil de sociedad a lograr y con las formas de convivencia diaria por las que se estaba optando.

¿Por qué la participación da resultados superiores? Ése es el objetivo de análisis de la siguiente tesis del trabajo.

Segunda tesis: la participación tiene ventajas comparativas

Los mejores resultados de los modelos participativos en el campo de los programas sociales no son mágicos. Derivan de bases muy concretas. En general, los programas en esta materia, independientemente de sus metas específicas, como disminuir la deserción en la escuela primaria, mejorar la salud, suministrar agua, prestar crédito a familias pobres, etc., tienen lo que se podría denominar "suprametas" que les son comunes y que enmarcan a las metas específicas. Se desea que los programas sean *eficientes*, es decir, hagan un uso óptimo de recursos usualmente escasos, que contribuyan a mejorar la *equidad*, punto crucial en América Latina –como se ha destacado, en la actualidad la región más desigual del mundo–, y que generen *sustentabilidad*, favoreciendo la conformación de capacidades que fortalezcan la posibilidad de que la comunidad pueda seguir adelante con ellos en el tiempo.

Lograr este tipo de metas requiere un abordaje organizativo acorde con su particular estructura. Por otra parte, la tarea no estará cumplida maximizando una sola de las "suprametas". Se debe tratar de lograr el mayor efecto de conjunto posible en los tres campos. Así, como ha sucedido en diversos casos, si se hace un uso eficiente de los recursos y si se alcanzan los objetivos, pero al mismo tiempo la metodología empleada es de carácter netamente vertical, los efectos pueden ser regresivos en términos de desarrollo de las capacidades de la comunidad y las metas alcanzadas tendrán una vida limitada. Son usuales los proyectos de desarrollo social en los que se obtiene un nivel significativo de metas en el transcurso del período del préstamo o de la cooperación externa, pero al finalizar éstos, los logros retroceden rápidamente. Al respecto, un análisis de la acción del Banco Mundial (Blustein, 1996) señala que "evaluaciones internas indican que más de la mitad de sus proyectos es incierto o improbable que sean 'sostenibles'. Ello significa que después que se han completado –un proceso que toma usualmente cinco o seis años– es posible que no sigan dando beneficios significativos a los países receptores".

Tampoco la meta de equidad es de obtención lineal. No basta con tener la intención de asignar recursos mediante proyectos a grupos desfavorecidos. Si los modelos organizativos empleados tienen características que sólo permiten el acceso real a dichos recursos por parte de sectores de determinados niveles de calificación y capacitación previa, los programas pueden ser cooptados por esos sectores. Es frecuente el caso de programas para pobres cuyas complejidades administrativas de acceso llevan a que grupos de clase media se conviertan en sus principales beneficiarios.

Las dificultades reseñadas y otras identificables indican que debe haber una estrecha coherencia entre las metas de eficiencia, equidad y sustentabilidad y el "estilo organizativo" empleado. Es ésa la base práctica de la que surgen las ventajas comparativas de los modelos participativos genuinos. Sus rasgos estructurales son los más acordes con el logro combinado de las "suprametas".

En cada una de las etapas usuales de los programas –diseño, gestión, monitoreo, control, evaluación–, la participación comunitaria añade "plus" prácticos y limita los riesgos habituales.

En la elaboración del programa social, la comunidad puede ser la fuente más precisa de detección y priorización de necesidades relevantes. Es ella la que tiene más conocimiento cierto sobre sus déficit y la urgencia relativa de éstos. Asimismo, puede hacer aportes decisivos sobre múltiples aspectos requeridos para un diseño exitoso, como las dificultades que pueden encontrarse en el plano cultural y, a su vez, las "oportunidades" que pueden derivar de la cultura local.

Su integración a la gestión del programa logrará diversos resultados en términos de efectividad organizativa: poner en movimiento la generación de ideas innovadoras; permitir rescatar en favor del proyecto elementos de las tradiciones y la sabiduría acumulada por la comunidad que pueden ser aportes valiosos; asegurar las bases para una "gerencia adaptativa". La experiencia de los programas sociales demuestra que ése es el tipo de gerencia más acorde con ellos. Continuamente se presentan situaciones nuevas, en muchos casos inesperadas, y se necesitan respuestas gerenciales sobre la marcha. En la gerencia adaptativa, el momento del diseño y el de la acción deben acercarse al máximo. Para lograr resultados efectivos de la acción, el diseño debe reajustarse permanentemente sobre la base de los emergentes. La comunidad puede posibilitar la gestión adaptativa suministrando en tiempo real continuos *feedbacks* acerca de qué está sucediendo en la realidad y agregando constantemente información que puede ayudar a evitar situaciones difíciles de manejar con el transcurso del tiempo.

En materia de control del buen funcionamiento del programa y de prevención de la corrupción, el aporte de la participación comunitaria organizada puede ser insustituible. El control social obligará a la transparencia permanente, significará un seguro contra desvíos y permitirá tener idea a tiempo acerca de desarrollos indeseables con el fin de poder actuar sobre ellos.

Por último, los jueces más adecuados para evaluar los efectos reales de los programas sociales son sus destinatarios. Las metodologías modernas de evaluación participativa y de investigación-acción permiten que la comunidad indique de modo orgánico los resultados obtenidos, las deficiencias, los efectos inesperados favorables y desfavorables y los elementos clave para diseños futuros.

No utilizar los modelos participativos significará "costos de oportunidad" en todos los aspectos organizativos planteados. Pero además facilitará la generación de "costos directos" que atentarán contra el cumplimiento de las metas, como los identificados por el Grupo de Desarrollo Participativo del Banco Mundial (1994):

– una falta de apoyo y de sentido de propiedad que impide el aprovechamiento de los servicios, reduce la continuidad del beneficio y limita la recuperación de los costos del proyecto;
– un sentido de indiferencia y dependencia del Estado, determinante de que los ciudadanos vean que tienen poca o ninguna voz en su propio desarrollo;
– el malestar y el resentimiento, cuando los proyectos o políticas son impuestos, y la limitación del aprendizaje y de la creación de nuevas alternativas por parte de los actores clave;
– los costos financieros, de tiempo y oportunidad adecuados, que el Banco y los actores clave intercambiaron, hacen que se identifiquen mutuamente y se comprometan unos con otros;
– la dificultad para asegurar que los actores clave y sus prioridades reales están expresados apropiadamente por las personas que los representan;
– el riesgo de ahondar diferencias y conflictos preexistentes entre subgrupos de interesados con distintas prioridades e intereses;
– la generación de expectativas imposibles de cumplir, y
– la posibilidad de que las elites poderosas y más organizadas tomen el mando y excluyan a la gente de escasos recursos y a los grupos marginados.

Todos los "plus" de la participación comunitaria señalados y otros que pueden añadirse hacen un aporte destacado a la eficiencia organizativa. Pero su efecto combinado va mucho más allá. Tiene impactos extensos y profundos en materia de sustentabilidad y equidad.

En cuanto a la sustentabilidad, al generarse condiciones favorables a través de la participación, la comunidad puede desarrollar el sentimiento de *ownership*, de propiedad del proyecto, hacerlo realmente suyo. Eso movilizará sus energías y esfuerzos para que éste avance y creará una conciencia de protección de sus concreciones. La participación, asimismo, hará factibles condiciones para que la comunidad aprenda, se ejercite en el planeamiento y la gestión y vea crecer sus capacidades. Se fortalecerá entonces su posibilidad de sostener el proyecto.

Todos los elementos mencionados potenciarán la autoestima individual y colectiva. Ello puede desencadenar energías y capacidades latentes en gran escala.

La experiencia permite constatar el valor del abordaje participativo para la sustentabilidad. A partir de ella, resalta la OCDE (1993): "Para que el desarrollo sea sostenible, las personas de los países interesados deben ser los 'dueños' de sus políticas y programas de desarrollo".

Los riesgos acerca de que los programas no mejoren la equidad pueden ser considerables. En la visión de Rémy Beaulieu y Violeta Manoukian para la Agencia Canadiense para el Desarrollo Internacional (CIDA) (1994): "El beneficio de los proyectos de desarrollo generalmente llegaba más a los que estaban en mejores condiciones, a los ubicados en áreas accesibles y a los que tenían mejor acceso a la información".

La participación comunitaria en todas las etapas de los proyectos, ese pensar la lógica del proyecto desde las percepciones y la cultura de los pobres, los acercará mucho más a sus realidades y reducirá riesgos como los señalados.

Al mismo tiempo, la participación en sí como proceso social cambia a sus mismos actores. Potencia a los grupos desfavorecidos, hace crecer su confianza en sus propias capacidades y contribuye a su articulación. Todos estos elementos los colocan en mejor situación para luchar por sus derechos e influir de modo efectivo.

Este conjunto de ventajas comparativas es el que opera detrás de la superioridad observable en las experiencias con participación respecto de los modelos organizativos tradicionales de tipo jerárquico o paternalista.

En la actualidad, las ventajas son reconocidas como tales por un consenso muy amplio en otros campos organizativos, según se podrá observar en la tesis siguiente.

Tercera tesis: la participación es un núcleo central de la gerencia del año 2000

La revalorización de la participación en el campo social se inscribe en un proceso más generalizado, en el que están cambiando fuertemente las percepciones respecto de los aportes de la participación a la gerencia.

Está en plena marcha a principios del siglo XXI un cambio de paradigma de extensas implicancias sobre cómo obtener eficiencia en las organizaciones. Las ideas que dominaron la gerencia durante casi todo el siglo XX, y que siguen ejerciendo una influencia determinante en América Latina, asociaban gerencia de calidad con aspectos como organigramas precisos, división de funciones, manuales de cargos, descripción de tareas detalladas, procedimientos, formularios. La visión era que, "ordenando" formalmente la organización y poniendo bajo control de las normas y procesos la mayor parte de su funcionamiento, se obtendrían resultados exitosos.

El análisis científico de algunas de las organizaciones con mejores resultados actuales indica que los estilos gerenciales que han adoptado se hallan totalmente distantes del paradigma tradicional. Estudios pioneros, como los de Kotter en la Universidad de Harvard (1989) y Mintzberg (1995) en la Universidad McGill en Canadá, coinciden en identificar que el éxito se asocia con factores tales como capacidades para el análisis sistemático del contexto y sus tendencias, detección de los problemas estratégicos, comunicaciones activas, horizontalidad, participación, potenciación de las capacidades de la organización, construcción de redes de contactos, y otros semejantes. Se ha descripto la transición paradigmática en desarrollo como el "paso de la administración a la gerencia".[5]

Como ha sucedido en situaciones normales en la historia, los cambios de paradigma no se dan exclusivamente a instancias de personas. Tienen que ver con modificaciones profundas en la realidad que plantean nuevas demandas. En efecto, en las décadas recientes ha habido transformaciones estructurales en el contexto histórico que plantearon exigencias cualitativamente diferentes de la gerencia de organizaciones. Los cambios simultáneos en dimensiones fundamentales de la realidad, como las tecnologías, la geopolítica, la geoeconomía, y otros producidos en períodos cortos y en medio de un sistema mundial cada vez más interconectado, generaron un contexto de umbrales de complejidad inéditos. Uno de sus rasgos centrales son los grados de incertidumbre pronunciados. Los impactos sobre la gerencia son múltiples; entre ellos, gran parte de las variables del contexto pueden afectar en cualquier momento a la mayor parte de las organizaciones. Sus contextos son ahora, como se dice en gestión estratégica, "un mundo de entrometidos", donde variables intrusas de todo orden aparecen sorpresivamente e influyen. Asimismo, el tiempo ha mutado sus características. En gerencia tradicional se entrenaba para proyectar las realidades pasadas y para tomar decisiones sobre la base de esas proyecciones; se extrapolaban cifras presupuestarias, participaciones en el mercado, etc. En la actualidad, en una época en la que las tasas de cambio de la realidad son ultraaceleradas, el pasado puede ser una guía engañosa. El presente difiere radicalmente del pasado. A su vez, el futuro no se halla a gran distancia, como sucedía antes. El presente se transforma de manera muy veloz, convirtiéndose rápidamente en futuro. Las fronteras entre ambos son cada vez más cercanas. La gerencia no puede apoyarse en la proyección del pasado, ni en cuidadosas planificaciones de mediano y de largo plazo. Debe ser sumamente adaptativa y tener gran capacidad de innovar.

El medio reseñado exige otro tipo de diseños organizativos, de estilos gerenciales y de habilidades en los miembros de la organización. Las organizaciones que han logrado desenvolverlos están a la vanguardia en cuanto a los logros en diversos campos. La imagen ideal de la organización mutó. No es más la de una organización

---

[5] Analizo detalladamente el tema en: *El pensamiento organizativo: de los dogmas a un nuevo paradigma gerencial*, 13ª ed., Buenos Aires, Norma, 1994.

rigurosamente ordenada; la necesidad pasa por la creación de "organizaciones inteligentes", con capacidad de tener una relación estrecha con el contexto, entender las "señales de la realidad" y actuar en consecuencia. Para eso deben ser necesariamente "organizaciones que aprenden"; entre sus capacidades esenciales estará la de saber "gerenciar conocimiento". Este tipo de organizaciones no son viables sin un personal comprometido. La inteligencia, el aprendizaje, la administración del conocimiento y la innovación no se hallan al alcance de una persona por mayores que sean sus cualidades. Esas organizaciones sólo pueden ser generadas desde el conjunto del personal, operando a través de equipos de trabajo. Peter Drucker (1993) plantea agudamente: "El líder del pasado era una persona que sabía cómo ordenar. El del futuro tiene que saber cómo preguntar". Necesita imprescindiblemente de los otros. Como resalta Goldsmith (1996), entre las habilidades de los ejecutivos exitosos se hallan ahora las de escuchar, hacer *feedback* continuo, no caer en el usual sesgo de las estructuras jerárquicas tradicionales de "matar" al que dice la verdad, sino, por el contrario, estimularlo, reflexionar.

El modelo deseado para el nuevo milenio es el de organizaciones inteligentes, que aprenden, adaptativas, innovadoras. Buscando caminos para construirlas, gerentes, expertos e investigadores llegaron permanentemente a la participación en los últimos años. Estudios pioneros como los de Tannenbaum (1974) ya arrojaban evidencias al respecto. Analizando empresas jerárquicas y participativas en distintos países, se observaron significativas correlaciones entre altos grados de participación y mayores niveles de satisfacción, mayor motivación laboral e, incluso, menor frecuencia de síntomas de úlcera. Walton (1995) indica que desde los años setenta diversas organizaciones emprendieron lo que llama "la estrategia del compromiso", tratando de lograr el involucramiento activo de su personal. Menciona, entre ellas, las plantas de la General Foods, General Motors, Procter & Gamble y Cummings Engine. Los beneficios para la productividad eran muy claros. En Japón surgieron los círculos de calidad, basados en la idea de capitalizar los aportes que en cada sector de la empresa podían hacer los operarios para el mejoramiento de las tareas que allí se efectuaban. Éstos eran alentados fuertemente, tenían incentivos y realizaban dichos aportes durante las horas de trabajo. Se estimó que contribuyeron con casi el 60% de las mejoras en la productividad de las empresas japonesas durante un extenso período de tiempo; constituían una forma básica de participación. A principios de siglo, la participación es convocada gerencialmente desde llamados de orden más sofisticados. Así, se plantea que un motor de la organización es la "visión compartida". Peter Senge (1992) la considera un instrumento eje para la productividad. Crea una sensación de vínculo común, da coherencia a las actividades, inspira. Estudiando equipos con alto desempeño, Maslow (1965) ya había anticipado que uno de sus rasgos esenciales era la visión compartida.

En esos equipos de excepción, anotó: "La tarea ya no estaba separada del yo [...] sino que él se identificaba tanto con la tarea que ya no se podía definir el verdadero yo sin incluir esa tarea".

Asimismo, se requiere la participación para crear un ambiente sumamente deseado en la actualidad en la gerencia avanzada: un clima de confianza. Las mediciones indican fuertes correlaciones entre el clima de confianza y el rendimiento y, viceversa, entre la percepción del personal de que se desconfía de él y la reducción del rendimiento. El esquema básico de la administración tradicional de corte vertical está fundado en la presunción de que se debe desconfiar del personal, y ello es captado por éste. A su vez, la confianza tiene doble vía. El personal debe sentir que puede confiar en la organización, en que aspectos como, por ejemplo, los ascensos y el acceso a oportunidades estarán regulados por criterios objetivos.

La creación de "confianza" necesita participación. Ése es su hábitat natural.

Por otra parte, se aspira hoy a una alta tasa de innovación. Sin ella no hay competitividad en los mercados actuales. Las investigaciones demuestran que la tasa de innovación es mayor en los trabajos en equipos interdepartamentales, lo que significa estructuras horizontalizadas. También indican en forma consistente que algunas de las innovaciones más importantes con respecto a la organización en los últimos años se han dado en el marco de lo que llaman "grupos calientes". Se trata de grupos reducidos, autogestionados, con un desafío importante, cabalmente participativos (Leavitt y Lipman-Blumen, 1995).

Diversos analistas describen el panorama de la organización del futuro con visiones que prevén altos contenidos participativos. Para Hackman (1986): "Las organizaciones en el futuro se basarán fuertemente en la autogestión de sus miembros". Peters (1988) dice que "las organizaciones utilizan equipos multifuncionales y organizan cada función en 10 a 30 personas en grupos autogestionados". Según Wilpert (1984): "La participación en el trabajo organizacional será un tema central [...] en todos los países industrializados o en industrialización".

La búsqueda de eficiencia apelando a la participación forma también la parte básica de experiencias de vanguardia en la gestión pública. Kernaghan (1994) reseña la amplia experiencia de los gobiernos canadienses. La idea clave de múltiples experiencias exitosas que se están llevando a cabo con participación de los funcionarios en los servicios públicos canadienses "es liberar el talento de los empleados cambiando la cultura de la organización por una que involucre y faculte más y también cambiando la estructura de la organización por medio del uso de grupos de trabajo facultados". La participación que se busca no es sólo la individual de los diversos empleados, sino además en equipo, lo cual permite que se reestructure toda la conformación de la organización tradicional. Sobre la base de 68 casos de experiencias participativas en el sector público canadiense en los últimos años, el autor elabora una vívida reconstrucción de cómo evolucionaron los procesos participativos, la que, por su agudeza, transcribimos íntegramente a continuación:

> Al comienzo del proceso, la organización tiene las siguientes características: la mayoría de los gerentes operan siguiendo el estilo de mando y cumplimiento, pero por lo menos algunos apoyan la participación de los empleados y el trabajo en grupo; un

pequeño porcentaje de empleados participa en actividades de grupo; sólo existen planes generales no específicos para incrementar la participación de los empleados; la forma y el número de sugerencias de los empleados han sido relativamente estables durante los últimos años; y las mejoras al ambiente de la organización y a las prácticas de manejo de recursos humanos resultan de las sugerencias y quejas de los empleados. Las etapas siguientes del proceso muestran un paso gradual hacia una organización facultada. Hacia el final de este proceso, se ha logrado una transformación notable.

Según observa el investigador, al transformar la organización de un modelo jerárquico tradicional en un modelo participativo, se da paso a una organización con las siguientes características:

- La administración usa métodos innovadores y efectivos para incrementar la participación de los empleados y el trabajo en equipo; existe un alto nivel de confianza y respeto entre los empleados, entre los gerentes y entre empleados y gerentes.
- Surge una cooperación entre los grupos que realizan diferentes funciones en toda la organización para satisfacer las necesidades de los clientes de una manera más efectiva.
- Las tendencias hacia la participación en equipo y otras formas de participación de los empleados permiten que éstos hagan más sugerencias y aumente el número de sugerencias aceptadas.
- Los empleados se sienten fuertemente facultados; existe un sentimiento de propiedad grupal sobre los procesos de trabajo, los empleados muestran orgullo personal por la calidad del trabajo y el sindicato y la administración cooperan para mejorar la calidad.
- El poder, las retribuciones, la información y el conocimiento se llevan hasta los niveles más bajos factibles; el facultamiento de los empleados conduce a una nivelación sustancial de la organización.
- Las mejoras que resultan de la participación de los empleados se hacen evidentes en los sistemas, procesos, productos y servicios.
- Un proceso de encuesta formal regular determina los niveles de satisfacción de los empleados, se emprenden acciones de seguimiento para mejorar las prácticas de manejo de recursos humanos y los planes futuros determinan cómo sostener el ímpetu y el entusiasmo.

Las experiencias participativas canadienses arrojaron múltiples beneficios. Entre ellos: mejor productividad, moral más alta, reducción de costos, mejor servicio a los clientes, más innovación y creatividad, reducción en el ausentismo y la rotación de personal. Una ventaja adicional de las organizaciones abiertas a la participación es que demuestran tener una mayor capacidad de atracción de personal calificado y capaz. El proyecto laboral global que brindan les da superioridad competitiva en el reclutamiento respecto de organizaciones de corte tradicional.

Schelp (1988) refiere un interesante caso en el servicio público en Suecia. El enfoque participativo fue aplicado intensivamente en la comunidad con relación a la prevención de accidentes en los municipios rurales. Se hizo tomar conciencia a la comunidad de que los resultados de salud en esa área no dependían de los servicios de salud sino de la acción preventiva conjunta de la misma comunidad efectuada incluso en los hogares. Las principales causas de accidentes en los municipios rurales no eran susceptibles de prevención desde fuera de la comunidad, sino sólo desde su interior. Se crearon grupos de trabajo comunitario, que asumieron responsabilidades crecientes en la labor preventiva, a los que se dio pleno apoyo, y se realizó desde ellos una tarea de difusión amplia sobre los patrones de accidentes más frecuentes y las políticas necesarias para prevenirlos. Al cumplirse tres años de la experiencia, la tasa de accidentes había decrecido alrededor del 30%. Por otra parte, el número de miembros de la comunidad interesados en participar ascendió considerablemente. En la estrategia empleada, el sector público transfirió a la comunidad conocimientos y experiencia. De este modo, la comunidad, a través de sus organizaciones básicas (ONG, empresas, sindicatos, individuos), asumió el peso de la acción.

Sander (1994) destaca el potencial de la participación en un campo muy relevante: el mejoramiento de la gestión educativa. Señala que se hace necesario en esta área "pasar de la evaluación crítica de la realidad organizativa y administrativa en la educación a propuestas concretas de acción". En su visión, "la estrategia más efectiva para hacerle frente a ese desafío es la participación".

Extrayendo conclusiones en este campo, Mintzberg (1995) llama la atención acerca de que, en definitiva, los servicios de salud y educación "nunca pueden ser mejores que las personas que los suministran". Se hace necesario "liberar" el potencial de esas personas; la participación aporta claramente a eso.

Como se observa, tanto en el campo gerencial empresarial como en el público, las indicaciones hacia la participación tienen fuerza creciente. Participación es hoy una estrategia maestra de la gerencia de excelencia.

Frente a los resultados que da la participación comunitaria, sus ventajas comparativas y su legitimidad gerencial, ¿cómo se explica su limitado avance en la región?

A este problema está dedicada la siguiente tesis.

Cuarta tesis: la participación enfrenta fuertes resistencias e intereses

En el "discurso", la participación ha triunfado en América Latina. Se escuchan permanentemente desde los más altos niveles gubernamentales, y desde grupos de gran peso en la sociedad, referencias a la necesidad de incrementar la participación, a la posibilidad de su concreción para una sociedad democrática, a su tradición histórica en cada sociedad. A diferencia de otras décadas cercanas en el tiempo, casi no se escuchan voces que explícitamente se opongan a la participación. Sin embargo, la realidad no pasa solamente por el discurso. En los hechos, los avances en la participación comunitaria muestran una gran brecha con las declaraciones al respecto. Las investigaciones que se han internado en la práctica de la participación han encontrado, con frecuencia, llamados a participar que no se plasman en la apertura efectiva de puertas; son experiencias iniciadas con amplias promesas pero que se quedan en el "título" inicial, dando lugar a frustraciones pronunciadas de numerosas comunidades.

La brecha tiene explicaciones. La participación comunitaria es, en definitiva, un proceso que implica profundos cambios sociales. Como tal, es factible que genere resistencias y que, al vulnerar intereses instalados, se desarrollen estrategias que impidan su concreción.

Es fundamental dilucidar de dónde provienen las principales trabas a su avance, para poder diseñar políticas adecuadas que permitan superarlas.

Entre ellas, en nómina no taxativa, se hallan las que sumariamente se presentan a continuación.

El eficientismo de corto plazo

Una resistencia primaria a la participación es la de cuestionarla en términos de costos y tiempo. El razonamiento explícito plantea que montar un proyecto con componentes participativos implica toda una serie de operaciones adicionales a su mera ejecución directa, las cuales significan costos económicos. A la vez, se resalta que los períodos de implementación se extenderán inevitablemente por la intervención de los actores comunitarios, lo cual generará costos y alargará los plazos.

El razonamiento demuestra pronunciadas debilidades cuando se sugiere un análisis que exceda el corto plazo. En una primera impresión, efectivamente, en muchos proyectos habrá nuevos costos por la participación y los plazos serán más extensos. Pero ¿cuál es el impacto de estas "cargas adicionales" en el mediano y en el largo plazo? La alternativa real no es entre efectividad en el corto plazo y efectividad con mayores costos en el largo plazo.

La evidencia ha probado sistemáticamente que los logros de corto plazo tienen desventajas importantes. Por lo pronto —como se ha señalado—, una de las metas centrales en los proyectos sociales, la sustentabilidad del proyecto, se resiente agudamente con esos planteos. Como ya se destacó, las evaluaciones internas practicadas al respecto por algunos organismos, como el Banco Mundial, son casi terminantes. Un porcentaje significativo de proyectos, evaluados con indicadores apropiados, no pasan el test de sustentabilidad. La actividad se desarrolló de tal modo que, terminada la cooperación del organismo externo a la comunidad, no han quedado bases para que la comunidad se sienta estimulada o esté capacitada para seguir sosteniendo el proyecto. La efectividad de corto plazo se transforma allí en altos niveles de falta de efectividad en el mediano y en el largo plazo.

Por otra parte, el razonamiento eficientista implica cuantiosos "costos de oportunidad". Los extensos beneficios potenciales derivados de la participación comunitaria y reseñados en las secciones anteriores no se producirán. Véase por ejemplo, entre muchos otros, el caso del Programa de Desarrollo Local (PRODEL) en Nicaragua (1998): su objetivo es movilizar pequeños proyectos de infraestructura y equipamiento urbano; se optó por realizarlo mediante un modelo de cogestión con la comunidad. Las evaluaciones efectuadas indican que los costos directos de construcción y mantenimiento preventivo de estas obras con participación comunitaria fueron hasta un 20% inferiores a los costos de proyectos similares ejecutados por los gobiernos locales sin participación de ese tipo. Entre otros aspectos, la ciudadanía aportó al proyecto 132.000 días de trabajo voluntario.

El reduccionismo economicista

Otra línea de razonamiento coherente con la anterior percibe todo el tema del diseño y ejecución de programas sociales desde categorías de análisis puramente económicas. Las relaciones que importan son de costo/beneficio medido en términos económicos. Los actores se hallarían motivados por cálculos microeconómicos puros y persiguen básicamente la maximización de su interés personal; lograr que produzcan sería un tema de meros "incentivos materiales". Las evaluaciones desde este enfoque sólo perciben los productos mensurables con unidades económicas. Muchos de los aspectos de la participación comunitaria no ingresan, por lo tanto, en este marco de ubicación frente a la realidad. Ese tipo de participación genera productos como el ascenso de la autoestima y la confianza en las fuerzas de la comunidad, que escapan a este razonamiento. Las motivaciones a las que apela, como responsabilidad colectiva, visión compartida y valores de solidaridad, no tienen que ver con los incentivos economicistas. Las evaluaciones no toman en cuenta los avances en aspectos como cohesión social, clima de confianza y grado de organización.

Al desconocer todos estos factores, el economicismo priva a la participación de "legitimidad". Es una especie de ejercicio de personas poco prácticas o soñadoras, sin conexión con la realidad. Sin embargo, los hechos indican lo contrario. Los factores excluidos forman parte central de la naturaleza misma del ser humano. Cuando se niegan, hay sensación de opresión y las personas se resisten a hacer sus aportes utilizando múltiples estrategias. En cambio, cuando se facilitan dichos factores, pueden ser un motor poderoso de productividad.

Amartya Sen (1987) realiza sugerentes anotaciones sobre los errores que implica el economicismo. Señala que "la exclusión de todas las motivaciones y valoraciones diferentes de las extremadamente estrechas del interés personal es difícil de justificar en términos de valor predictivo y también parece tener un soporte empírico dudoso". Los seres humanos tienen otros tipos de comportamiento –indica– éticamente influidos, como: simpatía por otros, compromisos con causas y con ciertas reglas de conducta, lealtades, interdependencias. "Los fríos tipos racionales llenan nuestros libros de texto pero el mundo es más rico." Los seres humanos se equivocan, experimentan, están confusos; hay muchos Hamlet, Macbeth, Lear, Otelo.

Sen se cuestiona:

> Es extraordinario que la economía haya evolucionado por una vía que caracteriza la motivación humana de un modo tan estrecho. Es extraordinario porque se supone que la economía está preocupada por la gente real. Es difícil creer que esa gente esté completamente no afectada por el tipo de examinación que plantea la pregunta socrática "¿cómo debería uno vivir?". La gente que la economía estudia realmente, ¿puede no estar afectada por esta resonante cuestión y seguir exclusivamente el rudimentario razonamiento duro que le atribuye la economía moderna?

El predominio de la cultura organizativa formal

Un paradigma antes reseñado ha dominado el pensamiento organizativo en la región: la visión formalista. Para ella, el orden, la jerarquía, el mando, los procesos formalmente regulados y una percepción verticalista y autoritaria de la organización son las claves de la eficiencia. Como lo detectó Robert Merton (1964) en este enfoque, el orden, que es un medio, tiende a transformarse en un fin en sí mismo. En este tipo de organizaciones se produce una traslación de valor de los fines a las rutinas. El cumplimiento de la rutina está por encima de lo sustantivo.

Esa cultura lee como "heterodoxa" e intolerable la participación. Está basada en la cooperación, la horizontalidad, la flexibilidad, la gerencia adaptativa, la visión clara de cuáles son los fines y la subordinación a ellos de los procesos organizativos. El choque entre ambas culturas es inevitable. Cuando se encomienda a organizaciones de tradición burocrática y vertical poner en marcha proyectos participativos, las resistencias serán innumerables y se expresarán por múltiples vías. Pondrán obstáculos infinitos, asfixiarán a fuerza de rutinas los intentos, cerrarán las puertas a las iniciativas, desmotivarán continuamente a los actores comunitarios. Estarán, en definitiva, esperando inconscientemente el fracaso de la experiencia participativa para convalidar desde él su propio modelo burocrático formal.

La subestimación de los pobres

En diversas oportunidades, sectores directivos y profesionales de las organizaciones que deben llevar a cabo proyectos por vías participativas tienen una concepción desvalorizadora acerca de las capacidades de las comunidades pobres. Creen que serán incapaces de integrarse a los procesos de diseño, gestión, control y evaluación. Que no pueden aportar mayormente por su debilidad educativa y cultural. Que necesitarán períodos muy largos para salir de su pobreza. Que sus liderazgos son primitivos, que sus tradiciones son atrasadas, que su saber acumulado es una carga.

Cuando se parte de una concepción de este orden, se está poniendo en marcha la conocida ley sociológica de "la que se autorrealiza". Se desconfiará de las comunidades en todas las etapas del proceso, se les limitarán las opciones reales para participar, se tendrá un sesgo pronunciado a sustituir su participación por órdenes de "arriba hacia abajo" para hacer "funcionar" las cosas. Asimismo, la subvaloración será captada rápidamente por la comunidad, y eso creará una distancia infranqueable entre ella y los encargados de promover su participación. Todas estas condiciones provocarán una situación en la que la participación estará condenada a fracasar. Después, con frecuencia, aparece la coartada racionalizadora en las "elites ilustradas" que condujeron la experiencia. Argumentarán que las comunidades no tenían interés en participar y que por eso la experiencia no fue operativa. En realidad, esas elites crearon fuertes incentivos para que los miembros de la comunidad perdieran el interés.

La idea de "capital social", de creciente difusión, rompe categóricamente con estos mitos sobre las comunidades pobres. Una comunidad puede carecer de recursos económicos, pero siempre tiene capital social. Las comunidades pobres tienen normalmente todos los elementos constituyentes del capital social: valores compartidos, cultura, tradiciones, sabiduría acumulada, redes de solidaridad, expectativas de comportamiento recíproco. Cuando logran movilizar ese capital social, los resultados pueden ser tan importantes como los observados en este trabajo con respecto a Villa El Salvador en Perú o a las Ferias de Consumo Familiar en Venezuela. Por otra parte, como afirmó Albert Hirschman (1984), a diferencia de otras formas de capital, el capital social es el único que aumenta con su uso.

La tendencia a la manipulación de la comunidad

Un poderoso obstáculo al avance de la participación se halla, en la realidad latinoamericana, en los intentos reiterados de "coparla" para fines de determinados grupos. El clientelismo es una de las formas favoritas que adopta la manipulación. Allí, el discurso ofrece promesas muy amplias de participación para ganar apoyos temporarios; luego, las realidades son muy pobres en participación real. Incluso, sistemáticamente en los intentos manipuladores se trata de relegar a los líderes auténticos de la comunidad y de impedir que surjan líderes genuinos. Se procura asimismo crear "líderes a dedo" que, en definitiva, puedan ser un punto de apoyo para el proyecto manipulador. Cuando la comunidad percibe las intenciones reales, se produce un enorme efecto de frustración. Las consecuencias son graves; no sólo la comunidad, al resistirse, dejará de participar y la experiencia fracasará, sino que habrá quedado fuertemente predispuesta en contra de cualquier intento posterior, aun cuando sea genuino.

El problema del poder

La investigación de Narayan antes mencionada sobre los proyectos rurales de dotación de agua constata la presencia de muchas de las trabas a la participación ya señaladas. Indica que entre los obstáculos identificados se hallaron: la resistencia a dar el control sobre los detalles de la implementación, la falta de incentivos para una orientación hacia la comunidad, la falta de interés en invertir en el desarrollo de las capacidades de la comunidad.

A estas y otras dificultades corresponde sumar un gran obstáculo, formidable y muchas veces subyacente a los anteriores.

Según Mary Racelis (1997), un eje central en la participación es "la concesión del poder al pueblo, en lugar de perpetuar las relaciones generadoras de dependencia tan características de los enfoques de la cima a la base". La idea es compartir realmente el poder. Esto es lo que sucedió en la exitosa experiencia del Presupuesto Municipal Participativo en Porto Alegre. Como refiere Zander Navarro (1998), no sólo redistribuyó los fondos públicos de un modo más equitativo instalando un patrón más justo que priorizó a los pobres, sino que estableció un nuevo marco de relaciones políticas. La comunidad fue investida efectivamente del poder de decidir y se pusieron a su disposición mecanismos concretos de deliberación para ejercerlo, que ella misma fue enriqueciendo con su práctica. El investigador se pregunta si esa experiencia es trasladable a otros municipios. Su respuesta destaca que "el requisito más importante y decisivo a tener en cuenta es que las autoridades locales deben tener la firme voluntad política de compartir partes de su poder con sus constituyentes".

Un inconveniente fundamental en el camino a la movilización de la participación es la ausencia de una voluntad en ese orden; es decir, la falta de disposición a compartir el poder.

A veces, esa disposición no existe. El proyecto que se está llevando a cabo está ligado a ciertos fines de algunos sectores, y dar participación real podría obstaculizarlo. En otras ocasiones, el cálculo es que disminuiría el poder que tendrían las autoridades.

Sin embargo, los efectos podrían ser muy diferentes con la participación. En alta gerencia, el llamado de investigadores como John Kotter, de la Universidad de Harvard, a organizaciones empresariales más abiertas a la influencia de sus integrantes despertó inicialmente fuertes resistencias en el liderazgo empresarial tradicional. Pero, transcurridos algunos años desde su lanzamiento, el autor indica que la experiencia real fue en sentido opuesto. Quienes compartieron el poder organizativo actualizaron en aspectos clave la organización, incrementaron la innovación y la productividad y aumentaron entonces el "poder total disponible" de la misma. Quienes se encerraron y no aceptaron compartir fueron los dueños absolutos de organizaciones cada vez menos competitivas, de un "poder total" en reducción.

Experiencias como la de Porto Alegre y otras sugieren que procesos semejantes se dan en el campo de la participación comunitaria. Las autoridades municipales que desarrollaron en Porto Alegre un proyecto genuinamente participativo recibieron un apoyo creciente y cada vez más generalizado del conjunto de la población de la ciudad, que percibió que todo Porto Alegre mejoraba. Sus bases reales de poder no disminuyeron compartiéndolo, sino que aumentaron, y las autoridades fueron reelectas en varias oportunidades.

¿Cómo enfrentar las importantes resistencias y los obstáculos a la participación reseñados, amén de otros que pueden agregarse?

Quinta tesis: se requieren políticas y estrategias orgánicas y activas para hacer avanzar la participación

Los avances en participación comunitaria sufren permanentemente el embate de obstáculos y resistencias como los señalados. Pero existen también importantes fuerzas en pro de dichos avances en los procesos históricos actuales de la región. Los trascendentales progresos realizados por la región en el campo de la democratización crean un marco objetivo de condiciones a favor de la participación.

En la América Latina actual hay una vigorosa presión de la población para que la democracia conseguida a través de largas luchas adquiera características cada vez más activas. Se aspira a reemplazar la "democracia pasiva" por una "democracia inteligente", en la que el ciudadano esté ampliamente informado, tenga múltiples canales para hacer llegar continuamente sus puntos de vista –no sólo la elección cada tantos años de las autoridades máximas– y ejerza una influencia real constante sobre la gestión de los asuntos públicos. Se están desarrollando positivos y crecientes procesos de fortalecimiento de la sociedad civil. A diario aumenta el número de organizaciones de base, mejora su capacidad de acción y se está enriqueciendo el tejido social.

Todo este medio ambiente en proceso de cambio crea actitudes y percepciones culturales que ven a la participación de la comunidad como una de las vías principales para activar la democracia en los hechos concretos.

Junto con ello, las urgencias sociales latinoamericanas son extensas y profundas. La región ha llegado al año 2000 con amplios sectores de la población sin agua potable y sin instalaciones sanitarias mínimas. Asimismo, con un gran número de pobladores en estado de desnutrición, lo que va a traer severas consecuencias. Se ha estimado así que una tercera parte de los niños de América Central menores de cinco años presentan una talla inferior a la que debieran tener. El 50% de los niños de la región no completan la escuela primaria: desertan antes de finalizar seis grados. La repetición es del 50% en el primer grado y del 30% en cada uno de los grados posteriores. Eso produce, según indica Puryear (1998), que un niño de la región permanezca en promedio siete años en la escuela primaria y complete en ellos sólo cuatro grados. Las tasas de desocupación abierta son muy elevadas y las de desocupación juvenil son aún mayores. Ha crecido aceleradamente la violencia urbana.

La unidad familiar está agobiada por el peso de la pobreza y se destruyen numerosas familias.

Encarar los difíciles problemas señalados demandará políticas públicas renovadas, ya que asoma la necesidad de concebir diseños de políticas que articulen estrechamente lo económico y lo social, para dar alta prioridad a políticas sociales agresivas. La instrumentación de estas nuevas políticas y programas requiere imaginación gerencial. Se necesitan modelos no tradicionales de mayor efectividad. Allí, la participación comunitaria –como se ilustró en las secciones previas– da resultados y tiene ventajas comparativas.

Estas y otras demandas y fuerzas en favor de la participación deben ser movilizadas para afrontar las resistencias y los obstáculos. Con esa finalidad, se requiere diseñar y poner en práctica políticas y estrategias apropiadas para dar "la pelea por la participación".

Entre ellas:

1) Hay una vasta tarea de investigación a realizar en la materia. Es necesario apuntalar la acción con estudios sistemáticos sobre los factores a tener en cuenta para aprovechar el potencial de la capacitación y poder solucionar los problemas inevitables que aparecerán en sus procesos de ejecución.

   Así, del análisis de los 121 proyectos examinados en la investigación llevada a cabo por el Banco Mundial sobre proyectos rurales de dotación de agua (Narayan, 1994) se concluye que entre los factores favorables al éxito de la participación se hallan los siguientes:

   a) en cuanto a los beneficiarios de los proyectos:
      – obtención del compromiso de los beneficiarios antes de la implementación del proyecto, e
      – incidencia del grado de organización de los beneficiarios;
   b) en cuanto a las agencias ejecutoras de los proyectos:
      – avance de la participación como meta central de sus proyectos;
      – consiguientemente, monitoreo sistemático de cómo están adelantando las "metas de participación comunitaria";
      – indicación de los incentivos y reconocimientos por las iniciativas de los miembros de la organización que hagan sus aportes al avance de la participación;
      – fuerte orientación de la agencia para aprovechar el conocimiento de la comunidad, y

– firme disposición de la agencia para invertir en la capacitación de la comunidad.

Estudios de este orden y muchos otros necesarios, como los relativos a las diversas modalidades organizativas existentes en participación, sus ventajas y limitaciones, pueden contribuir a crear un fondo de conocimientos al respecto que fortalecerá la acción concreta.

2) Se debe realizar una tarea continuada de "aprendizaje" de las experiencias exitosas de la región. Hay un importante caudal de experiencias de este tipo como las presentadas en el pionero seminario del BID "Programas sociales, pobreza y participación ciudadana" (1998). Son muy limitadas la tarea de documentación de dichas experiencias y la revisión de sus enseñanzas. En ese "rescate del conocimiento acumulado" hay una amplia línea de trabajo para desarrollar.

3) Se debe apoyar la realización de experiencias innovadoras en este campo. La participación significa una experimentación social compleja. Trabaja con variables polifacéticas: culturales, ambientales, organizativas, económicas, financieras, políticas, demográficas, etc. Es abierta para el desarrollo de innovaciones en todas sus etapas, que luego pueden ser aprovechadas colectivamente. Pero se requieren para ello, como en otros campos, políticas de apoyo para la ejecución de esas experiencias innovadoras.

Así, por ejemplo, entre otros casos, en el gobierno de Canadá, el Premio 1991 a la Administración Innovadora en el Área Pública fue dedicado al tema "Participación: empleados, gerentes, organizaciones". La existencia de un premio de esta índole motivó 68 presentaciones de experiencias correspondientes a todos los niveles del gobierno canadiense.

Las enseñanzas derivadas de ellas han dado lugar a múltiples análisis, que a su vez están retroalimentando a otras experiencias y proyectos.

4) Es necesario forjar una gran alianza estratégica en torno de la participación. Diversos actores sociales tienen gran interés en su avance. En condiciones normales, sus esfuerzos son aislados. Su articulación en los niveles sectoriales y nacionales puede dar fuerza renovada a la acción. Entre ellos, aparecen actores como los municipios, las organizaciones no gubernamentales, las universidades, las asociaciones vecinales, las comunidades religiosas que trabajan en el campo social, los distintos organismos internacionales y, desde ya, las comunidades desfavorecidas.

El trabajo conjunto de estos y otros sectores para impulsar la participación, proteger las experiencias en marcha, buscar el compromiso de sectores cada vez más amplios, obtener recursos en su apoyo, fortalecer la investigación y otros planos de acción puede mejorar significativamente las condiciones para su aplicación.

5) Un punto central a encarar, que puede ser uno de los ejes de trabajo de la alianza estratégica, es la generación de conciencia pública respecto de las ventajas de la participación. Es necesario procurar que el tema trascienda la discusión de los especialistas y se convierta en una cuestión de la agenda pública, dadas sus implicancias de todo orden. Se requiere una tarea intensiva sobre la materia a través de los medios masivos de comunicación. Asimismo, nutrir la discusión con información detallada sobre todos los aspectos: potencial, dificultades previsibles, experiencias internacionales, enseñanzas de las experiencias realizadas y en marcha. Dado lo genuino de la propuesta de la participación, una opinión pública informada al respecto puede ser un factor activo en su favor.

Sexta tesis: la participación se halla en la naturaleza misma del ser humano

El *Informe sobre desarrollo humano* de las Naciones Unidas centrado en la participación (1993) señala: "Una participación mayor de la población no es más una vaga ideología basada en los buenos deseos de unos pocos idealistas. Se ha convertido en un imperativo, una condición de supervivencia".

Éste es claramente el caso de la participación en América Latina, tanto en el campo general de fortalecimiento de los procesos de democratización como en el de enfrentamiento de los graves problemas sociales que afectan duramente a la mayor parte de la población.

Pero aún hay más. Como lo señaló Enrique V. Iglesias (1998) en sus palabras de cierre de la magna reunión sobre el tema convocada por el BID, la participación implica devolver a la población un derecho que le pertenece.

En efecto, en la identidad básica del ser humano se halla la necesidad de la participación. Un profundo conocedor del tema, Juan XXIII, resaltó en su *Carta Encíclica Mater et Magistra* (1961) que el designio divino ha creado a los seres humanos de tal modo que "en la naturaleza de los hombres se halla involucrada la exigencia de que en el desenvolvimiento de su actividad productora tengan posibilidad de empeñar la propia responsabilidad y perfeccionar el propio ser". El compromiso es una exigencia interna de la naturaleza misma del ser humano.

La participación comunitaria es un instrumento potente, como se ha marcado en este trabajo, pero nunca debe perderse de vista que al mismo tiempo es un fin en sí mismo. Participar hace a la naturaleza del ser humano.

La participación eleva la dignidad del hombre y le abre posibilidades de desarrollo y realización. Trabajar por la participación es, en definitiva, hacerlo por restituir a los desfavorecidos de América Latina uno de los derechos humanos más básicos que, con frecuencia –silenciosamente–, les ha sido arrebatado.

Bibliografía

BANCO MUNDIAL (1994), "The World Bank and participation", Grupo de Desarrollo Participativo.
——————— (1996), "Participation sourcebook".
——————— (1996), "Report on world development".
BEAULIEU, R. y V. MANOUKIAN (1994), "Participatory development: a brief review of CIDA's experience and potential", Agencia Canadiense para el Desarrollo Internacional (CIDA).
BID (1997), *Libro de consulta sobre participación*.
BID-PNUD-CEPAL (1995), *Informe de la Comisión Latinoamericana y del Caribe sobre el desarrollo social* (comisión presidida por Patricio Aylwin).
BLUSTEIN, P. (1996), "Missionary work", en: *The Washington Post Magazine*, 10 de noviembre.
BURKI, S. J. (1996), "Opening statement", en: *Poverty & Inequality*, Annual World Bank Conference on Development in Latin America and the Caribbean, Banco Mundial.
DECLARACIÓN DE SANTIAGO (1998), Segunda Reunión de Las Américas, Santiago de Chile.
DRUCKER, P. (1996), conferencia en la Drucker Foundation Advisory Board, 1993, citado por M. Goldsmith, "Ask, learn, follow up and grow", en: F. Hesselbein, M. Goldsmith y R. Beckhard, *The leader of the future*, Drucker Foundation.
FRANCO, C. (1992), "Imágenes de Villa El Salvador", en: B. Kliksberg (comp.), *¿Cómo enfrentar la pobreza? Aportes para la acción*, Buenos Aires, Grupo Editor Latinoamericano.
GAI, D. (1989), "Desarrollo con participación: algunas perspectivas basadas en experiencias de origen popular", en: *Revista de la Planificación del Desarrollo*, núm. 19.
GOLDSMITH, M. (1996), "Ask, learn, follow up and grow", en: F. Hesselbein, M. Goldsmith y R. Beckhard, *The leader of the future*, Drucker Foundation.
HACKMAN, J. R. (1986), "The psychology of self management in organizations", en: M. S. Pollak y R. Perlof, *Psychology and work*, Washington D. C., American Psychological Association.
HIRSCHMAN, A. O. (1984), "Against parsimony: three easy ways of complicating some categories of economic discurse", en: *American Economic Review*, vol. 74, núm. 2, pp. 89-96.
IGLESIAS, E. V. (1998), palabras de cierre. Seminario "Programas sociales, pobreza y participación ciudadana", BID.
ISHAM, J., D. NARAYAN y L. PRITCHETT (1995), "Does participation improve performance? Establishing causality with subjective data", Banco Mundial.
KERNAGHAN, K. (1994), "Facultamiento y administración pública: ¿un avance revolucionario o una tendencia pasajera?", en: *Canadian Public Administration*, vol. 32, núm. 2.
KOTTER, J. (1989), "¿Qué hacen los gerentes realmente eficaces?", en: *Harvard Business Review*, noviembre-diciembre.
LEAVITT, H. J. y J. LIPMAN-BLUMEN (1995), "Hot groups", en: *Harvard Business Review*, julio-agosto.

MASLOW, A. (1965), "Eupsychian management", Richard Irwin and Dorsey Press.
MERTON, R. (1964), *Teoría y estructura sociales*, México, FCE.
MINTZBERG, H. (1995), "The manager's job: folklore and fact", en: D. A. Kolb, J. S. Osland y I. M. Rubin, *The organizational behavior reader*, Prentice Hall.
NARAYAN, D. (1994), "The contribution of people's participation: 121 rural water supply projects", Workshop on Participatory Development, Banco Mundial.
NAVARRO, Z. (1998), "La democracia afirmativa y el desarrollo redistributivo: el caso del presupuesto participativo en Porto Alegre, Brasil (1989-1998)". Seminario "Programas sociales, pobreza y participación ciudadana", BID.
OCDE (1993), "Orientations on participatory development and good governance", París.
PAPA JUAN XXIII (1961), *Carta Encíclica Mater et Magistra*, Buenos Aires, Librería Católica Acción.
PETERS, T. J. (1988), *Driving on chaos*, Nueva York, Knopf.
PNUD (1993), *Informe sobre desarrollo humano*.
PURYEAR, J. (1998), "La educación en América Latina: problemas y desafíos". Programa de Promoción de la Reforma Educativa en América Latina (PREAL), Washington D. C.
RACELIS, M. (1997), "Movilizando la población para el desarrollo social. Enfoques y técnicas para la participación popular", en: B. Kliksberg (comp.), *Pobreza: un tema impostergable. Nuevas respuestas a nivel mundial*, 4ª ed., México, FCE.
SANDER, B. (1994), "Gestión educativa y calidad de vida. La educación", en: *Revista Interamericana de Desarrollo Educativo*, vol. II, núm. 118, Organización de los Estados Americanos (OEA).
SCHELP, L. (1988), "The role of organizations in community participation. Prevention of accidental injuries in a rural Swedish municipality", en: *Social Science and Medicine*, vol. 26, Reino Unido.
SEN, A. (1987), *On ethics and economics*, Basil Blackwell.
SENGE, P. (1992), *La quinta disciplina*, Barcelona, Granica.
STEIN, A. (1998), "Community participation in social projects: the experience of the local development program (PRODEL) in Nicaragua". Seminario "Programas sociales, pobreza y participación ciudadana", BID.
TANNENBAUM, A. S. y otros (1974), *Hierarchy in organizations*, Jossey Bass.
THE NEW YORK TIMES (1997), "Growth's limits in Latin America", 6 de mayo.
WALTON, R. E. (1995), "From control to commitment in the workplace", en: D. A. Kolb, J. S. Osland y I. M. Rubin, *The organizational behavior reader*, Prentice Hall.
WILPERT, B. (1984), "Participation in organizations: evidence from international comparative research", en: *International Science Journal*, vol. 36, núm. 2.

Modelos de desarrollo y participación política en América Latina: legados y paradojas

Marcelo Cavarozzi

I

El fin de siglo latinoamericano está marcado por una paradoja: por un lado, la crisis de las ideologías y de los proyectos autoritarios de variado cuño ha contribuido decisivamente a desarticular y deslegitimar los mecanismos políticos que bloquearon en el pasado la participación ciudadana en las arenas públicas, tanto en las específicamente estatales como en los diferentes dominios de la sociedad civil y la sociedad política. Por otro lado, sin embargo, el desmantelamiento del estado de bienestar y la erosión de las identidades políticas generadas en torno a la expansión de la ciudadanía y los procesos de urbanización e industrialización sustitutiva han contribuido a debilitar seriamente el entramado social e institucional en el que se apoya la acción política. Esta verdadera crisis de la política, proceso al que de modo conceptual defino como de agotamiento de la matriz Estado céntrica,[1] se manifiesta principalmente como retracción y privatización, tendencias que afectan en especial a los sectores medios y populares. La matriz Estado céntrica había organizado los comportamientos colectivos en torno a la intervención estatal desde la posguerra, y en algunos casos tempranos, ya desde el período de entreguerras. No resulta accidental, claro está, que el achicamiento del Estado haya tenido como efecto una concomitante transformación de las pautas de acción política.

En este trabajo, exploro algunas ideas que podrían contribuir a elaborar un diagnóstico acerca de la situación actual; para ello, en las dos secciones iniciales reviso la formación de los mecanismos de participación social y política vinculados a los modelos económicos populistas y desarrollistas que prevalecieron en el período Estado céntrico (1945-1975) y la desorganización de dichos mecanismos en las dos décadas siguientes. Este análisis me permite formular algunas sugerencias en la sección final acerca de cómo convendría ubicarse en la actualidad frente a la problemática del capital cultural y político acumulado en torno a los estilos y modalidades de participación durante el último medio siglo.

---

[1] El concepto de matriz Estado céntrica lo desarrollé en dos textos: "Beyond transitions to democracy in Latin America", en: *Journal of Latin American Studies*, 1992, y "Politics: a key for the long-term in South America", en: W. C. Smith, C. H. Acuña y E. Gamarra (comps.), *Latin American political economy in the age of neoliberal reform*, Nueva Brunswick-Nueva Jersey, Transaction, 1994.

Sin duda, dicho capital constituye un legado contradictorio; durante el período 1945-1995, las modalidades de la participación social acentuaron en más de un sentido tendencias no democráticas y a menudo erosionaron la construcción de instituciones estables. A pesar de eso, las maneras en que se articuló la participación también contribuyeron a reforzar la diversidad y el pluralismo de la sociedad civil y a sentar las bases culturales de estilos de acción política y conductas sociales que promovieron la integración social. Algunos de estos rasgos positivos no se han desvanecido del todo y pueden ser rearticulados desde la perspectiva de una estrategia de cambio que rescate la centralidad de la política, revirtiendo y cuestionando de tal modo el excluyente énfasis que se ha puesto contemporáneamente en el predominio del mercado.

II

En las décadas del veinte y del treinta, las sociedades de América Latina reaccionaron de maneras diferentes al enfrentarse con los efectos de la crisis del sistema económico mundial perfilada a partir del fin de la Primera Guerra Mundial y agudizada después de la Gran Depresión de 1929-1932.[2] La mayoría de los países, especialmente aquellos cuyos espacios económicos y ámbitos de soberanía política eran muy limitados, profundizaron la vinculación de sus economías con las de los países centrales, tratando de no apartarse del cumplimiento de las normas de la ortodoxia neoclásica, sobre todo el mantenimiento del equilibrio fiscal y la defensa del patrón oro, y renunciando a la aplicación de instrumentos de carácter proteccionista. En cambio, en un conjunto más reducido de casos, que, además de Chile y Uruguay, incluyó a las economías de mayor tamaño –esto es, Brasil, la Argentina y México–, la respuesta a la crisis fue más bien opuesta a la ortodoxa: la producción para el mercado interno se transformó en el principal motor del dinamismo de la economía en asociación con una pronunciada expansión de la maquinaria intervencionista del Estado. Por cierto que la voluntad política de reorientar la economía "hacia adentro", en la conceptuación a cuya elaboración contribuyeron pioneros como Prebisch, Ahumada, Furtado y Aníbal Pinto, estuvo acompañada por otro fenómeno que la tornó viable: el proteccionismo de hecho que le brindaron durante el período 1930-1945 a América Latina las conductas aislacionistas de los países centrales y la Segunda Guerra Mundial. Finalmente, cabe señalar que, dentro de la región, Colombia, Perú, Bolivia, Costa Rica y Venezuela –en este último caso, con un itinerario siempre moldeado por la preponderancia del petró-

---

[2] El economista cubano Carlos Díaz-Alejandro destacó agudamente ese fenómeno. Cf. "No less than one hundred years of Argentine economic history, plus some comparisons" y "The 1940s in Latin America", en: *Center Discussion Papers*, núms. 392 y 394, Economic Growth Center, Yale University, 1982.

leo– constituyeron ejemplos de una situación intermedia; en estos últimos países, la sustitución de importaciones y el despliegue del dirigismo se dieron más tardíamente y con menor intensidad que en los cinco casos "tempranos".

Asimismo, en los casos tempranos, la modificación del patrón de inserción en la economía mundial y del modelo de desarrollo fue acompañada por una segunda transformación de importancia semejante: el primer tercio del siglo XX marcó el agotamiento de los regímenes oligárquicos y la emergencia de sistemas políticos que descansaron, en mayor o en menor medida, en el principio de la soberanía del pueblo.[3] Este proceso estuvo asociado, a su vez, con la incorporación en la arena política de los sectores medios y populares urbanos y, de manera más excepcional y restringida, de los campesinos y los asalariados rurales. En resumen, durante el período de entreguerras en México, Brasil y el Cono Sur, si bien con ritmos y combinaciones diferentes, se superpusieron dos procesos que incidieron sobre la ampliación del espacio de la política:

a) el inicio del proceso de construcción de la maquinaria intervencionista y proteccionista del Estado, y
b) la politización plena de los conflictos redistributivos de intereses, valores y poder entre las diferentes clases sociales, al ser incorporados en la política, democráticamente o no, los sectores medios y populares.

El rasgo distintivo del período de entreguerras, sin embargo, fue que ambos procesos, la expansión del intervencionismo económico, por un lado, y la politización de los conflictos intersectoriales, por el otro, se mantuvieron como andariveles relativamente separados, tanto en el debate político partidario como en el terreno de la implementación de las políticas públicas. Los primeros pasos en la construcción de las principales agencias que se encargaron de llevar a cabo el modelo alternativo de desarrollo, orientado "hacia adentro" –como los bancos centrales, las juntas reguladoras y las corporaciones de fomento–, se dieron de manera desvinculada de la incipiente politización de los conflictos sectoriales, que inicialmente se manifestó sobre todo a través de la expansión y modernización de las

---

[3] En sentido estricto, como bien anotó A. Pizzorno en su texto sobre la participación sociopolítica, la noción misma de participación está indisolublemente ligada a la aparición de la idea de soberanía popular. Cf. A. Pizzorno, "Introduzione al studio della participazione politica", en: *Quaderni di Sociologia*, núm. 3/4, 1966. De todos modos, en América Latina, la vigencia del criterio de la soberanía popular no condujo necesariamente a la consolidación de democracias representativas. Sin embargo, algún caso, como Uruguay, se aproximó mucho más que otros al ideal de poliarquía durante la primera mitad del siglo XX. Precisamente Uruguay y México fueron los dos países en los que se desplegó más tempranamente el derrumbe del sistema oligárquico, que se inició incluso con anterioridad a la Primera Guerra Mundial. Es obvio que tanto la índole de la crisis del orden oligárquico como los respectivos desenlaces en ambos casos fueron diametralmente opuestos: en Uruguay, una democracia de partidos; en México, un sistema autoritario y movilizador.

tareas de asistencia pública, la ampliación de las esferas de la educación pública y, en especial, la regulación del mercado laboral.

Y precisamente la vinculación entre las dos esferas –una, el despliegue técnico organizativo e ideológico del intervencionismo, y la otra, la politización del conflicto redistributivo– fue la gran novedad de la coyuntura de la posguerra. Este punto de inflexión decisivo de fines de la década del cuarenta, que determinó que las políticas económicas se transformaran en material explícito de la política, a su vez fue un rasgo distintivo del principal agente político que se articuló en esa coyuntura: el populismo. El populismo latinoamericano, del que aquí me interesa analizar sólo uno de sus aspectos, fue un fenómeno cultural y social que adquirió variadas connotaciones al emerger asociado con regímenes políticos de muy variado carácter. En aquella crítica década de 1940, los orígenes del populismo se vincularon a configuraciones político-partidarias muy diversas: el espectro abarcó desde el "frentepopulismo" partidario y parlamentario del período 1938-1958, que dio un matiz institucionalista en Chile –incluso cuando resurgió el viejo caudillo militar de la década del veinte, Carlos Ibáñez–, hasta el cesarismo carismático del peronismo, pasando por las variantes más estatistas de México y Brasil, en un caso, asentado en la lógica del partido único, y en el otro, en el "rol moderador" de los militares que intervendrían correctivamente en la política, pero nunca sin apartar del todo a los políticos civiles.

Al hacer converger las cuestiones del intervencionismo y de la politización del conflicto social, la creación de un espacio político unificado y común en el que interactuaron los diferentes agentes económicos y sociales se convirtió, entonces, en la marca de nacimiento del populismo de la posguerra. El corolario más importante de esta convergencia fue la transformación de la economía en una cuestión expresamente política. De todos modos, la operación del populismo por la cual confluyeron "política" (en el sentido de *politics*) y "políticas" (en el sentido de *policies*) tuvo rasgos muy peculiares: como ha sido inteligentemente señalado por Wanderley Guilherme dos Santos, el populismo se caracterizó por su *tendencia a formular y proponer políticas redistributivas como si no lo fuesen*.[4] Como resultado, el mito fundante del populismo, al enmascarar las transferencias de ingresos que resultaron de la intervención del Estado y de las políticas sociales que éste implementó, estuvo inevitablemente asociado a la ilusión de la política sin costos. La razón por la cual me he detenido en la caracterización del proceso de la emergencia del

---

[4] Cf. W. Guilherme dos Santos, *Razões da desordem*, Río de Janeiro, Rocco, 1993. El camino que propone Guilherme dos Santos proporciona una entrada al tema más provechosa que aquellas otras interpretaciones que tienden a asociar al populismo con las políticas económicas estatistas, a las que se concibe afectadas por un pecado original que lleva fatalmente al desastre, independientemente de las circunstancias políticas y de la etapa histórica en la que se aplicaron dichas políticas. Un ejemplo de este tipo de enfoque es el que proponen R. Dornbusch y S. Edwards, *The macroeconomics of populism in Latin America*, Chicago, University of Chicago Press, 1992.

populismo es que fue precisamente en esa coyuntura, y moldeadas por la economía política del populismo, cuando se definieron las modalidades contemporáneas de la participación social y política en América Latina.

Los populismos tempranos de América Latina emergieron como movimientos en el poder pero, con excepción del Partido Revolucionario Institucional (PRI) mexicano, que sufriría una mutación significativa durante las presidencias de Alemán Valdés y Ruiz Cortines (1946-1958), sus gobiernos no generaron regímenes políticos con niveles altos de consolidación.[5] El estilo de gestión populista y la tendencia a encubrir los costos de las políticas públicas se generalizaron, de todas maneras, y se transformaron en un rasgo persistente de la política latinoamericana. El fenómeno del enmascaramiento, sin embargo, estuvo asociado a una complicidad estructural que se estableció entre todos los políticos, no sólo los populistas, y sus públicos. Si los políticos gestionaron políticas o plantearon alternativas desentendiéndose de los costos, los públicos se transformaron en su fiel contracara. Estos últimos tendieron a privilegiar los beneficios materiales y simbólicos que recibieron, o que se les prometieron, desentendiéndose de los procedimientos institucionales que se utilizaron, así como también de las transacciones implícitas que requirió la materialización de dichos beneficios.

De todos modos, hacia fines de la década de 1940 y principios de la siguiente, a pesar de los encubrimientos, las economías latinoamericanas se enfrentaron a la realidad sin escapatoria de los costos resultantes de la implementación de las políticas redistributivas y proteccionistas. Estos costos se manifestaron sobre todo, como ha sido subrayado por Fishlow, a través de la generación de cuellos de botella; los más importantes fueron los déficit fiscales y de la balanza de pagos y el estancamiento agrícola.[6] La reacción a la crisis alimentada por las dos primeras décadas de dirigismo fue un nuevo modelo económico y político que, con variantes significativas, se desplegaría a partir de las décadas del cincuenta y del sesenta:

---

[5] La hegemonía del Partido Radical chileno, que articuló variadas coaliciones de centroizquierda hasta inmediatamente después de la Segunda Guerra Mundial, se vino abajo entre 1949 y 1952. Su heredero, el movimiento dirigido por Ibáñez, resultó totalmente efímero; a pesar de que el viejo general triunfó en las elecciones de ambos años, primero elegido como senador y luego como presidente, el ibañismo no terminó cuajando como coalición social y política y se deshizo de inmediato. La alianza partidaria que había promovido los triunfos de Ibáñez prácticamente fue barrida del Congreso en 1957, tras lo cual desapareció de la escena política. Como es bien sabido, las caídas del peronismo y del varguismo fueron más dramáticas; sus líderes fueron derribados por sendos golpes militares. En el caso de Brasil, el suicidio de Getúlio Vargas en agosto de 1954 marcó el comienzo del declive del *trabalhismo* que, de todos modos, sobreviviría hasta 1964, cuando las Fuerzas Armadas dieron un nuevo golpe que desalojó de la presidencia al heredero de Vargas, su antiguo ministro de Trabajo, João Goulart. El peronismo, como se sabe, probó ser mucho más resistente; después de casi dos décadas de proscripción, su líder retornó al poder en 1973.

[6] Cf. A. Fishlow, "The Latin American State", en: *The Journal of Economic Perspectives*, vol. 4, núm. 3, 1990. En el caso de Brasil, la producción agrícola continuó expandiéndose casi ininterrumpidamente durante el período de posguerra.

el desarrollismo. Inicialmente, en los casos de México, Brasil y la Argentina, los gobiernos desarrollistas propusieron una doble salida a la encrucijada en la que se encontraban las economías latinoamericanas: la primera se basó en el diseño y la ejecución de políticas de *estabilización* macroeconómica que exhibieron más disciplina y consistencia que la que caracterizó a los tibios intentos de sus predecesores populistas.[7] La segunda salida, y piedra angular, del nuevo modelo fue, obviamente, el *desarrollo económico*, al que se definió como un proceso de profundización de la sustitución de importaciones sobre la base de la instalación y la expansión de industrias productoras de bienes de consumo duradero, intermedios y de capital.

El desarrollismo, por cierto, constituía una visión que no se agotaba en la economía; también implicaba un modelo de sociedad y de redefinición de la inserción de América Latina en el mundo. Partiendo de un diagnóstico que postulaba que las sociedades de la región padecían un síndrome de atraso estructural, proponía un proceso de modernización social y cultural, en el cual el modelo inspirador eran las sociedades industrializadas del Atlántico Norte. Además, los desarrollistas coincidían en que América Latina debía definir una nueva ubicación en el sistema económico y político mundial que, después del largo interregno de desorden y alta conflictividad que se había extendido durante tres décadas entre 1914 y 1945, se había reestructurado sobre la base de la hegemonía de los Estados Unidos y la reconstrucción de un orden económico asociado a la creación de los organismos y acuerdos internacionales como el FMI, el Banco Mundial y el Acuerdo General sobre Aranceles Aduaneros y Comercio (GATT). Pero aquí no me quiero detener en el tema de la visión global del desarrollismo, sino solamente subrayar un par de cuestiones que tuvieron una gran influencia sobre cómo se implementaron las políticas económicas y cuáles fueron sus efectos sobre la participación política.

Los desarrollistas probablemente no erraban en darle más importancia a la reestabilización de la economía que sus antecesores, procurando reducir las brechas externa e interna e implementando políticas antiinflacionarias. Por un lado, la estabilización era, en cierto sentido, un requisito para el crecimiento, al mejorar las posibilidades de atraer inversiones extranjeras y hacer factible un aumento de la tasa de inversión, pero por el otro, el énfasis puesto en el desarrollo y la consiguiente exigencia de elevar los niveles de inversión conspiraron en contra del éxito en el mediano plazo de los planes de estabilización. El tipo de desarrollo que prevaleció en el cuarto de siglo abierto a la coyuntura de los años cincuenta generó nuevos desequilibrios en las economías latinoamericanas; en general, los

---

[7] Un ejemplo de la primera ola de políticas ortodoxas de estabilización fue el de la Argentina a partir de 1952, inicialmente aplicadas por el primer gobierno peronista y, más tarde, por sus sucesores militares y civiles entre 1955 y 1963. Cf. E. Eshag y R. Thorp, "Las consecuencias económicas y sociales de las políticas económicas ortodoxas aplicadas en la República Argentina durante los años de la posguerra", en: *Desarrollo Económico*, vol. 4, núm. 16, 1965.

programas desarrollistas, cuanto más exitosos, más presiones crearon sobre la inflación y la balanza de pagos.

Los efectos políticos que tuvo la contradicción entre las metas del desarrollo y la estabilización sobre las fortunas políticas de los desarrollistas realimentaron los recelos que ellos ya tenían sobre la participación de la ciudadanía en la gestión pública. En un comienzo, los políticos desarrollistas y sus funcionarios compartían una concepción relativamente elitista del proceso de diseño e implementación de las políticas públicas. Este rasgo se acentuó porque en los elencos del desarrollismo adquirió un peso significativo una nueva camada de economistas entrenados profesionalmente, a menudo en el exterior, que tendieron a privilegiar como criterio el saber técnico sobre los mecanismos que favorecieran la negociación política o el compromiso de los actores sociales. En ese sentido, entonces, la participación política fue concebida por los desarrollistas como una posible generadora de *trabas para la gestión eficaz* de los asuntos públicos, especialmente en el área de la política económica.

Pero, además, las propensiones elitistas de los desarrollistas fueron reforzadas por el impacto de las políticas de estabilización. Éstas, al procurar reducir la inflación, afectaron negativamente los ingresos relativos de los asalariados y de otros sectores sociales que habían sido beneficiados por los subsidios a los servicios públicos y los controles de precios típicos de la etapa populista. Los gobiernos desarrollistas, por lo tanto, se vieron a menudo enfrentados con las reacciones de los actores que procuraban neutralizar los efectos de las políticas antiinflacionarias. Estas reacciones habitualmente se materializaron a través de modalidades de movilización pública, como las huelgas y los paros activos de trabajadores, las protestas estudiantiles e incluso los motines populares en contra de las alzas de precios de los servicios públicos, que tenían como efecto, deliberado o no, erosionar las capacidades gubernamentales de ejecución de sus políticas. La participación social y política masiva, desde la perspectiva de los *incumbents*, se transformó no ya simplemente en una traba a la gestión, sino también en una *amenaza a su propia estabilidad*. Por cierto que el síndrome de inestabilidad política que afectó a los políticos desarrollistas, que se manifestó de manera mucho más aguda en América del Sur que en México, no sólo fue el resultado de los estilos de participación política de los sectores medios y populares.[8] En el período de posguerra, especialmente en la Argentina y Brasil, los mili-

---

[8] No es el propósito de este trabajo el examen detallado de los casos particulares. Sin embargo, cabe recordar una observación formulada también por Díaz-Alejandro, quien, al comparar las políticas económicas del momento de transición del populismo al desarrollismo —es decir, de fines de la década del cuarenta y principios de la siguiente–, anotaba con acierto que un grupo de países, entre los que se contaban Chile, la Argentina, Brasil y Uruguay, fracasaron en hacer cumplir efectivamente las políticas antiinflacionarias y que ello se debió sobre todo a la capacidad de movilización de los sectores populares. En cambio, en otros casos, como Colombia, Perú y México, los programas antiinflacionarios tuvieron éxito debido, en buena medida, a la neutralización de la capacidad de acción política de quienes resultaron perjudicados por estos programas (cf. C. Díaz-Alejandro, ob. cit. en n. 2). De

tares se autodefinieron como garantes de última instancia del orden social y político y ejercieron el papel de guardianes de los políticos civiles, imponiéndoles códigos de "buena conducta" cada vez más severos. A través de golpes de Estado, planteos o vetos impuestos por las Fuerzas Armadas, estos códigos penalizaron no sólo a los políticos que, supuestamente, no actuaban de manera eficaz frente a la "subversión comunista", sino también a aquellos que no acertaban, según los militares y sus aliados, en la implementación de políticas económicas que aseguraran el mantenimiento del orden.

Uno de los principales corolarios del proceso desarrollista, tanto en México, donde los controles estatistas y corporativos fueron eficaces, como en América del Sur, donde dichos controles fueron mucho más vulnerables, fue que *participación y gestión se transformaron en una antinomia irreconciliable*. Más aún, las preocupaciones por la gobernabilidad "a la Huntington" contribuyeron a que, en general, toda participación tendiera a ser considerada como excesiva y que representara una amenaza a la estabilidad política. De todos modos, se debe reconocer que el estilo de participación que predominó en la etapa desarrollista se vinculó a un proceso de aprendizaje social con efectos negativos sobre las instituciones públicas. Los distintos actores sociales perfeccionaron tácticas defensivas de sus prerrogativas (es decir, de sus privilegios y subsidios) que descansaron en la preservación de arenas acotadas y espacios cuasiprivatizados dentro del Estado. A la larga, este fenómeno generó un desgaste intenso de las capacidades de *enforcement* de las organizaciones del Estado. Más adelante, cuando se desencadenó la crisis fiscal en toda su virulencia, dicha crisis incluiría un componente de debilitamiento institucional y pérdida de legitimidad del sector público que contribuiría significativamente a la bancarrota de los Estados latinoamericanos.

En un contexto en el que se combinaron las propias sospechas de los desarrollistas y el estilo de oposición salvaje de sus adversarios, no resultó sorprendente que los desarrollistas le imprimieran un sesgo economicista a la política; como resultado,

---

todos modos, se debe señalar que en Colombia y Perú la participación social y política de los sectores populares fue bloqueada recurriendo a mecanismos oligárquicos; en Colombia, mediante arreglos clientelísticos de carácter relativamente arcaico manejados por los partidos tradicionales, y en Perú, descansando en el papel estratégico de las Fuerzas Armadas. Sin embargo, en el caso mexicano, la fórmula del llamado "desarrollo estabilizador" del período 1950-1968 respondió a un contexto social y político de altos niveles de movilización, producto de las cuatro décadas de conflictos posteriores a la revolución de 1910. En México, los controles a la participación fueron más estatistas que en América del Sur y combinaron la cooptación y la coerción. En cambio, en aquellos países en que la inflación no logró ser reprimida, los resultados, desde el punto de vista del dinamismo económico, fueron dispares. Los regímenes políticos de Chile y Uruguay, que lograron niveles de institucionalización más elevados que en el resto de América Latina, permitieron a la mayoría de los sectores sociales hacer pesar sus capacidades de bloqueo: el resultado fue que no hubo desarrollo ni estabilización en las décadas de 1950 y 1960. Finalmente, en la Argentina y en Brasil, las pulsiones de desarrollo y estabilización se combinaron de manera intermitente, alimentando un juego político inestable, en el que la participación se orientó más deliberadamente a erosionar al gobierno de turno.

concibieron la participación ligada indisolublemente a la redistribución y propiciaron, por ende, que se postergara hasta que los "frutos del desarrollo" permitieran repartir recursos.

Sin embargo, en América del Sur, la metáfora del "crecimiento ahora, participación después" no pudo ser llevada hasta sus últimas consecuencias por los políticos desarrollistas civiles del estilo del presidente brasileño Juscelino Kubitschek (1956-1961) y de su colega argentino Arturo Frondizi (1958-1962).[9] En la década del sesenta, los militares brasileños y argentinos llegaron a una conclusión que no resultaba ilógica en el clima político cultural de la época: si la participación era un problema, por qué no suspenderla explícitamente por un largo tiempo aboliendo las reglas de la democracia representativa –en especial, el sometimiento a los inciertos resultados de elecciones periódicas– y encargar a los técnicos el diseño y la gestión de programas de desarrollo sin restricciones ni plazos.[10] En un contexto hemisférico en el que la "amenaza comunista" se había acrecentado a raíz del triunfo de la revolución cubana y el atractivo ideológico que ésta ejercía en un segmento significativo de los actores sociales y políticos, la solución militar fue asimismo favorecida por una buena parte de las clases capitalistas nacionales y extranjeras. Como consecuencia de esto, el último envión desarrollista en América del Sur perdió sus connotaciones civiles y los partidos políticos fueron desplazados de la gestión de gobierno. Como ya apunté, Brasil y la Argentina marcaron un rumbo que más tardíamente, y con diferencias significativas, tomarían los militares de Perú y Bolivia, en este último caso durante la gestión de Banzer (1971-1978).

Sin embargo, en la década de 1970, ya comenzó a perfilarse otro modelo que formuló un diagnóstico radicalmente diferente de los problemas económicos y políticos de América Latina: el que terminó siendo identificado como neoliberalismo. Los defensores del neoliberalismo, en contraste con los desarrollistas, concluyeron que el dirigismo no podía, ni debía, ser corregido, sino

[9] Un análisis comparativo muy útil acerca de los desarrollismos de Brasil y la Argentina es el realizado por K. Sikkink, *Ideas and institutions. Developmentalism in Brazil and Argentina*, Ithaca-Nueva York, Cornell University Press, 1991.

[10] Los líderes del golpe militar peruano de 1968 compartieron algunos de los objetivos desarrollistas de las Fuerzas Armadas de Brasil y de la Argentina. Sin embargo, en un contexto como el peruano, caracterizado por el predominio del gamonalismo oligárquico en la sierra, el menor grado de desarrollo y la vigencia de fuertes asimetrías culturales, Velasco Alvarado (1968-1975) y sus aliados intentaron desplegar hasta 1974-1975 un programa que incluía la reforma agraria y la promoción de mecanismos de activación controlada de trabajadores y campesinos. Los militares velasquistas, por lo tanto, no compartían las sospechas que todas las formas de participación, incluso las controladas desde arriba, despertaban en generales como Onganía (1966-1970) o Garrastazú Médici (1969-1974). En el extremo opuesto de la región, una de las razones que consolidó el carácter civil del desarrollismo mexicano fue, precisamente, el cuasimonopolio que ejerció el PRI en la escena electoral, circunstancia que eliminó la incertidumbre introducida por las elecciones en contextos más competitivos. De todos modos, en México el desarrollismo tuvo un envión tardío durante el sexenio de López Portillo (1976-1982), impulsado por los recursos que el Estado pasó a controlar cuando entraron en producción los yacimientos petrolíferos del golfo de México a fines de la década del setenta.

que debía ser erradicado. La maduración de las propuestas neoliberales en América Latina fue, por cierto, parte de un proceso de alcance global. En buena medida, ello fue posible porque en la década del setenta hubo una disponibilidad de doctrinas monetaristas técnicamente más sofisticadas, que revitalizaron las visiones críticas del intervencionismo estatal, según las cuales éste concluye inevitablemente causando más perjuicios que beneficios.[11] Pero además, como bien enfatiza Peter Hall para el caso británico, el monetarismo tuvo la posibilidad de influir sobre las políticas también en la América Latina del último cuarto de siglo, porque proveyó una convincente explicación del agotamiento de la matriz Estado céntrica y propuso un programa viable y alternativo al dirigismo. En la próxima sección, examino el período 1975-1995 a la luz de los dos procesos que, obviamente, se entrelazaron, pero que conviene distinguir en sus características y efectos: el agotamiento de la matriz Estado céntrica y la respuesta neoliberal a dicho fenómeno.

III

En América Latina, los programas neoliberales tuvieron una secuencia de aplicación que determinó que se desplegaran de modo desigual, tanto espacial como temporalmente, en la región. Como resultado, varió el énfasis que se puso en los aspectos políticos y económicos de la crisis del dirigismo a medida que se transitaba de la década de 1970 a las siguientes y, como consecuencia, difirieron las recomendaciones de políticas. Los primeros gobiernos en adoptar el diagnóstico neoliberal, o sea, las dictaduras militares de Chile y la Argentina, enfatizaron la dimensión política de la crisis del intervencionismo estatal. En la mentalidad de los generales del Cono Sur, la preocupación central no era la crisis fiscal, sino la subversión; la interpretación militar de la crisis apuntaba al populismo y al desarrollismo como arquetipos de estilos de organización política del intervencionismo. Las Fuerzas Armadas y sus ideólogos sostuvieron que, en el marco de los regímenes políticos del período inaugurado por el Frente Popular en Chile (1938) y por el peronismo en la Argentina (1945-1946), los actores sociales, acostumbrados a la tutela de un Estado protector y omnipresente, habían desarrollado conductas perniciosas y "artificiales" que finalmente condujeron al caos y al desorden, cuyas manifestaciones más diabólicas eran la izquierda y la subversión comunista. Esta visión alimentó, a su vez, proyectos de las Fuerzas Armadas que definieron a la situación en los países de la región como de "sociedades en guerra", por lo que propusieron el objetivo de

---

[11] Para un análisis interesante acerca de cómo las ideas y las instituciones políticas y económicas interactuaron en la Gran Bretaña de esa etapa, véase P. Hall, "The movement from keynesianism to monetarism: institutional analysis and British economic policy in the 1970s", en: S. Steinmo, K. Thelen y F. Longstreth (comps.), *Structuring politics*, Cambridge, Cambridge University Press, 1992.

liquidar física y políticamente a la izquierda y a los que fueron etiquetados como sus aliados.

El corolario político del neoliberalismo autoritario fue la implementación de un vasto programa de represión de la política que, paradójicamente desde la perspectiva de una postura que se proclamó liberal, tuvo un carácter *hiperestatista*. El conjunto de los comportamientos colectivos, y no meramente las acciones políticas, pasó a ser regulado por un Estado despótico y centralizado. El efecto del despotismo fue el bloqueo de la participación social y política de naturaleza colectiva; el programa represivo operó tanto en el ámbito de las instituciones representativas de la sociedad política, que fueron eliminadas o desvirtuadas, como en los espacios de la sociedad civil, sometidos al fuego cruzado de la represión de los miembros de organizaciones y movimientos sociales y la sanción de legislación que prohibía o restringía su funcionamiento. A este primero –y contradictorio– efecto del programa neoliberal en sus versiones iniciales lo defino como *la participación negada*.

De todas maneras, desde que emergió, el programa neoliberal concibió, y gradualmente también auspició, una modalidad afirmativa de participación en los mecanismos sociales de carácter colectivo; esta modalidad se apartó de la vertiente hobbesiana que había inspirado a los neoliberales más tempranos. En ella, la participación fue concebida como el resultado del cálculo egoísta de costos y beneficios que realiza cada individuo. La visión neoliberal de la participación, al enfatizar la racionalidad del individuo como el mejor camino para realizar el bienestar general, implicó considerar al Estado como un actor neutral, en el mejor de los casos. Además, se vinculó a una concepción residual de la política, ya que ésta sólo subsidiariamente podría favorecer el logro de beneficios individuales; se puede caracterizar a esta segunda vertiente de inspiración neoclásica como *la participación utilitaria*.

A principios de la década del ochenta, tanto las condiciones políticas como las económicas variaron significativamente. Por un lado, todos los gobiernos militares de América del Sur, con la excepción del chileno, se enfrentaron con graves dificultades sociales, políticas y económicas que no pudieron superar; finalmente, no tuvieron más remedio que dejar el poder.[12] Confirmando el viraje que se había iniciado con Ecuador y Perú, las transiciones a la democracia se sucedieron en Bolivia (1982), la Argentina (1983), Uruguay (1985) y Brasil (1985).

---

[12] También el gobierno de Pinochet atravesó una complicada situación a partir de 1981 con la quiebra del sistema financiero y el reemplazo de los denominados *Chicago boys* en la conducción de la política económica. En 1983, coincidieron movimientos de protesta social y una ofensiva de la oposición partidaria en demanda de la renuncia del Presidente. Sin embargo, hacia 1986, Pinochet ya había recompuesto el equilibrio del régimen sobre la base de una reforma sustantiva del programa económico y la promesa del cumplimiento de la Constitución de 1980 en lo que concernía a la implementación del plebiscito de 1988, en el cual la ciudadanía podría ratificar o no la continuidad del régimen autoritario.

Por otro lado, la crisis de la deuda afectó profundamente a casi todas las economías latinoamericanas, incluidos México y América Central. La mayoría de los Estados, democráticos o no, se vieron forzados a declarar la cesación de pagos tras el anuncio unilateral de la moratoria mexicana en agosto de 1982. Chile, país al que los acreedores externos continuaron haciendo nuevos préstamos, y Colombia, que había adoptado políticas excepcionalmente prudentes en la coyuntura de endeudamiento externo fácil de 1977-1980, fueron los únicos que evitaron la bancarrota.

El agravamiento de la situación, asociado a la crisis de la deuda, tuvo como efecto principal la variación del énfasis del diagnóstico neoliberal. A partir de 1982, y sobre todo después de la aparición del llamado Plan Baker en 1985, los reformadores subrayaron la centralidad de las dimensiones económicas en la crisis del dirigismo. Como bien se sabe, el Plan Baker evaluó que el problema de la deuda no era sólo la falta de liquidez en el corto plazo, sino también la insolvencia estructural del modelo económico estatista. Por eso, advirtió que la austeridad temporal de los deudores no alcanzaba, y que se requería un ajuste estructural para restablecer las pautas de crecimiento que permitieran a las economías latinoamericanas hacer frente a los servicios de la deuda.[13] A partir de mediados de la década, entonces, la erradicación del dirigismo dejó de ser un objetivo de los reformadores autoritarios del Cono Sur y se transformó en una necesidad impuesta a todos, demócratas o no, por la quiebra del eslabón más débil del estatismo: el Estado. En los casos más extremos, es decir, Bolivia, Perú y la Argentina, la hiperinflación constituyó la demostración dramática de la evaporación del "espacio para el diseño y práctica de la política económica" que señaló Carciofi. En un texto encargado por la Comisión Económica para América Latina (CEPAL), este economista argentino expuso los principales aspectos de la crisis en una descripción aplicable a la mayoría de los países de la región en la segunda mitad de la década de 1980:

> la acumulación de tensiones de modo paulatino y creciente condujo a una situación en la que resultaron decididamente afectadas las funciones esenciales de la economía pública: su rol en la producción de bienes y servicios públicos, el desempeño eficaz de los mecanismos de redistribución de ingresos por la vía de la tributación o del gasto, y también la formación de capital en aquellas actividades que se encontraban bajo la órbita de gestión estatal; [...] *el sector público quedó atrapado en un modelo que estaba prácticamente agotado.*[14] [El destacado es nuestro.]

---

[13] Cf. N. Lustig, "Crisis de la deuda, crecimiento y desarrollo social en América Latina durante los años ochenta", en: J. L. Reyna (comp.), *América Latina a fines de siglo*, México, FCE, 1995.

[14] Cf. *La desarticulación del pacto fiscal. Una interpretación sobre la evolución del sector público argentino en las dos últimas décadas*, Buenos Aires, CEPAL, 1990, p. 2.

En algunos países, inicialmente se recurrió a enfoques heterodoxos del ajuste, en especial cuando nuevos gobiernos civiles, como los de Perú, la Argentina y Brasil, confiaron equivocadamente en que los impulsos de democratización permitirían que la voluntad política alcanzara para neutralizar el impacto de la crisis.[15] Estos intentos finalmente colapsaron y esas economías, así como también la de Venezuela, se encontraron a fines de la década en una situación todavía más crítica. En esa coyuntura, la mayoría de los países latinoamericanos comenzó a aplicar con una profundidad mucho mayor los programas de reforma estructural basados en la apertura externa, la desregulación de la economía y las privatizaciones. La implementación de las políticas neoliberales hizo posible que América Latina, en ese punto, saliera de la aguda doble crisis, económica y política, que atravesaba. Esta inflexión marcó el inicio de un ciclo de reequilibramiento macroeconómico que, con variaciones importantes, permitió recuperar un grado apreciable de dinamismo económico y atraer nuevas inversiones de capital en la región. Pero, además, el neoliberalismo proporcionó la llave para reconstruir la autoridad política de gobiernos que no sólo habían caído en una espiral de desgaste acelerado, vinculado al lanzamiento de sucesivos planes económicos que fracasaban en plazos cada vez más breves, sino que asimismo resultaban incapaces de mantener un mínimo de orden y cohesión social. Como apuntó Peter Hall para el caso británico, también en América Latina: "en el contexto de crisis, el monetarismo pareció contener una fórmula para restaurar la autoridad gubernamental".[16]

La administración eficaz de la crisis, entonces, se constituyó en una herramienta política estratégica en América del Sur, así como también en el México salinista (1988-1994). Sin embargo, en América Latina, la "fórmula" monetarista incluyó un aspecto que no estuvo presente en Europa Occidental; la reconstrucción de la autoridad pública descansó en la concentración extrema del poder en el Ejecutivo. Este síndrome, al que he definido como hiperpresidencialismo en otro artículo, si bien implicó el reforzamiento de atributos políticos que fueron en contra de las expectativas generadas por las redemocratizaciones recientes, no resultó extraño a las tradiciones políticas latinoamericanas.[17] Los principales aspectos institucionales del hiperpresidencialismo fueron: 1) la personalización del poder en el presidente; 2) el reforzamiento de los roles tecnocráticos estratégicos en el diseño e implementación de las políticas públicas, en especial aunque no únicamente en el ámbito de la economía; 3) la baja autonomía o pasividad de los Congresos; 4) la transferencia

---

[15] Se trató de las presidencias de Raúl Alfonsín en la Argentina, José Sarney en Brasil y Alan García en Perú. Aunque el de este último fue el segundo gobierno democrático peruano después de la salida de los militares en 1980, la llegada de la Alianza Popular Revolucionaria Americana (APRA) al poder por primera vez en su historia, tras muchas décadas de proscripción militar, marcó una transición cuya relevancia fue comparable a la de los otros dos casos.

[16] Cf. P. Hall, ob.cit en n. 11, p. 106.

[17] Cf. "El modelo latinoamericano: su crisis y la génesis de un espacio continental". Monografía preparada para el seminario organizado por el Convenio Andrés Bello, Sevilla, octubre de 1998.

de responsabilidades a los niveles provinciales y municipales, pero sin que la descentralización funcional fuera acompañada por una descentralización equivalente de los recursos, y 5) el debilitamiento del Poder Judicial, tanto en el nivel de los tribunales superiores como en los niveles inferiores de aplicación de la ley.

Sin embargo, el hiperpresidencialismo se ha caracterizado por otro fenómeno de tipo informal, más novedoso que los anteriores: el incremento de los niveles de apatía y de retracción de la política por parte de segmentos crecientes de la población. Este fenómeno ha sido uno de los principales aspectos de la desorganización de los mecanismos de participación política articulados dentro de la matriz Estado céntrica; esta desorganización, a su vez, fue el resultado del vertiginoso, y a menudo caótico, proceso de achicamiento del Estado. Desde la perspectiva de la ciudadanía, el efecto ha sido *la abdicación de la participación*. Como corolario, a veces no deliberado, de este proceso, el neoliberalismo exitoso ha reeditado, aunque con menores costos políticos para los respectivos *incumbents*, la antinomia entre gestión y participación, que tres décadas atrás había generado el desarrollismo.

La abdicación de la participación ha sido evidente en los países sudamericanos, donde las encuestas revelan el desencanto con respecto a la democracia que se produjo poco tiempo después de las transiciones. Pero el fenómeno se ha extendido también a otros casos, como Venezuela, América Central y México. Me interesa subrayar la problemática de la participación abdicada porque estimo que ella puede proporcionar pistas acerca de cómo enfrentar algunos de los principales desafíos del presente latinoamericano. A ello me refiero en la última sección del artículo.

IV

La vigencia del modelo neoliberal, ya desprovisto de los componentes autoritarios que habían marcado su nacimiento en América Latina, permitió que la región superara la situación de ajuste caótico y desorden político que caracterizó a muchos países a fines de la década de 1980; la administración macroeconómica adecuada y la estabilidad de precios proporcionaron la plataforma que posibilitó la recuperación del crecimiento basada en el dinamismo de la economía de mercado. Además, como señalé en la sección anterior, la capacidad de gestión de la crisis, legitimada por el discurso neoliberal, redujo los márgenes de incertidumbre y permitió afianzar el proceso de reconstrucción de la autoridad política. Sin embargo, a partir de 1995 con el llamado "efecto tequila", la mayoría de las economías regionales experimentaron retrocesos, o al menos pronunciados altibajos, en las tasas de crecimiento que habían predominado en los primeros años de la década; asimismo, un indicador clave como el nivel de ocupación sufrió un deterioro significativo. En el trienio 1996-1998, las economías de América Latina se recuperaron con creces de la caída de 1995; empero, nuevamente a partir de mediados de 1998, esta vez por el impacto de la crisis iniciada en el Sudeste

Asiático, los indicadores de crecimiento, e incluso los de estabilidad macroeconómica, parecen amenazados en varios casos, en especial, aunque no únicamente, en Brasil.

Las interpretaciones más ortodoxas de la crisis actual enfatizan que ésta se debe a que varios de los países "no han hecho bien los deberes" en lo que se refiere al ajuste fiscal. En esta sección, sin negar la importancia de ese problema pendiente, exploro otra pista explicativa, complementaria y no alternativa de la anterior. En este sentido, mi argumento enfatiza que tanto los déficit del modelo neoliberal emergente en materia de equidad como la notoria fragilidad que evidencia ese modelo frente a las conductas de actores internos y externos tienen que ver principalmente con sus aspectos culturales y políticos. Para ello parto de una idea propuesta por Enrique V. Iglesias que concibe a la "democracia [como] fuente de inspiración capaz de crear círculos virtuosos en los que nutre a los otros [...] objetivos: el desarrollo y la equidad".[18] Esta mirada preliminar apunta a analizar cómo se podría reforzar en América Latina una modalidad de participación que, aunque estuvo presente en algunas de las híbridas constelaciones político-culturales del pasado, nunca llegó a afirmarse como elemento predominante ni de la cultura política ni de las instituciones públicas: *la participación democrática.*

Resulta evidente que, a partir de 1982, cuando se agravó la crisis de la matriz Estado céntrica y del dirigismo económico, la gran inequidad, que ya caracterizaba a la región en comparación con otras como Europa y Asia Sudoriental, se agudizó. Numerosos trabajos demuestran, asimismo, que la salida de la coyuntura de ajuste caótico y la aplicación exitosa de las reformas de mercado tampoco han contribuido a mejorar la situación en materia de equidad.[19] A partir de la década del ochenta, la inequidad en la distribución del ingreso, como rasgo estructural de las sociedades de América Latina, ha estado estrechamente asociada a un par de fenómenos, igualmente perturbadores: la intensificación de la retracción política y la pérdida de cohesión social. Más aún, la retracción y los reducidos niveles de cohesión conspiran, en el mediano plazo, contra dos prerrequisitos de toda sociedad de mercado dinámica: la creatividad y la confianza intersubjetiva.[20]

---

[18] E. V. Iglesias, presidente del BID.

[19] Cf. E. Lora y J. L. Londoño, "Structural reforms and equity", en: N. Birdsall, C. Graham y R. H. Sabot (comps.), *Beyond trade-offs. Market reform and equitable growth in Latin America*, Washington D. C., Interamerican Development Bank, 1998. Los datos que ofrecen los autores en los cuadros de la p. 75, abundantemente apoyados por los informes de desarrollo humano de las Naciones Unidas, socavan parcialmente su propia interpretación: en realidad, la inequidad ha continuado aumentando *después* de la aplicación de las reformas de mercado. Lora y Londoño, en cambio, atribuyen a la circunstancia de que "las reformas de mercado han sido incompletas" el resultado de que no se hayan alcanzado niveles aceptables de equidad social. Comparto, por el contrario, la visión de Oscar Muñoz, quien señaló que "los ajustes estructurales aumentaron significativamente la extensión y magnitud de los sectores afectados por la pobreza y las desigualdades". Cf. O. Muñoz, "El crecimiento económico y el problema del orden social", en: *Colección de Estudios Cieplan*, núm. 42, p. 8, 1996.

[20] Esta cuestión es analizada de modo muy interesante en el Programa de las Naciones Unidas para el Desarrollo, *Desarrollo humano en Chile, 1998...*, cap. 2, Santiago de Chile, PNUD, 1998.

En este último punto, quiero plantear un par de interrogantes acerca de cómo la participación democrática puede contribuir a revertir el síndrome de crecimiento amenazado, inequidad creciente y democracia irrelevante.

Primera interrogante: ¿cuál es la estrategia más adecuada para revitalizar la participación social y política en América Latina: la refundación del sistema político o el rearmado del mosaico cultural y político de la sociedad? Alain Touraine, por cierto uno de los más finos analistas de la historia contemporánea de América Latina, propuso en un artículo reciente que:

> La capacidad de los países de América Latina para pasar de un sistema nacional populista a una economía abierta a escala internacional depende, en primer lugar, de su capacidad para *destruir el antiguo sistema político*, desligar el proceso político de las estrategias económicas y establecer un nuevo sistema político más autónomo.[21] [El destacado es nuestro.]

Si bien concuerdo con la preocupación que Touraine enuncia en el mismo artículo acerca de la necesidad de fomentar tanto la redistribución económica como la mejor integración social y la mayor creatividad cultural, discrepo de su propuesta. En primer lugar, no se debe olvidar que el "antiguo sistema político", como todo entramado cultural, está enraizado en conductas, valores y símbolos cuya destrucción, o incluso cuya transformación radical, no sería un proceso de corto plazo. Asimismo, la imagen de destrucción evoca una posibilidad, ciertamente lejana del pensamiento touraineano, de empresas autoritarias de signo revolucionario o reaccionario cuyos efectos, en América Latina y en otros contextos, han sido generalmente nefastos.

Pero más allá de las dificultades implícitas en cualquier proceso de cambio cultural, y de los riesgos que lo acompañan cuando tal empresa se acomete desde el propio Estado, "destruir" el antiguo sistema implicaría desechar desde el comienzo elementos, no necesariamente negativos, que cada uno de los modelos económico-políticos –el populista, el desarrollista, el autoritario estatista, el neoliberal y los modelos híbridos– ha ido incorporando en las maneras de hacer política de las sociedades latinoamericanas. Así, en el caso del populismo, es cierto que sus prácticas y sus ideologías han erosionado la democracia representativa y han recaído en intolerancias hacia la disidencia política y las subculturas alternativas. Sin embargo, el populismo latinoamericano impulsó avances importantes en la reducción de las distancias socioculturales que caracterizaban a las prácticas oligárquicas al aportar decisivamente a la creación de espacios públicos compartidos. Además, y sin ignorar las especificidades de cada caso nacional, el populismo hizo contribuciones

---

[21] A. Touraine, "América Latina: posibles salidas de la transición liberal", en: L. Emmerij y J. Núñez del Arco (comps.), *El desarrollo económico y social en los umbrales del siglo XXI*, Washington D. C., BID, 1998.

fundamentales a la generación de "áreas de igualdad" cuya existencia, como bien señala Pizzorno, es uno de los requisitos para sostener la participación en las coyunturas fundacionales de los partidos políticos de masas. Este ingrediente está ciertamente debilitado en los partidos contemporáneos, cualquiera que sea su ideología, y torna más dificultosa la posibilidad de crear adhesiones hacia ellos.[22]

También el neoliberalismo es una configuración ambivalente. Por un lado, como apunta Lechner, las reformas estructurales en curso fomentan un vasto movimiento de privatización de las conductas sociales, que tiene como efecto debilitar los compromisos colectivos y socavar la integración social. Pero, por otro lado, la participación utilitaria es, a menudo, la otra cara de la moneda y, por lo tanto, un componente imprescindible del asociacionismo cívico vinculado a ONG, como las asociaciones de defensa del consumidor y las sociedades vecinales.[23]

El corolario que quiero marcar, entonces, es que el objetivo de revitalización de la participación social democrática debería apoyarse en la reconstrucción de un mosaico de modalidades de acción colectiva que reconozca, e incluso fomente, la hibridez de las sociedades latinoamericanas.[24] Claro que, en este sentido, sería fundamental que en dicho proceso se evitara el sesgo que caracterizó, en mayor o en menor medida, a todos los modelos económico-políticos que he examinado en este trabajo, desde el populismo hasta el neoliberalismo: su pretensión de organizar, o al menos moldear, la participación social y política de acuerdo con un criterio único y excluyente, sea éste la solidaridad, el interés individual, la relación con el líder, la conciencia de clase o la unidad nacional. Comparto, por eso, la recomendación que formuló Manuel Antonio Garretón, cuando propuso que la recomposición de una matriz societaria que contribuya a maximizar los *trade-offs* entre democracia, equidad y crecimiento debe apoyarse en el reconocimiento del

> carácter autónomo de los componentes [de la nueva matriz], permitiendo su campo de expansión legítimo y evitando la absorción de uno por otro [...] [y enfatizando] la estricta complementariedad entre dichos componentes, con mutuos contrapesos que eviten la segmentación y centrifugación de la sociedad.[25]

---

[22] Cf. A. Pizzorno, ob. cit. en n. 3.

[23] N. Lechner, "La (problemática) invocación de la sociedad civil", en: *Perfiles Latinoamericanos*, vol. 3, núm. 5, 1994. La argumentación de Lechner es compartida por Oscar Muñoz (ob. cit. en n. 19, p. 22): "La crisis del Estado interventor no implica sólo el traspaso de funciones económicas al mercado, sino también la pérdida de la función articuladora de los intereses sociales. [...] Las organizaciones sociales de base popular también sufren el deterioro de su acción colectiva. [...] El debilitamiento de las acciones colectivas deja a los individuos menos protegidos institucionalmente y *con escasa posibilidad de participación*" (el destacado es nuestro).

[24] Esta imagen podría extenderse a la esfera propiamente política. Cf. N. García Canclini, *Culturas híbridas*, México, Grijalbo, 1990.

[25] M. A. Garretón, *Hacia una nueva era política*, México, FCE, 1995, p. 219.

La participación democrática en América Latina, para expresarlo en pocas palabras, debería apoyarse en la articulación de lógicas múltiples que, a su vez, no sean ajenas a las tradiciones culturales y políticas de la región.

Segunda interrogante: ¿cómo posibilitar la erradicación de concepciones y actitudes que visualizan a la participación como amenaza o como riesgo? Como he subrayado, la situación que se ha perfilado, como resultado del doble proceso de agotamiento de los mecanismos Estado céntricos y el despliegue de las reformas estructurales, ha despejado algunos de los obstáculos que sistemáticamente habían impedido la consolidación de la democracia política en América Latina en el período 1945-1980. Pero, y al mismo tiempo, esas tendencias, al achicar el espacio de la política y no simplemente el del Estado, han creado nuevos obstáculos para utilizar a la democracia en el sentido sugerido por Iglesias.

La participación ciudadana en los ámbitos de la sociedad política y la sociedad civil podría constituirse en una de las palancas decisivas para la recuperación de sentido de la democracia. Pero para eso haría falta revertir las propensiones de muchos funcionarios y políticos, a veces compartidas por las clases propietarias, a considerar a la participación como una amenaza. Sin embargo, para ser realista, la política latinoamericana no ha dado hasta ahora pasos relevantes en esa dirección. La reversión de tendencias basadas en tradiciones políticas de larga data, que incluso han sido reforzadas por el fenómeno reciente del hiperpresidencialismo, requiere crear incentivos que faciliten esa transformación. En ese sentido, y para concluir, quiero recomendar que una de las herramientas para facilitar dichos cambios sería la articulación de mecanismos concretos y discursivos que permitan concebir a *la participación como recurso*. ¿Qué quiero decir?

En primer lugar, la participación puede ser un *recurso de orden*. Jugando con el doble sentido de la palabra "cultura" en inglés, Macfarlane apuntaba con agudeza que, en su desarrollo histórico, el capitalismo fue "cultivado", es decir, protegido, ayudado a crecer, alimentado y desarrollado en Inglaterra a lo largo de muchos siglos.[26] Karl Polanyi y Michael Mann, entre otros, también analizaron que el mercado, para surgir y mantener su dinamismo, requiere el apoyo de otras instituciones, culturales y políticas, que operan en las sociedades capitalistas. En la actual coyuntura latinoamericana, la disminución del nivel de cohesión social probablemente afectará, en el mediano y en el largo plazo, la legitimidad de los mercados. En ese contexto, la participación, al revertir los procesos de exclusión y marginación, podría constituir un recurso importante para hacer frente a la principal amenaza para el funcionamiento estable y adecuado de los mercados, que ya no es "la revolución socialista", sino la disolución de los presupuestos y de las conductas cotidianas sobre los que se articula el orden social.

---

[26] A. Macfarlane, *The culture of capitalism*, prefacio, Oxford, Basil Blackwell, 1987.

En segundo lugar, el incremento de la eficacia de las organizaciones públicas en la actualidad no depende de la exclusión de la ciudadanía ni de aislar a las organizaciones de las presiones individuales y sectoriales, sino, por el contrario, de involucrar a los miembros de la comunidad en la gestión. En ese sentido, la participación es un *recurso para la gestión*. La participación en las instituciones públicas, apoyándose, entre otros, en mecanismos de descentralización, de inclusión de los ciudadanos consumidores en la regulación de servicios públicos privatizados y de fomento de la *accountability* de las organizaciones de gobierno, podría permitir que recuperara sentido la acción colectiva en los espacios públicos.

¿Diversidad cultural o cambio cultural?
Posibilidades y obstáculos del desarrollo participativo

Guy Hermet

Al darle un reconocimiento universal a la diversidad cultural, Javier Pérez de Cuellar no hizo sino invalidar con toda su autoridad una noción jerárquica del desarrollo, dominada por el patrón occidental de la modernidad. Les devolvió su dignidad a la mayoría de los habitantes del planeta que se sienten siempre ajenos a ese patrón. Esa revolución fue de primera magnitud. De pronto, echó por tierra la escala hasta entonces vertical y desigualitaria de las culturas para volverla horizontal e igualitaria, de manera tan decisiva como en su tiempo la revolución protestante "horizontalizó" las virtudes de los creyentes, poniendo al mismo nivel los méritos obtenidos por la piedad y los obtenidos por las personas comunes en el ejercicio cotidiano de su vida.

Ese trastrueque plantea, sin embargo, dos problemas a aquellos que se preocupan por reformular las políticas de desarrollo en América Latina, con el doble afán de ofrecer mayor justicia y de mejorar su impacto mediante una participación más intensa de sus beneficiarios. Se los plantea especialmente al BID, cuyo principio desde un comienzo fue el de no disociar lo económico de lo social, conforme a una preocupación ética que su presidente, Enrique V. Iglesias, recordó cuando hizo su entrada a la Academia Española de Ciencias Morales y Políticas. En primer lugar, ¿cómo pretender movilizar el recurso cultural creador que se encuentra en cada una de las poblaciones-objetivo de estas políticas sin recaer en un "culturalismo" que otorgaría "puntos favorables" a algunas de entre ellas y "negativos" a otras? Y luego, ¿cómo podría conciliarse ese reconocimiento positivo de la diversidad cultural con el fenómeno paralelo de cambio cultural brutal que trajo la globalización de los modelos de referencia en el marco de lo que Anthony Giddens denomina la universalización de la modernidad? Ésos son los dos desafíos que trataremos aquí.

El desarrollo frente al problema de la cultura

Incluso cuando se hace con la finalidad de consolidar el efecto de los proyectos de desarrollo mediante una participación creciente de las poblaciones en su diseño y aplicación, intentar explicar la noción de cultura pensando en algo diferente de su concepción elitista –centrada en el refinamiento intelectual, las letras y las bellas artes– nos expone a procesos de infinitas intenciones; ya que, por lo menos entre los profesionales de las ciencias sociales, el otro concepto de cultura tal como fue elaborado por los antropólogos de la primera mitad del siglo XX, con el sentido más amplio de matriz del estilo de vida y del sistema de significaciones de cada comunidad humana, se vio "satanizado". Se impuso un nuevo código del lenguaje considerado científico, del que el medio académico actual extrae sus signos de reconocimiento, y que hace que hablar de cultura de otro modo que no sea por referencia a la literatura, al arte o a la *entertainment industry* moderna comprometa al hombre. El uso de esta palabra nos coloca entre los "culturalistas" de reputación siniestra, sospechosos de defender siempre la idea de que cada grupo humano está regido por un registro de valores, de prejuicios, de normas sociales y económicas e incluso de técnicas casi inmutables. Registro fundado sin duda en la identidad y el sentimiento de dignidad de ese grupo, pero que lo aísla de las otras comunidades y, sobre todo, lo predestina a seguir siendo fatalmente lo que siempre fue: portador de un patrimonio cultural estimable, pero halado permanentemente hacia el pasado o, por el contrario, estimulado hacia el progreso por la fuerza invisible de ese patrimonio. Así, el culturalismo se transformó en el enemigo, ya que legitimaría a identidades autonomistas y destinos sin remedio, que los anticulturalistas declaran como perfectamente imaginarios, aunque su carácter, sin duda alguna imaginado en parte, no deja de sobresalir por su fuerza.

Por supuesto, nadie creyó realmente en este tipo de cultura, salvo los escritores románticos del siglo XIX; y es, sobre todo, para elogiarse a sí mismos por contraste, caricaturizando lo que no quieren ser, que los detractores del culturalismo lo asocian con esa actitud folclorista, retrógrada y de suave desprecio. En realidad, lo que se produjo es que, en las postrimerías del año 1900, los pioneros de la antropología estudiaron pueblos "indígenas" que permanecían aún encerrados en sus culturas moribundas. Y fue al "archivar" sus rasgos en vías de extinción que presentaron una imagen congelada de éstos, que no implicaba que la cultura lo fuera en forma intrínseca. Si existió un abuso sistemático de esta noción, con fines de explotación política o económica de las "predisposiciones" irreversibles a la apatía, a la sumisión o a la irracionalidad, muy cómodamente adjudicadas a estas poblaciones conforme a argumentos seudocientíficos, esto no se debió sino a la tendencia a menudo odiosa de las administraciones coloniales anteriores a 1940, apasionadas por la etnografía "aplicada" en África, en Asia o en las Antillas, en el caso de los colonizadores americanos. Tendencia que el discurso del politólogo de Estado J. J. Young ilustraba a la perfección en 1902, cuando –pensando en los portorriqueños liberados de la tutela española para caer en la estadounidense– declaraba que "la libertad [era] una costumbre ajena a los pueblos tropicales".[1]

---

[1] J. J. Young, "Colonial autonomy", en: *Annals of the American Academy of Political Science*, vol. 19, núm 3, mayo de 1902, p. 66.

Este ajuste no basta, sin embargo, para rehabilitar a la cultura como referencia de una nueva doctrina más participativa del desarrollo. Lo único que hace es indicar que el problema se debe menos al uso de la palabra "cultura" que al contenido que se le asigna y a las consecuencias que cabe extraer para la acción. Conviene, por lo tanto, en primer lugar, no designar con diferentes eufemismos la misma cosa que las culturas difuntas de los viejos antropólogos. Y en segundo lugar, se trata sobre todo de renunciar a dos tentaciones: por un lado, a la idealización populista del "buen salvaje", del "buen pobre" o de las minorías de todo tipo; por otro lado, a la visión de culturas erigidas en repertorios de acción o de inacción, cuyo valor de identidad sería tan legítimo que sería inmoral tocarlo.

Ahora bien, el uso de eufemismos invade los pasillos de los organismos que tienen algo que ver con el desarrollo. En ciertos casos, no hay que ver en ello sino la voluntad de contrarrestar la orientación demasiado fríamente cuantitativa de los indicadores expresados en términos monetarios o de producto bruto interno y de consumo material, con índices más cualitativos de bienestar o de posibilidades de progreso (indicadores referidos especialmente al dispositivo de salud, al acceso a la educación, al mantenimiento de un medio ambiente tolerable y, en definitiva, a aspectos tan modestos como una vialidad decente o la disponibilidad de servicios básicos como agua potable y cloacas). Ése es especialmente el objeto, tanto del concepto como de los indicadores de desarrollo humano del PNUD o de la UNESCO, cuya ambición consiste en captar el "proceso de ampliación de la paleta de opciones que se les ofrecen a los individuos".[2] Pero si bien en esta etapa no se trata de los recursos participativos a extraer de las culturas específicas percibidas en el pasado como molestias, el valor positivo que se les asigna de ahora en más a esos recursos hace que el eufemismo se vuelva evidente al buscar de buena fe borrar la connotación taimadamente colonialista de la palabra "cultura". El auge reciente de la expresión "capital social" es una clara ilustración de eso.

Acogida favorablemente por los expertos del desarrollo, esta expresión posee ciertamente una primera genealogía ajena a lo que se entiende por cultura en el sentido antropológico. En 1899, Thorstein Veblen sugirió el concepto de capital social para designar al conjunto de atributos distintivos de lo que llamaba la "clase ociosa", que dominaba la sociedad norteamericana.[3] Después de él, Pierre Bourdieu la retomó explícitamente quitándole la ociosidad. En realidad, la transformó en un atributo individual –más que colectivo o comunitario– de distinción de los miembros de las categorías privilegiadas, que reposan en el capital económico (la fortuna material), el capital cultural (el fácil manejo del lenguaje en particular) y el capital relacional o social (las relaciones y punto) de que dispone cada uno de ellos a diferencia de la gente ordinaria; esos "capitales" son fungibles

---

[2] PNUD, *Rapport mondial sur le développement humain*, París, Economica, 1998, p. III.
[3] T. Veblen, *The theory of the leisure class*, Nueva York, New American Library, 1953 (1899). [Traducción francesa: *Théorie de la classe de loisir*, París, Gallimard, 1970.]

en un capital simbólico en el que se apoyan las elites de todo tipo para asegurar su posición predominante.[4]

En la actualidad ya no se trata de eso. De lo que se trata es del "capital social" comunitario, como lo reinterpretó Robert D. Putnam en sus estudios sobre el desempeño de las instituciones regionales en Italia.[5] De un capital que hace que la gerencia de las regiones sea satisfactoria cuando se adecua a las exigencias del bien colectivo y que juega a la inversa cuando no es así. En definitiva, el capital social según Putnam no es sino la vieja "cultura cívica", vanagloriada durante la década de 1960 como el sostén indispensable de una democracia digna de ese nombre.[6] El de una sociedad democrática similar al modelo anglosajón y protestante idealizado por los propios anglosajones, que requiere el compromiso efectivo de sus miembros en los asuntos públicos, el establecimiento de lazos de cooperación y de reciprocidad entre ellos, así como confianza y tolerancia mutuas. El único matiz introducido por Putnam es que este tipo de "comunidad cívica" existe en Italia del norte, si bien es latina y católica, y que incluso se observa un esbozo de él en otras partes aunque, en su opinión, el espíritu cívico esté ampliamente ausente en los italianos del sur, que se sienten impotentes frente a las autoridades y los partidos y, por ende, no esperan de éstos sino favores gratuitos. En suma, Putnam no deja de concluir con una nota optimista, al no excluir la posibilidad de que en algún momento los "carentes de civismo" puedan transformarse en "cívicos".

En su tiempo, John Stuart Mill estimaba que "ciertos habitantes del sur de Europa", sometidos como estaban a "la doble educación del despotismo y del catolicismo, se asemejaban a los orientales por la envidia y la inacción".[7] Felizmente este prejuicio,[8] que se extiende a la América meridional, se vio corregido por Putnam, aunque más no sea en lo referente a los menos sureños de los italianos. Pero en cuanto a lo demás, su visión del capital social sigue siendo "culturalista" y "occidentalocéntrica". Postula que éste representa un intangible limitante respecto del tiempo previsible. Sobrentiende, también, que el "buen" capital social corresponde exclusivamente al de los "holandotoscanos",

---

[4] Véase en especial P. Bourdieu, *Questions de sociologie*, París, Éditions du Minuit, 1984.

[5] R. D. Putnam, R. Leonardi y R. Y. Nanetti, *Making democracy work: civic traditions in modern Italy*, Princeton, Princeton University Press, 1993. Véase también R. D. Putnam, et al., "Explaining institutional success: the case of Italian regional government", en: *American Political Science Review*, vol. 77, núm. 1, 1983, pp. 55-76.

[6] Concepción de la cultura cívica clásicamente ilustrada por G. A. Almond y S. Verba (eds.), *The civic culture*, Princeton, Princeton University Press, 1963.

[7] J. S. Mill, *Considerations on representative government*, South Bend, Gateway, 1962 (1861), p. 66.

[8] Cabe señalar aquí que únicamente se trata de un prejuicio, si observamos que los días de licencia por enfermedad que toman en promedio los suecos aumentaron en 1990 a 27, a 22 en el caso de los holandeses y sólo a 12 en el de los italianos (*The Economist*, 17 de agosto de 1991, p. 62). O los suecos tienen una salud frágil, o tienen especial falta de civismo.

ya que corresponde a una cultura de compromiso cívico consensual, de tipo europeo occidental o norteamericano. Fuera de esto no hay salvación, no existe participación eficaz en la vida política ni en el desarrollo; sólo desventajas. Desde ya, de nada sirve hablar de "patrimonio social" o "cultural", incluso de "patrimonio social" o de "desarrollo social" si se persiste en esta línea. A lo sumo, se puede expresar la esperanza de que las limitaciones que encierra este patrimonio, que entorpecen el desarrollo, no impedirán que se encuentren también en él oportunidades creadoras, aunque no convencionales. La idea no es inconcebible. Pero sigue siendo vaga y arriesgada.

¿Debemos entonces hablar de participación sin complicarnos más con la noción de capital social o con sus equivalentes? ¿Pero participación de quién y en qué? ¿De los pobres, cuyos valores y prácticas institucionales no tienen la dicha de ser "holandotoscanos"? ¿Se los debe acaso integrar en dispositivos de "gobierno del desarrollo" ultrafraccionados, pasando la autoridad de los Estados a la relación de ganancias y pérdidas? Se perfilan escollos considerables. En primer lugar, el de volver a la especificidad de una "cultura de la pobreza" que Oscar Lewis estimaba que se transmitía como una fatalidad de generación en generación.[9] Por otra parte, el de considerar como adquirida la fatalidad del tratamiento asistencial separado de una pobreza extrema transformada en mayoría urbana, sin ver que se inscribe en una "cultura" transitoria, en la que el logro y el prestigio personales en el seno de la comunidad se basan cada vez más en el ejercicio de la violencia. O, también, ¿no sería más conveniente adherirse a la alternativa propuesta en 1987 por Hernando De Soto?[10] La de un apoyo a la inmensa economía informal de América Latina mediante el ajuste de las normas legales y las prácticas bancarias concebidas para la economía formal. Lamentablemente, este mecanismo, al igual que los anteriores, no haría sino eternizar la dualidad o la llamada marginalidad de las sociedades latinas, consolidando al mismo tiempo una informalidad que no es deseable que rija por siempre el modo de vida de la masa de los habitantes de los países andinos o centroamericanos.

Queda entonces la opción de un "indigenismo" revisitado, que anotaría la participación en el desarrollo en el registro de las diversidades culturales o del capital social pertenecientes a las comunidades específicamente indígenas, simplemente rurales o también rural-urbanas. Pero esta opción, admisible en circunstancias precisas, implica asimismo grandes inconvenientes si se la toma de manera sistemática. Se corre el riesgo de otorgar un reconocimiento demasiado grande a estructuras de relación consideradas tradicionales que en realidad están en declinación, contribuyendo así de modo artificial a mantenerlas. Además, trae demasiado el recuerdo de las reservas protegidas, los *resguardos* y otros *ejidos* creados por las autoridades coloniales de la Época de las Luces en beneficio de los indios o de los

---

[9] Véase en especial O. Lewis, *La vida*, París, Gallimard, 1969 (1956).
[10] H. De Soto, *El otro sendero: la revolución informal*, Bogotá, Oveja Negra, 1987.

asimilados como tales, todos consagrados por filantropía a un *status* de minoría eterna debido a su supuesta incapacidad para acceder a la "racionalidad económica europea". Por último, este procedimiento podría frenar la aparición de comportamientos individuales de orientación modernizadora, al oponerles limitaciones culturales reforzadas en caso necesario por los agentes del desarrollo. La tradición puede inventarse o reinventarse.

En resumen, y más allá de las peleas por las palabras, el occidentalismo de la noción de capital social no constituye el único problema. Desde la perspectiva inversa del arrepentimiento y del "sollozo del hombre blanco", el primer peligro sería el de entregarse demasiado impetuosamente al elogio de la diversidad cultural y no a su simple reconocimiento, que por cierto se ha vuelto indispensable. Más exactamente, consistiría en creer que luchar contra el mecanismo externo de exclusión económica, cultural y social de ciertas poblaciones obliga a consolidar en ellas una lógica interna de autoexclusión que no es menos dañina; en suma, a ver recursos culturales creadores allí donde no existen sino desventajas colectivas, a resucitar a una escala microscópica el mito del desarrollo autocentrado; en definitiva, a reforzar tomas de posición subalternas y antievolucionistas a pesar de los esfuerzos por darles los trajes nuevos.

Existe además la amenaza de dos riesgos de signo contrario. El primero estaría motivado por la preocupación de movilizar el potencial creativo de una comunidad determinada en provecho de su desarrollo, y al hacerlo, con la esperanza de un beneficio ciertamente no seguro o quizás hasta contraproducente, se desestabilizaría un capital seguro y relativamente ancestral que demostró ser eficaz en su nivel. En particular, en las comunidades campesinas o periurbanas de tipo holístico, afectadas de pronto por un proyecto de desarrollo, las personas obtienen su identidad y autoestima únicamente en función del *status* heredado que poseen en su seno. La estructura de la comunidad es la que determina las identidades que le son referidas, no son las identidades individuales construidas más o menos a voluntad por cada quien las que determinan a esa comunidad a unirse. Ahora bien, la propia acción de estimular una participación en torno a objetivos radicalmente inéditos no puede sino perturbar esa armonía, incluso cuando intenta apoyarse en ésta sin suficiente precaución. Hace que surjan nuevos líderes asociativos que interpretan la tradición a su antojo, genera efectos demostrativos poco controlables, traza una división entre los participantes y los que lo son menos, permite con frecuencia que las mujeres representen un papel merecido que no tenían anteriormente. Todas son probabilidades que a veces resultan excelentes con el tiempo, pero que deben ser anticipadas con prudencia para que su impacto positivo sea mayor que su poder destructor inmediato. Sin que se trate de defender –como lo hace Samuel Huntington– los méritos de la distancia social y cultural como elemento facilitador del desarrollo en sus comienzos, hay que cuidarse de la participación a toda costa así como también de la idealización glorificadora de los valores de las pequeñas comunidades solidarias.

Tal como lo señaló su primer vicepresidente, Joseph Stiglitz, hay otro riesgo que preocupa especialmente al Banco Mundial.[11] Surge de la pregunta siguiente: ¿por qué la ayuda al desarrollo da buenos resultados en algunos países o contextos y en otros no? Buenos resultados en Bolivia y, para no restringirnos sólo a América Latina, también en la India o en Uganda, y resultados más mediocres en Nigeria o en Zambia. La respuesta parece clara: por razones de capital social, de desempeño institucional o de diferencia en el gobierno. En cambio, la conclusión a sacar es menos clara. El impacto de los financiamientos resulta benéfico en los países dotados de instituciones formales e informales calificables como "sanas" porque limitan la corrupción y no obstaculizan el diseño y la aplicación de políticas eficientes, y porque en dichos países éstas garantizan tanto los derechos a la propiedad como las ventajas que las poblaciones involucradas deben obtener. Por el contrario, este impacto resulta decepcionante cuando esa institucionalización positiva no se ve. El diagnóstico le da la razón a Putnam. Pero una vez más, ¿qué conclusión saca, sobre todo aquel que, no satisfecho con evaluar la "calidad" del Estado en su conjunto, extiende esa interrogante a las diferentes regiones de un país y a sus innumerables microcomunidades? Para maximizar los efectos de los créditos destinados a la lucha contra la pobreza, éstos deberían concentrarse en los países, regiones y comunidades que los utilizan mejor, sobre todo porque sus resultados no sólo constituyen un motivo de satisfacción para los financistas, sino que además contribuyen a ilustrar estadísticamente la reducción de la miseria a escala mundial. Lamentablemente, la moneda tiene dos caras. ¿Qué hacer con los más pobres de entre los pobres, golpeados por las carencias de un Estado ficticio o depredador y a menudo también por las de su propio medio? ¿Abandonarlos a su suerte? ¿Enviarles un ultimátum a las comunidades reacias a la buena participación cívica, por tener un patrimonio cultural que resulta molesto? ¿No habría acaso que privilegiarlas por tratarse de comunidades en desventaja?

La participación frente a las disparidades del cambio cultural

Y sin embargo, como diría Galileo, el capital social o el patrimonio social y cultural existen de verdad, aunque haya que tomar precauciones no ya verbales sino estratégicas para obtener una mayor adhesión de los pobres de América Latina a los proyectos de desarrollo. Pero el problema es que el fenómeno dominante no es tanto la diversidad cultural en sí, sino el impacto que el cambio cultural globalizador ejerce sobre los estilos de vida, los valores y las jerarquías. Ocurre también que hay que desconfiar de los entusiasmos imprudentes. Por ejemplo, el que manifestó a comienzos de la década de 1990 el Banco Mundial en referencia a los "valores

---

[11] Véase J. Stiglitz, "Tirer les leçons de l'aide au développement", en: *Les Échos*, 2 de diciembre de 1998, p. 60.

asiáticos", interpretados por un momento como las claves del éxito económico de Japón y de los "dragoncitos" de Asia Oriental, como Corea del Sur o Taiwán, y presentados como modelo a los países pobres. Para ciertos expertos del Banco Mundial, allí residía el secreto muy "confuciano" del *East Asian Miracle*, en los poderosos lazos familiares que facilitan la educación y el aprendizaje de la disciplina en los niños, en el respeto de las posiciones jerárquicas y de los mayores, en la exaltación del trabajo, y también en el papel que asumió el Estado en la etapa inicial del desarrollo. Ya sabemos lo que ocurrió.

Sin embargo, toda colectividad humana sin excepción experimenta en grados variables una u otra de estas exigencias. En las sociedades democratizadas desde hace mucho tiempo, la primera es que todas quieren plantearse en forma razonada unas metas, de entre las cuales les parece que pueden escoger. Y tratándose de comunidades aún bastante carentes de ese reflejo cívico erigido, justificadamente o no, como privilegio de los habitantes de los países ricos, la segunda exigencia hace que esas comunidades sientan por lo menos el deseo de comprender por qué agentes venidos de otra parte les asignan objetivos en los que no habían pensado nunca. En realidad, la mayoría de las poblaciones del globo se sitúan sin duda entre estos dos polos. Adquieren poco a poco la idea "pública" de que la delegación de poder democrático se transforma en norma universal, lo que implica sin embargo la transparencia de los procedimientos de decisión y la consulta permanente, y al mismo tiempo siguen viendo siempre con cierta desconfianza cualquier intromisión desacostumbrada en su "espacio comunitario íntimo", que sigue prevaleciendo. Pero además, las comunidades pobres que no tendremos la arrogancia de calificar como no cívicas manifiestan una exigencia adicional que les pertenece. Contrariamente a los ciudadanos de las viejas democracias, "acostumbrados" –en el sentido activo– a no verse ya "reflejados en forma sustancial"[12] en las opciones que les proponen sus representantes, los miembros de las demás comunidades –por lo general, comunidades de pobres– todavía no han abdicado ante este despojo. Para que hagan suyo un proyecto, conviene entonces que puedan encarnar en él sus deseos, antes de aceptar asociarse con sus esfuerzos. Así, un dispositivo de irrigación que ha sido impuesto corre el riesgo de despertar indiferencia e incluso hostilidad y de transformarse en muy corto plazo en inutilizable, mientras que otro programa concebido sobre la base de las indicaciones de sus futuros usuarios tiene todas las posibilidades de ser bien recibido y luego mantenido en funcionamiento. O incluso, la reestructuración esperada y concertada de un barrio marginal (villa miseria, población) produce mejores resultados que el exilio forzoso hacia alojamientos construidos con el impulso de una falsa compasión soberana, que esconde la preocupación de preservar la estética de las urbanizaciones bellas.

---

[12] Idea y expresión tomadas de M. Gauchet, *La réligion dans la démocratie. Parcours de la laïcité*, París, Gallimard, 1998, p. 99.

No se puede entonces considerar la participación sin resolver previamente un aspecto: el de la apropiación del proyecto por parte de la población que se ve afectada por él. Proyecto que sería bueno que responda a una demanda de aquélla, algo que ocurre rara vez, y cuyas recaídas externas por lo general tiene que padecer mucho antes de observar sus eventuales ventajas. La operación no es simple; las agencias humanitarias de asistencia médica de emergencia lo han experimentado a menudo, aun cuando el carácter oportuno de sus intervenciones en contextos de guerra o de catástrofe natural no parecía dejar espacio a sospechas de cálculos interesados. Frente a ese riesgo de hostilidad, lo que convendría hacer antes de emprender lo que sea es identificar la "topografía" cultural de esa población; topografía sin duda particular y específica, pero sólo en cierta medida difícil de precisar, dado que se encuentra siempre en vías de hibridación más o menos avanzada, debido a la aceleración del cambio introducido aunque más no sea por el espectáculo global de la modernidad. Si la modernización demuestra ser muy avanzada, se puede apostar a que habrán de surgir tres fenómenos: en primera instancia, una participación interpretada cada vez más en términos de redistribución de ventajas –una participación en la riqueza que han desplegado los realizadores del proyecto– que en términos de implicación personal o colectiva; en segundo lugar, una expectativa de compromiso efectivo, limitada a una minoría con capacidad de integrarse a una red asociativa tal como la conciben las agencias del desarrollo; finalmente, en muchas circunstancias se produce un desmembramiento de esa red o surge una rivalidad respecto de ésta, motivados por actores políticos externos o también, a menudo, por focos criminales de envergadura nacional y hasta internacional. Por el contrario, si la hibridación cultural no está sino apenas esbozada, paradójicamente la participación se verá menos sometida a situaciones aleatorias y efectos perversos, a condición, sin embargo, de que no esté demasiado orquestada conforme a una partitura de asociación de tipo democrático, que dé libre curso a los que saben hacerse elegir o colocarse en primera fila a través de métodos aún inusitados en el medio que pretenden representar. La participación y el progreso de las interrelaciones a veces pueden ser facticios y disminuir la confianza, en vez de reforzarla.

El descubrimiento y la toma en cuenta de los repertorios mentales, de los equilibrios en las relaciones y las jerarquías de personas o de valores, así como de las prácticas y los intereses económicos establecidos que caracterizan al grupo que se trata de convencer, se imponen aún más en cualquier hipótesis. Un grupo, sea cual fuere, no constituye nunca una comunidad de iguales. En estas condiciones, las torpezas que no hay que cometer, o las que se cometen con conocimiento de causa y de manera estratégica, son innumerables; en particular, la que conduce a que uno se olvide de que ciertas personas o categorías de personas hasta ese momento han representado desde siempre –o por lo menos desde cierto tiempo atrás– un papel crucial en la redistribución de los bienes materiales y las posiciones de prestigio. Ignorar esto o simular ignorarlo hace que la apropiación del proyecto se torne incierta, dado que ese olvido, voluntario o no, no hace sino despertar algo más que oposiciones hacia aquel que está en la cúpula. Conduce a movilizar contra el proyecto a los principales gestores del repertorio cultural de la comunidad. Por lo tanto, los agentes del desarrollo no pueden comportarse como guerrilleros insensibles, arriesgándose a todo o nada. Tienen que ser "intermediadores" prudentes, preocupados sin duda por transformar a poblaciones objeto en grupos sujeto, pero atentos también a distinguir lo que puede ser transgredido sin dañar demasiado de lo que no debe serlo porque conduciría a un fracaso previsible. En definitiva, la ayuda al desarrollo debe considerar el capital social o el patrimonio cultural, que en todas partes están en mutación más o menos lenta o rápida, inspirándose en la perspectiva abierta por los teóricos del "neoinstitucionalismo"[13] en materia de políticas públicas. Es decir, interpretándolos en un sentido muy ampliado, en relación con la apariencia jurídica de la expresión, como el conjunto de instituciones formales e informales, expresadas y no expresadas, de un grupo humano organizado.

Comprendidas de esta forma, en su acepción sociológica,[14] estas instituciones están en efecto lejos de fundarse únicamente en un aparato constitucional –en el caso de un país– o normativo –en el caso de un medio social–, escrito o incluso no escrito y conforme a las costumbres. Por el contrario, abarcan una multiplicidad de convenciones cuyas lógicas combinadas rigen la totalidad del "funcionamiento" de ese país o de ese medio, aun cuando se ven poco adaptadas a su entorno pero cuya modificación podría acarrear un costo demasiado alto. *Primera conclusión intermedia*: como esta gramática institucional posee prácticamente un alcance predictivo, conviene que se la toque sólo en dosis infinitesimales, o bien saber con qué objetivo se la lesiona y con qué probabilidad de éxito. En lo referente a una dialéctica en la que las limitaciones, a primera vista invencibles, pudieran luego transformarse en oportunidades de realizar una acción innovadora, llevada a cabo conforme a procedimientos aceptables, los agentes del desarrollo podrían hablar también en ese caso de "topografía institucional", en vez de hablar de patrimonio o de capital social o cultural. Es esa topografía la que, cuando los agentes del desarrollo se enfrentan a una masa generalmente expectante en el comienzo, les permite fijar las bases de confianza y participación, estableciendo la diferencia entre opositores irreductibles y adversarios potenciales que pueden conciliarse con tácticas adecuadas, a condición de que no se los coloque con la espalda contra la pared.

Incluso tomando estas precauciones, el peligro radica sin embargo en basar la nueva doctrina de ayuda al desarrollo en América Latina en el prejuicio de que las "comunidades de pobres" constituyen "ruedos culturales-institucionales" homogéneos y carentes de lazos con la "comunidad de ricos". En la realidad, según los tipos de

---

[13] En particular, en la perspectiva histórica adoptada por S. Steinmo. Véase S. Steinmo, K. Thelen y F. Longstreth (eds.), *Structuring politics: historical institutionalizing comparative analysis*, Cambridge, Cambridge University Press, 1992.

[14] Esta acepción sociológica aparece comúnmente cuando se evoca, por ejemplo, la institución familiar, sin que se haga demasiada referencia a su *status* legal y considerando ante todo su naturaleza sustancial o la evolución de su función social y de su imagen.

actividad y los momentos, pobres y ricos se fraccionan y se interpenetran recíprocamente en múltiples ruedos especializados: el del Estado y de la sociedad política, el tan elogiado de la sociedad civil, los de la esfera económica, los de las normas jurídicas o del Estado de derecho y también el intelectual o de la cultura en el sentido corriente. Esto sin olvidar los dos ruedos de naturaleza diferente que sirven, según el caso, para una vida privada, de tipo más o menos comunitario o individualista, o para una vida pública, bastante abstracta y frustrante para la mayoría.[15] Ahora bien, existe la tendencia a pensar que las comunidades situadas al margen de un desarrollo del que sólo ven la vitrina blindada son monolíticas. El error es manifiesto. En el caso concreto de las comunidades indígenas, todas ven con recelo los ruedos separados que son compatibles únicamente mientras no se encuentren desequilibrados por intervenciones externas como las de los narcotraficantes, las Iglesias neoprotestantes o, dudo en señalarlo, los actores del desarrollo. El ruedo religioso, el ruedo familiar, el ruedo del prestigio, del honor viril y del deshonor femenino o, incluso, el de "cada uno en su lugar"; todo esto sin dejar de lado, por supuesto, el ruedo de la economía con sus tentáculos urbanos, del cual sería erróneo estimar que escapa al cálculo racional de los costos y los beneficios. Hace ya veinte años, Samuel Popkin demostró que los campesinos tonkineses anteriores al régimen comunista distaban mucho de estar amarrados al yugo de la solidaridad pueblerina y se comportaban como individuos calculadores y racionales en materia de lucro económico.[16] Al ver a los campesinos latinoamericanos o a los habitantes de las *favelas* y otras *villas miseria* expuestos al espectáculo de la sociedad de consumo, nada indica que se pueda considerar que son diferentes.

Sin embargo, lo esencial –es decir, la realización del proyecto de desarrollo– queda por hacerse, una vez que la topografía cultural e institucional de la población implicada deje en claro las limitaciones así como las oportunidades que encierra. ¿Habría que colocar en primer lugar las limitaciones existentes desde larga data en esa topografía, en cierto modo el peso de la tradición? Tal vez no. Sin duda, el obstáculo inicial proviene a menudo de otra cosa, de un deseo prematuro y un tanto parasitario de participación "popular", más relacionado con los medios movilizados con miras a la acción de desarrollo que con los beneficios desconocidos que deberían obtenerse más tarde. También deriva de lo que los especialistas de las políticas públicas denominan el cálculo del "costo de las transacciones".[17]

---

[15] En este sentido es inevitable pensar en el estudio de Roberta Da Matta sobre Brasil y, en especial, en su capítulo "Savez-vous à qui vous parlez?", en: *Carnavals, bandits et héros*, París, Éditions du Seuil, 1985.

[16] S. Popkin, *The rational peasant. The political economy of rural society in Vietnam*, Berkeley, University of California Press, 1979.

[17] Véanse D. C. North, "Institutions and transaction cost theory of exchange", en: J. Alt y K. Shepsle (eds.), *Perspectives on positive political economy*, Nueva York, Cambridge University Press, 1990; "A transactions cost theory of politics", en: *Journal of Theoretical Politics*, vol. 2, núm. 4, 1990; D. C. North, L. Altson y T. Eggerston (eds.), *Empirical studies in institutional change*, Cambridge, Cambridge University Press, 1997.

Vamos a explicarnos. De modo ideal, habría que comenzar por consultar a los interesados acerca del principio mismo del proyecto considerado, si fuera necesario teniendo en cuenta las cosas o los sentimientos humanos y sacrificando a fondo una parte admisible del financiamiento programado, para responder a sus impaciencias de disfrute inmediato (es decir, mediante una redistribución anticipada del capital de inversión y no de su producto final). Pero los costos en tiempo, dinero y organización que implicaría consultar, informar y convencer pueden volverse intolerables,[18] y llevar en definitiva a una "no decisión".[19] Por consiguiente, la *segunda conclusión intermedia* es: aunque la participación parezca indispensable desde un doble punto de vista ético y práctico, tiene sus límites. No obstante, esos límites no coinciden con los muy escasos que le asignan los poseedores ortodoxos del "capital social" o de la "cultura cívica" cuando desean implícitamente que haya sólo una implicación mínima y no demasiado perturbadora de los ciudadanos en los asuntos de interés colectivo.[20] En efecto, la ayuda al desarrollo interviene en contextos sociales y culturales que, lejos de estar "rutinizados" como en las viejas democracias, por el contrario, dan muestras de una mutación rápida y, por lo tanto, pueden encerrar sorpresas en cuanto a la intensidad de una participación potencialmente desbordante, que no ha sido aquietada por una costumbre de larga data. Es obvio que sus agentes tienen que aceptar esa incertidumbre, so pena de renegar de sus opiniones. Más aún, en el fondo, las oportunidades que ofrece la participación residen esencialmente en esa incertidumbre, cuyo terreno debe ser explorado de manera anticipada, pero cuyas expresiones siguen siendo aleatorias y a menudo imprevistas.

Tercera conclusión, final esta vez: después de tanto hablar de cultura en el sentido fundamentalista y de tanto razonar en términos de "microgobierno" de pequeñas comunidades, tal como lo entienden los organismos de ayuda al desarrollo, acabaríamos por preguntarnos acerca de la relación que puede existir entre esto y la cultura, en la acepción corriente de la palabra, o la política cultural de los Estados de América Latina. Las exigencias de microgobierno de los proyectos de desarrollo generan inevitablemente un fraccionamiento hecho a medida e incluso una desintegración de las prácticas de participación regidas simultáneamente por la diversidad cultural y la globalización de los valores y modelos. Pero el peligro estaría en que se opusieran a la gobernabilidad nacional, despojando a los Estados de sus prerrogativas de regalías, con frecuencia, por cierto, con su consen-

---

[18] Véase J. M. Buchanan y G. Tullock, *The calculus of consent*, Ann Arbor, The University of Michigan Press, 1962.

[19] Véase P. Bacharach y M. Baratz, "Two faces of power", en: *American Political Science Review*, vol. 56, 1962.

[20] Punto de vista "antipopulista" defendido en especial por S. M. Lipset en *L'homme et la politique*, París, Éditions du Seuil, 1963. Más reciente, la posición de R. D. Putnam no parece ser en definitiva demasiado diferente, ya que "requiere" ante todo la confianza de los ciudadanos en las propuestas que se les hacen.

timiento tácito resignado. Para contrarrestar este peligro se debería efectuar la valoración del patrimonio social creativo de cada población en el marco de un paradigma concertado y no en un desorden que, aunque bien intencionado, tiene efectos perversos trascendentes en la totalidad del país. Por otra parte, es precisamente en ese punto donde reaparecen tanto la relación que hay que establecer entre la cultura fundamentalista y la cultura intelectual o artística como la importancia crucial del papel que cada Estado debe representar para hacer que se unan. La evolución de la cultura como estilo de vida y como matriz de identidades no es en modo alguno independiente de la otra cultura, que no constituye ciertamente un lujo accesorio. Por el contrario, es esa otra cultura de la inteligencia desinteresada y de la expresión estética la que contribuye ampliamente a influir sobre la dinámica de los valores, de las jerarquías y de los modos de existencia. Y en esa perspectiva, les toca a los gobiernos democráticos velar por que su ausencia de rentabilidad contable inmediata no les impida disponer de los objetivos y de los medios que les permitirán hacer de ella el fermento de una cultura del desarrollo y de la ampliación de la paleta de opciones que se ofrecen a los individuos. Los financistas de la ayuda no tienen sólo que abstenerse de transformarlos en parásitos. Tienen que exigir que los dirigentes de las democracias latinoamericanas no se escabullan frente a esta tarea de regalía de primera magnitud.

Cultura y participación: entradas para el debate

Martín Hopenhayn

Del lado de la cultura

Quisiera partir conectando tres aseveraciones que me permitirán, más adelante, marcar relaciones entre cultura y participación.[1]

En primer lugar, una modernización con capacidad integradora requiere, hoy más que nunca en América Latina, la progresiva construcción y extensión de *ciudadanía moderna*, vale decir, de actores sociales con capacidad para intervenir mediante un intercambio racional en el "mercado" político y en los espacios públicos, con pleno *derecho a tener derechos* en el plano social y en el jurídico, y con acceso a información y conocimientos para insertarse con mayores oportunidades productivas en la dinámica del desarrollo. Esta construcción ciudadana no es sólo un fin ético. También es un mecanismo de presión para expandir la equidad en la dinámica del desarrollo y para incrementar la competitividad global de la sociedad a través de una mayor socialización de las capacidades de producción y comunicación entre todos los miembros de la sociedad.

En segundo lugar –por la propia dinámica actual del desarrollo, en la cual la centralidad del conocimiento y los cambios culturales constituyen elementos decisivos, y la afirmación de las identidades culturales es esencial en la construcción de la ciudadanía y en la capacidad integradora de la modernidad–, no puede limitarse el discurso sobre la ciudadanía a mecanismos representativos (si bien son fundamentales), especialmente en una región donde la falta de tolerancia y la no aceptación de la diversidad cultural han sido la base para discriminar entre ciudadanos de primera, segunda y tercera categoría.

En tercer lugar, en América Latina, una reflexión que asuma el hilo conductor para las afirmaciones precedentes y que pretenda potenciar la construcción ciudadana y la fuerza integradora de la modernidad desde la "cuestión cultural" tendrá que asumir dinámicamente dos grandes marcas de la historia cultural en la región que explico más adelante, a saber: la dialéctica de la negación del otro como *problema* de la modernidad, y el tejido intercultural como *potencial* de la modernidad.

---

[1] En esta sección me baso casi textualmente en fragmentos de un texto ya publicado (F. Calderón, M. Hopenhayn y E. Ottone, *Esa esquiva modernidad: desarrollo, ciudadanía y cultura en América Latina y el Caribe*, Caracas, Nueva Sociedad, 1996).

En tal sentido, dos tareas monumentales saltan a la vista para un proyecto integrador. Primero, superar la larga tradición de lo que aquí hemos llamado la *dialéctica de la negación del otro*, en la que una cultura discriminatoria (de la mujer, el indio, el negro, el pagano, el mestizo, el campesino, el marginal urbano, etc.) constituye el cimiento en que a su vez se monta una larga tradición de exclusión socioeconómica, cultural y sociopolítica. Segundo, asumir positivamente nuestra condición de *tejido intercultural* que, más que diversidad cultural, es el conjunto de *hibridaciones culturales* que se producen por el cruce entre lo propio y lo externo.[2] Este tejido debe asumirse como un acervo cultural que, lejos de representar un obstáculo para nuestro "ingreso" a la modernidad, es nuestro resorte específico para ser modernos hoy en día: sobre todo hoy en día, cuando ser modernos implica precisamente conjugar una diversidad de espacios, tiempos y lenguajes. En este aspecto, el tejido intercultural debería considerarse un "activo" que la región tiene, por su propia historia, para la flexibilidad y la adaptabilidad que la emergente sociedad comunicacional requiere de sus actores.

Respecto de la dialéctica de la negación del otro

Mientras se impone una racionalidad cultural basada en esta dialéctica de la negación del otro, se impone también la negación del vínculo social de reciprocidad: el "distinto" queda desvalorizado, "satanizado", reprimido o silenciado. Esta negación de reciprocidades en derechos y en identidades hace, a su vez, que los sujetos que formulan la discriminación y la reproducen en la práctica (sean conquistadores, colonizadores, evangelizadores, blancos, ricos, oligarcas, líderes políticos, empresariales o sindicales, militares, tecnócratas públicos u operadores "modernos") se atribuyan de manera excluyente la posesión de la verdad, de la orientación de la historia y de la razón correcta. El discriminador se convierte, así, *en juez y parte del proceso de discriminación*: la crea, la reproduce y se arroga el derecho exclusivo de decidir sobre las jerarquías establecidas por esta discriminación.

Al respecto, la transición hacia la modernidad tiene todavía un largo camino por recorrer. En muchas sociedades de la región, especialmente en las relaciones de género y en numerosos nichos de trabajo (en servicios domésticos, en las zonas rurales e incluso en parte del empleo urbano moderno), las relaciones de servidumbre siguen reforzando la reproducción de un sistema de dominación que se desprende de esta dialéctica de la negación del otro: el otro como distinto de sí, pero también como inferior a sí. Una cultura de la servidumbre y de la degradación sigue operando como eje cultural de reproducción de la asimetría en muchos ámbitos de actividad económica y de relación social. Esta dialéctica de la nega-

---

[2] Para el concepto de "hibridación cultural", véase el libro de N. García Canclini, *Culturas híbridas: estrategias para entrar y salir de la modernidad*, México, Grijalbo, 1990.

ción del otro se extiende en la historia de la región más allá de la discriminación y la represión étnicas, proyectándose muchas veces como discriminación cultural, marginación socioeconómica e incluso represión político-ideológica.

Revertir la negación o la discriminación del otro-distinto-de-sí, y reconocer a ese otro como parte de una identidad colectiva que también nos incluye, puede llegar a ser una forma de transmutar la negación histórica en afirmación hacia el futuro. Es claro que esta síntesis no adviene ni espontánea ni repentinamente, sino que constituye un proceso conflictivo y poblado de obstáculos. Pero el proceso mismo es de enriquecimiento cultural y de construcción de una ciudadanía común. En sentido positivo, la presencia del otro nos hace presente, por medio de la evidencia de nuestra propia incompletud, el carácter no cerrado de los sentidos que nuestra cultura produce. Así, a través de esta diferencia con el otro nos percibimos como sujeto —y como proyecto colectivo— abierto a la re-creación.

Respecto del tejido intercultural

¿Cómo hacer uso de nuestra larga historia *conflictivamente sincrética* para asumir con mayor riqueza este desafío que hoy atraviesan también las sociedades industrializadas y que consiste en repensar el contenido de la ciudadanía a partir de la coexistencia progresiva de identidades culturales distintas? Asumir el tejido intercultural propio es, quizás, hoy en día el modo más auténtico de asumirse en medio de una modernidad signada por una creciente "complejidad de la identidad".

Esta sensibilidad intercultural cobra fuerza especial con la expansión de la industria cultural en la región y aumenta exponencialmente cuando dicha industria incorpora el nuevo poder de la tecnología informativa y comunicativa. En el campo del acceso a la información, esto significa que en los espacios locales, incluso en aquéllos otrora sometidos a un aislamiento endémico, se abre una ventana por la cual puede contemplarse lo que ocurre en el mundo. Comienzan a borrarse entonces los límites entre lo culto y lo popular, conviven diversas modas de distintas épocas y resulta cada vez más difícil homologar claramente las clases sociales con los estratos culturales. Todo eso implica una transformación profunda de las relaciones simbólicas entre grupos sociales diferentes.

Asistimos a un escenario en que grupos locales se incorporan de manera acelerada a mercados simbólicos exógenos, lo que da por efecto una cierta *"hibridez" cultural*. Una serie de nuevos códigos, sensibilidades, dramas pasionales, conflictos humanos y escalas de valores se expone en largometrajes televisivos o radionovelas y llega a públicos que han vivido por siglos asentados en relaciones de reciprocidad, sincretismos religiosos de larguísima tradición, rituales ligados a los ciclos agrícolas y formas precarias de supervivencia. No sólo conviven tiempos distintos en el contraste entre los mensajes y el ambiente cultural en que son decodificados; en la propia programación de los medios ya conviven lógicas y sensibilidades que remiten a diversos "momentos" de la cultura: la telenovela brasileña, la telenovela mexicana y "Flash Gordon" se suceden sin cortes en la programación de una tarde de la semana en La Paz o en Guatemala. Como advierte Brunner en *Un espejo trizado*, el consumidor se convierte en un hermeneuta: "su función es seleccionar, reconocer y apropiarse de ese universo [...] está condenado a ser él mismo intérprete de las interpretaciones que circulan a su alrededor, a traducir experiencias simbólicas que sin ser 'reales' en su propia biografía, lo son sin embargo en su experiencia como consumidor de experiencias simbólicas producidas para él".[3]

Contracara de la negación del otro, y al igual que ésta, el tejido intercultural no es sólo un evento originario: es asimismo historia presente y, si bien su fuente es el encuentro de culturas distintas, se ramifica hacia todo orden de cosas. El migrante campesino que lucha por sobrevivir en las grandes urbes es la expresión de un sincretismo espacial; el joven popular urbano que se apropia de los íconos de los *mass media* y los recodifica de acuerdo con sus propios códigos y lugares de pertenencia es igualmente otra figura del tejido intercultural; la apertura a los mercados mundiales y la heterogeneidad estructural también tienen una connotación de tejido intercultural, e incluso la tradición populista constituye un tejido sincrético en que los rasgos de la modernidad se entremezclan con culturas políticas premodernas.

El tejido intercultural es, al mismo tiempo, nuestra forma de ser modernos y de resistir la modernidad: nuestra condición de apertura cultural al intercambio con los otros y nuestro modo de incorporar la modernidad siempre de maneras sincréticas. Es, a la vez, identidad y des-identidad, o identidad y *problema* de identidad. El reflejo más patente lo ofrecen las grandes metrópolis de la región: México, Río de Janeiro, Caracas y Lima son metáforas elocuentes de esta historia hecha de mezclas. Desde sus cruces estilísticos y sus superposiciones arquitectónicas hasta los contrastes sociales que presentan y las formas híbridas en que se modernizan, llevan la marca de una identidad sincrética.

Participación política y cultura

Una de las grandes falencias actuales de los sistemas políticos en muchos de los países de la región es la incapacidad para procesar hacia arriba las demandas dispersas desde abajo. En este punto el panorama regional es problemático. Por una parte, asistimos al colapso del populismo y de sus Estados rentistas que podían responder, al menos parcialmente, a sus promesas de promoción social y satisfacción de carencias básicas. Por la otra, las llamadas "nuevas democracias" tienen su capacidad representativa mermada por la crisis, la volatilidad del capital financiero internacional, la dispersión de los sectores populares nacionales, la mayor heterogeneidad de las estructuras productivas por efecto de una modernización

[3] J. J. Brunner, *Un espejo trizado*, Santiago de Chile, FLACSO, 1988, p. 24.

discontinua y la imposición de modelos de ajuste no mediados por las demandas de la sociedad. Todo esto configura un cuadro en el que la política real enfrenta enormes dificultades para incorporar a sectores cuyas demandas responden precisamente a las necesidades más apremiantes.

Si un desafío central consiste en crear y fortalecer vínculos positivos entre participación política y equidad, para ello es preciso promover una distribución justa de presencia social y presencia frente al Estado en la demanda de los agentes sociales por asignación y uso de recursos: trátese de recursos físicos, económicos, culturales o de poder. Al respecto, se ha visto que cuanto más precarias son las condiciones socioeconómicas de un agente social, menor es la cuota de poder que dicho agente tiene sobre decisiones públicas y políticas que lo afectan en sus condiciones de vida y de trabajo. Mientras en el extremo más integrado de la sociedad (los sectores altos y medios altos) existe un grado mayor de cohesión que se expresa en presiones corporativizadas hacia el poder público, en el extremo menos integrado los niveles de organización para procesar demandas son mucho más precarios o menos "sistematizables". La triple condición de marginalidad económica, territorial y política de los excluidos los condena a permanecer dispersos y atomizados. Su incorporación a los mecanismos de concertación obliga a crear nuevos canales de representación y nuevas formas de articulación entre el sistema político y el llamado "mundo popular".

La relación entre participación política y cultura aparece aquí de manera problemática. Por un lado, las dificultades de incorporar a los excluidos en la pugna distributiva y en los espacios de decisión y conversación públicas refuerzan el estigma de la negación del otro. Por el otro, la heterogeneidad estructural y las hibridaciones culturales que le son concomitantes tornan problemático "racionalizar" demandas que vienen expresadas en códigos muy diversos, muchos de ellos difíciles de traducir al lenguaje de la negociación partidaria, parlamentaria y del Estado. La participación política, entendida como presencia de los distintos sectores en espacios de decisión y de concertación, enfrenta esta dificultad reforzada por las restricciones presupuestarias del Estado social, la tecnificación del mundo político y el peso adquirido por presiones y compromisos externos.

En este cuadro, promover la participación política hacia sectores social y culturalmente excluidos por la "gran política" requiere inventiva en las formas de acceso a los espacios de negociación. Es necesario impulsar mecanismos articuladores capaces tanto de traducir demandas de grupos dispersos y de movimientos socioculturales del mundo popular como de promover la presencia directa de estos grupos en las instancias intermedias de la política (sindicatos, municipios y otros). Se trata no sólo de reabrir, dentro de las fronteras de la democracia moderna, el tema de la redistribución de recursos materiales, sino sobre todo de poner sobre el tapete la distribución de recursos simbólicos, tales como la participación, el acceso a la información y la presencia en el intercambio comunicativo. Se requiere el fomento de mayores grados de articulación entre las organizaciones reivindicativas de los grupos menos integrados a los beneficios de la modernización. Esto le exige, en primer lugar, al sistema político –y, en segundo lugar, al sector estatal social– impulsar acciones que refuercen la red de movimientos sociales con capacidad para discernir sus demandas inmediatas y sus demandas estratégicas, apoyar la presión por estas demandas sobre aquellas instancias decisorias más pertinentes y alentar la presión por demandas de los grupos más excluidos en un marco de viabilidad política y afianzamiento de la democracia.

Diversas orientaciones generales pueden ser de provecho para promover la articulación entre organizaciones de grupos marginados: difundir tecnología de información y comunicación hacia la base social; redefinir políticas culturales en función de la cultura organizativa del mundo popular; reforzar las iniciativas del Estado dirigidas a movilizar las energías sociales para optimizar el impacto de la ayuda social en programas de diverso tipo, y apoyar el papel articulador del "agente externo", ya sea que éste provenga de una ONG, de un municipio o de un programa público, para conectar los movimientos reivindicativos de la base con tendencias de la sociedad en su conjunto y reducir así los niveles de segregación y fragmentación.

Sin embargo, a la hora de adecuar la participación política al tejido intercultural, la tentación populista surge rápidamente. Tenemos una larga historia de modelos políticos populistas en que efectivamente la articulación entre política y desarrollo fue mediada por relaciones "premodernas" como el caudillismo y el personalismo. Conocemos los beneficios y los costos de estos modelos a través de una amplia bibliografía sobre la materia. Y sabemos que la preservación de una democracia moderna y de un desarrollo sostenido resulta incompatible con modelos que, más que de diversidad cultural, se nutren de arcaísmos que obstaculizan los mecanismos institucionalizados de representación y ejercicio democráticos. Por lo tanto, es preciso buscar otras vías para dar cabida al tejido intercultural en la participación política: sea mediante nuevas formas de politización de los conflictos socioculturales, sea mediante el aprendizaje, ya bastante nutrido, de la práctica reivindicativa e interpeladora de muchos movimientos culturales diseminados por la región (movimientos étnicos, de género, de derechos humanos, de jóvenes populares, etcétera).

Ciudadanía extendida y cultura democrática

Los llamados regímenes nacionales populares permitieron avances significativos en el plano de la ciudadanía política (entre ellos, el derecho al voto a los antes excluidos de este derecho) y en el plano de la ciudadanía social (acceso a educación, salud, vivienda propia y otros derechos sociales básicos). Sin embargo, la creación de complejos sistemas de intermediación, como el clientelismo burocrático, el corporativismo y la constitución de Estados de "tipo prebendalista", mermó la propia capacidad de construcción ciudadana en los proyectos nacionales populares y también tendió a subordinar las identidades culturales y los intereses sociales a la dinámica de un sistema político con alta concentración de poder.

Los fracasos de estos esfuerzos en la construcción de una ciudadanía democrática y el efecto traumático que las dictaduras militares posteriores dejaron en la región convergen hoy en día en una auténtica revalorización de la democracia como régimen político y como forma de vida. Por primera vez, las *reglas democráticas* pasan a ocupar un lugar en el sentido común de sectores de distintas posiciones políticas. Estas reglas ya no figuran, en la conciencia política de muchos, como meros instrumentos circunstanciales, y se las dota de valor ético en sí mismas. Muchas de las acciones de los variados movimientos sociales en la última década se orientan a la expansión de la democracia como un sistema de derechos amplios y compartidos. Dicha reconstrucción de la democracia ha permitido reconstituir una búsqueda de ciudadanía extendida, en la que la negación del otro busca revertirse mediante diversos mecanismos de reconocimiento de derechos.

En esta idea de ciudadanía extendida, se reconcibe además la participación. Ésta adquiere un nuevo sentido, que implica el aprendizaje cultural para la convivencia democrática y para hacer respetar una amplia gama de derechos que incluyen los derechos humanos fundamentales y un conjunto de derechos económicos, sociales y culturales. Ciudadanía extendida significa, pues, no sólo representatividad política, sino también autoafirmación cultural y participación en las instancias de concertación y conversación públicas. Asimismo, surgen de allí demandas por mayores derechos desde distintas colectividades culturales y regionales. Un nuevo campo de conflictos ciudadanos, donde la *aceptación del otro* se prefigura como un tema medular, entra en la escena de la ciudadanía extendida.

El peso de las marcas culturales y, sobre todo, de las culturas políticas en el desarrollo no es banal. Es necesario superar las grandes trabas culturales al desarrollo con equidad en América Latina, como la prevalencia de culturas rentísticas en los agentes económicos, de culturas clientelares en los comportamientos políticos y de exclusión del otro en las elites dirigentes. Hay indicios incipientes que pueden remecer las resistencias históricas en esta materia, a saber:

- los procesos de institucionalización democrática, que nunca antes habían ocupado una proporción tan importante entre los países de la región y que sensibilizan a grandes mayorías hacia los valores de la tolerancia, la aceptación del otro y los consensos;
- la expansión de una industria cultural que favorece los cruces socioculturales y da posibilidades técnicas para que los espacios públicos sean más permeables a la participación de las culturas sumergidas o subordinadas, y
- la propia necesidad de incorporar a los sectores excluidos por el patrón de modernización vigente a la esfera de la política y del intercambio de posiciones, en aras de garantizar mayor gobernabilidad, estabilidad económica y continuidad institucional.

Pero en la relación entre los rasgos culturales y la viabilidad de un desarrollo participativo existen interrogantes y problemas serios. ¿Están los agentes del desarrollo (actores económicos, sociales y políticos) culturalmente preparados para impulsar un proceso de ampliación de la ciudadanía? Para que los distintos actores socioculturales en la región incidan de manera significativa en la construcción de un consenso para el desarrollo (consenso que requiere ciudadanía extendida para tener plena legitimidad social) es necesario superar la "mentalidad rentística" y los residuos de la cultura oligárquica elitista mediante la generación de un *ethos* empresarial moderno y la conformación de una ética solidaria; asimismo, es indispensable buscar mecanismos de agregación y politización de demandas de las mayorías.

Pero una *cultura de ciudadanía extendida* no se construye por decreto o programa, sino que es el producto de un proceso abierto y de una continua resignificación de nuestra identidad. La modernidad en América Latina y el Caribe no puede pensarse como la negación de este proceso, sino como su reapropiación constante en interacción con los procesos de cambio y modernización. Los mecanismos de intercambio democrático, esenciales para el consenso, y de incorporación a la modernidad tienen que movilizar, a su vez, mecanismos de afirmación de identidades colectivas para hacer más visibles sus demandas y potencialidades. En otras palabras, los pactos democráticos para impulsar un desarrollo sostenido requieren fuerza cultural, vale decir, una conciencia extendida respecto de las identidades culturales asumidas y de la reciprocidad en derechos y compromisos. El punto es cómo se potencia esta fuerza cultural y qué políticas pueden impulsarla.

Probablemente, esta *reversión de los estigmas en potencias culturales* reclama algo más que una política sectorial en el campo de la cultura, de la industria cultural y de la comunicación de masas. Sin duda, la posibilidad de movilizar estos medios para difundir una cultura de la tolerancia y de la apertura de espíritu tiene que aprovecharse al máximo. Pero la difusión de estos valores también tiene que ganar "porosidad" en una gama muy amplia de acciones, rutinas e instituciones que pueblan el tejido social.

Para movilizar nuestras heterogeneidades socioculturales en aras de un desarrollo integrador se requieren compromisos políticos. Resulta difícil pensar una gestión *interiorizada* del cambio sin un pacto. Dicho pacto debe respaldar la responsabilidad del Estado en la fijación de políticas y debe también orientar el contenido último de la democracia para avanzar en las dos dimensiones que le proveen sustancia, a saber: la de la libertad y la estabilidad políticas y la de la justicia social. Esta segunda dimensión exige la ampliación de canales de participación, pues la justicia social no es realizable sin una extensión progresiva de espacios de negociación entre demandas de los más diversos actores. Esto conduce a preguntarse por los alcances del pacto, vale decir, por la construcción de un consenso en torno a metas colectivas que no vienen dadas espontáneamente por la mera vigencia del orden democrático ni por la estrategia de desarrollo económico.

¿Cuáles son, pues, las formas de acción política que hacen viable un "contrato social" en torno a una agenda de modernidad integradora? Por ahora enfrentamos más problemas que soluciones. Por una parte, el proyecto neoliberal tiende a privatizar las decisiones y privilegiar en ellas el cálculo racional formal de ventajas económicas para los actores individuales y colectivos. Esta tendencia fragmenta el tejido social, incrementa la incertidumbre y la inequidad y, a la larga, traduce los conflictos en expresiones violentas. Por la otra, no existe actualmente en las sociedades nacionales de la región ninguna fuerza social y política con capacidad para imponer de manera hegemónica (y democrática) un proyecto alternativo de desarrollo, sea cual fuere su inclinación ideológica.

En este escenario se hace necesario construir una cultura política que trascienda el carácter meramente formal de los procedimientos y que traduzca la acción política en prácticas comunicativas que internalicen socialmente normas de reciprocidad y reconocimiento entre actores diversos. La construcción cultural de la democracia pasa por repensar, hoy, el contenido de este pacto o contrato. Dicho pacto deberá operar como doble bisagra: primero, como mecanismo en el que se *articulan* una nueva cultura política y los distintos actores socioculturales con sus demandas y expectativas; segundo, como mecanismo en el que se *potencia* una nueva cultura política de la reciprocidad que se irradia hacia el conjunto de la sociedad.[4]

La heterogeneidad social y cultural de nuestras sociedades reclama esta comprensión ampliada de la política. El reconocimiento de identidades-en-sus-diferencias es el sustrato normativo para un proyecto colectivo que no sólo universalice la ciudadanía, sino que también abogue por una mayor equidad de oportunidades. Para que este pacto sea eficaz, no pueden quedar afuera ni el Estado ni los actores sociales. Para tal recreación del pacto, se requiere una nueva *gramática del conflicto* en que prevalezcan las condiciones que se mencionan a continuación.

En primer término, deben existir los medios idóneos para explicitar conflictos sobre los cuales se mantenga informada a la sociedad en su conjunto. Esto implica una combinación de reforma parlamentaria y plena transparencia comunicativa a través del rol activo de los medios de comunicación de masas en la difusión de debates parlamentarios, del procesamiento público de demandas y de la reasignación de recursos públicos.

En segundo lugar, la participación representativa debe garantizar que en la deliberación de conflictos se contemplen todos los intereses, actores y argumentos que intervienen en ellos. Esto implica, además, extender los espacios públicos para traducir en efectos concretos y visibles la participación representativa en el procesamiento de conflictos.

---

[4] Por lo general, en la doctrina contractualista se supone que los actores que entran en un pacto están preconstituidos y no alteran su identidad en el pacto. Pero si se trata de entender la política como un intercambio con reconocimientos recíprocos, el pacto permite redefinir identidades, implica interacción y reconocimiento del otro e institucionaliza un orden simbólico fundado en la pluralidad de expectativas.

En tercera instancia, es importante que los distintos actores del conflicto acudan a la negociación con la voluntad de respaldar, respetar y hacer respetar un acuerdo que estará necesariamente fundado en concesiones mutuas respecto de las posiciones originales de cada parte.

En cuarto término, la elaboración de conflictos requiere un "metaconsenso" previo en torno a una "cultura de solidaridad procesal", que autorice a las partes a negociar dentro de límites y reglas previamente acordados, los que permiten confrontar argumentos en un lenguaje común. Entre esos metavalores están el rechazo a la violencia, el reconocimiento de la solidaridad social y el respeto por objetivos de crecimiento económico (en suma, la adhesión a derechos económicos, sociales y culturales consagrados).

En quinto lugar, es fundamental un sistema claro y eficaz de sanciones para las partes que violen los términos acordados por la negociación. Para ello, son indispensables un Poder Judicial y de control autónomos, eficientes, legítimos y con autoridad institucional, así como una opinión pública activa y atenta.

Por último, importa diferenciar entre aquellos conflictos (o componentes de conflictos) cuya resolución exige determinada competencia técnica y aquellos cuyo objeto es del interés y la competencia directa de toda la comunidad. Esta distinción facilita la mecánica de las negociaciones.

En el marco de esta pragmática del conflicto, los consensos deben tener, además de eficacia en lo atinente a los procedimientos, contenidos que concilien la orientación modernizadora del desarrollo con la autoafirmación de actores socioculturales. Para que esto sea posible, es necesario reforzar núcleos de protagonismo cultural. El eslabón que une la política y la cultura puede fortalecerse al menos en cuatro de estos núcleos de intervención que tienen alto efecto "sistémico".

Primero se requiere avanzar en la construcción de la ciudadanía extendida mediante políticas que, adaptadas a los diferentes contextos nacionales, promuevan una cultura institucional basada en la plasmación de contratos, normas de conducta y derechos crecientemente compartidos por los actores involucrados (instituciones, individuos y actores). Entre agentes del desarrollo y analistas sociales existe un consenso cada vez más generalizado en torno a la idea de que los valores culturales afectan las instituciones, en tanto que éstas a su vez son decisivas para el comportamiento de la economía. De esto debería deducirse la necesidad de incorporar, desde la educación formal y a escala masiva, tanto una relación creativa con la racionalidad instrumental y las destrezas productivas como una socialización en valores y comportamientos que fortalezcan el sentido de la ciudadanía, de la solidaridad social y de la institucionalidad jurídico-democrática.

En segundo término, es impostergable una política deliberada de reconocimiento, promoción e integración de los sectores que padecen la triple exclusión: discriminación cultural (sea por factores étnicos o de socialización, sea por claros rezagos educativos), exclusión socioeconómica y marginación respecto de los mecanismos de representación y participación políticas. Tal política debería fomentar un conjunto de iniciativas de integración, tanto en el plano simbólico (mediante la participación creciente de dichos sectores en el sistema de toma de decisiones, sobre todo a escala local) como en el plano material (a través de la promoción de actividades productivas, comunitarias y de capacitación que fortalezcan la competitividad y la organización entre los sectores excluidos).

En tercer lugar, para expandir los márgenes de desarrollo endógeno, hoy en día ocupa un lugar estratégico el desarrollo de una industria cultural asentada endógenamente. Las industrias culturales no pueden desaparecer por la simple falta de ventajas comparativas. Se debe asumir, para surtir efectos de movilización y concertación, que "sin industrias culturales no existe una cultura nacional y, en tal sentido, [se] debe encarar la producción de marcos económicos, financieros, jurídicos y organizativos que promuevan el desarrollo de dichas industrias".[5] El carácter estratégico de la industria cultural para el desarrollo endógeno viene dado por partida triple. Primero, por el dinamismo de ese tipo de industria para el dinamismo general de una economía que hoy se define como moderna. Segundo, por el carácter estratégico, en una economía competitiva dentro de los mercados globalizados, del acceso eficiente a los conocimientos y la información. Tercero, porque en la industria cultural se ejerce en la actualidad el grueso de las "hibridaciones" interculturales.

Independientemente de las orientaciones de política recién referidas, se debe tener conciencia de que toda política cultural deberá integrarse y adecuarse a los cambios de las sociedades informatizadas emergentes. Por ende, la política cultural (o las políticas con impacto sistémico que atañen a la dimensión cultural) deberá promover la máxima flexibilidad, creatividad y adaptabilidad en torno a los ejes de estas sociedades emergentes, a saber: la *comunicación* (vinculada a la industria cultural, el mercado cultural y los *mass media*), la *gestión* (cada vez más ligada a las redes interactivas de información) y el *consumo* (adecuado a las necesidades y dinámicas culturales de nuestras sociedades).

Se trata, en síntesis, de asumir una visión sistémica de las relaciones entre economía y cultura: reconocer que los valores y las prácticas culturales afectan a las instituciones y al comportamiento de los agentes económicos, y que la dinámica de la economía afecta, a su vez, a las posibilidades de una construcción cultural compatible y afín con los desafíos de la modernidad.

El campo de la industria cultural como posibilidad de participación comunicativa

El desarrollo de la industria cultural enfrenta en la región un reto enorme y atractivo, en la medida en que puede constituirse en un poderoso resorte para una cultura

---

[5] C. Rama, "Las industrias culturales ante el desafío del Mercosur", en: H. Achugar (coord.), *Cultura Mercosur (política e industrias culturales)*, Montevideo, FESUR-LOGOS, 1991, p. 91.

participativa, una ciudadanía con vocación protagónica y actores socioculturales que se incorporen a la modernidad en el intercambio horizontal de símbolos y mensajes. Las tecnologías de la industria cultural se extienden en diversidad y en cobertura a un ritmo que supera cualquier otra rama del desarrollo. Piénsese en la velocidad con que se difunde y extiende el consumo televisivo, y luego las nuevas tecnologías de información y comunicación por vía de la microelectrónica. La masificación y la exhaustividad del alcance en los medios alteran radicalmente las sensibilidades y las culturas, rompen las divisiones entre alta cultura y cultura popular, transforman las pautas del intercambio lingüístico y revolucionan la capacidad de la gente para asimilar y transmitir información.

Pero para capitalizar estos saltos tecnológicos en una relación sinérgica entre participación y cultura, es preciso democratizar las distintas generaciones de industrias comunicacionales informativas.

La *primera generación* se articula con la industria cultural convencional, esto es, la prensa, la radio y la televisión. Los nutridos estudios sobre recepción televisiva muestran que ésta no es necesariamente pasiva y que genera en los receptores un conjunto de decodificaciones y recodificaciones que modifican las formas de expresión, de representación y de intercambio cultural. Hay, pues, un vínculo fuerte entre recepción de medios y dinámicas culturales. De lo que se trata, en consecuencia, es de usar los medios de comunicación para dar mayor visibilidad a las "hibridaciones" que hacen los sectores "invisibles" cuando consumen los mensajes emitidos por esos mismos medios. Vale decir, aquellos grupos sociales que se reconstituyen culturalmente en los procesos de recepción deben contar con mayor voz y presencia en los medios para socializar sus identidades y para transmutar sus decodificaciones "hacia adentro" en interpelaciones "hacia afuera". Estos fenómenos incluyen expresiones estéticas (como la música, la moda y el uso estético de espacios urbanos), expresiones lingüísticas (como nuevas formas de expresión y verbalización) y expresiones reivindicativas (como formas singulares de conjugar el lenguaje mediático con el planteo de demandas). En esta generación de la industria cultural puede ampliarse la presencia de grupos que, a la vez que están excluidos de la posibilidad de expresar su propia voz, tienen una voz sumergida que está muy mediada por los propios mercados culturales masivos. Cuanto mayor es la presencia de estos grupos en los medios, más se desarrolla un vínculo real entre participación comunicativa y recomposición de identidades.

La *segunda generación* en los usos de la industria cultural se relaciona con formas modernas del ejercicio de la ciudadanía. Estas formas aluden al concurso de los actores sociales en temas de preocupación ciudadana (prevención de epidemias, campañas de alfabetización coordinadas por los medios de comunicación de masas, cuidado del medio ambiente y del hábitat urbano, acciones de prevención frente al tráfico y consumo de drogas, defensa de los derechos del consumidor, etc.). En este campo, la radio, la prensa local, la televisión y el video permiten coordinar acciones de la ciudadanía y motivar a la población a asumir un rol activo en materias de inquietud compartida. Una *cultura de preocupación y acción ciudadanas* ayuda por esta vía a romper las barreras estamentales y a involucrar al conjunto de la sociedad en torno a problemas comunes que se *publicitan* (es decir, se hacen públicos) a través de los medios de comunicación de masas.

La *tercera generación* constituye un salto adicional en la construcción de una cultura interactiva a gran escala. Los sistemas de teleconferencias, redes informatizadas y conexiones integradas (teléfono-fax-computadora-fotocopiadora) pueden aprovecharse para prestar el micrófono a quienes no han contado con posibilidades para hacerse oír en espacios públicos. De hecho, estos nuevos sistemas comunicativos, a su vez integrados con los medios de comunicación de masas, tienen un potencial muy rico para ampliar los *espacios públicos de comunicación*. Un vasto conjunto de demandas sociales, provenientes de actores dispersos o subordinados, podría empezar a ocupar un lugar en la circulación pública de mensajes.

La tendencia a la *descentralización en la emisión de mensajes* en la industria cultural emergente puede contribuir a la democratización de las sociedades en la región y a una participación más horizontal en el intercambio de información. Si ya hemos alcanzado la democracia política en la gran mayoría de nuestros países, la profundización democrática, fundada en el protagonismo de una vasta gama de actores sociales, podría encontrar un impulso favorable desde la difusión de las nuevas formas de la industria cultural comunicacional. Existen hoy casos ilustrativos, en distintos países de la región, cuyo uso de los nuevos bienes de la industria cultural y comunicacional ha permitido la conexión horizontal entre grupos diversos que padecen segregación sociocultural. En Guatemala, campesinos indígenas envían por fax mensajes sobre violaciones a los derechos humanos a las organizaciones no gubernamentales internacionales, pese a que no saben cómo usar una máquina de escribir. En la Amazonia de Brasil, indios analfabetos intercambian videocintas para difundir sus costumbres vernáculas. Las organizaciones reivindicativas vecinales en México han multiplicado presiones en espacios públicos para procesar sus demandas, con el apoyo de computadoras, bases de datos propias y redes informativas intervecinales. Estos ejemplos ilustran sobre el potencial de las nuevas ramas de la industria cultural para incrementar la participación de actores socioculturales dispersos. Este potencial se hace evidente en la amplia gama de opciones que se abren: acceder a la información (sobre servicios, derechos y demandas compartidas), influir en la opinión pública (al disponer de estaciones radiales, llegar a redes informatizadas, difundir videocintas, etc.) y trascender barreras de discriminación y censura, empleando redes horizontales de circulación de información.

A partir de las posibilidades que ofrece el complejo industrial cultural emergente, en cuanto a los costos decrecientes y la flexibilidad para combinarse y articularse sistémicamente, se le plantea a la sociedad un desafío de creatividad e inteligencia: *se requiere desarrollar capacidad de inventiva y de adaptación, tanto desde la política cultural del Estado como entre los distintos actores económicos de la industria cultural, para capitalizar el potencial de participación social y cultural del nuevo complejo industrial cultural.* Los círculos virtuosos que puedan desencadenarse en torno al complejo industrial cultural, gracias a las innumerables combinaciones de uso y de articulación de los componentes, dependen también de la flexibilidad e "inteligencia combinatoria" que desarrollen para ello la sociedad civil y los gobiernos.

Más allá de la pobreza: cuando los olvidados se organizan
*Las organizaciones locales como capital social
frente a los problemas de integración en barrios marginales**

Denis Merklen

Introducción

Las organizaciones barriales se han revelado como un importante factor de integración social, particularmente en el caso de las poblaciones marginales de las grandes ciudades latinoamericanas. Numerosas experiencias dan testimonio de esto; sin embargo, no siempre se reconoce su papel en la recomposición de los lazos sociales. Con frecuencia, son vistas por los gobiernos como un elemento desestabilizador, por los técnicos como una dificultad para el planeamiento y por los partidos políticos como un mero instrumento electoral.

Mostrar dónde reside la importancia de estas organizaciones y cuál es el rol preciso que pueden desempeñar nos obligará a observar el tratamiento de la cuestión social en América Latina, sin duda el principal problema del continente. Pese a los avances en materia estadística, aún no contamos con un enfoque acertado sobre ese problema. Por el contrario, la consideración en términos de pobreza, hegemónica actualmente, impide ver y tratar otras facetas de la cuestión. Es necesario admitir que, junto con el empobrecimiento, las transformaciones vividas por las sociedades latinoamericanas han provocado graves problemas de integración social.

La cuestión social en América Latina

La transformación en el modelo de desarrollo que se ha dado en América Latina, a partir de la aplicación de las llamadas políticas del Consenso de Washington y del agotamiento del modelo anterior, ha provocado cambios en la estructura social que han desestabilizado, a su vez, las vías de integración social y las formas de socialización; es esencial comprender estos cambios a la hora de actuar sobre la cuestión social. El aumento del desempleo, la puesta en cuestión del contrato de

---

* Este trabajo se basa en experiencias de programas gubernamentales y en una serie de investigaciones en curso realizadas por el autor en barrios marginales de Buenos Aires y Montevideo desde 1988 y que forman parte de su tesis doctoral en la École des Hautes Études en Sciences Sociales de París bajo la dirección de Robert Castel.

tiempo indeterminado, el crecimiento del empleo informal, el debilitamiento del rol de los sindicatos, la disminución de la presencia del Estado en áreas clave de la política social, la pérdida de calidad educativa para los más pobres y la creciente dificultad de la escuela para vincular a los jóvenes con el empleo, junto con el empobrecimiento y el aumento de la inequidad en la distribución del ingreso, han transformado sustancialmente la naturaleza del lazo social. Paralelamente se observan cambios en las prácticas culturales y políticas de los sectores populares. De modo que, a la hora de actuar sobre la cuestión social, las tareas que se imponen en materia de políticas públicas tampoco son las mismas.

Hasta fines de los años sesenta, las sociedades del Cono Sur se habían distinguido por una importante movilidad social, el éxito de sus sistemas escolares, una temprana industrialización, el desarrollo del mercado urbano de trabajo y la casi inexistencia de comunidades rurales importantes. Esto tuvo un correlato significativo en la cultura de los sectores populares que mayoritariamente se socializaban en el mundo del trabajo, el cual –asociado a una fuerte relación entre los sindicatos y el Estado– era la principal fuente de integración social, junto con la familia. La creencia en el progreso y el sentimiento de pertenencia a una nación, a un país o a una república constituyeron valores esenciales de esas categorías. Es este conjunto de vínculos sociales, y su cultura, lo que comienza a deteriorarse hacia mediados de la década de 1970. La crisis desató una serie de problemas sociales que aún no sólo no han encontrado solución, sino que en algunos casos se han profundizado.

Esas transformaciones fueron acompañadas por cambios en las formas de tratamiento de la cuestión social, hecho que ha tenido importantes consecuencias. Hacia 1980 comienza un redescubrimiento de la cuestión social que, significativamente, pasó a ser considerada en términos de pobreza. El crecimiento de las tasas de pobreza se convirtió en la preocupación central y el problema pasó a ser enfocado exclusivamente en torno a la figura del pobre. Es evidente que los datos justificaron largamente el uso del término: los niveles de pobreza moderada y de pobreza extrema presentaban en 1995 parámetros semejantes a los registrados veinte años antes y muy superiores a los registrados en 1980.[1] Así, "aumento y profundización de la pobreza", aparición de una "nueva pobreza", "pauperización creciente" y "nuevos y viejos pobres" son algunos de los temas más frecuentados por los diversos autores. En este contexto, si bien los investigadores locales desempeñaron un papel importante en la redefinición del problema, han sido los organismos internacionales (Banco Mundial, BID, OIT, CEPAL, UNICEF, PNUD) los que han tenido la legitimidad intelectual, los recursos económicos y la capacidad de reconducir el cambio y los debates.[2] La noción de pobreza adquirió una posición hegemónica y

---

[1] Cf. BID, *América Latina tras una década de reformas. Progreso económico y social*, Washington D. C., 1997.

[2] Para un análisis acerca de las diferencias entre los organismos internacionales sobre este punto, cf. G. Kessler, "Le processus de paupérisation de la classe moyenne argentine", tesis de doctorado, París, EHESS, 1998.

todos los debates pasaron a girar en torno a las diferentes definiciones de la categoría; debate que en la mayoría de los casos se refirió a los aspectos técnicos sobre la medición de la pobreza o a la línea demarcatoria a partir de la cual una población es considerada pobre, indigente, etc.[3] Este cambio de enfoque sobre la cuestión social ha significado progresos de trascendencia, no sólo a nivel metodológico y estadístico, sino también en cuanto a unificar criterios de medición que posibilitan observar la evolución en el tiempo y las diferencias entre países y regiones. Sin embargo, el tratamiento de la cuestión exclusivamente en estos términos ha dejado en la sombra o en el olvido una parte importante del problema, aplanando los debates y reduciendo el repertorio de las respuestas legítimas. En particular, demorando la consideración de los problemas de integración.

La novedad fue significativa, ya que hasta entonces el tratamiento de la cuestión social se había realizado en América Latina mediante conceptos que reflejaban no sólo otros enfoques intelectuales sino principalmente otras preocupaciones políticas. Al ser una región con una marcada independencia intelectual, el tratamiento de la cuestión social y del desarrollo había llevado a la construcción de un amplio panel de herramientas teóricas: la teoría de la dependencia, los debates en torno a la marginalidad, la influencia de la CEPAL y los aportes de Raúl Prebisch sobre el deterioro de los términos de intercambio.

Nadie duda de que la pobreza constituye una de las principales preocupaciones de América Latina, ya que es la región que cuenta con la distribución del ingreso más desigual del mundo.[4] Allí está en juego no sólo la estabilidad de las sociedades, sino la vida y el porvenir de millones de personas. No obstante, es necesario prestar atención a los problemas de integración. Por un lado, nos encontramos actualmente con una importante cantidad de personas para las cuales la sociedad no tiene ningún lugar respetable: son "inútiles al mundo" o "supernumerarios".[5] Pero simultáneamente hay un aumento de las experiencias de vulnerabilidad, de inestabilidad, de fragilidad, de precariedad. Estos términos no son de ninguna manera sinónimo de pobreza, ni siquiera en lo que concierne a su significado académico o político, y constituyen una distinción esencial a la hora de pensar en políticas para el desarrollo. Los individuos afectados por los déficit de integración y por la pobreza son los mismos, pero los problemas y las soluciones son diferentes.

[3] Cf. D. Merklen, "Las formas de medición de la pobreza en la Argentina. El método de la línea de pobreza y de las necesidades básicas insatisfechas ", monografía para el Master de Investigación en Ciencias Sociales de la Universidad de Buenos Aires (UBA), Buenos Aires, UBA, 1995.

[4] Cf. B. Kliksberg (comp.), *Pobreza: un tema impostergable. Nuevas respuestas a nivel mundial*, México, CLAD-FCE-PNUD, 1993, y " Repensando el rol del Estado para el desarrollo social. Más allá de dogmas y convencionalismos ", seminario "Modelos avanzados de gerencia social", Buenos Aires, 1998.

[5] R. Castel, "Les métamorphoses de la question sociale. Une chronique du salariat", París, Fayard, 1995.

La idea de pobreza remite a una percepción economicista de la cuestión social y la figura del pobre está determinada por la falta; de modo que es pobre quien carece de algo, aquel a quien el dinero no le alcanza. Principalmente, es el acceso deficitario al mercado lo que define a un pobre. Se trata de aquel que no accede a numerosos elementos del consumo, bienes y servicios que hacen al bienestar, al placer, a la felicidad y a la necesidad. Así, la pobreza resulta el anverso de la riqueza, su sombra, su lado oscuro. Cuando se califica de pobreza a la cuestión social es porque se tiene la pretensión de que la sociedad se reduce a su costado económico; la ilusión de que una vez establecida la democracia sólo resta una única tarea a la política: velar por el desarrollo económico de la sociedad. La pobreza da la idea de que basta con redistribuir los recursos y aumentar el ingreso para solucionar el problema. Con esto se olvida que no sólo se trabaja para ganar dinero. Además se lo hace para ser respetable, para ser considerado una persona digna: el orgullo que proviene de participar de *la grandeza de la patria* porque se participa en la creación de su riqueza; la dignidad que provoca ganarse la vida; la fe en el progreso que brinda el ascenso social, la mayor parte de las veces de la mano del éxito en la carrera escolar. El salario *decente* es también reconocimiento social y trabajar es participar, sentir que se está adentro.

La seguridad, la energía y el deseo de buscar trabajo, de rendirse a las normas sociales, de participar en las decisiones políticas y de esforzarse durante años en una escolarización difícil provienen del sentimiento de pertenencia. Se sabe que se posee un lugar en el mundo y que ese lugar en el mundo merece respeto y es necesario cuidarlo. El ejemplo del robo de gallinas, muy rápidamente asociado con el hambre, es ilustrativo. En ese caso, ¿por qué se roba?; o, mejor aún, ¿por qué no robar? El ladrón de suburbio no roba únicamente para comer, aunque muchas veces ésa sea la causa principal del hurto. Lo hace también porque ya no respeta las normas de una sociedad que lo deja afuera y siente desprecio por quienes lo olvidan, sólo quieren no verlo, no saber de él. Ese robo es el medio de acceder a algo que se desea, pero asimismo es mostrar que se está allí, que se es importante y que se es capaz de burlarse de ese mundo arrogante y ostentoso, como lo hacían los *Capitanes de la arena* de Jorge Amado. El robo quiere mostrar que la vulnerabilidad también puede situarse del otro lado de la muralla; y tal vez sea ésa una de las razones de la violencia que muchas veces se asocia al pillaje, cuyo ejemplo más paradigmático es la violencia sobre las escuelas suburbanas (inexplicable desde el punto de vista de la pobreza).

Por otra parte, la pobreza es un concepto demasiado amplio y que a veces lleva a la confusión. Pobre puede ser un campesino minifundista, un trabajador agrícola golondrina, un empleado municipal, el habitante de un asentamiento ilegal, un inmigrante clandestino, un trabajador informal, un vagabundo. Pobre es el indio en su comunidad y sigue siéndolo cuando llega a la ciudad. Pobre es el obrero de la década del cincuenta y el joven supernumerario de los suburbios de principios de siglo, pero uno se encuentra bien integrado mientras que el otro siente que no hay un lugar respetable para él en este mundo. Todos ellos sólo tienen en común el ingreso escaso; pero, ¿cómo han llegado a ser pobres? ¿Qué es lo que los hace pobres? Y, mucho más importante, ¿cuál es la puerta de salida? Entre todas estas figuras no hay casi nada en común, y los caminos de salida son diferentes, porque son distintos los marcos relacionales asociados a su condición. Saber que alguien es pobre nos sirve para constatar que le hace falta algo, pero todavía no sabemos qué.

¿Qué quiere decir problemas de integración social a principios del siglo XXI?

Que se corre el riesgo de la fractura social y de la exclusión. El gueto es la expresión por excelencia de la exclusión en las ciudades. La sociedad se fragmenta, los ciudadanos se encierran: los excluidos, en el gueto; los ricos, en el *country*.[6] Dentro del gueto se produce un encierro de identidad, sus habitantes pasan a pertenecer a una misma comunidad y se construye una mirada de desprecio hacia todo lo que viene desde afuera. Desde el exterior del gueto, por su parte, se observa el lugar a través del estigma: sus vecinos son calificados de sucios, feos y malos además de haraganes, promiscuos y portadores de costumbres antisociales. Llegados a este punto se eleva un muro que separa los dos mundos, una frontera que sirve a ambos para sentirse protegidos entre los suyos pero que impide el diálogo y el reconocimiento. Si hay algo que todos desean es mostrar que no son iguales a quienes habitan del otro lado. Algunas veces la distinción racial, religiosa o lingüística provoca una naturalización de la diferencia y se tiene la ilusión de que allí está la causa de los problemas; pero cuando tales excusas no se presentan, se observa que las murallas y la diferencia provienen de las fallas en la integración social. Se percibe en ese momento que no somos todos ciudadanos iguales, integrantes de una comunidad nacional.

Que los lazos sociales que sostienen al individuo no son sólidos. El individuo libre y responsable es el ideal de la integración social moderna. Pero ese individuo no es autosuficiente, como nos tienta a creer la experiencia personal cuando todo marcha bien y podemos expandirnos. El individuo necesita soportes, que en las sociedades latinoamericanas son de tres tipos: a) asociados al empleo; b) asociados a la ciudadanía y al Estado, y c) asociados a la familia, el vecinazgo y las relaciones interpersonales.[7]

---

[6] Paralelamente al aumento de las ocupaciones ilegales de tierras se da una proliferación de barrios cerrados para uso exclusivo de poblaciones de altos ingresos. Para un estudio del caso de Buenos Aires, cf. F. Robert, "La gran muralla: aproximación al tema de los barrios cerrados en la región metropolitana de Buenos Aires ", seminario de investigación urbana "El nuevo milenio y lo urbano", Buenos Aires, UBA, 1998.

[7] Robert Castel propone la existencia de "soportes" sociales que se encuentran en la base del individuo –moderno– en un sentido positivo. De acuerdo con su análisis para el caso de las sociedades de "capitalismo renano", éstos son de dos tipos: asociados a la propiedad privada y asociados a la "propiedad social" (las formas de protección ligadas al Estado social). La ausencia de estos soportes llevaría a la aparición de individuos en un sentido negativo, "individuos por defecto" aislados a causa de los procesos de desafiliación. Cf. R. Castel, ob. cit. en n. 5.

El problema en América Latina, y particularmente en los países del Cono Sur, es que se han debilitado tanto los soportes de tipo a) como los de tipo b), luego de un siglo de construcción de esas redes de integración social. En consecuencia, se han reforzado los lazos de tipo c), favoreciendo la aparición de comunidades marginales de base territorial. Si se agrava este escenario, las sociedades perderán su armonía y los individuos perderán la autonomía necesaria para convertirse en actores económicos y en ciudadanos libres y responsables.

Que hay una pérdida de sentido. La identidad de los sujetos se encuentra amenazada y el sentimiento de pertenencia, afectado. Estudios recientes muestran las repercusiones de los problemas de integración social sobre la subjetividad. En una investigación realizada en 1998 por el PNUD en Chile[8] se hace referencia a tres miedos en los que se observa esa repercusión en la población: la gente tiene miedo al otro, miedo a la exclusión y miedo al sin sentido. Otros trabajos[9] indican un deterioro de la fe en el progreso, otrora asociada a la movilidad social ascendente, al poder integrador de la escuela pública, del trabajo y del Estado. Estos indicios, particularmente fuertes entre los sectores populares y de ingresos medios, muestran una subjetividad afectada. Sujetos temerosos y sin fe difícilmente podrán sumarse a proyectos de desarrollo que reclaman individuos hiperpoderosos, cargados de iniciativa y de una voluntad inagotable.

Que las políticas sociales deben ayudar a recomponer los lazos deteriorados y a recrear vínculos. Llevamos varias décadas discutiendo si las políticas sociales deben ser universalistas o focalizadas, pero existe otro debate menos frecuentado y por cierto más importante. ¿Cuál es el objetivo de dichas políticas? Debemos orientar una parte de nuestros esfuerzos a reforzar la capacidad integradora de nuestras sociedades y a disminuir aquellas zonas de turbulencia donde los individuos y las familias se encuentran sometidos a una incertidumbre cada vez mayor. No se trata de crear una nueva dicotomía inútil entre políticas de lucha contra la pobreza *versus* políticas de integración social –como la disputa promoción *versus* asistencia–. Se trata de comprender que muchos son pobres porque tienen problemas de integración, de modo que serán eternamente dependientes de la ayuda pública en tanto no se solucione ese problema, que malvenderán la casa a la que se les ha dado acceso para resolver los problemas urgentes que aparecerán un día u otro. Y que los problemas de integración no se resuelven sólo redistribuyendo recursos.

Que la vulnerabilidad favorece la cultura del cazador. Quienes caen en una situación de vulnerabilidad como consecuencia de la persistencia de los problemas de integración se mueven en el mundo mucho más como cazadores que como agricultores.[10] No proyectan sus vidas en función de cosechas anuales que deberían pro-

---

[8] Cf. N. Lechner, "Desafíos del desarrollo humano: modernización y subjetividad", trabajo presentado al "Forum culture et développement", París, BID-Sciences Po, 9 y 10 de octubre de 1998.

[9] Cf. A. Minujín y G. Kessler, *La nueva pobreza en Argentina*, Buenos Aires, Planeta, 1995.

[10] Cf. D. Merklen, "Vivir en los márgenes: la lógica del cazador", en: M. Svampa, *Política, trabajo y religión. Miradas desde abajo*, Buenos Aires, Losada (en prensa).

gramarse en armonía con los ciclos de la naturaleza. Refugiados en sus barrios, perciben la ciudad como un mundo extraño y que puede ser hostil. Por otra parte, salen cotidianamente a la ciudad como si ésta fuera un bosque que ofrece un repertorio variado de posibilidades. Hoy quizás obtengan una buena pieza; mañana, tal vez no. Juegan su suerte en la oportunidad que les ofrecen los intersticios de unas instituciones cuyos márgenes no están definidos por una línea nítida, sino que son difusos. La informalidad de la economía y la laxitud de los reglamentos proporcionan espacios en los que se puede encontrar de qué vivir. Unos con un espíritu de resignación y rechazo hacia los valores dominantes, otros pensando que un lugar estable puede estar aguardándolos o que tienen derecho a él.

Que la inestabilidad y la precariedad invaden la cotidianidad en los barrios marginales alcanzando niveles a los que otros sectores sociales no están acostumbrados, que son extraños a la experiencia de otras zonas de la ciudad (y mucho más extraños aún a las de otras sociedades donde las instituciones rigen la vida social de un modo más sistemático). La falta de rutinas integradoras es moneda corriente en la vida cotidiana de quienes viven allí: los trámites en el municipio, en la caja de jubilaciones o en el hospital demoran horas y demandan días de esfuerzo. Las cosas no llegan a tiempo a donde deberían estar y los maestros suelen faltar a su función porque también están afectados por la inestabilidad, aun cuando la escuela sea uno de los vínculos institucionales más estables. Como podemos constatar repetidas veces en el trabajo de campo, la inestabilidad alcanza el carácter de una regla. Así, frente a la pregunta ¿*tienes trabajo?*, tal vez se responderá que *ahora sí*, lo cual quiere decir que hace poco *no* y que mañana *quién sabe*. De modo que viviendo en los márgenes se hace necesario manejar la inestabilidad como un componente del *día a día*. Esta fragilidad se expresa en la vida cotidiana pero tiene su origen en la forma de las instituciones que organizan la cohesión social.

Que aumenta la distancia entre el carácter formal de las instituciones y la experiencia que los sujetos tienen acerca de ellas. Una rápida comparación –basada en observaciones vagas– muestra que en sociedades más reglamentadas que las latinoamericanas, como las de algunos países europeos, las instituciones funcionan de un modo más sistemático y regularizan en mayor medida la vida cotidiana. Puede destacarse una mayor correspondencia entre formalidad legal y "realidad"[5], que las instituciones poseen una universalidad mayor y dejan brechas menores entre ellas y que éstas tienen una influencia mayor en la socialización y pueden articular mejor el pasaje del individuo de una a otra en diferentes etapas de su vida. Todo esto tiene un efecto de retroalimentación sobre otras áreas de la vida social que así se regularizan, como el esparcimiento o el consumo. Esa "rigidez" institucional permitió garantizar la integración social durante el período en que hubo pleno empleo, ya que a partir de la inserción laboral cobran sentido otras participaciones institucionales, como la educación, por ejemplo. La sociedad se parece a un sistema. En cambio, en momentos de crisis como los que viven esas sociedades desde hace dos décadas, se produce un quiebre del sistema institucional que deja a muchos individuos casi completamente afuera. Este clima es el que explica la profusa difusión de la idea de exclusión en Francia, por ejemplo.

En cambio, las instituciones de las sociedades latinoamericanas dejan sin reglamentar, o lo hacen de forma laxa, importantes ámbitos de la vida social, una de cuyas expresiones más claras es la informalidad. Leyes y normas que no se cumplen, economía en negro, débiles controles públicos... La experiencia vivida puede expresarse así: *tienes empleo pero la mitad de tu salario es en negro. La cobertura de la salud existe pero no cubre. No se garantiza la seguridad social para todos. Los niños van a la escuela pero no aprenden un saber reconocido como útil. Tal vez tienes jubilación, pero la paga es insuficiente o irregular. Puedes ir al médico pero no tienes los remedios. El hospital tiene un aparato para curarte pero no los insumos para hacerlo funcionar*. No se trata de que las instituciones modernas no existan, sino de que la forma real que adoptan deja huecos en la sociedad que son cubiertos por otras formas de lo social, como las que encontramos en los barrios marginales. Esa realidad institucional permite el desarrollo de una cultura de la periferia donde es imposible definir los límites del adentro y del afuera. Por eso elegimos hablar de marginalidad social, si se entiende con ello vivir en y de los márgenes, y no fuera de ellos. En el mismo sentido, el término "excluido" no corresponde a nuestra realidad social, salvo en algunas situaciones muy específicas.

¿Hasta dónde tiene que ver todo esto con la pobreza? Evidentemente, quienes viven en los barrios marginales son pobres. Sin embargo, si bien es una importante vía para el tratamiento de la cuestión, la noción de pobreza es insuficiente para pensar lo que hemos tratado de describir. En cambio, una mejor interpretación de nuestro caso se logra incluyendo las ideas como las de vulnerabilidad, fragilidad e inestabilidad. Con lo cual se quiere decir que el individuo carece del tipo de reaseguros que brindan el empleo estable o la propiedad, pero también la integración a un sistema institucional abierto y sólido. La fragilidad se expresa en la inestabilidad permanente y en la necesidad de adaptarse a vivir el día a día. En cambio, un pobre puede estar perfectamente integrado y ocupar una posición clara en la estructura social, como ocurre con el trabajador asalariado cuyo ingreso es insuficiente y cuyos problemas, en todo caso, pueden resolverse con un aumento de los ingresos. La diferencia fundamental entre el pobre y el marginal es que el primero tiene un lugar claro en el mundo. La idea de vulnerabilidad se refiere a los problemas de integración social y expresa una fragilidad de los lazos sociales –de solidaridad, diría Durkheim–.

Todo esto representa un cambio en la cultura de los sectores populares y en sus formas de socialización. Puede decirse que hasta los años setenta, en términos generales, la cultura de los sectores populares en el Cono Sur se construyó en torno al trabajo asalariado, aunque ésta nunca alcanzara los niveles de la "sociedad salarial" europea (Castel, 1995). Un conjunto de instituciones cuyo centro ocupaba el Estado organizaba la existencia social de los individuos, de modo que en cada una de ellas podía desarrollarse una faceta de la vida cotidiana y los pasajes de una a otra estaban garantizados. Esa centralidad del Estado pretendía brindar —y lo hizo con éxito durante un buen tiempo— una cierta estabilidad y la protección frente a las incertidumbres de la existencia, incluidos los períodos no productivos de la vida: la seguridad social. La cohesión estaba garantizada, y es por eso que la conflictividad social era representada en términos de desigualdad o de inequidad; de ningún modo era equivalente a la problemática de la exclusión, la marginalidad o la integración social. En términos políticos, esto implicó un desarrollo de la participación que adoptó la forma de lucha por los derechos de los trabajadores —en casos como el peronismo o el varguismo— o por los derechos de la ciudadanía —en casos como el batllismo—. Un conjunto de circunstancias terminaron por desplazar al trabajador del centro de la cultura popular: la modificación del contrato de trabajo, el aumento de la subocupación, de la desocupación y de la economía informal; la crisis financiera del Estado que socavó las políticas sociales; el deterioro de los ingresos; la pérdida de peso de los sindicatos dentro de la vida social y política, y la aparición del sentimiento de fragmentación social a la par de la pérdida del sentimiento de pertenencia —el trabajador se siente partícipe en la creación de la riqueza nacional, sentimiento completamente diferente del experimentado por el supernumerario para quien no hay una plaza segura ni respetable—.

La vida en los sectores populares urbanos de fin de siglo es inestable principalmente debido a su débil integración al empleo y a la educación, pero también debido a la fragilidad de la mayor parte de los vínculos institucionales en los que participan. Así, la vulnerabilidad los fuerza a la búsqueda permanente del intersticio. En los márgenes de nuestras sociedades se vive una experiencia similar a la del lazarillo de Tormes en la España del siglo XVI, quien va de un amo en otro y de un empleo en otro utilizando su picardía para buscar de qué vivir en una sociedad que no tiene un lugar estable para él.[11] La picardía se traduce en viveza, nuestra *viveza criolla*. En efecto, la vida en los márgenes reclama *viveza* tanto para *ganarse la vida* como para participar en proyectos colectivos; vivir allí requiere una astucia especial en un mundo donde nada parece garantizado: la sagacidad de los cazadores. Esto expresa también la necesidad de actuar en un mundo culturalmente diferente.

Cuando la sociedad no emite señales claras que identifiquen caminos para la integración plena, los jóvenes de los barrios marginales deben aprender a vivir en los márgenes a riesgo de perecer o de quedar excluidos para siempre. De modo que decir que en estos barrios se vive en los "intersticios" que ofrecen las instituciones o en los "márgenes" de ellas es una metáfora que tiene significados concretos. Quiere decir organizarse con otros para proveerse de un terreno y de un lugar en la ciudad cuando no se puede acceder al mercado inmobiliario y no hay políticas

---

[11] El ejemplo del lazarillo de Tormes como metáfora de la marginalidad pertenece a R. Castel, "Les marginaux dans l'histoire", en: S. Paugam, *L'exclusion, l'état des savoirs*, París, La Découverte, 1996.

sociales que permitan acceder a la vivienda. Quiere decir conchabarse en empleos que la mayor parte de las veces serán en negro, temporarios, mal pagos, sin sindicalización. Quiere decir que el mercado no ofrece posibilidades de éxito. Quiere decir que no se poseen garantías para la vejez, para la infancia, para el accidente o para la enfermedad, y que habrá que recurrir a otras alternativas para ello. Quiere decir que la participación política va a funcionar como un importante componente de intercambios y negociaciones concretas con el poder local. Que no se va a votar sólo para construir una nación mejor o para ampliar el contenido de la ciudadanía, sino que a cambio de la adhesión política se exigirá una respuesta inmediata, *cosas concretas para mi barrio*. Quiere decir que los proyectos educativos se van a asociar mucho más a esa supervivencia que a proyectos de desarrollo personal. Pero también quiere decir que no se vive en una cultura completamente separada del resto. Que existen vasos comunicantes entre la comunidad barrial y el resto de la ciudad. Que el juego político se encuentra abierto a determinados reclamos por los cuales aún se puede luchar. Que la condición social no es estática y que el destino social no se percibe fijado para siempre.

Las ocupaciones ilegales de tierras

Las ocupaciones ilegales de tierras se han transformado en una característica típica de las ciudades latinoamericanas. Ya hacia mediados del siglo XX habían adquirido una importancia considerable en varias ciudades, lo que les valió un atento tratamiento por parte de las ciencias sociales y no poca preocupación en el poder político. Así como se las llama *villas miseria* y *cantegriles* en las márgenes argentina y uruguaya del Río de la Plata, varios son los nombres que reciben en las distintas ciudades del continente (*callampas, favelas, poblaciones*). La *villa* y el *cantegril* son hijos de los límites de la capacidad de integración del modelo de desarrollo endógeno y del proceso migratorio del campo a la ciudad. Así, se consolidaron como el barrio marginal de la ciudad que da testimonio de las promesas no cumplidas del tiempo en que dos países se pretendían *granero del mundo* o *Suiza de América*.

Pero llegados los años ochenta, Buenos Aires primero y Montevideo algo después irían a conocer una nueva modalidad de ocupación ilegal de tierras: el *asentamiento*.[12] Varias notas básicas distinguen estas ocupaciones de *villas* y *cantegriles*: sus habitantes no son inmigrantes recién llegados del campo a la ciudad en búsqueda de trabajo, las ocupaciones no siguen un proceso espontáneo sino organiza-

---

[12] Cf. D. Merklen, *Asentamientos en La Matanza. La terquedad de lo nuestro*, Buenos Aires, Catálogos, 1991, y "Organización comunitaria y práctica política. Las ocupaciones ilegales de tierras en el conurbano de Buenos Aires", en: *Nueva Sociedad*, Caracas, núm. 149, 1997, pp. 162-177.

do y surgen como respuesta a la crisis de lo social. En efecto, los asentamientos se nutren de familias jóvenes provenientes de la misma ciudad, en general hijos de obreros o empleados que, por una mezcla perversa de fragilidad en la inserción profesional, liberalización del mercado inmobiliario, restricción de las políticas públicas e imposibilidad de obtener un crédito, no pueden acceder a una vivienda que ellos llaman *digna*. Los asentamientos no se producen de modo espontáneo sino que los ocupantes se organizan antes de la ocupación y después de ella: miden el terreno, trazan calles y manzanas, prevén un lote para cada familia y lugares destinados a los *espacios comunitarios*, luego desatan una larga batalla por el acceso a los servicios urbanos y ejercen un prolongado proceso de interpelación sobre el poder público para el reconocimiento de *nuestros derechos*. Esto les permite evitar la promiscuidad y el hacinamiento característicos tanto de *villas* como de *cantegriles*. Por otra parte, en ambas márgenes del Río de la Plata y sin importar quién sea el interlocutor, se repetirá siempre la misma frase: *acá no queremos hacer un* cantegril *(o una* villa*); queremos construir un barrio*. Y se agregará, enseguida: *tenemos derecho a un barrio donde vivir con nuestras familias porque aquí somos todos gente de bien, no somos delincuentes*.

Cuando un asentamiento recién se produce, todo está por hacerse y se presencia una serie de escenas fuertes. El sitio se parece a un campamento miserable donde se improvisan refugios, ollas populares y letrinas colectivas, se encienden fogones y se limpian los basurales. Al mismo tiempo, los ocupantes organizados comienzan a medir el predio para determinar cuál será el lote que corresponde a cada familia, se busca agua y se improvisa una instalación eléctrica; quizás haya escenas de enfrentamiento con otros pobladores o con la policía. Lo cierto es que el clima está gobernado por el doble sentimiento de temor ante la incertidumbre y el peligro de represión, y la esperanza de estar construyendo un lugar propio en el mundo.

Poco tiempo después, el panorama que se puede observar es totalmente distinto. En la mayoría de los casos, cuando los asentamientos tienen un año de vida, los espacios estarán ya perfectamente definidos por líneas rectas: la calle, la vereda y los terrenos de cada vivienda. A veces se habrá conseguido que el municipio dé forma a las calles al construir las cunetas con máquinas motoniveladoras, y se verán alambrados definiendo la línea de separación entre el espacio privado y la calle. El asentamiento deja de tener el aspecto de un terreno baldío ocupado para comenzar a tener el de un barrio pobre.

Se ven casillas en algunos casos, casas con paredes de ladrillo en otros, techos de chapa en la mayoría, pero ya algunas planchadas de hormigón. En lo que se refiere a las viviendas, los asentamientos progresan rápidamente en estos primeros tiempos y no sólo a nivel de los materiales: las casas tendrán algún tipo de baño, sea éste una letrina o una sala con inodoro y lavabo, y muchas tendrán ya más de un cuarto donde se comienzan a distribuir las funciones del hogar. Por otra parte, generalmente se habrán hecho progresos en cuanto al acceso a los servicios.

Al año habrá ya varias bombas manuales de agua y tal vez algunas bombas eléctricas. A esa altura hay siempre una instalación eléctrica que, aunque rudimentaria y clandestina la mayor parte de las veces, lleva energía a todas las casas y alimenta unas cuantas lamparillas para el alumbrado público.

Cuando los ocupantes llegan al terreno –salvo en los asentamientos de tamaño pequeño–, reservan ciertos espacios que permanecerán libres durante un tiempo y no serán ocupados por viviendas ni por calles. Estos lugares serán destinados posteriormente a lo que ellos llaman *espacios comunitarios*, es decir, espacios reservados para el emplazamiento de actividades colectivas: en este barrio serán la sede de la cooperativa, la guardería y una cancha de fútbol; en aquel otro, la sala de primeros auxilios, una capilla, el comedor y la escuela. Esas actividades *comunitarias* responden en general a necesidades y proyectos de la población que no pueden ser satisfechos individualmente por cada familia, lo que implica cierta incidencia de la situación hacia el accionar común. Para que en el futuro barrio existan tales espacios, los ocupantes deben haber dejado libres unos cuantos predios de superficie suficiente para su emplazamiento, lo cual no es fácil en un contexto de carencia habitacional. Deberá haber allí quienes digan *no, ese lugar no puede ocuparse porque aquí irá una plaza*. Esto supone la existencia de un sentido de comunidad, es decir que el sentido colectivo tiene un lugar entre las representaciones de los individuos que se expresa como un espacio en el terreno. Esta modalidad que ha adquirido la ocupación de tierras en el caso de los asentamientos es completamente distinta de la de las *villas* y los *cantegriles*, e implica la transformación del proyecto individual en colectivo, la creación de una organización con una dirigencia y un nivel de proyecto que somete la ocupación a las normas de urbanización vigentes.

Es por medio del trabajo colectivo que se definen distintos aspectos de la vida en el barrio, de los que depende en gran medida el buen funcionamiento de la vida familiar e individual, principalmente en la infraestructura de servicios y los *espacios comunitarios*. De esto resulta que los ocupantes asumen tareas cuya responsabilidad en América Latina se atribuye tradicionalmente al Estado. Por lo general, son los vecinos organizados quienes construyen la red eléctrica, el alumbrado público, la red de agua potable, muchas veces realizan el mantenimiento de las calles y de los desagües pluviales, construyen pequeños puentes sobre arroyos y cañadas y ponen los carteles indicadores de las calles. En ciertas ocasiones, ese trabajo es totalmente autónomo y depende de la labor de los vecinos conducidos por sus dirigentes, y en muchas otras implica la conexión clandestina a las redes públicas, particularmente en el caso de la energía eléctrica, el agua potable y el saneamiento.

Pero además de depender de una importante organización, tanto el acceso a los servicios como el desarrollo de los *espacios comunitarios* requieren la concurrencia de las instituciones públicas en general y del Estado en particular. Por una parte, dependen de la habilidad de las organizaciones para gestionar subsidios y recursos externos capaces de mantener viva la actividad. Por otra, casi todas las actividades dependen de la integración a instituciones de la vida pública. Acceder a una escuela no es obtener el dinero para un edificio: es integrarse socialmente al sistema educativo. De otro modo, acceder al agua potable es integrarse a una red de servicios. El acceso a la salud, el transporte, la infraestructura o la seguridad implican la integración a sistemas globales que garantizan la continuidad y que permiten afirmar el sentimiento de pertenencia a la sociedad, base de la ciudadanía moderna.

Paralelamente a una primera etapa en la que la vida barrial se centra casi de manera exclusiva en la autoorganización y en la autoayuda, se inicia todo un trabajo de búsqueda de reconocimiento, de participación y de integración a las instituciones públicas. La firma de un convenio entre la compañía de agua, el municipio y la organización barrial permite acceder al agua potable, de modo que la primera brindará el servicio, el gobierno local cederá los materiales y la asistencia técnica, y los vecinos proporcionarán la mano de obra. El subsidio de una ONG más el reconocimiento estatal y la participación comunitaria hacen posible el funcionamiento de una guardería. La solidaridad internacional, el reconocimiento de la universidad y del Ministerio de Salud Pública, más el trabajo voluntario y la formación de agentes de salud, permiten el funcionamiento de una policlínica barrial. Las máquinas del municipio que trazan las calles más un trabajo barrial de colocación de letreros hacen posible a cada vecino la obtención de un número para su casa y de un nombre para su calle, lo que implica una dirección, un lugar reconocido en el mundo.

Hemos observado experiencias de este tipo en los suburbios del oeste de Buenos Aires, donde se produjo una serie de tres asentamientos en 1986 para convertirse hoy en tres barrios, pobres por cierto, pero perfectamente establecidos –en una superficie total de casi 190 hectáreas donde viven más de 21.000 personas–. En uno de ellos, El Tambo, los ocupantes han comprado y escriturado las tierras, han construido una sala de salud, una escuela pública, un jardín de infantes, un polideportivo y la sede de la cooperativa del barrio; además, han logrado el tendido de la red eléctrica, el paso del transporte público y la construcción de un puente sobre el arroyo que atraviesa los terrenos. En otro, el 22 de Enero, han conseguido instalar una guardería, dos comedores, una escuela pública, dos mutuales, una sala de salud, una cancha de fútbol y varias iglesias, y las calles han sido bautizadas con nombres de flores para recordar a todos que se trata de un *barrio jardín*. En el tercer barrio, el 17 de Marzo, hay una escuela pública, una sala de salud, la sede de la mutual y una iglesia, todo eso con el concurso estatal.

Hacia el norte de Montevideo, cerca del Bulevar Aparicio Saravia, se encuentra hoy el asentamiento Los Milagros en lo que era un terreno abandonado de la periferia. Allí, los ocupantes (cerca de 300) han trazado las calles, construido un comedor, una escuela pública, una sede de la organización y una policlínica que es orgullo de todos, y han integrado al proyecto a un antiguo *cantegril* que permanecía en el olvido desde hacía treinta años. En el asentamiento Juventud 14, de la zona de Cerro Norte, las familias (más de 100) que viven allí desde 1993 se han preocupado especialmente por la medida de los lotes, el tendido de la red de agua potable, la construcción de las viviendas y la previsión de espacios verdes. Similares realidades se viven en el asentamiento Nueva Esperanza, donde desde 1992 viven 600 familias, en los barrios 33 Orientales y 8 de Marzo. Historias y logros semejantes podrían relatarse para los asentamientos (que superan el centenar) existentes en el Gran Buenos Aires y las varias decenas que se han registrado en Montevideo.[13] Sin duda, esta capacidad organizativa y de producción constituye un importante capital social (Kliksberg, 1998). ¿Cuál es el rol preciso que puede atribuírsele en relación con la cuestión social y cuáles son los límites que en ese sentido deben reconocérsele?

El sentido de lo local o el fuerte deseo de vivir en un barrio digno

Todos los emprendimientos de esas organizaciones barriales muestran la voluntad de conjurar un sentimiento de inseguridad, fragilidad y falta de protección en materia de inserción urbana, que evidencia una situación mucho más compleja que el empobrecimiento. La frase *queríamos tener un lugar propio* expresa esa vulnerabilidad como un anhelo, y simultáneamente muestra que la situación es vivida o experimentada como una falta de lugar en la ciudad (¿y en la sociedad?). Ese lugar es la vivienda. Pero ¿la vivienda es sólo una casa en sentido físico, cuatro paredes y un techo? No. El lugar propio es un lugar en la ciudad, es el barrio y las representaciones sociales asociadas a él, es un *status* y una identidad. El lugar propio es el territorio de la familia, el territorio de la sociabilidad primaria, del encuentro con los iguales, el lugar donde se encuentran las protecciones que rodean al individuo y le permiten encarar la salida a un mundo vivido como exterior al hogar. Un terreno sirve para echar raíces y poner fin al peregrinar del alquiler al desalojo, de la pensión a la casa de algún pariente.

Para comprender el sentido de lo local, hay que remitirse a la asociación entre las figuras del barrio y del trabajador. Puede decirse que desde los años cuarenta en el caso argentino y desde los albores del siglo XX en el caso uruguayo, la figura del trabajador ha estado asociada a un modelo de integración social dada a partir de la

---

[13] Para el caso argentino, no existen datos precisos sobre el número total de asentamientos y su población. Un estudio no oficial fechado en 1990 registró 109 asentamientos con una población estimada de 173.000 habitantes. Cf. R. Gazoli, E. Pastrana y S. Agostinis, "Las tomas de tierras en el Gran Buenos Aires" (mimeo), Buenos Aires, PROHA, 1990. Para el caso uruguayo, según datos oficiales viven en este tipo de barrios de Montevideo alrededor de 50.000 personas. El inconveniente de la medición es que no permite distinguir los nuevos asentamientos de los viejos *cantegriles*, por lo cual la cifra corresponde al conjunto de los barrios irregulares. Cf. Ministerio de Vivienda, Ordenamiento Territorial y Medio Ambiente de la R. O. del Uruguay, *Asentamientos irregulares*, Montevideo, Comisión para la Regularización de Asentamientos Irregulares, 1997.

participación de los individuos en un conjunto de instituciones sociales: la empresa, el sindicato, la ciudadanía, ciertos niveles de consumo y de reconocimiento social. Este lazo social repercutía sobre otras dimensiones de la vida social dándoles sentido, pero cuyo centro, como se dijo, era el trabajo. De tal forma que, en términos urbanos, el trabajador vive en un barrio donde puede construir la casa para su familia, donde tendrá la escuela para sus hijos, la iglesia, la sede del partido político, el bar, el club o la sociedad de fomento donde hacer deportes o divertirse. Quien en el trabajo es obrero o empleado deviene vecino en el barrio, y es *un buen vecino* porque es un *trabajador honesto* y con una *familia bien constituida*. De manera que el barrio es a la vez el lugar donde se despliega la sociabilidad primaria, donde se encuentran varios de los soportes de la identidad y donde se establecen las mediaciones institucionales que corresponden a la inserción urbana. Como hemos visto, la inserción urbana requiere mediaciones institucionales (salud, escuela, policía, administraciones de los servicios urbanos, instituciones del poder local, agencias de las políticas sociales, etcétera).

Así, el asentamiento es también una acción colectiva por medio de la cual se produce un hábitat; esa acción colectiva se desarrolla a la vez en tres dimensiones: a) la cooperación entre pares; b) una acción sobre el sistema político para lograr la intervención institucional, y c) una pelea simbólica para defender la identidad en el campo de la cultura urbana. Las transformaciones sociales a las que nos referimos en la primera sección provocaron un aumento de la vulnerabilidad de los sectores populares. De manera que el modelo de integración que asociaba la figura del *buen vecino de barrio* con la del trabajador perdió su carácter abarcador y está dejando fuera a un número creciente de personas. Es en ese contexto que las familias llegan a una ocupación de tierras: intentan escapar de la vulnerabilidad a la que se encuentran sometidas por medio de un proyecto que busca recrear un lugar en el mundo.

Las organizaciones que los ocupantes crean a fin de lograr la infraestructura de servicios y la construcción de los espacios comunitarios implican una búsqueda de elementos que ayuden a sostener la vida familiar e individual. Obtener el agua potable, un comedor infantil, el ingreso de una línea de transporte o un subsidio para un centro deportivo son todos soportes del hogar y del individuo atribuidos a la comunidad local, definida ésta en términos de barrio. Más aún, son esfuerzos de integración social mediante la integración a la ciudad. No obstante, en el contexto actual, los vínculos que generan los ocupantes no pueden dejar de ser precarios, ya que los soportes relacionales que logran construir son altamente dependientes de los recursos que puedan obtener de las instituciones públicas. El médico y los medicamentos para la sala, los maestros y la legalización de la escuela y el acceso a los servicios urbanos dependen del reconocimiento y la participación de los organismos públicos; el barrio es un mundo propio en el que no es posible sostenerse sin la mediación de las instituciones que lo mantienen vinculado al resto de la sociedad.

Una de las caras del deseo de *vivir en un barrio digno* y de su proyecto es la necesidad de recomponer la identidad urbana del vecino de barrio, amenazada por el agotamiento de los caminos institucionales de reproducción de la vivienda. Así, el problema habitacional es dotado de sentido porque la vivienda se inserta en un complejo urbano (el barrio) que representa una identidad que se quiere recuperar. Si la figura del vecino adquiere por sus representaciones un contenido moral (*fulano es un buen vecino*) es también porque se pone en tensión con la figura del *villero* o del habitante del *cantegril*, a la cual se le atribuirán todos los males, convirtiéndola en un polo de referencia negativo. En efecto, la existencia de ese grupo de pobres estigmatizados hace posible que el vecino se diferencie construyendo un sentimiento de dignidad personal y gozando de algún reconocimiento social (*tenemos derecho a una vivienda digna*), incluso en un contexto de pobreza absoluta. Es por eso que la acción de los ocupantes se inscribe en un doble registro. En el primero, los ocupantes procuran proveerse de un hábitat que les permita materialmente organizar la vida familiar a partir de facilitar el acceso al medio urbano, en torno al cual gira casi la totalidad de la vida cotidiana. Pero en el segundo registro, se desarrolla una batalla simbólica por recomponer la identidad amenazada, registro que evoca la dimensión cultural del hábitat.

En un contexto de vulnerabilidad generalizado, donde las políticas públicas no logran más que superponerse unas a otras a modo de paliativos y donde la vulnerabilidad aumenta, las posibilidades de reingresar a una zona de integración plena aparecen lejanas, ya que por fuerte que sea el poder integrador de la sociabilidad primaria y de la inserción urbana, no puede alcanzar por sí solo a restituir el debilitamiento de los lazos de integración social que vinculan al individuo con la sociedad global. Sin embargo, pese a la precariedad, el asentamiento intenta al menos sortear la condición de gueto en la que parece haber caído la *villa*, el *cantegril* o la *favela* y evitar el descenso más directo hacia una zona de exclusión.

La organización comunitaria presente en los asentamientos se constituye en una herramienta para presionar sobre el sistema institucional a fin de encontrar soluciones a los problemas que se van presentando, pero a su vez al Estado se le ofrece una excelente oportunidad de aprovechar un capital social ya existente y que da pruebas de eficiencia. Así, los sindicatos nacieron como un elemento de reclamo y autodefensa y luego fueron incorporados a la gestión pública por parte del Estado, convirtiéndose en uno de los mayores capitales sociales de la esfera civil.

Un camino hacia la integración: cuando el Estado reconoce a los olvidados

Hemos mostrado que la iniciativa de las ocupaciones ilegales de tierras puede ser considerada como un intento de respuesta frente a la vulnerabilidad. Sin embargo, hasta el presente, esos barrios permanecen en un estado de integración marginal, ya sea desde el punto de vista de la integración del barrio a la ciudad o de la población a la sociedad. Esta fragilidad proviene de dos límites que es necesario reconocer para poder hacerles frente y para no sobrestimar los alcances de la iniciativa popular. En primer lugar, es difícil recomponer en el cuadro de lo local los lazos de integración que se manifiestan con relación al empleo. En segundo lugar, en el nivel de las organizaciones barriales, se presentan límites a las respuestas que se brindan desde el poder público y a la relación entre ambos. Es sobre este punto que se debe actuar si se quiere recuperar el valor de las organizaciones como capital social.

Los asentamientos han desarrollado formas variadas de organización. Éstas suelen oscilar entre dos modalidades: la primera se asocia a una fuerte protesta, enfrentamiento y crítica hacia el poder político, combinados con importantes niveles de participación y democracia de base; en la segunda forma encontramos organizaciones, a veces institucionalizadas como mutuales, cooperativas o sociedades de fomento, integradas al juego político y con una gran capacidad de gestión frente a las distintas instancias del Estado.

Del lado del sistema político, las actitudes también suelen oscilar entre dos polos opuestos. Una actitud es aquella en que sólo se ven la ilegalidad del acto de invadir tierras, las conductas contestatarias del orden social y, por consiguiente, sus respuestas se basan en el rechazo a la ocupación de tierras, casi siempre escudándose en el respeto de la propiedad; el extremo de esta actitud es el desalojo de los ocupantes por la fuerza. La otra actitud consiste en la búsqueda de integración de las organizaciones al sistema político; a cambio de beneficios destinados al barrio se reclama la adhesión política de la población, llegando en el caso extremo a la manipulación clientelar. En este caso se tolera la ocupación, pero no se buscan de ninguna manera caminos que lleven a una integración definitiva. Una combinación de estas dos actitudes opuestas conduce con frecuencia a círculos perversos. No obstante, existen también numerosos antecedentes de cooperación entre distintas instancias gubernamentales y las organizaciones barriales, cuando ambos términos de la relación han comprendido que el diálogo es imprescindible. La precariedad reinante es un buen indicador de que los intentos continúan siendo al menos incompletos e insuficientes.

Deben ser superados una serie de obstáculos, principalmente del lado gubernamental y del sistema político: 1) es necesario superar la estigmatización que no contribuye más que a recluir a las poblaciones en la marginalidad; 2) es indispensable reconocer que la integración de la capacidad movilizadora de las organizaciones es un capital social que los gobiernos no pueden darse el lujo de despreciar; 3) es fundamental que el personal técnico de los gobiernos acepte que la racionalidad técnica no es el único criterio para llevar adelante un proyecto y que, en el dominio de lo social, la participación de la población es imprescindible;[14] 4) la participación debe incorporarse en todas las etapas de los proyectos de integra-

---

[14] Cf. B. Kliksberg, "Seis tesis no convencionales sobre participación", trabajo presentado al "Forum culture et développement", París, BID-Sciences Po, 9 y 10 de octubre de 1998.

ción; 5) es necesario abrir espacios de democratización del poder público, ya que no hay participación posible si las decisiones permanecen concentradas; 6) no debe confundirse la integración de las organizaciones con su cooptación política o partidaria, por lo que debe respetarse el carácter civil de éstas siempre reclamado por los pobladores –*nosotros somos apolíticos*–; 7) deben generarse instancias de largo aliento que permitan un seguimiento de la evolución de los proyectos y de la situación de las poblaciones, que incluyan ámbitos de discusión entre los técnicos, la población y los políticos; una de las principales dificultades, una vez decidida una inversión social, es la continuidad y la progresión de la actividad que suele desgastarse con el paso del tiempo y se va hundiendo en el cuadro de deterioro generalizado, y 8) por último, todo debe ser enmarcado en una concepción de las políticas sociales que supere la idea del reparto de cosas o subsidios. Deben generarse procesos institucionales sostenidos que apunten a transformarse en lazos de integración social, entre los cuales los proyectos culturales se han revelado de alto valor. No se trata, por ejemplo, de subsidiar la construcción de una escuela, una sala de salud o un centro de capacitación, sino de generar proyectos educativos, de salud o de inserción profesional en los que la participación y el diálogo permanezcan funcionando a lo largo del tiempo.

Cuando las organizaciones barriales pretenden una autonomía extrema por temor a la cooptación, pierden de vista la importancia del criterio técnico y del rol del político. En el caso de los asentamientos, la integración a lo urbano no puede ser percibida como un desarrollo autónomo sino como el resultado de la vinculación con la vida institucional. El Estado, por su parte, continúa apareciendo como el natural responsable de garantizar los derechos fundamentales; el sistema político, como la arena institucional donde se desarrollan los conflictos. Los sectores populares se encuentran en un enorme grado de dependencia respecto del Estado como consecuencia de la vulnerabilidad social de su situación, lo que lleva a que la vida cotidiana en los barrios esté muy politizada, pese a lo que se cree comúnmente. Sin embargo, en el contexto político actual, lejos de plantearse una modificación radical del sistema institucional, las organizaciones de los barrios marginales procuran integrarse al juego, de tal forma de ser consideradas parte activa en las políticas sociales. En este sentido, no sólo han dado pruebas de eficacia, sino que en realidad evidencian una significativa adhesión a los valores dominantes de la sociedad expresada, por ejemplo, en el deseo de *vivir en un barrio digno* o en el respeto de las normas de urbanización vigentes. Si las organizaciones barriales no procuran subvertir las instituciones y normas sociales sino integrarse a ellas, la sociedad no puede darse el lujo de desconocer ese capital social.

Parte III

Políticas culturales y experiencias innovadoras

Apuestas culturales al desarrollo integral de América Latina

Saúl Sosnowski

Es cada vez más frecuente la presencia del condicionante "cultura" en la consideración de incentivos para fortalecer el desarrollo económico y social de América Latina por parte de las instituciones bancarias, que no por ello han dejado de privilegiar los índices financieros en el diseño de políticas y normas prestatarias. Diversos factores contribuyen a esta nueva situación; entre ellos, las severas crisis financieras en algunos países que afectan la economía regional y mundial (México en 1994, Brasil en 1998-1999) y el hecho de que las altas tasas de crecimiento en los "países modelo" también consignan cifras alarmantes de desigualdad en la distribución del ingreso con secuelas de inequidad, indigencia, marginación y violencia.[1]

A pesar de la enorme inversión de capitales en América Latina y del crecimiento sostenido de varios países (Chile, Colombia y la Argentina, entre ellos), las estadísticas señalan que los sectores más pobres tienen un acceso restringido a programas de ayuda; indican, además, una acentuada diferencia entre las distintas áreas geográficas que responde, en cierta medida, a deficiencias institucionales y a una eficacia limitada en la administración de tales programas. En menor medida, y en forma derivada, las falencias se hacen asimismo evidentes en la falta de cohesión social.

Si aceptamos que el desarrollo no es mensurable sólo en términos de crecimiento económico –como la situación actual de América Latina lo confirma–, la fragmentación individual y social registrada en el continente, con variados cuadros de gravedad, exige un análisis más amplio que reconozca las funciones de la cultura. A medida que el Estado disminuyó sus funciones, restando credibilidad y confianza en áreas que previamente eran de su responsabilidad, la sociedad fue desplazando la función de cohesión social, supervivencia y crecimiento hacia los valores de su cultura. Aquí entran en juego no sólo las dimensiones económicas de la cultura –que aún aguardan la definición de indicadores y estadísticas precisos– sino las redes culturales que sostienen el sentido y la práctica comunitarios y sirven de base para toda gestión participativa. Median-

---

[1] BID, *América Latina frente a la desigualdad. Progreso económico y social en América Latina. Informe 1998-1999*, Washington D. C., 1998. La preocupación por el creciente impacto de la violencia no es nueva. Véanse, por ejemplo, los análisis compilados por P. S. Pinheiro (director del Núcleo de Estudios de la Violencia en la Universidad de San Pablo) y E. Braun, *Democracia e violencia*, Río de Janeiro, Paz e Terra, 1986.

te diversas estrategias, se trata de capitalizar la capacidad creativa de la población, entendida ésta en la esfera más restringida y propia del arte, así como en la fuerza inventiva que engendra –como sostenía Guattari– "calidades de ser inesperadas". Esta calidad de ser, instalada en una percepción solidaria del mundo, generará precisamente los resultados que se anticipan tras las aún incalculables ecuaciones de cultura-desarrollo.

Más allá del encuentro estético altamente individual, la cultura es la dimensión que se comparte: apunta a la sociabilidad, a reconocer(se) en valores y aspiraciones, a un sistema de creencias y saberes y a gustos que saborean otros componentes de la comunidad. Proyectándose a esferas cada vez más amplias, estos elementos serán compartidos con quienes habitan una misma zona, una misma nación, una región que posee rasgos similares de identidad y apuestas al futuro. Tal sociabilidad no sólo implica el reconocimiento de quien es similar, sino que impone la tolerancia y el derecho de los otros a ser diferentes. De los orígenes y las culturas compartidos se avanza hacia formas de sociabilidad de evidente raigambre social y económica: entre ellas, asociaciones de beneficencia y ayuda mutua, cooperativas de crédito, clubes sociales y deportivos, organizaciones partidarias, etc. La constitución de lo compartido está enraizada en un pasado y en una educación formal que se ve constantemente desafiada por nuevos saberes, por la impronta de lo audiovisual y –para una selecta pero creciente y notoria minoría– por el acceso a fronteras transnacionales. En el espacio cibernético se diluyen las fronteras que delimitan el territorio nacional; los hitos fronterizos pertenecen a un concepto de nación aún vigente pero que, en parte por la propia reestructuración del Estado, se enfrenta a interrogantes contestatarias. Éstas parten desde la globalización económica e incluyen la factura cultural que uniforma amplias zonas del planeta dejando escaso margen para lo distinto. El hecho de que ante la globalización se dé un mayor énfasis a las identidades nacionales, con su correlato de enfrentamientos bélicos entre etnias y naciones, puede resultar paradójico, si bien es coherente con una educación arraigada en historias montadas sobre la diferenciación. Esto no indica en sí la bondad de una identidad única virtual, ni que la diversidad cultural deba ser cancelada; apunta, más bien, a una construcción basada en la tolerancia y el respeto por la diversidad y por nuevas identidades.[2]

El desfase entre la euforia neoliberal, la panacea de la reducción del Estado en favor de un indiscriminado régimen de privatizaciones, dominante en los años ochenta y en los inicios de la década de 1990, y los acotados beneficios para la vasta mayoría de la población latinoamericana han contribuido a que hoy ya sea un lugar común decir que el "desarrollo" no debe permanecer circunscripto a la esfera propiamente económica. Esta situación debe ser considerada, además, en el contexto

---

[2] Véase R. G. Oliven, "Nación e identidad en tiempos de globalización", en: R. Bayardo y M. Lacarrieu (comps.), *Globalización e identidad cultural*, Buenos Aires, Ciccus, 1997, pp. 113-129.

de las redemocratizaciones y de una mayor apertura en el ejercicio de la política.[3] Por lo tanto, cuando la eficacia y el rédito de la administración democrática se ven asociados a índices de crecimiento macroeconómico que marginan y afectan negativamente a las capas medias creando "nuevos pobres" y aumentando los niveles de indigencia, el propio proceso y el ideario de una democracia como sistema que favorece y promueve la integración social adquieren una valuación contradictoria.[4] Y ello aun al margen de severos y legítimos cuestionamientos sobre la administración de la justicia, la organización electoral, la corrupción y el enriquecimiento ilícito, la evasión impositiva, etc. Desde esta perspectiva, estimo obligatorio considerar las relaciones de cultura y desarrollo en función del futuro democrático de la región y de la legitimidad misma de la democracia.[5] Es ineludible prestar atención tanto a las estadísticas que registran los desniveles en el crecimiento económico de América Latina como a las encuestas que indican que la democracia ha dejado de ser un factor de prioridad ciudadana y está siendo reemplazada por la obtención de seguridad. En este rubro, la cultura y la educación —entiendo la cultura también como educación continua— desempeñan un papel fundamental, ya que la instrucción de valores cívicos puede inclinarse a favor de regímenes autoritarios o hacia los que garantizan y exigen una mayor participación y responsabilidad ciudadanas. No sorprende, por lo tanto, que en tales condiciones —a pesar de la resistencia ejercida por la fe economicista— la dimensión social y, cada vez más, la cultural sean incorporadas a la ecuación del desarrollo. Se habla del elemento subjetivo del desarrollo; de la capacidad y el derecho del individuo a medir en términos de su propia materialidad el valor de las decisiones económicas. Se trata, asimismo, de aceptar que, si bien la cultura es propia de una política social que genera divisas, no toda medición debe ser hecha en virtud de un retorno inmediato: larga repercusión tienen las palabras; no es menos larga la de la producción cultural.

Como evidencia de este cambio de actitud podemos señalar, por ejemplo, que las carpetas de la conferencia copatrocinada por el Banco Mundial y la UNESCO

---

[3] Es importante en este sentido la publicación de E. Calderón y D. Cazés, *Tecnología ciudadana para la democracia. Una guía de observación electoral independiente*, México, UNAM-Desarrollo de Medios, 1994. Comienza diciendo: "El propósito principal de este libro consiste en mostrar cómo la informática y las telecomunicaciones conforman una tecnología sencilla y poco costosa que cualquier grupo de ciudadanos puede poner al servicio de la democracia" (p. 7).

[4] Algunos de los desafíos a los que se enfrenta la formalidad democrática aparecen en G. Couffignal (comp.), *Democracias posibles. El desafío latinoamericano*, México, FCE, 1994 (1992). Para este trabajo resultan de especial interés los estudios de la tercera parte, "Transformaciones del escenario político", pp. 205-275. Véanse también E. Jelin y E. Hershberg (eds.), *Constructing democracy: human rights, citizenship and society in Latin America*, Boulder, Westview Press, 1996; A. Przeworski et al., *Sustainable democracy*, Cambridge, Cambridge University Press, 1995, sobre todo el ensayo de G. O'Donnell, "Democracy, citizenship, and the State".

[5] Cf. J. A. Moisés, *Os brasileiros e a democracia. Bases sócio-políticas da legitimidade democrática*, San Pablo, Atica, 1995; E. Dagnino (comp.), *Anos 90: política e sociedade no Brasil*, San Pablo, Brasiliense, 1994.

denominada "Culture in sustainable development" (Washington, 28 y 29 de septiembre de 1998) resumían el pensamiento rector del presidente del Banco Mundial, James D. Wolfensohn, en los siguientes términos:

> We must respect the rootedness of people in their own societal context. We must protect the heritage of the past. But we must also foster and promote living culture in all its many forms. As recent economic analyses have consistently shown, this also makes sound business sense. From tourism to restoration, investments in cultural heritage and related industries promote labor-intensive economic activities that generate wealth and income. [Debemos respetar la raigambre de la población en su propio contexto social. Debemos proteger la herencia del pasado. Pero también debemos impulsar y promover la cultura viva en todas sus variadas formas. Como lo han demostrado consistentemente recientes análisis, esto también tiene sentido en lo económico. Desde el turismo hasta la restauración, las inversiones en patrimonio cultural e industrias afines impulsan actividades económicas de mano de obra intensiva que generan riqueza e ingreso.]

Las declaraciones de Federico Mayor sostenían, como lo ha hecho a lo largo de su gestión:

> Culture draws on the boundless human capacity for creative diversity and is both a key ingredient and an essential goal of endogenous, sustainable development. UNESCO works to improve understanding of the unique relationship between culture, diversity and development, which forms a central foundation of a culture of peace.[6] [La cultura hace uso de la ilimitada capacidad humana para la diversidad creativa y es un componente clave y una meta esencial en el desarrollo sostenible endógeno. La UNESCO trabaja para mejorar la comprensión de la singular relación que existe entre cultura, diversidad y desarrollo, la cual constituye una base fundamental de una cultura de la paz.]

En su propia exposición, el presidente del BID, Enrique V. Iglesias, afirmó: "Culture is a central piece in our fight for economic and social development" [La cultura es una pieza esencial en nuestra lucha por el desarrollo económico y social] y tomó nota de la necesaria colaboración con los gobiernos para fomentar una confianza cada vez mayor en el papel que desempeña la cultura en el desarrollo económico; para dejar de verla como residuo o artículo de lujo y pasar a considerar la inversión en la cultura, así como en la educación, como inversiones en el desarrollo social del país. Solidaridad, autoestima e integración son componentes de una ecuación que trata de llevar a la cultura desde los márgenes hacia el centro de toda decisión financiera.

---

[6] El análisis y las propuestas de la UNESCO aparecen en el informe *Our creative diversity. Report of the World Commission on Culture and Development*, presidido por Javier Pérez de Cuellar, París, UNESCO, 1995.

En la categoría "cultura y desarrollo sostenible", son cada vez más numerosas las asignaciones de bancos multilaterales y de agencias de cooperación para recuperar el patrimonio histórico y preservar las reservas naturales. Ello responde a que son iniciativas con un perfil material tangible de inmediata repercusión en el mercado laboral y con una alta capacidad para ser integradas al turismo cultural y ecológico de rápido crecimiento —ya se trate de reconstrucciones urbanas y manutención de museos o de la protección de misiones jesuíticas y ruinas arqueológicas o de parques nacionales—. Por otra parte, la inversión en el patrimonio histórico se basa en el reconocimiento de los fundamentos sobre los cuales se han construido los Estados nacionales. Frente a la situación en la que se encuentran numerosas expresiones culturales de las comunidades de la región —algunas de las cuales ya están en el umbral de extinción—, hay una clara conciencia de que éstas deben ser preservadas, tal como lo indican la nómina de proyectos y las convenciones de protección del patrimonio cultural.[7] Es significativo, si bien nada sorprendente, que cuando la globalización mina la diversidad cultural, tales emprendimientos se constituyen en paliativos eficaces para promover identidades nacionales diferenciadas y subrayar presencias soberanas.

Organizaciones multilaterales, previamente sumidas en el "pensamiento único", atraviesan una etapa de transición: la diversidad cultural está dejando de ser un obstáculo y comienza a adquirir valor como factor decisivo en la constitución de todo proyecto socioeconómico. Para el Estado, implica adoptar un papel más activo en el otorgamiento y la administración de recursos que hacen a su patrimonio, en el fomento de la formación artístico-cultural y en la difusión de los bienes culturales; le cabe, asimismo, facilitar o intervenir en actividades de patrocinio y mecenazgo culturales —que promueven una cultura participativa en el desarrollo de las artes— sin llegar a transformarse en el organismo ejecutor de políticas culturales.[8] Para la mayoría de nuestros países, eso significa incorporar a los sectores sociales más pobres, que incluyen indígenas y otros grupos minoritarios, y a las crecientes comunidades de migrantes en el diseño y la implementación de planes de desarrollo sostenible. En términos

---

[7] Un listado de las convenciones y recomendaciones formuladas por la UNESCO sobre la protección del patrimonio cultural figura en: http://www.UNESCO.org/general/eng/legal/cltheritage/index.html#recomm

[8] Cf. los análisis de situación, legislación y prácticas vigentes en la Argentina, Brasil, Chile, Venezuela, México, los Estados Unidos y Europa en el volumen compilado por S. Sosnowski y R. Patiño, *Economía de la cultura: mecenazgo*, Buenos Aires, Fondo Nacional de las Artes, 1999. Para estos fines son de particular interés los estudios de J. Á. Moisés, E. Saravia y H. Thiry-Cherques sobre Brasil, de M. A. Garretón sobre Chile y de J. Scheff sobre los Estados Unidos. Desde otras perspectivas, Colombia ha analizado el papel de la cultura en la gestión nacional y sus modos de institucionalización. Véanse, por ejemplo, los volúmenes publicados en Bogotá por la Presidencia de la República: las presentaciones de los foros y debates realizados en 1994 y 1995 publicadas en los volúmenes titulados *Crear es vivir* (1994, 1995), *Materiales para una cultura* (1995), *El trabajo cultural en Colombia* (1996) y *Ministerio de Cultura: ministerio de la paz* (1997).

históricos, implica el abandono de una política que exigía adoptar la versión impuesta desde la colonia, y corporizada como "Occidente", que es vista como única vía de acceso a matizadas, pero consensuadas, nociones de civilización y progreso. Indica que no aceptamos la equivalencia entre "pobreza material" y "pobreza cultural". Frente a esto, cabe recordar sin embargo que en algunos países de América Central y de la región andina se esgrime aún hoy la necesidad de forzar al indio a abandonar su lengua y sus prácticas ancestrales para integrarlo finalmente al Estado nacional –precisamente cuando el Estado está siendo debilitado por un orden económico que lo lleva a renunciar a las prerrogativas asumidas como propias desde su fundación–.

En esta coyuntura es necesario tener presente que "desarrollo" es en sí un concepto cultural que exige el abandono de su perfil monolítico, así como el ejercicio de fórmulas hechas para solucionar carencias básicas o para proponer con esquemas uniformes la mejora del estándar de vida en cualquier lugar del mapa. En esta relación, entonces, una cultura diferenciada no es lo que debe ser superado en aras de la imposición de normas económicas, sino la dimensión que condiciona, aporta y define la adopción de pautas para impulsar mecanismos de desarrollo social. Recordemos, por ende, que ambos conceptos, "cultura" y "desarrollo", al estar inscriptos en procesos históricos, están sujetos a sus propias redefiniciones y, además, a contextos específicos y diferenciados que obligan a pluralizarlos, particularmente en nuestra región. Por un lado, entonces, "culturas", que se conjugan en diversas temporalidades (modernas, tradicionales, arcaicas, residuales) y espacios (urbano y rural, con sus correspondientes variantes). Por otro, estrategias de desarrollo alternativo para dar cuenta de las condiciones propias, por ejemplo, de comunidades indígenas en sus múltiples expresiones culturales y de producción, así como de migrantes e inmigrantes en cinturones urbanos. Las dificultades en la formulación de una política cultural –que no puede ser concebida como definitiva– estriban precisamente en que no se debe diseñar, y menos aún imponer, una estrategia dirigista cuando sus receptores distan de ser homogéneos y cuando éstos no son pasivos sino, muy por el contrario, participantes activos en la implementación de toda política (micro o macro) que los afecta en la raíz misma de su singularidad cultural y en sus modos de vida.

Las estrategias que tienen las mejores posibilidades de éxito son justamente las pensadas en función de la heterogeneidad americana, las que recuperan la diversidad del patrimonio originario de las naciones y hablan de cultura y democracia, teniendo en cuenta el estado de las respectivas bases materiales y la participación comunitaria en la organización de políticas apropiadas para la diversidad territorial. En cuanto al Estado –aun teniendo presente la creciente restricción de sus funciones–, sigue siendo de su competencia proteger la diversidad étnica y las culturas regionales, así como generar incentivos para una mayor participación en la vida nacional y regional, sin por ello tener derecho a exigir la renuncia a lenguas e identidades diferenciadas. Le atañe, asimismo, asumir plenamente su responsabilidad en el área de las industrias culturales normativizando el espacio audiovisual con alternativas a su comercialización; es decir, aportar opciones creativas y, de ese modo, competitivas, desde las bandas que le corresponden sin interferir en el mercado. Ya no, entonces, una política estatal única, sino la atención pormenorizada a los sujetos productores de cultura.[9]

En el más amplio ámbito social, la articulación de políticas culturales conlleva la formación de hábitos culturales. En tanto la cultura opera como una mediadora simbólica que ordena y disciplina el cuerpo social y, por lo tanto, constituye un instrumento de cohesión, la reflexión en torno a sus funciones en la red de interacciones sociales debe ser el punto de partida en todo análisis que pretenda obtener de ella un uso político o económico. Con "cultura" no nos referimos sólo al restringido conjunto de bienes conocidos como "alta cultura", sino que, sin excluirlos, consideramos el entramado simbólico que resulta de una serie de intervenciones realizadas por el Estado, las instituciones privadas y los diferentes grupos de acción cultural con el fin de promover y orientar el desarrollo simbólico, así como su injerencia en la sociedad.

Si tomamos la "cultura" en este sentido, también implica que la entendemos no como un área de interés privilegiado para selectas minorías, sino más que nada como elemento de formación social, como herramienta productiva para el aprendizaje de nuevos hábitos sociales que incluyen, entre otros, valores de participación y solidaridad.[10] Éstos promoverán, a su vez, el diálogo y la interacción pero no la renuncia a otras identidades. Cuando nos preguntamos qué propuestas concretas podrían realizarse para cambiar las condiciones actuales y para situar la cultura en el centro de la problemática del desarrollo, es necesario considerar las observaciones formuladas por antropólogos y otros estudiosos de la cultura en relación con el fracaso de las políticas en materia cultural:

---

[9] En un registro más amplio, véase N. García Canclini, *Consumidores y ciudadanos. Conflictos culturales de la globalización*, México, Grijalbo, 1995. Véanse también los estudios de J. Martín-Barbero, *De los medios a las mediaciones. Comunicación, cultura y hegemonía*, México, Gustavo Gili, 1997, y "Las transformaciones del mapa: identidades, industrias y culturas", trabajo presentado en el seminario "Hacia la consolidación de un espacio cultural común latinoamericano", convocado por el Convenio Andrés Bello, Sevilla, 28 y 30 de octubre de 1998. Sobre el caso argentino, véase, por ejemplo, O. Getino, *Las industrias culturales en la Argentina. Dimensión económica y políticas públicas*, Buenos Aires, Colihue, 1995.

[10] En estas instancias no está de más retomar algunas de las acepciones de "cultura". La primera siempre ha sido "cultivo" y sabemos que nada, ni siquiera los mercados, funciona sin haber sido previamente cultivado. La tercera acepción de "cultura" en la edición de 1970 del *Diccionario de la Lengua Española*, de la Real Academia Española, dice: "Resultado o efecto de cultivar los conocimientos humanos y de afinarse por medio del ejercicio las facultades intelectuales del hombre". En la edición de 1984, figura: "Conjunto de modos de vida y costumbres, conocimientos y grado de desarrollo artístico, científico, industrial, en una época o grupo social, etc.". Para la acepción "popular", agrega: "Conjunto de las manifestaciones en que se expresa la vida tradicional de un pueblo".

1) Antes de tomar cualquier iniciativa, es imprescindible revisar las necesidades y prioridades de la gente para evitar nuevos fracasos en términos de interés e impacto de las políticas culturales. En este sentido, un estudio de modos de recepción y comportamientos culturales de los destinatarios (sus modos de apropiación de los bienes culturales, opiniones en relación con la oferta cultural, etc.) es indispensable para evitar la suposición de intereses que el público no posee o para imponerle productos ajenos a su realidad material y simbólica.
2) Proponer una nueva versión de las funciones de la cultura en la que los componentes "prácticos" y "lúdicos" no estén ausentes.

Por eso, antes de recomendar planes de desarrollo, es imprescindible emprender estudios de campo detallados a través de los cuales puedan conocerse estas necesidades e intereses y, en consonancia con ellos, diseñar propuestas culturales. Por sobre todo, corresponde tener presente que en América Latina coexisten modos de vida y estadios de desarrollo radicalmente diferentes y que éstos exigen tratamientos y propuestas idóneos. Esto implicará desplazar de la exclusividad los intereses patrimonialistas que han presidido las decisiones en materia de cultura y dejar de valorar solamente la cultura de los sectores dominantes. En este sentido, los saberes populares (urbanos o rurales) serán un potencial para reformas y no un obstáculo a ser superado para imponer formas de desarrollo preestablecidas.

Una respuesta ajustada deberá atender, al menos, a las dos realidades más importantes de organización social en términos geográficos y culturales: el mundo urbano y el mundo rural.[11] En cuanto al primero, una de las claves para pensar la incorporación de los sectores urbanos populares a una nueva dinámica económica sería, por ejemplo, su ingreso al sistema a través de un régimen de capacitación que responda en términos reales y prácticos a los altos índices de repitencia y deserción escolar. Al mismo tiempo, frente al aporte cada vez más limitado de la escuela pública, habría que contraponer los posibles usos educativos de la televisión.

Respecto del mundo rural, la necesidad de trabajar con los medios y elementos que producen sus habitantes es la pauta básica para considerar su incorporación al actual sistema económico. Dejando de lado cuestiones relativas a la protección de la "autonomía" y "pureza" de las comunidades, podrían sugerirse medios para inscribir su producción en el régimen del consumo contemporáneo en beneficio de los propios artesanos. Por ejemplo, cabría generar condiciones para que éstos avancen, mediante estímulos a la autogestión comunitaria, hacia acciones que creen o mejoren la comercialización de sus productos.

Por otra parte, y al margen de las especificidades indicadas, se debe considerar, en general, cómo el espacio audiovisual y cibernético genera nuevos términos de

---

[11] Véanse los casos estudiados en: C. D. Kleymeyer (ed.), *Cultural expression and grassroots development. Cases from Latin America and the Caribbean*, Boulder, Lynne Rienner, 1994.

exclusión entre quienes poseen acceso a Internet, entre quienes frente a una posible sociabilidad optan por recluirse delante del aparato de televisión o la pantalla de la computadora.

Crear hábitos sociales duraderos es uno de los desafíos a los que se enfrentan las políticas culturales actuales. Como lo ha destacado García Canclini en varios análisis y como se infiere del estudio del II Festival de la Ciudad de México y de sus asistentes, la publicidad en sí no crea hábitos culturales.[12] Quien visita un museo porque una muestra fue muy publicitada, por lo general no volverá cuando ya no medie el efecto de la propaganda. La oferta cultural –particularmente el impacto domiciliario de la televisión y del video– tampoco garantiza su aprovechamiento. Eso subraya, por una parte, la necesidad de crear hábitos culturales y, a la vez, la de producir programas que hagan uso del encuadre doméstico y de su acceso a los medios. En ambos casos, además, se deberá apuntar a su larga repercusión y no a un rendimiento en el corto plazo.

Como ha reflexionado Bernardo Kliksberg con respecto al gasto social,[13] también para el cultural debemos pensar si es finalmente una pérdida o una ganancia. Cuando consideramos la relación entre "cultura" y "desarrollo", no entran en juego bienes sofisticados e improductivos, sino las formas de producción y la reforma de la conducta de los individuos; se trata de la capacidad modeladora que tiene la cultura para crear necesidades y hábitos, para imponer normas y orientar las actividades de los individuos. Hablamos, pues, de la cultura como instrumento para el cambio, no sólo como instrumento de placer y ocio por parte de quienes más tienen.

En las condiciones actuales de desarrollo industrial y tecnológico se impone salir de los paradigmas tradicionales de transmisión y difusión cultural: por ejemplo, valiéndose de la infraestructura disponible, o a ser construida, habría que utilizar la televisión y otros medios para incentivar la educación y promover una cultura con bases locales en los mismos protagonistas.

En la medida en que toda política de desarrollo considera las necesidades de la población, es indispensable que incorpore las políticas culturales en ese mismo sentido. El desarrollo económico debe estimular la acción colectiva y la creación popular, impulsar a que los propios sujetos produzcan el arte y la cultura que requieren para resolver sus propios problemas y afirmar su propia identidad. Como lo indiqué anteriormente, no deja de ser significativo que en esta época en la cual se pregona –y rige– el dogma de la globalización, la identidad diferenciada sea

---

[12] N. García Canclini et al., *Públicos de arte y política cultural. Un estudio del II Festival de la Ciudad de México*, México, Universidad Autónoma Metropolitana-Unidad Iztapalapa, 1991, y su ya mencionado *Consumidores y ciudadanos. Conflictos culturales de la globalización*, ob. cit. en n. 9.

[13] Véanse, entre otros, B. Kliksberg, "Repensando el Estado para el desarrollo social: más allá de dogmas y convencionalismos", lección inaugural del primer ciclo lectivo 1998, San José de Costa Rica, Universidad de Costa Rica, 1998; *Seis tesis no convencionales sobre participación*, Washington D. C., BID, 1998, y su compilación *¿Cómo enfrentar la pobreza? Aportes para la acción*, Buenos Aires, GEL, 1992.

asumida como factor dominante cuando sectores y pueblos marginados o sometidos demandan derechos cívicos. Ante un paradigma de sofisticada exclusión, surge una propuesta de inclusión desde la imagen propia de la diversidad.

No hay pueblo homogéneo ni cultura homogénea y, en consecuencia, tampoco debe haber una sola política cultural para un país, ni mucho menos para toda la región. La variedad de la oferta cultural indica claramente la necesidad de que existan variantes homólogas en el diseño de políticas culturales. Más allá de las identidades específicas, también se requiere pensar en categorías de género y de edad (desde actividades en programas preescolares y centros juveniles hasta centros para la tercera edad). Tanto la proliferación de casas de la cultura y centros juveniles en numerosos Estados de Brasil, Chile y Colombia como el proyecto paradigmático de las orquestas juveniles de Venezuela –cuya meta es atraer menores necesitados y chicos de la calle para desarrollar actividades artísticas y así incorporarlos a una viabilidad social– son modos puntuales de traducir las artes visuales, la música y el teatro en medios de sociabilidad y desarrollo.

Esto exige, a su vez, una reforma democrática del sector cultural precisamente en función del desarrollo. Implica promover legislaciones de incentivos a la cultura que democraticen desde ese polo el espacio público. En términos funcionales, todo programa económico debería incluir documentación equiparable a los análisis de impacto ambiental, lo cual requiere, a su vez, la preparación de un banco de datos de los presupuestos asignados a la actividad cultural, desglosado conforme a las correspondientes unidades administrativas. Por otra parte, exige redefinir las estructuras centralistas y unidireccionales del sector estatal; impulsar una mayor participación del sector privado en la actividad cultural; incentivar el fortalecimiento del tercer sector y ampliar la base de agentes intervinientes y beneficiarios; generar un polo de desarrollo desde la cultura a través de la implementación de nuevos proyectos que articulen la cultura con áreas que van desde la recuperación del patrimonio y el turismo cultural y la ampliación de multimedios culturales hasta pensar, desde la cultura, estrategias de resolución de conflictos y construcción de medidas de paz.

A modo de conclusión, y en el contexto de "Apuestas culturales al desarrollo integral de América Latina", mencionaré dos casos derivados del proyecto "Una cultura para la democracia en América Latina" que se está realizando en la Universidad de Maryland.[14] Con apoyo del BID (Proyecto TC-97-04-24-9-RG), el Ministerio de Cultura de Brasil –a cargo del ministro Francisco Weffort– y el Latin American Studies Center de Maryland están llevando adelante una serie de estudios con la

---

[14] La presentación del proyecto y un documento de trabajo que describe someramente la reunión realizada en San Pablo en 1996, cuyos resultados han sido publicados en S. Sosnowski y R. Patiño (comps.), *Una cultura para la democracia en América Latina*, México, FCE, 1999, pueden ser obtenidos en: http:/www.inform.umd.edu/EdRes/Colleges/ARHU/Depts/LAS/democracy

rúbrica de "Uma cultura para a democracia" a fin de proponer alternativas viables en áreas puntuales de la cultura para fortalecer desde sus diversas instancias la institucionalidad y las prácticas democráticas. El proyecto comprende tres módulos: el primero, llamado "Promoción de la cultura democrática en Brasil", está compuesto por investigaciones que elaboran y analizan indicadores de la cultura democrática brasileña en el sistema educativo, en los medios de comunicación y en espacios no institucionalizados en cuatro líneas de investigación: "Juventud y valores democráticos", "Educación y cultura democrática", "Medios de comunicación y cultura democrática" y "Nuevos espacios de participación democrática". El segundo, "Perspectivas de la reforma del Estado en el sector cultural y comunicacional", comprende estudios y análisis específicos de las estructuras institucionales del sector público en cultura y comunicación, así como trabajos comparativos en otras regiones y países. Su objetivo es proporcionar información precisa sobre las condiciones del sector y ofrecer un repertorio de propuestas para la reforma de éste según criterios y parámetros que favorezcan la democratización de la cultura; este módulo abarca: "Estructura institucional del sector cultural en Brasil", "Estructura institucional del sector cultural en los países del Mercado Común del Cono Sur (Mercosur), Chile y Bolivia", "Análisis comparativo de las estructuras institucionales y políticas de financiamiento del sector cultural y comunicacional (México, los Estados Unidos, Francia, Alemania e Inglaterra)" y "Sector cultural y políticas comunicacionales". El tercer módulo, "Integración cultural en el Mercosur", estudiará el proceso de integración cultural y comunicacional en los países miembro a partir de dos líneas de investigación: "Nuevas identidades e integración cultural" e "Industrias culturales e integración regional". Para presentar los resultados de los dos primeros módulos, se programó el "Seminario regional sobre cultura democrática y reforma del sector cultural", realizado en San Pablo entre el 18 y el 20 de agosto de 1999.

El segundo ejemplo consigna los resultados de una iniciativa surgida de propuestas culturales para contribuir a la resolución del conflicto fronterizo entre Perú y Ecuador.[15] El programa se estableció con líderes de la sociedad civil de ambos países ("diplomacia ciudadana" o de "segunda vía") para que, luego de asimilar técnicas de resolución de conflictos, pasaran a la formulación de recomendaciones precisas, tendientes a solucionar el conflicto fronterizo. Los participantes plantearon propuestas en las siguientes áreas: 1) los problemas ambientales en la región del con-

---

[15] Los detalles de los encuentros realizados en la Universidad de Maryland y en la Pontificia Universidad Católica de Ecuador, así como la nómina de integrantes del grupo y sus recomendaciones, pueden ser obtenidos en la página web o en versión impresa. Desde la firma de los acuerdos de paz entre los presidentes Mahuad y Fujimori, "Ecuador and Perú: towards a democratic and cooperative conflict resolution initiative", se están elaborando medidas puntuales que contribuyan a la construcción de la paz en la región fronteriza y a un mayor acercamiento de ambos pueblos mediante actividades educativas y culturales. Véase: http:/www.inform.umd.edu/EdRes/Colleges/ARHU/Depts/LAS/projects/Ecuador.html

flicto; 2) el rol de la prensa y de los medios de comunicación en la formación de la opinión pública; 3) el papel de la educación en el conocimiento mutuo; 4) el rol de los empresarios en el desarrollo de la economía del área, y 5) las posibles contribuciones de la sociedad civil a la diplomacia de primera vía.

Las siguientes son algunas de las múltiples propuestas surgidas de ambos encuentros y que ya han sido concretadas o se están realizando: 1) Crear un programa de ordenamiento ambiental para luego pasar a un inventario y análisis de la factibilidad económica ambiental de proyectos de desarrollo ya ejecutados, existentes o potenciales para la región fronteriza. La propuesta de crear el "Parque de la Paz" –incorporada a la firma de la paz entre ambos países– surgió del encuentro realizado en College Park en agosto de 1997. 2) Apoyar a las poblaciones locales para su participación activa y plena en el Programa de Desarrollo Transfronterizo, creando programas específicos para las comunidades nativas y fortaleciendo los ya existentes. 3) Crear una página web para informar sobre condiciones en la región y difundir propuestas sobre la construcción de la paz y el desarrollo. 4) Organizar programas de intercambio de periodistas de prensa, radio y televisión. 5) Promover un diálogo cívico-militar dentro de cada país, así como entre ambos países, reforzando la iniciativa que ya ha desarrollado para su país la Pontificia Universidad Católica de Ecuador. 6) Crear un premio binacional para aquella persona, organismo o institución que más contribuya al proceso de paz entre los dos países. 7) Hermanar ciudades ecuatorianas y peruanas como un modo de integración de los pueblos. 8) Modificar los textos escolares que acentúan el distanciamiento y el conflicto entre peruanos y ecuatorianos y considerar la redacción de una historia binacional a ser usada en ambos países. 9) Solicitar una cátedra UNESCO de resolución de conflictos que lleve el nombre "Ecuador-Perú" u otra variante que simbolice el acercamiento entre ambos pueblos. 10) Crear una agenda de programas comunes entre las cámaras de producción de Ecuador y Perú, que también abarque otros aspectos de la economía. 11) Buscar la cooperación técnica internacional necesaria para la eliminación y limpieza de los campos minados en la región del conflicto.

La ayuda prestada por los miembros del grupo –empresarios, líderes de comunidades indígenas y representantes de la Iglesia, rectores y profesores universitarios, expertos en política ambiental, periodistas y especialistas en educación cívica y en derechos humanos– ha sido ampliamente cubierta por la prensa de ambos países y reconocida por sus respectivas cancillerías.

Desafíos económico-culturales de América Latina (cultura "tradicional" e industrias culturales)*

Hugo Achugar

Reflexionar sobre la producción de valores económicos y simbólicos o sobre la producción cultural y la creación de empleos en América Latina implica, antes que nada, fundamentar su existencia o su legitimidad como temática, así como establecer las importantes consecuencias que tiene para la elaboración de políticas culturales. Implica, de hecho, reflexionar sobre la incomprensible invisibilidad que para parte de la academia –en particular, pero no únicamente, los economistas– y de los administradores políticos tiene un fenómeno cuya presencia es insoslayable.

La investigación y el análisis de la relación entre cultura, valor y trabajo en América Latina han sido, si no nulos, bastante escasos y, en el mejor de los casos, han sido realizados, desde presupuestos teóricos y disciplinarios antropológicos o sociológicos, como una parte menor de investigaciones cuyos intereses no estaban centrados en la elaboración de políticas públicas de la cultura. Esto se debe a varias razones, pero entre las fundamentales es posible enumerar:

1) la persistencia en la sociedad latinoamericana de una concepción acerca de la cultura que entiende que el "valor" cultural es simbólico y, por lo mismo, redituable sólo a nivel espiritual, así como la de una concepción "demonizada" de la "cultura masiva" y de las llamadas "industrias culturales";[1]

---

* Parte de la argumentación del presente ensayo recoge lo expresado por el autor en "La incomprensible invisibilidad o acerca de cultura, valor y trabajo en América Latina", artículo presentado al "Seminario sobre políticas culturales" organizado por el Sistema Económico Latinoamericano (SELA) en agosto de 1998 en la ciudad de Buenos Aires.

[1] Se entiende por "producción cultural", en el presente trabajo, no sólo la producción artística tradicional –literatura, pintura, música, teatro y equivalentes– sino el conjunto de bienes y servicios relacionados tanto con lo que se ha llamado "alta cultura" como con lo que resulta de las "industrias culturales" o "cultura masiva" –radio, televisión, revistas, discos, conciertos, recitales, videos, cable, etc.–, de la "cultura popular" o "cultura folclórica" –artesanías, eventos populares, por ejemplo ferias, "fiestas folclóricas", etc.– y de las diversas instituciones "culturales" –casas de cultura, museos, galerías, etc.–, sin tener en cuenta, por otra parte, todo lo relacionado con el ámbito de la educación. Algunos trabajos e investigaciones sobre el significado económico de la cultura tienden a incluir además otras áreas, entre las que se destacan el turismo, la informática y el deporte. Véase al respecto el análisis de Mauricio de María y Campos en relación con el TLC.

2) la ausencia de interés por la "economía de la cultura" tanto entre los encargados de elaborar y administrar políticas culturales como entre los economistas latinoamericanos, y la consecuente ausencia de dicha problemática en los planes de estudio de las universidades de la región;

y en parte, en función de lo anterior:

3) la ausencia de datos desagregados relativos a los bienes y servicios culturales en los informes y estadísticas suministrados por las reparticiones estatales –que tienen a su cargo la información económica en el ámbito nacional y en el internacional–, en organismos regionales como la Asociación Latinoamericana de Integración (ALADI), la CEPAL, el SELA, etcétera.

El presente trabajo considera tanto las relaciones entre economía y cultura como la relevancia del tema para la creación de empleo y para la instrumentación de las políticas culturales en América Latina. En particular, se atenderá a las llamadas "industrias culturales" y al peso que éstas tienen en las economías contemporáneas y en la generación de empleo.

El debate acerca de la cultura

Hay, hoy en día, tres maneras o conceptuaciones centrales en el abordaje de la cultura; dichas maneras surgen de disciplinas o de tiempos históricos muy precisos. Así, la cultura entendida como equivalente a "bellas letras" o "bellas artes" –es decir, a la producción artística– está ligada al proceso de autonomización del arte respecto de la esfera política, que coincide con el triunfo de la modernidad (siglo XVIII en adelante) y con la constitución de los Estados-nación tanto en Europa como en las Américas. La cultura entendida como el conjunto de actividades creadas o construidas por la sociedad humana se corresponde disciplinariamente con la antropología y aunque distinga entre productos artísticos y productos que no lo son, no reduce la noción de cultura a lo que resulta de la llamada "alta cultura"; más aún, no privilegia ni la alta ni la baja cultura.

Por otro lado, a partir del desarrollo de las llamadas "industrias culturales" en el siglo XX (cinematografía, discografía, televisión, etc.), la noción de cultura sufre una transformación que es producto de la redefinición de la tensión que durante el siglo XIX se había establecido entre cultura urbana (o alta cultura) y cultura rural (o cultura popular), ya que lo popular se vuelve urbano y masivo y no se corresponde con la noción tradicional de "cultura popular" entendida como sinónimo de lo folclórico o rural.

Esto hace que hoy en día la reflexión sobre la cultura o las culturas deba precisar el sentido con que se utiliza la propia noción "cultura". La cultura entendida como el campo de las producciones simbólicas que incluye la producción artística tradicional pero que no se limita a ella; es decir, la cultura como un sistema que incluye las llamadas "alta cultura", "cultura popular" y "cultura masiva" ha comenzado a ser objeto de análisis en América Latina desde hace cierto tiempo.

Sin embargo, los estudios y análisis que han intentado dar cuenta de dicho sistema cultural no han considerado la variable económica y, de modo particular, no han considerado las implicaciones laborales y económicas de dicha producción tanto en el ámbito nacional como en el continental; salvo, claro está, la atención que se le ha prestado al "consumo cultural". Por otra parte, del lado de los economistas apenas comienza a ser tomado en cuenta como un objeto legítimo de estudio e investigación.[2]

El debate sobre las relaciones entre economía y cultura, así como la información sobre el significado económico de la cultura, presentan un desarrollo claramente diferenciado en los países latinoamericanos, según los ámbitos en que se realice: en ámbitos político-administrativos y económicos está todavía en una instancia de legitimación; es decir, está en un proceso de discusión la propia pertinencia o legitimidad de que los economistas, los científicos sociales y/o los encargados de diseñar e instrumentar las políticas culturales estudien las implicaciones económicas y laborales del sistema cultural.

A lo más que se ha llegado es a analizar desde un punto de vista económico algunos sectores del sistema cultural, en particular el relacionado con las "industrias culturales" (cine, video, televisión, etc.), mientras los sectores tradicionales –la "alta cultura" o las instituciones vinculadas al sistema de la "alta cultura" (museos, conservatorios, etc.) y la "cultura popular"– quedan por lo general fuera del alcance de dichas investigaciones o reflexiones. Por otro lado, en el ámbito de los estudios culturales o de la crítica cultural se ha comenzado a elaborar hace poco tiempo una reflexión que aparece focalizada en torno al llamado "consumo cultural" y a la "integración regional".

Además, el debate latinoamericano –desarrollado entre algunos administradores culturales– sostiene posiciones como la siguiente, del director de Cultura de la Intendencia Municipal de Montevideo, que demuestra el estado de la investigación y de la discusión:

> la costumbre es oír a la gente de la cultura hablando de los valores sublimes del arte o del próximo evento a realizarse, pero no es común participar en discusiones acerca de la incidencia del hecho cultural en la economía del país, y viceversa.
>
> [...] conviene evitar algunos reduccionismos que se han expresado desde que aparecieron las primeras cifras [se refiere a los avances de una investigación sobre el significado económico y laboral de la cultura en Uruguay realizada en 1996, H. A.]. No se trata de "demostrar la rentabilidad" de la cultura para poder "vender" o "negociar" con la autoridad o el patrocinante de turno. Eso puede ser una consecuencia del estudio

---

[2] Entre los pocos ejemplos que pueden ser nombrados, cabe mencionar en Uruguay los trabajos de los economistas Claudio Rama y Luis Stolovich.

realizado, pero es menor. En el fondo está todo lo otro que puede resumirse en la necesidad de conocer dónde estamos parados, sobre qué bases ciertas se desenvuelve una actividad que refiere a una necesidad básica del ser humano (Gonzalo Carámbula, 1997, pp. 7 y 9).

Por su parte, desde la Presidencia de la República de Colombia se recoge –en una publicación que da cuenta del debate desarrollado en 1995 "en torno a la Ley General de Cultura y a la creación de un Ministerio de Cultura en Colombia"–, entre otras, la opinión de Cristóbal Halffter, quien sostiene:

> Claro que las más importantes instituciones culturales de una nación son deficitarias; siempre lo han sido y así lo serán en el futuro. Pero ya es hora de hacer saber a quien corresponda que su rentabilidad consiste en proporcionar otros bienes que no son mensurables en dinero pero sí en grados de libertad, en nivel de independencia de pensamiento y formación, que son lo que hacen que el ser humano pueda adquirir madurez y la sociedad en la que vive una mayor capacidad de enjuiciar su entorno y no dejarnos embaucar por demagogias baratas (1995, p. 313).

Sin embargo, en la misma publicación, Giovanna Carvajal Barrios afirma que:

> Lo lamentable es que [...] en muchos países, de manera particular en el nuestro [Colombia, H. A.], los dirigentes aún ignoran la presencia de las industrias culturales en la conformación de la cultura. Esto tiene que ver, en primer lugar, con la noción de cultura que manejan instituciones gubernamentales y sus funcionarios, según la cual "cultura" se reduciría al folclore o a las bellas artes, y las políticas culturales se limitarían al rescate y conservación de los monumentos (1995, p. 197).

La diversidad de opiniones refleja el estadio de transición en que se encuentra el debate latinoamericano respecto de la ecuación economía-cultura –en especial, la problemática del "valor y la cultura"– y asimismo respecto de la relación entre cultura e industrias culturales. Sin embargo, trabajos recientes –sobre todo, a partir del análisis de los fenómenos de globalización y de los procesos de integración regional– han comenzado a discutir no sólo los aspectos del "consumo cultural", sino también las implicaciones que el sistema cultural y la producción de bienes y servicios tienen en la vida económica de los países latinoamericanos.

Si bien en cierto modo se puede afirmar que el debate latinoamericano está mayoritariamente influido por una concepción francfortiana, según la cual las industrias culturales son "enemigas" de una concepción humanista de la cultura y propenden a la "alienación" de los seres humanos –posición sostenida, si no estrictamente en estos términos, al menos en su espíritu–, y que por lo mismo implícitamente rechazan o resisten un análisis que tienda ya no a vincular valor económico y valor cultural sino a integrar en su "valoración" y en sus análisis aquellas manifestaciones culturales que estén vinculadas al "mercado", también es cierto que hay trabajos más recientes que aspiran a otra lectura del fenómeno sin que ello suponga una posición a-crítica a la "calidad" de la producción cultural relacionada con la "cultura masiva".

Entre otros, Néstor García Canclini, en *Consumidores y ciudadanos. Conflictos multiculturales de la globalización*, no sólo plantea la ausencia de "una teoría sociocultural del consumo" sino que –lo cual es más relevante para la presente reflexión–, a partir de una definición del consumo como "el conjunto de procesos socioculturales en que se realizan la apropiación y los usos de los productos", se propone ver a "los actos a través de los cuales consumimos como algo más que ejercicios de gustos [...] tal como suelen explorarse en encuestas de mercado" (1995, pp. 42-43).

Fuera de América Latina, el debate presenta aspectos específicos; en este sentido, resulta de interés la posición del inglés Andrew Sayer, quien en "The dialectic of culture and economy: the economisation of culture and the culturalisation of economy" sostiene que:

> Against those cultural theorists who have claimed that the distinction between culture and economy is now defunct, I argue that the former includes intrinsic or non-instrumental values while the latter is essentially a kind of instrumental action, and that this distinction is of considerable moral and political importance. By reference to the social and cultural embedding of economic practices, work culture and consumption, and especially politics and the alleged shift from an economic politics of distribution to a cultural politics of recognition, it is argued that what appear to be cases of "culturalisation of economy" often involve an instrumentalisation of culture for economic ends. Although cultural values are not always good, and the instrumentalisation of culture for economic ends has good as well as bad effects, recent kinds of cultural studies have been complicit in the economisation of culture and its reduction of moral and political values to matters of lifestyle and consumer preference.[3] [En contraste con los teóricos culturales que han sostenido que en estos momentos la distinción entre la cultura y la economía se encuentra difusa, afirmo que la primera incluye valores intrínsecos y no instrumentales, mientras que la última es un tipo de acción esencialmente instrumental, y que esta

---

[3] En la página "Cultural turns/geographical turns. Plenary talks: titles, abstracts and further reading" de Internet se recoge lo planteado en el módulo 3 "Culture and political economy". Andrew Sayer postula, bajo el título "The dialectic of culture and economy: the economisation of culture and the culturalisation of economy", lo siguiente: "Abstract: The paper is prompted by the 'cultural turn' and the accompanying decline in interest in economic matters, and the possibility that it may be a response to a change in the dialectic of culture and economy, in which economic phenomena are becoming increasingly 'culturalised'. Against those cultural theorists [...] and consumer preference". [Resumen: El trabajo surgió a partir del "giro cultural" y el consecuente declive en el interés por asuntos económicos y la posibilidad de que pueda ser una respuesta al cambio en la dialéctica de la cultura y de la economía, en la que los fenómenos económicos se están transformando cada vez más en fenómenos "culturalizados". En contraste con los teóricos culturales (...) y preferencia del consumidor.] Internet: http://www.geog.lamp.ac.uk/culturalturns/Page4c.html

distinción es de gran importancia moral y política. En cuanto a la inclusión de lo social y cultural en las prácticas económicas, la cultura laboral y de consumo, y en especial la política y el pretendido cambio de una política económica de distribución a una política cultural de reconocimiento, se discute que los que parecen ser casos de "culturalización de la economía" a menudo implican una instrumentalización de la cultura para fines económicos. Aunque los valores culturales no siempre son buenos y la instrumentalización de la cultura para fines económicos tiene efectos buenos y malos, ciertos estudios culturales recientes han sido cómplices en la economización de la cultura y su reducción de valores morales y políticos a asuntos de estilos de vida y preferencia del consumidor.]

Lo postulado por Sayer parecería ir a contracorriente de la posición que reclama la necesidad de analizar las características y la importancia de la relación entre economía y cultura rescatando la distinción entre cultura y economía en función del valor; es decir, rescatando una distinción fundada en el carácter instrumental o no de la cultura. De hecho, dicha posición evoca o parecería evocar la distinción entre "valor de uso" y "valor de cambio" de cuño marxista e insistiría en el carácter particular que presenta la producción cultural en relación con el tema del valor.

Ahora bien, la posición de Sayer supone un estadio del debate donde lo discutido no es la relevancia económica de la cultura sino, por el contrario, los riesgos de una "excesiva" economización de la cultura. En este sentido, parecería ser que el debate hubiera superado ampliamente el estadio de su pertinencia o legitimidad y hubiera alcanzado un nivel de confrontación en torno a temas vinculados con la conexión entre "consumo" y "ciudadanía", que si bien pone en cuestión la disolución de la frontera que separaría "cultura" de "economía" —como argumenta Sayer—, no deja de reconocer que las relaciones existan y que su debate suponga materia de relevancia en el ámbito moral y político. De hecho, la argumentación acerca de los riesgos de una "excesiva" y eventual economización de la cultura parecería hacerse eco del debate en torno a la función que cumplen el "mercado" y la producción cultural.[4]

Pero el debate sobre la relación entre economía y cultura ha introducido otras posiciones acerca de la "economización de la cultura"; esto es lo que ocurre, por ejemplo en el Reino Unido, con lo que podría denominarse el estudio del "consumo cultural". Así, Suzanne Reimer y Deborah Leslie sostienen que

> that a commodity chain, or systems of provision, approach allows researchers to address more carefully the complex interplay between moments of production and consumption

---

[4] El análisis de la relación entre "mercado" y "cultura" está presente, por ejemplo, en el trabajo de Alicia Entel recogido en *Cultura Mercosur*, donde se expresa una de las posiciones en las que está planteado el debate.

[...y en ese sentido entienden que se debe considerar seriamente el argumento de] [...] Jackson and Thrift's (1996) [...] that boundaries between the economic and the cultural still remain remarkably persistent. "It is still too often assumed", they argue, "that cultural approaches to the economic are confined to the field of consumption (rather than extending to all areas of economic life)" (ibíd., p. 229)[5] [el enfoque de una cadena de artículos de consumo, o sistemas de provisiones, permite que los investigadores se dirijan con mayor cuidado a la compleja acción recíproca entre los momentos de producción y los de consumo (...y en ese sentido entienden que se debe considerar seriamente el argumento de) (...) Jackson y Thrift's (1996) (...) de que los límites entre lo económico y lo cultural aún persisten notoriamente. Argumentan que "a menudo se asume que los enfoques culturales a lo económico están limitados al campo del consumo (más que a proyectarse a todas las áreas de la vida económica)"]

En ese sentido, el debate acerca de la relación entre economía y cultura no parecería radicado sólo en el ámbito del llamado "consumo cultural" sino también en

---

[5] La cita completa es como sigue: "Questions surrounding the nature of linkages between economy and culture form the central focus of the paper, which draws upon plenary talks presented by Andrew Sayer and Linda McDowell. Arguments derive from a collaborative research project examining commodity chains in the home furnishings industry, which seeks to explore the specific relationships that unite production and consumption and the role that space plays in mediating relationships across the commodity chain. The first section of the paper argues that a commodity chain, or systems of provision, approach allows researchers to adress more carefully the complex interplay between moments of production and consumption. Here, the paper takes seriously Jackson and Thrift's (1996) claim that boundaries between the economic and the cultural still remain remarkably persistent. 'It is still too often assumed', they argue, 'that cultural approaches to the economic are confined to the field of consumption (rather than extending to all areas of economic life)' (ibíd., p. 229). A second section utilises the authors' ongoing study of the home furnishings industry in the UK and Canada to illustrate interactions between different sites in the commodity chain. We would argue that links are not strictly linear, but rather that the connections are forged in a weblike fashion." [La cuestión sobre la naturaleza de la articulación entre la economía y la cultura forma el punto central del trabajo que se inspira en las presentaciones plenarias de Andrew Sayer y Linda McDowell. El tema surge de un proyecto de investigación en colaboración que examina las cadenas de artículos de consumo en la industria de accesorios del hogar y que busca explorar las relaciones específicas que unen la producción y el consumo y el papel que el espacio desempeña en las relaciones de mediación a través de la cadena de los artículos de consumo. La primera parte del trabajo argumenta que el enfoque de una cadena de artículos de consumo, o sistemas de provisiones, permite que los investigadores se dirijan con mayor cuidado a la compleja acción recíproca entre los momentos de producción y los de consumo. Aquí, el trabajo toma seriamente el argumento de Jackson y Thrift's (1996) de que los límites entre lo económico y lo cultural aún persisten notoriamente. Argumentan que "a menudo se asume que los enfoques culturales a lo económico están limitados al campo del consumo (más que a proyectarse a todas las áreas de la vida económica)" (ibíd., p. 229). Una segunda sección utiliza el estudio de los autores sobre la industria de accesorios del hogar en el Reino Unido y Canadá a fin de ilustrar las interacciones entre los diferentes sitios en la cadena de artículos de consumo. Discutiríamos que los enlaces no son estrictamente lineales, sino que más bien las conexiones se forjan a la manera de un tejido.]

otras "áreas de la vida económica", lo que permitiría suponer que junto al "consumo" estarían, por lo menos, las instancias de producción, circulación y reproducción, así como otros aspectos referidos a la socialización en el lugar de trabajo y en los demás ámbitos de la vida cotidiana.

La diversidad de posiciones presentes en la reflexión referida a la relación entre cultura y economía no sólo tiene que ver con distintas posiciones teóricas o con distintos ámbitos disciplinarios desde donde se desarrolla; tiene que ver además con el dato obvio de que se discute y se teoriza a partir de distintos lugares. Es decir, tiene que ver con el desigual desarrollo de la cultura y de las disciplinas y teorías, pero muy especialmente con las diferentes agendas políticas donde se desarrollan dichos debates y desde donde se participa en ellos; esto es, el lugar desde donde se habla.[6]

En cuanto a América Latina, es posible señalar que existen distintas problemáticas:

1) La primera está referida a la ausencia de investigaciones vinculadas al establecimiento del significado económico de la cultura.

    Esto también presenta diferencias en su tratamiento entre América Latina y algunos países del llamado Primer Mundo. Así, mientras es posible disponer de datos referentes al peso del sector cultural en el PBI y en el empleo para países como los Estados Unidos, Inglaterra, Francia, Suecia y los Países Bajos, en relación con los países de América Latina esa información es escasa.

2) La segunda se relaciona con la importancia que el conocimiento del volumen económico de la cultura tiene respecto de las políticas públicas.

    El hecho, aparentemente de escasa trascendencia para el debate teórico, tiene una relevancia fundamental a la hora de la elaboración de las políticas culturales, tanto en el ámbito público como en el privado. Por ejemplo –para referirnos sólo a los procesos vinculados con negociaciones como las de la Ronda Uruguay o a los tratados de integración regional–, cuando en los países latinoamericanos se intenta responder a preguntas como las siguientes: ¿qué está pasando con las políticas culturales en tanto espacio de con-

---

[6] La idea del "lugar desde donde se habla" (Achugar, 1994) es afín a lo planteado por Walter Mignolo en relación con los *"loci* de enunciación" y a lo planteado por Michel de Certau en relación con el "lugar donde se discute la cultura". De Certau señala al respecto que: "Nâo poderemos, portanto, discutir a cultura assim como seus aspectos globais, sem reconhecer, em primeiro lugar, o fato de que tratamos desse assunto apenas segundo um certo lugar, o nosso. Nunca podemos obliterar nem transpor a alteridade que mantêm, diante e fora de nós, as experiências e as observações ancoradas alhures, em *outros* lugares. Estamos, portanto, sujeitos à lei tácita de um lugar particular". [Por lo tanto, no podremos debatir la cultura y sus aspectos globales sin reconocer, en primera instancia, el hecho de que tratamos ese tema sólo desde un cierto lugar, el nuestro. Nunca podemos obliterar ni trasponer la alteridad que mantienen, delante y fuera de nosotros, las experiencias y las observaciones ancladas allende, en *otros* lugares. Estamos, por consiguiente, sujetos a la ley tácita de un lugar particular.]

frontación y de negociación de los diversos agentes sociales del país? o, en otros términos, ¿cuál es el posicionamiento que el Estado y la sociedad civil tienen respecto de los diversos proyectos de país en el marco de los distintos procesos de integración regional y de la globalización? o, incluso, ¿cuáles son los sectores de la actividad cultural que pueden ser negociados y en qué condiciones se deben realizar tales negociaciones en el marco de los procesos de integración regional o de las negociaciones mundiales? Se procede, en general, sin contar con una información adecuada sobre cuál es la realidad económica de la actividad cultural.

3) Los debates acerca de la circulación de bienes y servicios culturales en muchos de nuestros países aparecen atravesados por la oposición "universalismo" *versus* "nacionalismo" cultural y suelen derivar en otros debates respecto de la urgencia de replantear la función del Estado como productor de cultura, cuando se argumenta fuertemente la necesidad de un "Estado de bajo perfil" en relación con la cultura y también la indispensable "privatización" de la cultura.

Este aspecto del debate muestra una preocupación o un nivel de discusión centrado en uno de los clivajes tradicionales de la "alta cultura" latinoamericana: la tensión entre "universalismo" y "localismo"; tensión que atraviesa la historia de la cultura continental desde, por lo menos, el siglo XIX y que ahora se sobrepone a la de la transformación del Estado y a la de la "globalización". Pero dicho debate se desarrolla en medio de un desconocimiento casi absoluto de los datos básicos o "datos duros" relativos al comportamiento y al desarrollo del sistema cultural de los distintos países de América Latina, lo que a la hora de elaborar políticas culturales en relación con los procesos de integración regional y con la globalización no permite que el debate intelectual logre dar cuenta de las transformaciones económico-culturales.

La producción de valores económicos y simbólicos

Françoise Benhamou comienza *La economía de la cultura* con la siguiente afirmación de Alfred Marshall realizada en 1891:

> Es imposible evaluar objetos tales como los cuadros de los grandes maestros o las monedas extrañas, puesto que son únicos en su especie y no tienen equivalente ni competidor [...] El precio de equilibrio en las ventas [de dichos objetos] se fija muchas veces al azar; sin embargo, un espíritu curioso podría obtener cierto grado de satisfacción realizando un minucioso estudio de este fenómeno (Benhamou, 1997, p. 19).

De 1891 al presente, la economía de la cultura se ha ido desarrollando hasta obtener en 1994 el reconocimiento institucional con un trabajo de investigación de David Throsby en el *Journal of Economic Literature*. El hecho de que en algunas economías la cultura en general, y no sólo la industria cultural, sea una parte importante del PBI no ha sido lo suficientemente reconocido en los países latinoamericanos como para que la investigación y el análisis de la relevancia de la cultura en relación con la fuerza de trabajo y su trascendencia económica hayan sido encarados con el rigor con que otros aspectos de la economía y del trabajo –muchas veces con un significado mucho menor– son tratados.

Es evidente y ha sido señalado en muchas oportunidades que la relación entre valor económico y valor cultural (o simbólico) no es necesaria. Es decir, mientras algunos productos culturales generan valor económico, lo contrario –productos con valor económico que generan valor cultural– no siempre es cierto. El tema es particularmente relevante pues supone no sólo una diferencia entre valor económico y valor cultural o simbólico, sino también una clara diferencia en el funcionamiento de ambos valores; más aún, cabría en el caso de la cultura diferenciar entre bienes (mercaderías) y servicios.[7]

Ahora bien, si es cierto que una de las diferencias más evidentes entre un "producto cultural" y otro cualquiera radica en el hecho de que ambos mantienen relaciones no homólogas entre inversión, trabajo y rentabilidad, también es cierto que esto no funciona de manera universal para todo tipo de producto cultural. Es decir, en algunos casos –sobre todo en el ámbito de la "alta cultura"–, la relación entre inversión, trabajo y rentabilidad, así como su durabilidad, ya no son mensurables con los parámetros de referencia de los productos culturales en general, sino que tampoco lo son en cuanto a los productos culturales de la cultura masiva.

No hay duda de que esta suerte de "especificidad" económica del producto cultural ha planteado desafíos a la teoría económica general. En especial, uno de los factores más problemáticos tiene que ver con el comportamiento de ciertos "productos culturales" en términos de la durabilidad. La caducidad o la permanencia del producto cultural no es determinable de antemano como ocurre con otro tipo de productos ni tampoco depende de la inversión, de los materiales o del trabajo involucrados en su producción.

Así, es posible pensar que ciertos productos culturales pueden generar una rentabilidad y ofrecer una durabilidad en proporción inversa a su inversión; es decir, mientras ciertos productos de gran rentabilidad y durabilidad fueron realizados con escasa inversión, otros con inversiones multimillonarias no logran rentabilidad y su durabilidad es escasa. La imprevisibilidad del producto cultural –pertenezca ya a la cultura masiva, ya a la alta cultura– es uno de los desafíos centrales en relación con el análisis del valor y constituye una de sus especificidades. Otra, como ya vimos, la constituyen las particularidades de su rentabilidad, pero en el caso de la rentabilidad

---

[7] De hecho, la diferencia ya existe, por ejemplo, en el modo en que la ALADI registra los rubros relacionados con la cultura, pues dicha institución solamente toma en cuenta el intercambio de bienes culturales pero no el de los servicios.

el debate —como surge de la posición expresada por Halffter— no sólo se da en sus peculiaridades económicas.

Sin embargo, estas especificidades del comportamiento de la producción cultural tampoco parecen resolverse recurriendo a la tradicional caracterización que supone una diferente función del producto cultural. Es decir, no parece suficiente señalar que el producto cultural satisface necesidades "espirituales" y que su consideración debe regirse por teorías del valor propias. Por lo anterior, un análisis que enfatice la condición de mercadería y tome en cuenta de modo especial el llamado "consumo cultural" no sería —de acuerdo con esta concepción— pertinente.

Ahora bien, para la línea de argumentación precedente, parece seguir teniendo validez la distinción entre "valor de uso" y "valor de cambio" a la hora de considerar la producción cultural, lo cual se vuelve particularmente relevante cuando se trata de determinar políticas culturales y, sobre todo, de definir la función del ámbito público y del ámbito privado en relación con el sistema cultural.

La tradicional y decimonónica concepción de la cultura como "bellas letras" o "bellas artes" se apoyaba en su oposición al interés mercantilista de la actividad industrial o comercial desarrollada por la sociedad en su conjunto. En ese sentido, se entendió en muchos países latinoamericanos que la producción cultural era una tarea que por sus especiales características —entre las cuales no era menor el hecho de su "escasa" rentabilidad— debía ser encarada por el Estado o, de no ser así, al menos subsidiada. Más aún, a pesar de que la primera etapa del desarrollo de la industria cultural —cine, radio e industria discográfica— se dio antes de la década de 1950, cuando todavía no se había instalado plenamente la televisión, la vinculación entre "cultura" e "industrias culturales" no sólo no era considerada válida sino que además era una cuasicontradicción en sus términos. De este modo, los nuevos productos culturales podían ser entendidos como productores de valor en el sentido de "valor de cambio", mientras que no se consideraba que su "valor simbólico" o "cultural" fuera especialmente significativo.

La concepción tradicional reconocía ámbitos diferenciados para la "alta cultura" y para la "cultura comercial", en términos de actividad económica que hoy ya no parecen tener sentido. Las empresas editoriales, los *megashows* de tenores líricos, las galerías de arte y las subastas de arte suponen una "industrialización" de la "alta cultura" impensable para el paradigma espiritualista y anticomercial de la cultura.

Con referencia a lo anterior, se ha producido un parcial retiro del Estado en la financiación de la cultura que apenas se limita, en el mejor de los casos, a hacer inversiones estratégicas para proyectos políticos o inversiones de infraestructura (complejos culturales, teatros, museos, etc.), que aun cuando no siempre sean rentables en el ámbito económico, sí lo son en el ámbito de la "rentabilidad" política.

Por último, la idea de que uno de los problemas centrales de la producción cultural contemporánea es la financiación y la inversión no siempre rescatables ha determinado modificaciones —en algunos países— del sistema tributario. En ese sentido, la antigua "ley Sarney" de Brasil, así como la ahora vigente, han "privatizado" la financiación de la producción cultural, en particular aunque no únicamente de la "alta cultura", y restituido de hecho la vieja función del "mecenazgo cultural".

Lo anterior muestra que la producción de valores simbólicos y económicos plantea una serie de desafíos para la concepción tradicional de la cultura, cuya resolución incide de manera fundamental en la elaboración de políticas públicas. Más aún, muestra que la determinación del valor económico de la cultura no significa desconocer su valor simbólico y a la vez que es más que posible que el valor simbólico implique un valor económico no siempre visible.

La invisibilidad de la generación de empleos

El trabajo cultural en términos de empleo, a su vez, parece asimismo ser invisible en América Latina. Esta invisibilidad no sólo se refiere al hecho de que la sociedad no "valore" el trabajo cultural como fuente de empleo y de riqueza, sino también al hecho de que se desconozcan su importancia y su significado.

En ese sentido, la fuerza de trabajo involucrada por el sector cultural es mucho mayor de lo que comúnmente se cree y de lo que aparece en los diversos estudios sobre el empleo en nuestros países. Entre otras razones, porque gran parte del trabajo aparece registrada en rubros no desagregados en función de la variable cultural. Esto es válido no sólo para el empleo en el ámbito estatal sino también para el privado.

Pero el hecho de que el trabajo generado por el sistema cultural sea invisible en censos y análisis del empleo no explica todo. Tampoco lo explica el hecho de que el número de "trabajadores culturales" que logran altos niveles de ingreso sea reducido. Después de todo, si se analiza la estructura de ingresos en la mayoría de las actividades, el número de personas que logran una remuneración comparable a la de los creadores, intérpretes o empresarios exitosos no es muy diferente.

Es posible que además de la tradicional desvalorización y, por lo tanto, el "desprestigio" del empleo cultural, operen otros factores en esta desatención. Una parte importante de los trabajadores culturales –sobre todo entre creadores, intérpretes y artesanos– presentan características propias del sector informal y por lo mismo no están integrados al aparato de prestaciones sociales, seguros médicos, tributación, sistemas jubilatorios, etc. Esta "informalidad" de gran parte del sistema de producción cultural lo vuelve –a menudo de modo inconsciente– asimilable a una suerte de "marginación" del sistema laboral y productivo. Marginación que opera además en el sistema de valores de la sociedad supuestamente "productiva" y también en el horizonte de expectativas del conjunto de la sociedad que desecha la posibilidad del trabajo en el sistema cultural y apuesta a los otros tipos de trabajo.

Sin embargo, y al contrario de lo que se podría suponer, como señala Luis Stolovich, quienes trabajan en la cultura no son todos informales ni sólo creadores:

> La cultura es una importante fuerza de trabajo para creadores, intérpretes, empresarios, empleados y trabajadores independientes de empresas productoras, industriales, de medios, de comercialización mayorista y minorista de agencias de publicidad, instituciones culturales, etc., así como para quienes se ocupan en actividades anexas, encadenadas a la producción cultural, en servicios técnicos, de apoyo, etc. (1997, p. 289).

A esta enumeración de trabajadores es posible agregar a aquellos, más cerca de la imagen informalizada del trabajo, que "realizan una práctica *amateur* de las artes y la cultura, como es el caso de los plásticos o músicos" [...] y a aquellos "familiares no remunerados en algunas actividades como la artesanía", donde se estima –para el caso de Uruguay– que hay entre uno y dos familiares por cada artesano (Stolovich, 1997, p. 290).

Es cierto también que el número de trabajadores involucrados por el sistema cultural no se refiere a personas con empleo de tiempo completo y que el multiempleo ha sido una característica de la producción cultural. Sin embargo, el trabajo –directo e indirecto– generado por la actividad cultural es mucho mayor del que normalmente se piensa.[8]

El hecho de que en varios países el complejo cultural tenga un peso mayor que el de varias industrias de importancia tradicional, tanto en relación con el PBI como en la generación de empleo –en el Reino Unido supera a la industria del automóvil y de la alimentación, situándose en el mismo nivel que las industrias químicas y los textiles sintéticos, y en los Estados Unidos sólo el subsector de las actividades culturales realizadas por organizaciones sin fines de lucro emplea casi a tantas personas como el sector de la construcción y más que la minería, los servicios jurídicos, la policía o la forestación–,[9] no parece, sin embargo, haber suscitado entre los responsables de la conducción y de la sistematización de la información económica de América Latina una preocupación por su recopilación y por su estudio.

La invisibilidad del trabajo generado por el sistema cultural se vuelve particularmente relevante no sólo por indicar los "silencios" que suponen los estudios que intentan dar cuenta de nuestra sociedad, sino por la importancia que representan a la hora de determinar las políticas de creación de empleo en nuestros

---

[8] Para el caso de Uruguay –con una población total de 3.142.000 habitantes– se ha calculado que la cultura emplea alrededor de 65.000 personas.

[9] Estos datos son citados por Luis Stolovich en *La cultura da trabajo* (p. 11). En el mismo estudio se aportan datos relativos a la Argentina, donde "el complejo editorial, sonoro, audiovisual y las inversiones institucionales realizadas en la cultura representan entre el 4 y el 5% del PBI, según datos de 1992; [y que] duplican el nivel de minas y canteras e igualan el nivel de la construcción y del sector transportes y comunicaciones" (p. 11).

países. La creciente preocupación respecto del desempleo estructural y la multiplicación de planes, en los distintos países y en algunos organismos internacionales, no parece considerar el sector cultural como un área de gran potencialidad en la generación de empleos.

Esto, sin embargo, plantea el desafío de atender a la parcial "informalidad" que presentan ciertos sectores de la producción cultural, lo que obligaría –como empieza a ocurrir en varios países– a estudiar no sólo sistemas de tributación que los integren[10] sino también sistemas de reconocimiento y de aporte a las distintas formas de previsión social que permitan incluir a los trabajadores involucrados en el sistema cultural.

Consecuencias para la reelaboración de políticas culturales

En el debate en torno a la Ley General de Cultura y a la creación del Ministerio de Cultura en Colombia, Carvajal Barrios señalaba que "las personas que tuvieron bajo su responsabilidad la redacción de la nueva ley de la cultura se encuentran muy distantes de la perspectiva" (1995, p. 199) que tomaba en cuenta el papel de las industrias culturales. En esa línea de argumentación se preguntaba:

> ¿Por qué negar que en muchos de los casos las industrias culturales representan una alternativa para afrontar el problema económico (financiación de los costos de producción y distribución) y para lograr un desarrollo significativo en el campo cultural (ampliación del público receptor)? (pp. 198-199).

Resulta claro que la persistencia de nociones anacrónicas de la cultura y también la ignorancia acerca del potencial económico y de la importancia en el empleo de la actividad cultural –incluidas las industrias culturales y las artesanías– afectan de una manera fundamental la elaboración de las políticas culturales entre nuestros países.

Al mismo tiempo, la función del Estado en términos asistenciales o de inversión ha llevado a algunos responsables de la administración cultural a preguntarse

> si se trata de una política asistencial o de inversión; si se va a financiar la oferta o si se prefiere subsidiar la demanda; si se trata de una política de coyuntura o de un plan en el largo plazo; si se va a intervenir en cultura erudita o en cultura contemporánea; si se va a crear cultura o a articular iniciativas sociales, o ambas (Errandonea, 1997, p. 65).

---

[10] Y que eviten el desarrollo de industrias culturales al margen de convenios internacionales, como durante mucho tiempo ocurrió en Paraguay, donde no se cumplían los acuerdos del Convenio de Berna respecto de los derechos de autor.

Las preguntas acerca del papel del Estado respecto de la cultura no suponen, sin embargo, que la producción cultural dependa exclusivamente de éste. Después de todo, y como señala Errandonea, "en materia de políticas culturales se necesita de un insumo de la sociedad", a lo que agrega que "en el límite, si desapareciera el Estado, la cultura subsistiría" (p. 66).

Todo esto plantea que la elaboración de las políticas públicas respecto de la cultura, como responsabilidad del Estado, no se agota en su protagonismo. Lo que no significa que el Estado no tenga una función a cumplir; entre otras, la de elaborar "estadísticas culturales" que, como señala Mara Pérez, encargada del Departamento de Estadísticas de la Dirección de Educación del Ministerio de Educación y Cultura del Uruguay, adquieren relevancia "cuando permiten la comparación con otras realidades, por ejemplo, en el marco regional Mercosur o con países más desarrollados"; esto hace posible afirmar que

> es necesario poner las estadísticas al servicio de las necesidades actuales de diagnóstico mediante la construcción de indicadores que permitan interpretar las estructuras y dinámicas que caracterizan al sector cultural. Un sistema de indicadores como una herramienta más para la generación de políticas culturales, la toma de decisiones, la implementación de acciones y su evaluación (1997, p. 129).

¿Significa lo anterior que el papel del Estado en relación con la cultura deba reducirse al de instrumentador de estadísticas e investigaciones? La respuesta obviamente es negativa.

Lo señalado por Mara Pérez es significativo en otro sentido. Es relevante en cuanto indica la necesidad de conocer las realidades que caracterizan al sector cultural y su importancia respecto de la elaboración de políticas culturales. Es importante, además, para poder procesar el tema central de cuál debe ser la función del Estado –asistencial o de inversión– en relación con la cultura. Pero también es fundamental para poder dar cuenta de algunas de las problemáticas implícitas en el planteo de Carvajal Barrios que, aun cuando están referidas a Colombia, tienen validez para toda América Latina. Nos referimos a la democratización de la cultura o, como ella dice, a la ampliación del público receptor. Y, por otra parte, para poder elaborar algunos de los desafíos económicos representados por la generación de empleo y de riqueza.

Cierre

A lo largo del presente trabajo se ha insistido en señalar que la invisibilidad de la economía y del trabajo en relación con el sistema de producción cultural es determinante a la hora de la elaboración de las políticas culturales. Esto no impide afirmar que dicha invisibilidad es incomprensible en tiempos en que la globalización económica y cultural no permite ya continuar trabajando con concepciones anacrónicas de la cultura y exige una absoluta eficiencia. Lo cual, es importante recordar, no significa una "economización de la cultura" ni una sustitución de la cultura por el mercado.

Por el contrario, hacer visible la relación que el sistema cultural tiene para con la economía y la generación de empleo en nuestros países en estos tiempos de globalización posibilita pensar políticas culturales que permitan el desarrollo pleno del potencial creativo de los latinoamericanos.

Bibliografía

BENHAMOU, F. (1997), *La economía de la cultura*, traducción de A. Martínez Amoretti, Montevideo, Trilce.

CARÁMBULA, G. (1997), "Prólogo", en: L. Stolovich, G. Lescano y J. Mourelle, *La cultura da trabajo. Entre la creación y el negocio: economía y cultura en el Uruguay*, Montevideo, Fin de Siglo, pp. 7-10.

CARVAJAL BARRIOS, G. (1995), "Cultura e industria", en: Presidencia de la República de Colombia-COLCULTURA, *Materiales para una cultura*, Bogotá, Arte, pp. 197-201.

DE MARÍA Y CAMPOS, M. (1992), "Las industrias culturales y de entretenimiento en el marco de las negociaciones del Tratado de Libre Comercio", en: G. Guevara Niebla y N. García Canclini (coords.), *La educación y la cultura ante el Tratado de Libre Comercio*, México, Nexos, pp. 235-298.

ERRANDONEA, F. (1997), "Políticas culturales, gestión estratégica y evaluación. Tres Adanes y una Eva/Plan Piloto", en: *¿Qué pasa con la cultura?*, Montevideo, Ministerio de Educación y Cultura, pp. 65-80.

GARCÍA CANCLINI, N. (1995), *Consumidores y ciudadanos. Conflictos multiculturales de la globalización*, México, Grijalbo.

HALFFTER, C. (1995), "La rentabilidad de la cultura", en: Presidencia de la República de Colombia-COLCULTURA, *Materiales para una cultura*, Bogotá, Arte, pp. 311-314.

PÉREZ, M. (1997), "Estadísticas culturales. Una necesidad impostergable", en: *¿Qué pasa con la cultura?*, Montevideo, Ministerio de Educación y Cultura, pp. 128-130.

REIMER, S. y D. LESLIE, "Culture, economy & the commodity chain", en: sección B de *Cultural turns/geographical turns. Plenary talks: titles, abstracts and further reading*. Internet: http://www.geog.lamp.ac.uk/culturalturns/Page4c.html

SAYER, A., "The dialectic of culture and economy: the economisation of culture and the culturalisation of economy", en: *Cultural turns/geographical turns. Plenary talks: titles, abstracts and further reading*. Internet: http://www.geog.lamp.ac.uk/culturalturns/Page4c.html

STOLOVICH, L., G. LESCANO y J. MOURELLE (1997), *La cultura da trabajo. Entre la creación y el negocio: economía y cultura en el Uruguay*, Montevideo, Fin de Siglo.

Políticas culturales en Colombia: un nuevo rol del Estado

Ramiro Osorio Fonseca

En Colombia, en el ámbito de la cultura, durante los últimos años se ha llevado a cabo un proceso de singular importancia, que ha implicado desde la valoración de los derechos culturales como derechos fundamentales hasta la reformulación del rol del Estado, el diseño de estructuras y políticas, con una amplia participación de la sociedad.

Con la seguridad de que en las políticas de desarrollo social se relacionan profundamente las variables económica y cultural y de que las experiencias anteriores han demostrado que un modelo de desarrollo no puede basarse exclusivamente en lo económico, en Colombia ha ido ganando terreno la concepción de la cultura como un eje fundamental para la construcción del capital social y de una sociedad democrática y tolerante.

A diferencia del desarrollo económico, la cultura no es un instrumento para lograr otros objetivos. Por el contrario, graves daños se le ha causado a la cultura al tratarla como un medio. El sociólogo sueco Gunnar Myrdal advirtió que muchos de los planes de desarrollo fracasaron por no haber tenido en cuenta la variable cultural. En América Latina tenemos referencias culturales nefastas de aquellos modelos que prometían que el crecimiento económico traería beneficios en todas las órbitas de la sociedad. La experiencia nos ha enseñado que el desarrollo trasciende los términos de simple crecimiento económico para revelarse como un proceso multidimensional que permite que cada quien exprese su identidad.

La participación ha sido un eje decisivo en este proceso. Cómo vencer las prácticas verticales y las actitudes clientelistas, cómo construir colectiva y corresponsablemente las políticas culturales, cómo crear espacios de participación verdaderos, generosos y creativos, y cómo articular todo esto en un gran proyecto de país, con proyección al futuro, en el que la cultura no sólo sea referente a las artes, sino a todo un conjunto de rasgos distintivos, de modos de vida, de derechos humanos, valores, tradiciones y creencias.

En 1991, Colombia adoptó una nueva Constitución, "que reconoce y protege la diversidad étnica y cultural de la Nación colombiana". Esa Constitución es fruto de un largo proceso de reflexión en el que el sector de la cultura desempeñó un papel preponderante. Desde la academia y los ámbitos de la vida cultural, las voces se fueron sumando para lograr un cambio fundamental en la concepción y estructura del Estado.

Luego de un siglo de régimen centralista, unitario y homogéneo, el reconocimiento de la diversidad implicaba un profundo cambio en la conformación del Estado. La cultura, elemento adjetivo y casi accesorio de la antigua concepción, pasó a ser considerada "fundamento de la nacionalidad". El amplio concepto de cultura que acoge nuestro Estado ha originado una decidida acción legislativa, que incluye la expedición de normas sobre reforma educativa, estatuto de televisión, fomento del libro y la lectura, actualización de las normas sobre propiedad intelectual, reconocimiento y protección de los grupos étnicos y afrocolombianos, distribución equitativa de los presupuestos y formas de participación ciudadana en las decisiones que afectan la vida económica, política y cultural.

En este marco, era necesario reformular totalmente la política cultural que se materializó luego de tres años de fecundos debates con la promulgación de la Ley General de Cultura, estructurada alrededor de cuatro elementos: derechos culturales, reconceptuación del patrimonio, estímulos a la creación y a la investigación y una nueva institucionalidad para la cultura, representada en la creación del Ministerio respectivo.

En lo relativo a los derechos culturales, mi país ha avanzado de manera considerable en temas como el reconocimiento de las lenguas y dialectos de los grupos indígenas y la obligatoriedad de la educación bilingüe en sus territorios, la representatividad por derecho propio en el Congreso de la República de miembros de los grupos indígenas y afrocolombianos y el reconocimiento de los derechos que tienen estos grupos sobre los bienes arqueológicos.

En el campo de la participación, los avances han sido especialmente significativos. Colombia está dividida en 32 provincias o departamentos, en cada uno de los cuales existe un Consejo Departamental de Cultura, y 1.100 municipios, en los que existen más de 450 Consejos Municipales de Cultura. En ellos, los actores de la vida cultural, en armonía con las directrices nacionales, fijan sus políticas y planes. Como herramienta financiera, en cada región hay un fondo mixto, que se nutre con los recursos aportados por el Ministerio, la región y la sociedad civil.

Estos recursos permiten que los planes trazados por los consejos regionales se puedan concretar en programas de trabajo. En 1998, el 88% del presupuesto del Ministerio se aplicó de manera directa en las regiones, suma que representó el 2% de las transferencias que la Nación hizo de sus recursos ordinarios.

De 1992 a 1998, el presupuesto destinado a la cultura se multiplicó por veinte. Si bien la cifra es significativa, lo es más el aspecto de eficiencia y efectividad en el campo presupuestario: hasta hace algunos años, el 80% del dinero se destinaba al funcionamiento, es decir, a la burocracia. En 1998, este rubro no superó el 17%, así que el 83% del presupuesto se destinó a verdaderos programas de desarrollo cultural.

Es importante resaltar un hecho de indudable repercusión en el campo de las industrias culturales: gracias a una adecuada concertación entre el sector público y el privado, la industria editorial colombiana ha evolucionado de una manera tan contundente que se constituye en la actualidad en la mayor productora de libros de América Latina.

En este nuevo escenario, las tareas del Ministerio de Cultura se organizaron a partir de programas de carácter nacional, diseñados para hacer posibles el ejercicio real de los derechos culturales y el acceso equitativo a los bienes y servicios y para crear espacios generosos y propiciatorios del encuentro y el diálogo plural de los colombianos.

Todos los programas nacionales se han construido sobre la base de la concertación y la corresponsabilidad y están articulados en un gran proyecto de mediano y de largo plazo, que implica desde la construcción, adecuación, restauración y dotación en todos los casos de, por lo menos, un centro cultural comunitario en cada uno de los municipios hasta la ejecución del Sistema Nacional de Educación Artística y Cultural, las redes de servicios (bibliotecas, teatros, museos, orquestas y coros juveniles), el Programa Nacional de Patrimonio Cultural, los programas de infancia y juventud y otros que se han convertido en verdaderos espacios de diálogo intercultural y de creación de vínculos de solidaridad y reconocimiento, como CREA y el Programa para Desplazados por la Violencia.

CREA ha ido revelando desde la aldea, el municipio y la región las inmensas capacidades creativas de los colombianos y las ha presentado al país, dando lugar a un tejido intercultural de reconocimiento y autoestima; asimismo, ha hecho posible el diálogo que enriquece la cultura y que es de vital importancia para nuestro país. En la actualidad, CREA trabaja en más de 900 municipios y es un programa prácticamente gestionado por los líderes culturales de las regiones.

En esta nueva concepción del rol del Estado, los recursos presupuestarios se consideran una inversión importante y se otorgan con reglas de juego claras y con una notable veeduría de los ciudadanos. Es especialmente relevante el Programa de Estímulos a la Creación e Investigación Artística y Cultural, que proporciona recursos de gran magnitud a convocatorias nacionales, regionales y departamentales en un esquema tripartito: Ministerio de Cultura, gobernación regional y fondos mixtos.

El Sistema Nacional de Concertación ha permitido la transferencia de recursos importantes a organizaciones sin fines de lucro. Considerando que estas organizaciones son fundamentales para el ejercicio de los derechos culturales y para la consolidación de la democracia, se diseñó este programa para posibilitar su desarrollo en condiciones adecuadas. El ejemplo de las Salas Concertadas es elocuente: en la actualidad, este programa reúne a más de un centenar de salas de artes escénicas que son propiedad de los grupos artísticos. Cada una representa una especificidad estética, una política de convocatoria de los públicos y un espacio de libertad para la creación y el encuentro.

Para obtener anualmente los recursos del Ministerio de Cultura y de las alcaldías locales que financian el programa, las salas deben cumplir los siguientes compromisos: montar una obra de autor nacional y una obra para niños o jóvenes cada año, ofrecer a la comunidad de su entorno un taller sobre un tema escénico, otorgar descuentos del 50% sobre el costo de la boletería a grupos específicos (estudiantes, maestros, empleados, jóvenes, minusválidos y personas de la tercera edad) y publicar adecuadamente el acuerdo de concertación. Si se analiza lo que este programa ha significado en el trabajo estable de los grupos, en el desarrollo de la dramaturgia nacional, en el incremento del número y la calidad de los productos artísticos y en la diversidad de opciones de acceso para los públicos, se puede concluir que los resultados son formidables.

A partir de la experiencia de las salas, al crearse el Ministerio de Cultura, el programa se amplió a los festivales, museos, orquestas sinfónicas, compañías artísticas e instituciones dedicadas al rescate, la conservación y la investigación del patrimonio cultural.

Otro fenómeno de singular importancia en materia de comunicaciones, en el contexto de la experiencia colombiana, son las radios comunitarias. Existen actualmente cerca de 450 emisoras promovidas y operadas por las comunidades, que encuentran en ellas el medio para expresar sus voces diversas y plurales. El Instituto Colombiano de Cultura en su momento y, con posterioridad, el Ministerio de Cultura han apoyado decididamente esta experiencia, que posibilita de manera extraordinaria formas de comunicación alternativas y democráticas.

Sin duda, hemos avanzado de modo considerable en la discusión de los fenómenos que plantea la diversidad. Sin embargo, en especial respecto del tema de los derechos culturales, hemos constatado que la diversidad no pasará de ser un planteamiento teórico, si no es enriquecida en la práctica por el reconocimiento, la definición y la efectividad de los derechos de la cultura.

En relación con los temas anteriores, diversidad y desarrollo, en nuestra experiencia hemos considerado que el tema de la ética de los administradores culturales es esencial. Como lo exponíamos al principio, si la cultura no es un medio, mucho menos puede serlo la gestión cultural.

Esta experiencia tiene asignaturas fundamentales pendientes: la Ley de Incentivos Tributarios para la Cultura, que permita a los ciudadanos y a las empresas privadas participar de manera directa en el financiamiento de programas, eventos e instituciones culturales; la constitución del Fondo de Seguridad Social, para que los artistas y trabajadores de la cultura puedan ejercer plenamente el derecho a la seguridad social subsidiada y al plan de pensiones.

La experiencia que se ha descripto se caracteriza por la vitalidad de la sociedad colombiana, su disposición para el trabajo colectivo, para crear y gestionar instituciones culturales, y la voluntad política de los últimos dos gobiernos, que han asumido responsablemente las tareas culturales, reconociéndolas como prioritarias, y que han posibilitado el desarrollo estable del sector al destinarle recursos importantes.

Por lo aquí expuesto, se puede concluir, con estricto apego a la verdad, que éste ha sido un proceso de enriquecimiento del "poderío" de la sociedad, complejo y arduo, de reeducación de todos sus actores, que está en la fase de consolidación y que hoy requiere, como en el pasado reciente, una comprensión respetuosa y, al mismo tiempo, un apoyo denodado por parte del gobierno nacional.

México, política cultural y desarrollo: presente y futuro
Rafael Tovar

A pesar de los profundos cambios que están experimentando en el mundo las formas en que la cultura, su creación y su fomento se proyectan en el desarrollo, ningún análisis del tema podría hacer a un lado el papel del Estado en el desarrollo cultural.

En muchos países y durante mucho tiempo, el Estado ha sido tradicionalmente el actor principal, cuando no el único o casi el único, de ese desarrollo en lo que se refiere a su promoción, a las inversiones de esfuerzos y recursos que lo fortalecen o lo hacen posible y, en especial, a la responsabilidad de atenderlo. En los últimos tiempos, los actores se han multiplicado y las responsabilidades se han redefinido en una clara tendencia a ser compartidas. El Estado ya no es el único promotor de la cultura y el desarrollo cultural acentúa cada vez más el carácter plenamente autónomo que exige su naturaleza.

Sin embargo, el Estado ha seguido y seguirá siendo un factor inevitable en esta redefinición y en la afirmación de esta autonomía, por lo que revisar críticamente su papel actual, las experiencias que lo están transformando o las propuestas que podrán hacerlo, siempre teniendo en mente su desempeño positivo para el desarrollo cultural y el de éste para el desarrollo en general, significa abordar uno de los grandes temas de la cultura y su proceso social en el mundo contemporáneo.

Estamos profundamente convencidos de que esto es especialmente cierto al considerar a los países de América Latina y el Caribe. Las características peculiares del desarrollo que reclama la región guardan una directa relación con sus particularidades culturales. El desarrollo no sólo debe tomarlas en cuenta, sino aprovechar el potencial que encierran al definir un modelo de desarrollo particular, acorde con la historia y las necesidades de la región si pretende verdaderas posibilidades de éxito.

Esto es válido sobre todo para las políticas culturales. Sabemos bien que no existen fórmulas únicas aconsejables, modelos de desarrollo cultural aplicables para todos. Cada cultura, con su propia evolución, sus particularidades y sus necesidades, señala un rumbo a la política cultural. Cuanto más original y compleja es una tradición cultural, con mayores particularidades y acentos específicos estará marcada la política cultural que pueda responder a ella. Lo que no quiere decir defender el relativismo, sino únicamente establecer como primer punto en común la experiencia que queremos compartir, precisamente su carácter individual y la necesidad que tiene de ser variada o adaptada para llegar a ser en verdad compartida por otros.

Con este espíritu quisiera referirme muy brevemente a las experiencias hoy en día innovadoras en el campo cultural, que están apuntando a potenciar como nunca antes la presencia y el papel de la cultura en los procesos de desarrollo y de cooperación internacional.

Estas experiencias derivan cada vez más de lo que acabo de llamar las particularidades culturales. Es ya un lugar común en todo el mundo referirse al hecho paradójico de que ante el temor que en un tiempo dominó a la globalización acerca de que ocasionaría la uniformidad cultural del planeta, aparentemente, suscita lo contrario: una más intensa expresión de la diversidad cultural. El escritor Carlos Fuentes lo ha dicho con la fuerza y la claridad que lo caracteriza:

> La paradoja es ésta: si el racionalismo económico nos dice que el siglo XXI será la era de la integración global de las economías nacionales, la "irracionalidad" cultural hace su aparición para informarnos que también será el siglo de las demandas étnicas y los nacionalismos revividos.

Desde luego, demandas étnicas y nacionalismos como un extremo, no sin antes pasar por una extensa gama de fenómenos, la mayoría de ellos altamente positivos y creativos, que incluyen la mirada de los pueblos hacia el interior de sí mismos, el rescate y la revaloración de sus raíces tradicionales, lenguas y legado cultural, la reafirmación de su identidad cultural y una nueva valoración del trabajo de sus creadores de cultura, intelectuales y artistas.

Lo común, en el plano nacional, es enfrentar la contundente realidad de la nación social y culturalmente diversa y compleja. México es el ejemplo de un país caracterizado por una diversidad cultural que tiene sus raíces en su heterogeneidad étnica y en una simultaneidad de tiempos históricos y ritmos distintos de desarrollo en la que se expresa: desde la supervivencia del México prehispánico en la cosmovisión y las formas de vida de muchas de sus comunidades indígenas hasta el México que vive y participa de los radicales cambios de las revoluciones económicas y tecnológicas, pasando virtualmente por todos los grados intermedios. La dificultad de nuestro modelo de desarrollo consiste en cómo integrar todos estos planos y componentes sociales en un engranaje armónico y equilibrado o que tienda a serlo de modo gradual pero claramente palpable.

En el terreno cultural, esto se aprecia considerando que las necesidades son enormes, porque pueden ir desde procurar que subsista una técnica artesanal milenaria hasta contar con la alta tecnología que demanda el trabajo de los artistas contemporáneos; desde proteger una lengua indígena en peligro de extinción y carente de escritura hasta producir libros con el lenguaje visual de la comunicación contemporánea, necesarios para impulsar el hábito de la lectura en las capas más extensas de la población. En relación con el patrimonio cultural consiguiente de requerimientos que presenta la cultura mexicana, cabe recordar que México figura entre los diez países del mundo con más sitios culturales y naturales incluidos en la lista del Patrimonio Mundial de la UNESCO y que de su riqueza patrimonial habla también la estimación de más de 200 mil sitios arqueológicos y cerca de 80 mil monumentos históricos y artísticos de gran valor, esparcidos en todo el territorio nacional como testimonios de muy diversos tiempos, grupos y culturas. El llamado patrimonio vivo prolonga esta diversidad, como lo prueban las más de 60 lenguas indígenas habladas por más de 10 millones de personas en el país, que indican otros tantos mundos culturales, con sus maneras de percibir la realidad y de vivirla y expresarla en sus creencias, costumbres, tradiciones y creaciones. Esto explica a México como una cultura de culturas, una cultura en la que las culturas locales pueden alcanzar altos grados de diferenciación y determinan un mapa compuesto por variadas regiones culturales.

Este panorama escueto muestra al menos tres grandes desafíos del desarrollo cultural: cómo preservar este patrimonio cultural cuantioso cuyos componentes plantean muy desiguales exigencias de conservación; cómo alentar igualitariamente la creación y la expresión culturales de creadores, campos creativos y regiones con muy distintas necesidades, visiones del país y proyectos culturales; y cómo difundir y hacer accesible equitativamente la cultura a todos los sectores de la sociedad.

Las respuestas que se dan a estas cuestiones, partiendo de una previa formulación de las concepciones de cultura y los principios que deben guiar su atención, determinan la política cultural. A su vez, la política cultural, entendida como esa concepción, esos principios y esas líneas de acción, determina la actividad cultural, en la que tienen lugar las concepciones y las experiencias innovadoras que pueden dar un acento propio al impulso del desarrollo cultural.

Quisiera referirme en particular al caso de México como una manera de esbozar algunas propuestas pertinentes en la actualidad para proyectar con mayor profundidad a la cultura en el desarrollo.

El modelo mexicano de administración cultural

México pertenece al grupo de países en los que las funciones culturales estuvieron en su origen asociadas a las educativas y, por lo mismo, asignadas a un Ministerio de Educación, un organismo equivalente o una universidad de carácter nacional. Sólo varios años después de la Revolución Mexicana, ya adentrado el siglo XX, se inició un proceso de multiplicación de instituciones encargadas de diferentes tareas culturales que, por su número y especialización, impulsaron un proceso de separación y relativa autonomía de la administración cultural respecto de la administración educativa. Este proceso de especificación y distinción de la política cultural frente a la política educativa culminó en 1988 con la creación del Consejo Nacional para la Cultura y las Artes, el actual órgano rector y coordinador de la acción nacional que promueve la política cultural del gobierno de México.

Como es sabido, en el amplio conjunto de las administraciones culturales modernas se acostumbra a distinguir entre las administraciones culturales unificadas o integradas y las dispersas. La diferencia consiste en la presencia en las primeras de un organismo claramente dominante en la política cultural, que no existe en las segundas. A grandes rasgos, la administración cultural mexicana es una administración unificada o integrada, en la que el Consejo Nacional para la Cultura y las Artes tiene la facultad de establecer la política cultural regional y de coordinar el trabajo de múltiples organismos encargados de llevarla a la práctica en campos específicos.

Sin embargo, esta caracterización no responde de manera plena a la definición de la administración unificada como una administración cultural completamente estructurada y jerarquizada y con amplias competencias de intervención. Por un lado, el Consejo Nacional para la Cultura y las Artes es un organismo del Ministerio o Secretaría de Educación, pero con recursos propios y con capacidad de fijar por sí mismo sus políticas, programas y estrategias para llevarlos a cabo. Por otro lado, mantiene una relación similar con los organismos federales que se encuentran bajo su coordinación, es decir, no presenta una estructura rígida ni jerarquizada, sino que promueve un amplio marco de acción individual y libre para cada institución, conforme a sus propias necesidades, recursos, grado de especialización y problemática particular.

Con este esquema flexible, no jerárquico, su acción se enfoca también a proponer la articulación y colaboración en el trabajo que llevan a cabo las instituciones culturales públicas de orden estatal y municipal. Así, la distinción entre un ministerio o secretaría y un consejo llega a ser importante: este último pretende una institución sólida, fuerte, pero esencialmente flexible y, como su nombre lo indica, participativa y plural.

Función de la política cultural

Esta institución plasma un concepto particular de la función de la política cultural: ésta no consiste en sustituir ni a los creadores, generando la cultura, ni a la sociedad, detentando la creación o un patrimonio cultural que no es de las instituciones sino de toda la sociedad. Su función es, simplemente, crear un fuerte enlace, ser un puente o un eslabón entre los creadores y la sociedad, entre el pasado y el futuro, entre el patrimonio cultural y las generaciones futuras.

Por eso, su campo de acción se define con lo que debe ser un preciso deslinde de la responsabilidad y las tareas de las instituciones determinando, primero, en qué ámbitos el Estado no puede delegar su responsabilidad; en cuáles su intervención es innecesaria o incluso interfiere en las iniciativas de la sociedad, y en cuáles la colaboración entre el Estado y la sociedad no sólo es conveniente sino indispensable.

Este esquema abierto, flexible, integrador y coordinador de la labor de los múltiples actores que intervienen en el desarrollo cultural ha permitido, en los diez años que lleva funcionando, llevar a cabo diversas experiencias que, en conjunto, han operado profundas transformaciones en los alcances y las formas de trabajo de la política cultural. En este sentido, quisiera referirme a las experiencias innovadoras.

Principales experiencias innovadoras

1) *Programas de alcance nacional que respetan las particularidades de las culturas locales, estatales y regionales.* Se han establecido mecanismos que apoyan las iniciativas de las comunidades locales, como complemento a su propio trabajo, y que permiten expresar en la forma de programas nacionales los grandes objetivos de la política cultural en cada una de las localidades y regiones. Algunos ejemplos son los mecanismos de participación financiera de los tres niveles del gobierno –Federación, Estados y municipios– y la sociedad civil, como en los fondos estatales para la cultura y las artes, fondos especiales para el desarrollo cultural infantil o para el apoyo a las culturas municipales y comunitarias. A través de ellos, tienen un alcance nacional permanente los programas de preservación del patrimonio cultural, estímulo a la creación artística, fortalecimiento y difusión de las culturas populares, entre otros.

2) *Una política cultural general y políticas específicas.* El esquema de desarrollo cultural se basa en la existencia de una política general aplicable a todos sus ámbitos y, por otra parte, en una política definida y específica para cada uno de ellos: una política de patrimonio, una política cinematográfica, una política del libro, una política de apoyo a las artes, etc. En la práctica, esto se traduce en un programa general de cultura compuesto por una serie de programas para cada ámbito. En cada uno de estos programas particulares participan varios organismos federales, al igual que colaboran los estatales y municipales, los sectores social y privado y la comunidad intelectual y artística. Se ha logrado la integración de sectores, como el de la preservación del patrimonio cultural o el cinematográfico, reuniendo en una sola institución todos los instrumentos –antes en manos de diversas dependencias– para la realización de un mismo programa, más unitario y orgánico.

3) *Ampliación de la cobertura y mejoramiento de los servicios culturales.* La reunión de diferentes sectores ha permitido en los últimos años extender considerablemente el alcance de los servicios culturales que se ofrecen en el país. La condición de esto ha sido consolidar, conservando y mejorando, la rica infraes-

tructura creada por muchas generaciones, como prioridad frente al inicio de nuevas obras. Recientemente, por ejemplo, pudo ponerse en práctica el Programa de Apoyo a la Infraestructura Cultural de los Estados, que funciona como un fondo con recursos públicos –federales, estatales y municipales– y privados, para el funcionamiento de proyectos de rehabilitación o equipamiento de instalaciones culturales de especial importancia en determinadas comunidades, como museos, bibliotecas, centros culturales, auditorios, galerías o casas de cultura. Durante el período 1998-1999, se han desarrollado al menos 65 obras en casi todo el país, algunas de ellas de gran envergadura. Esta política general permite hoy en día operar una red nacional de bibliotecas públicas que responde 80 millones de consultas; una red de museos que recibe cerca de 8 millones de visitantes por año; el conjunto de zonas arqueológicas, visitadas anualmente por 9 millones de personas; un circuito nacional de exhibición de cine de calidad coordinado por la Cinemateca Nacional, con cerca de 1 millón de espectadores; y una programación de espectáculos artísticos con casi 2 millones de asistentes, entre otros servicios. En conjunto, se estima en 35 millones, es decir, más de la tercera parte de la población total del país, el número de mexicanos beneficiados por año con algún servicio cultural.

4) *Vinculación entre educación y cultura.* La acción cultural dirigida a los niños y los jóvenes tiene una importancia particular, dado que éstos representan una sociedad potencial con hábitos culturales y perspectiva crítica más profundos que los de la actual. Uno de los aciertos recientes más notables de la política cultural se ha plasmado en el trabajo dirigido a este sector de la población, cuya vía ha sido el sistema educativo nacional. El nuevo Programa de Desarrollo Cultural Infantil ha establecido un puente entre las actividades y programas escolares y los servicios y bienes culturales: teatro escolar, visitas a museos y zonas arqueológicas, talleres de arte, funciones de cine, teatro y danza, conciertos, libros, videos y programas de radio y televisión, entre otros. Hasta hace pocos años, tan sólo medio millón de niños tenían acceso a estos programas dentro del sistema escolar; hoy son 10 millones los que se benefician con ellos.

5) *Una nueva relación entre el Estado y la comunidad intelectual y artística.* El Consejo fue el primer paso para la constitución del Fondo Nacional para la Cultura y las Artes y, pocos años después, para la del Sistema Nacional de Creadores de Arte, los que –junto con fondos estatales que repiten en su nivel el esquema de operación del Fondo Nacional– han sido los mecanismos permanentes a los que pueden acudir los artistas, intelectuales y, en general, hombres y mujeres de la cultura que trabajan en México y reciben apoyo para la realización de obras y proyectos culturales específicos. Este sistema tiene un carácter integral, ya que brinda atención a todos los campos artísticos y culturales, a los

creadores de todas las edades y etapas de desarrollo y a todas las regiones del país. En conjunto, estos programas otorgan por año cerca de 1.500 apoyos o estímulos a creadores individuales o a grupos. El hecho de que sean los propios creadores los que deciden quiénes serán los beneficiarios de este apoyo, al considerar sus méritos y las prioridades del desarrollo cultural bajo reglas claras y objetivas de evaluación, garantiza su transparencia. Con esto se ha eliminado cualquier discrecionalidad o falta de criterio por parte de las oficinas públicas en el otorgamiento del apoyo, ya que éste no representa otro compromiso para el creador que el desarrollo de su talento y su obra.

Todas estas experiencias apuntan a destacar la necesaria definición del papel de las instituciones públicas en la preservación, el apoyo a la creación y la difusión de la cultura. Está afirmándose la conciencia pública de que estas tareas son esenciales para el desarrollo social y de que todos los sectores deben tener interés y responsabilidad en su realización: no sólo las instituciones culturales sino también las educativas, los gobiernos locales, las empresas, las organizaciones laborales, de asistencia y bienestar social, los patronatos y asociaciones civiles y la sociedad civil en su conjunto.

Hoy en día, el papel del Estado debe, en general, pasar de ser el ejecutor directo a ser en esencia promotor, organizador y facilitador de la acción colectiva. Sólo ésta garantiza una mayor y real socialización de los bienes culturales y, en consecuencia, el peso que debe tener la cultura en los procesos que estamos viviendo y en los que se avecinan.

De no reconocer este peso, de no actuar para situar la cultura al mismo ritmo de los cambios que afectan al mundo, tal vez hoy como nunca se correría el riesgo de crear una brecha insalvable entre economía y desarrollo cultural, entre globalización y diversidad cultural, entre ciencia y tecnología y arte y cultura. Mientras la revolución científica y la revolución informática preparan los cambios radicales en la vida humana que caracterizarán al siglo XXI, se abren a la cultura caminos antes insospechados de expresión y afirmación pero que apenas empiezan a ser recorridos. La cultura enfrentará desafíos como los que los mismos grandes humanistas de nuestro tiempo nos señalan hoy: los rezagos y vacíos que pueden vivir las humanidades, su disociación del ritmo de cambio de la mente humana por el desarrollo científico y tecnológico y del ritmo de cambio de la vida humana por el desarrollo económico y social.

Se nos ha dicho que en este nuevo siglo la reconfiguración del orden mundial dependerá menos de las distinciones ideológicas, políticas y económicas entre los pueblos que de las culturales, es decir que las fronteras culturales o de las civilizaciones tenderán a aflorar con mayor fuerza que las políticas o económicas. Si es así, habrá múltiples razones para encauzar las fuerzas culturales hacia la afirmación de las identidades sin exclusivismos ni confrontación, sino por el contrario con el espíritu de diálogo e intercambio que ha forjado a la cultura universal.

Ojalá que así sea y que en esta tarea se centren en los próximos años los esfuerzos internacionales y nacionales, en beneficio de un mundo pluralista y multicultural capaz no sólo de aceptar las tendencias globales del desarrollo, sino incluso de reforzarlas y darles una orientación plenamente humana.

Estado y cultura en Brasil: dos experiencias contemporáneas

Sergio Miceli

Haré una exposición breve de dos experiencias innovadoras en la política cultural brasileña; la primera es la creación en 1937, después de iniciarse la dictadura de Vargas, del Servicio del Patrimonio Histórico y Artístico Nacional (SPHAN), entidad orientada a la puesta en marcha de una política preservacionista, y la segunda consiste en la instalación de la Fundación Nacional de Arte (Funarte), en 1975, en la coyuntura de apertura del régimen militar instaurado en 1969. Aparte del hecho de que ambas instituciones fueron creadas en tiempos no democráticos, otro rasgo común que éstas tienen sería el proyecto de constituir un espacio institucional de diálogo, dentro del sector público federal, mediante la movilización y la participación activa de intelectuales y artistas no alineados con las directrices doctrinarias de la coalición dirigente.

El SPHAN fue la iniciativa de una poderosa "banda" de intelectuales que desarrollaban sus acciones a alto nivel en el servicio público. Esa iniciativa fue imaginada, puesta en práctica y dirigida todo el tiempo por sus integrantes, destacándose en ese grupo los escritores Rodrigo Melo, Franco de Andrade y Mario de Andrade, los poetas Carlos Drummond de Andrade y Manuel Bandeira y el científico social Gilberto Freyre. El SPHAN estuvo encuadrado en el espacio institucional cedido por el régimen de Vargas, que pasó a definir y administrar el mundo de la cultura como un "negocio oficial", con presupuesto propio, el apoyo de una *intelligentsia* y la intervención de todos los sectores de la producción, difusión y conservación del trabajo intelectual y artístico.

La Funarte, por su parte, era una entidad gerenciada por un equipo de animadores culturales profesionales, que se hizo viable en el contexto de una política general de "apertura" asumida por el gobierno del general Geisel y planteada desde el inicio como un esfuerzo de aproximación a los círculos de artistas e intelectuales hasta entonces hostiles o, por lo menos, reticentes frente a las orientaciones políticas y culturales del régimen militar.

Al confrontar ambas experiencias institucionales se pueden extraer aspectos esclarecedores en cuanto a las concepciones de la cultura aplicadas por los que detentaban el poder público acerca de las alianzas políticas que constituyen la raíz de los procesos de institucionalización en el área cultural pública, así como del respeto a las repercusiones de esas iniciativas en la historia intelectual del país, o sea, en el ámbito más amplio del campo de la producción cultural. Por otro lado, desde los primeros años de funcionamiento del antiguo Ministerio de Educación y Salud Pública, el SPHAN, la mejor política pública cultural en la historia brasileña, fue logrando negociar su supervivencia en medio de ininterrumpidas rivalidades y tensiones con otros dirigentes activos en el espacio gubernamental, más dispuestos a apoyar proyectos innovadores de creación artística en los distintos sectores de producción, dependientes de subsidios públicos y privados.

El rasgo más característico del SPHAN, que le confiere su propia identidad institucional, reside en la concepción doctrinaria que modeló la mayor parte de sus realizaciones, que puede reconocerse en última instancia en la idea matriz según la cual forjaría una historia del país digna de ser recordada y, por consiguiente, merecedora de una actitud preservacionista. En los primeros años de consolidación del grupo de intelectuales y artistas movilizados por los líderes que estaban al frente del recién creado SPHAN, se observa por lo menos una concepción preservacionista distinta –aquélla formulada por Mario de Andrade, planteada y avalada por los mismos interlocutores ya mencionados– que acabó perdiendo la batalla frente a la victoriosa doctrina preservacionista del barroco minero. Una propuesta del escritor modernista paulista contemplaba, por ejemplo, los acervos legados por las sociedades indígenas y las clases populares, llamando incluso la atención sobre los procesos históricos contemporáneos –industrialización, urbanización e inmigración– posteriores a la civilización del barroco minero, que había sido entronizado como parámetro y modelo de la cultura brasileña.

Sin embargo, tal vez se puede identificar el impacto de la propuesta de Mario de Andrade en el estilo y el esquema de interpretación adoptados en la mayoría de los trabajos producidos por los estudiosos del SPHAN, que revelan un abordaje polifacético de la economía, la sociedad y la cultura de Minas Gerais en el período de or; en la atención que se les dio a las experiencias y realizaciones de las cofradías y hermandades negras y pobres en el acertado levantamiento etnohistórico de los artífices y artistas de la época; y, sobre todo, en la preocupación de conectar las realidades literarias, plásticas, arquitectónicas y musicales a las principales divisiones de la estructura social.

Una vez implantada una política intrépida, conforme a los preceptos de una legislación basada en modelos europeos, el grupo de intelectuales liderados por Rodrigo Melo y Franco de Andrade comenzó a editar un vehículo de estudios en el área, la *Revista do Patrimônio*, y, lo que es aún más relevante, logró encumbrar a las demás esferas emergentes de política cultural, entre las cuales estaban el Instituto Nacional del Libro, el Instituto Nacional de Cine Educativo y el Servicio Nacional de Teatro, extendiendo su radio de influencia incluso hasta otras áreas del servicio público y llevando la legitimidad de sus doctrinas mucho más allá de la estricta jurisdicción del credo preservacionista. Basta con consultar las publicaciones del Departamento de Prensa y Propaganda (DIP) o los programas de los festivales de la juventud, el movimiento de canto orfeónico o el suplemento cultural "Autores y Libros" del periódico *A Manha*: en todos esos espacios de actividad cultural oficial se reconoce de inmediato la marca civilizadora del preservacionismo.

La visita de las principales ciudades del recorrido barroco —Ouro Preto, Mariana, Sabará, Tiradentes, etc.–, el estudio y la valoración de sus monumentos artísticos y arquitectónicos, en especial las esculturas de Aleijadihno y las pinturas de Atíde, el desafío creativo de las iglesias, la recuperación a veces un tanto anacrónica de las vidas y las obras de dos escritores árcades, subrayando la fuerza de sus lazos con el movimiento de los no confesionales, incluso la falta de evidencias en esa dirección, representan algunos de los expedientes y procedimientos de composición literaria descubiertos en diversas obras de algunos de los escritores sobresalientes del movimiento modernista. Manuel Bandeira, Murilo Mendes, Mario de Andrade, Oswald de Andrade y Cecilia Meireles, entre otros, fueron poco a poco constituyendo un léxico de sitios y personajes, una interpretación libre de los eventos dramáticos, un repertorio de imágenes y señales de lo que sería una "identidad brasileña"; en suma, una poética, un romancero, una temática literaria, que se hacen presentes en reportajes, biografías, poemas, recorridos turísticos, crónicas de viaje, que emergen en todo momento como un universo imaginario de autoconocimiento en cuyos objetos esos intelectuales vislumbran las marcas de inclusión de su experiencia personal en una historia mucho mayor.

El país parecía tener la necesidad preeminente de un panteón de eventos, sitios, monumentos, personajes, estilos, artistas, escritores, políticos, de un registro histórico laudatorio, con referencias reconocibles, recuperadas conforme a una óptica narrativa que dejaba por fuera a casi todos los conflictos sociales relevantes de nuestra historia contemporánea. Los obreros, los nuevos grupos medios de inmigrantes, el empresariado, las metrópolis nacientes, nada de eso merecía ser incorporado en la celebración preservacionista.

La Funarte surgió como consecuencia de un programa de apoyo a la actividad cultural, concentrando desde el comienzo, en la razón misma de su existencia institucional, los intereses y necesidades de los propios artistas. Toda su historia como institución autónoma, desde el año de su creación hasta que fuera desmontada por el gobierno de Collor y con la resurrección posterior de la herencia "insepulta" en tiempos de la gestión Rouanet, estuvo marcada por sucesivas crisis y enfrentamientos con grupos de orientación predominantemente preservacionista.

Esta rivalidad persistente entre preservacionistas y "funartistas" tomaba a veces la fisonomía de conflictos doctrinarios entre directivas; otras, giraba en torno al control de proyectos especiales o se ponía de manifiesto a través de las dificultades de gerencia de alguna esfera propia de jurisdicción. La tesis de doctorado de Isaura Botelho, publicada por la Fundación Casa de Ruy Barbosa, permite seguir el desarrollo cotidiano del trabajo de los técnicos y dirigentes de la Funarte, el esfuerzo reiterado por encontrar en cada nueva transición de mando las racionalizaciones para justificar la continuidad de la institución.

¿Pero cuál es la naturaleza de las relaciones entre agencias de promoción cultural, como la Funarte, y las diferentes categorías de artistas y productores culturales que constituyen el grueso de su clientela? A pesar de la proximidad entre los técnicos de la casa y esos profesionales de producción artística, las demandas de esa clientela padecieron con frecuencia la injerencia de directrices y orientaciones impuestas por los altos dirigentes del Ministerio. Esa diferencia se fue sedimentando en medio de las redefiniciones constantes de los objetivos institucionales, sustentadas por las diversas concepciones doctrinarias de lo que se entiende por cultura.

Todo transcurre como si dentro de la agencia de promoción cultural estuviesen confrontados dos universos de experiencia: por un lado, el trabajo de construcción institucional, tal como se manifestaba en medio de las prácticas de gestión y producción cultural motivadas por los diferentes proyectos en curso y, por otro lado, los programas de metas, los documentos doctrinarios y los informes de trabajo y de actividades, que van como descifrando las pisadas del ideario de los dirigentes de la época. Se pueden tomar como ejemplo las posturas favorables a cierta idea de "cultura popular", defendida en las gestiones de Aloisio Magalhães y Eduardo Portella. El sentido expresado por los documentos oficiales y oficiosos de esa vertiente politizada, minoritaria, incluso hasta entre los defensores del preservacionismo, convivía con una estrategia elitista que ignoraba los conflictos sociales concretos existentes dentro del campo de la producción cultural, escabullendo las demandas de los artistas contemporáneos, el "sector más politizado y peligroso".

Uno de los obstáculos institucionales al funcionamiento fluido de agencias como la Funarte tiene que ver con los criterios de designación de los dirigentes en el área cultural pública. Definida con frecuencia como un espacio de operación clientelista, dotada de un presupuesto reducido e inoperante, relegándose a un segundo plano las exigencias técnicas y profesionales imperantes en los diferentes sectores de producción cultural, la dirección de esa área sirvió de retribución prestigiosa por servicios políticos prestados. Basta con examinar las características profesionales de la mayoría de los ministros de Cultura del país. Aunque todos fueran instruidos y cultos, dotados de amplios conocimientos sobre la historia de la actividad cultural en el país, con las mejores intenciones y capaces de formular e implantar propuestas creativas, ninguno de ellos consolidó un conjunto de líderes políticos y culturales que se desempeñara en función de una experiencia regular de trabajo en los sectores de producción artística, que constituyen la clientela de las subvenciones públicas. No conocían por dentro las dificultades inherentes a una práctica determinada, por ejemplo, las diferentes etapas necesarias para el montaje de un espectáculo teatral, y así tendían a orientar sus opciones ideológicas en materia de política cultural lejos de la creación intelectual y artística del presente. Era precisamente esa falta de sintonía lo que a veces terminaba beneficiando, si bien de un modo no deliberado, las demandas de los preservacionistas.

Este argumento no se aplica por supuesto a una gran parte de los dirigentes de las instituciones culturales federales, egresados muchos de ellos de los medios artísticos respectivos. El teatro constituye el ejemplo elocuente de este patrón corporativo de contratación de los dirigentes de su "clase", tendencia que se estableció desde los tiempos pioneros de renovación de las artes escénicas en el país.

La trayectoria institucional de la Funarte se fue modelando en esa década dorada de sus actividades, en medio de esa confrontación entre las iniciativas y trabajos de sus técnicos y dirigentes y las demandas de la clientela, habiendo consolidado su presencia y su prestigio de organización modelo a través de proyectos innovadores en sectores de la infraestructura de producción artística (producción nacionalizada de instrumentos musicales, por ejemplo), del trabajo pionero de divulgación (disponibilidad de partituras, grabaciones históricas, entre otros), del montaje de circuitos dinámicos de difusión e incentivos a artistas veteranos revalorizados o a jóvenes talentos principiantes (Proyecto Pixinguinha, salones de artes plásticas, etc.), del financiamiento de sociedades de movimiento cultural bien enraizadas (universidades, bandas, etc.); finalmente, mediante la identificación de interlocutores legítimos y capaces de volver a procesar las dotaciones recibidas en actividad cultural efectiva.

La coyuntura de transición de los dos últimos años antes de la Nueva República produjo una efervescencia de la política cultural, con actores políticos emergentes, entre los cuales se destacaban los recién nombrados secretarios estatales de Cultura. Las figuras más aguerridas de este nuevo liderazgo comenzaron a disputar espacio y recursos, divergentes en relación con las prioridades fijadas por los técnicos de la Funarte y de otras instituciones federales, buscando fuerzas y alianzas políticas en sus bases regionales, invirtiendo en la creación de un espacio distinto para las políticas culturales en el ámbito del gobierno federal. Toda esta guerra de posiciones fue desguarneciendo las trincheras desde donde los técnicos y especialistas pensaban poder recargar sus municiones y lanzar un eventual contraataque.

A esta altura de los poco delicados juegos de poder en la corte brasileña, donde al igual que en todos los acontecimientos festivos los diferentes grupos rivales se confrontaban o confraternizaban, los técnicos y dirigentes de instituciones culturales como la Funarte se fueron dando cuenta de que el sentimiento corporativo y la autoimagen positiva de la cual se enorgullecían con razón no serían triunfos suficientes para sostener o revertir una correlación de fuerzas en una dirección contraria a los intereses y valores que habían orientado sus prácticas de política cultural. Los lazos de solidaridad y la cohesión institucional interna no eran instrumentos políticos en condiciones de llenar la falta de sustento y el apoyo conjunto de las diferentes categorías de artistas y productores culturales. La declinación y la posterior disolución de la Funarte tienen mucho más que ver con el aislamiento político de la agencia de fomento, en relación con los intelectuales y artistas, que con la fragilidad organizativa frente al Ministerio de la Cultura. Además, por el hecho de lidiar primordialmente con instituciones y no con artistas individuales y, por otro lado, por actuar en áreas de producción cultural marcadas por la débil organización corporativa, la Funarte tendió a reforzar un comportamiento institucionalizado que finalmente no recibió una respuesta solidaria de los beneficiarios en el momento de la crisis.

Las presiones e intereses que culminaron con la creación del Ministerio de la Cultura redundaron en la derrota de las orientaciones y políticas favorecidas por los técnicos y dirigentes y, al mismo tiempo, dejaron al descubierto una dinámica política bien alejada de las necesidades efectivas de los productores profesionales de cultura. Como subraya Isaura Botelho en su trabajo ya mencionado, en medio de esta transición de rumbos institucionales, los técnicos y dirigentes perdieron casi todo lo importante en sus vidas y en su trabajo: la autoestima, la cohesión interna, la legitimidad de su actuación y una buena parte de su clientela.

Este rápido esbozo comparativo permite extraer algunas conclusiones esclarecedoras respecto de dos fundamentos sociales y políticos sobre los que se asientan las políticas culturales. La primera lección, y la más fructífera a ser extraída, tiene que ver con las innegables raíces de esas experiencias en la historia intelectual brasileña, que eliminan cualquier tipo de pretensión de voluntad de intervención. La composición social de los mentores de cada iniciativa, sus concepciones de la historia nacional, la herencia de obras y monumentos a los que se les dio prioridad, las alianzas políticas que estuvieron en condiciones de ensamblar el lenguaje, el estilo y los códigos de reconocimiento e interpretación, esas y otras características modeladoras de las realizaciones de una política cultural nos remiten a las condiciones sociales más generales de su génesis y puesta en práctica.

La segunda reflexión tiene que ver con las relaciones que mantienen los mentores de las políticas culturales públicas con los productores culturales profesionales de los diversos géneros y sectores de actividades más necesitados de recursos de subvención, es decir, en aquellos campos de la actividad de producción cultural destituidos de los niveles de retorno y rentabilidad de los sectores "de punta" en la industria cultural. Los museos, las bibliotecas, los archivos y otras instituciones que brindan servicios de infraestructura en el área cultural, por ejemplo, requieren un monto de financiamiento bastante elevado, aunque haya pérdidas, sin lograr una contrapartida en términos de visibilidad y reconocimiento en los medios impresos y electrónicos como expresión de sus actividades. Esta situación está en la raíz de los innumerables diagnósticos desfavorables respecto de este tipo de institución, contribuyendo así a una tendencia creciente a la "desestatización" del apoyo concedido. Constituye un ejemplo ilustrativo del punto de vista "privatizador", según el cual el futuro de la actividad cultural dependerá cada vez más de la iniciativa de fundaciones relacionadas con grandes corporaciones económicas y financieras.

Por último, conviene recordar que las prácticas culturales en sociedades complejas como la nuestra poseen una vertebración institucional propia, con categorías diferenciadas de agentes profesionales, organizaciones, asociaciones corporativas, dirigentes, lenguajes, estilos, tablas de valores, tradiciones, modelos de excelencia, patrones de carrera y de desempeño, competencias técnicas, formas de legitimidad, etc. En síntesis, todo un universo peculiar e intrincado de relaciones de fuerza y de sentido que hace que sus demandas pesen ante quienes ejercen el poder en los medios, ante los políticos deseosos de influir en el área "noble" de la cultura y, por extensión, ante cualquier organización religiosa o de otro tipo que posea amplias inversiones en el campo de la educación y la cultura.

Industrias culturales

Industrias culturales y globalización: procesos de desarrollo e integración en América Latina*

Néstor García Canclini

Este texto trata de caracterizar el papel de las industrias culturales en la globalización, con especial referencia al desarrollo sociocultural de América Latina en las dos últimas décadas. Voy a describir algunas tendencias generales, y luego presentaré breves análisis diferenciados en cada industria cultural. Por último, quiero sugerir cómo sería necesario repensar la esfera pública y la ciudadanía en relación con la integración latinoamericana.

1) La primera tendencia global es que las industrias culturales han pasado a ser los actores predominantes en la comunicación social y en la constitución de la esfera pública. En la formación de las naciones latinoamericanas, la literatura, las artes visuales y la música proporcionaron los recursos culturales para las reflexiones fundacionales, la elaboración discursiva sobre lo que se llamaba "el ser nacional" y las imágenes que emblematizaban la identidad de cada nación: desde Sarmiento y Arguedas hasta Neruda, Paz y Borges, desde el muralismo mexicano y boliviano hasta el tango y el folclore andino. Sólo la radio comenzó a desempeñar este papel unificador de las sociedades nacionales antes de la mitad del siglo XX, y el cine en los países que lo tenían (la Argentina y México). Pero la estructura del desarrollo cultural cambia a partir de los años cincuenta con el surgimiento de la televisión, la expansión masiva de la radio en los mismos años y luego el video y la informática desde mediados de la década de 1980.

Un sector creciente de la producción cultural se realiza en forma industrializada, circula en redes transnacionales de comunicación y es recibido por consumidores masivos que aprenden a ser públicos de mensajes desterritorializados: lo que un antropólogo brasileño, Renato Ortiz, denomina "un folclore internacional popular". Las comunidades internacionales de espectadores reducen la importancia de las diferencias nacionales. Sobre todo, las generaciones jóvenes guían sus prácticas culturales de acuerdo con información y estilos homogeneizados, captables por los receptores de diversas sociedades con independencia de sus concepciones políticas, religiosas o nacionales. Los consumidores de diferentes clases sociales son capaces de leer las citas de un imaginario

* Trabajo presentado en el "Foro Desarrollo y Cultura", auspiciado por el BID, París, Palais des Congrés, 11 y 12 de marzo de 1999.

multilocalizado que la televisión y la publicidad agrupan: los ídolos del cine hollywoodense y de la música *pop*, los diseños de pintores famosos, los héroes deportivos y los políticos de varios países componen un repertorio de signos en constante disponibilidad.

Los cambios que están ocurriendo en la cultura desde mediados del siglo XX, especialmente desde los años sesenta hasta la actualidad, pueden condensarse en la diferencia entre *internacionalización* y *globalización*. La *internacionalización* de las economías y las culturas, desarrollada a lo largo de la modernidad, consistió en abrir las fronteras geográficas de cada sociedad para incorporar bienes y mensajes de otras. En un período de *globalización*, en cambio, se produce una interacción funcional de actividades económicas y culturales dispersas, generadas por un sistema con muchos centros, en el que son más decisivas la velocidad para recorrer el mundo y las estrategias para seducir a los públicos que la inercia de las tradiciones históricas locales (Appadurai, 1996; Arizpe, 1996; Castells, 1995; Hannerz, 1998; Ortiz, 1994).

Sin duda, este proceso es más claramente perceptible en los circuitos de comunicación electrónica. Pero abarca, en cierta medida, casi todas las áreas de desarrollo cultural, incluso las artes y artesanías tradicionales. Como consecuencia, recoloca el sentido de los actores mencionados: los Estados nacionales, las iniciativas privadas y los organismos independientes.

2) Una segunda tendencia, derivada de la anterior, fue que la cultura pasó a tener un lugar prominente y estratégico en el desarrollo socioeconómico. Cuando se pensaba que la cultura consistía en libros y cuadros, estos últimos se podían concebir como aspectos suntuarios de la vida social, ocupaciones de fin de semana, insignificantes en las cuentas económicas de la nación. En la actualidad, los movimientos mundiales de la industria musical alcanzan los 40 mil millones de dólares, el 90% de los cuales se concentra en las seis *majors*: BMG, EMI, Sony, Warner, Polygram y Universal (Yúdice, 1998). Las exportaciones de la industria audiovisual constituyen el segundo rubro en ingresos por exportaciones de la economía norteamericana, luego de la industria aeroespacial. En los Estados Unidos, el sector cultural, sobre todo por la producción y exportación audiovisual, representa el 6% del PBI y emplea a 1,3 millones de personas, más que la minería, la policía o la forestación. En Francia, abarcaba en 1992 el 3,1% del PBI. En los países latinoamericanos más desarrollados, como la Argentina, Brasil, Colombia y México, la producción y la venta de discos y libros, de equipamientos culturales y de entretenimiento, de telenovelas y de videos crecieron en forma impresionante desde los años setenta, constituyendo un mercado de bienes simbólicos tan significativo como el de otros productos. Brasil, que ocupa el sexto lugar en el mercado mundial de discos, factura más de 800 millones de dólares por año (Álvarez, 1998). Pese a los altibajos de algunas ramas, por ejemplo la industria editorial y la del cine, el

conjunto de la producción cultural conforma un importante campo de inversión, circulación de capital y generación de empleos.

Durante la década del noventa, los acuerdos de libre comercio (TLC, Mercosur, etc.) han vuelto más patente la importancia económica de las comunicaciones masivas y su papel como instrumento de conocimiento recíproco, integración y segregación entre las naciones. Aun en los casos en que los tratados de liberalización comercial no incluyen a la cultura en la agenda de negociación, como el firmado entre México, los Estados Unidos y Canadá, la intensificación de los intercambios está favoreciendo convenios entre empresas editoriales y de televisión de esos países.

Los cambios económicos se acompañan con modificaciones de las imágenes que unas sociedades tienen de otras. Estas representaciones culturales condicionan la disposición y las dificultades de los intercambios económicos. A ello se agrega la internacionalización de la producción cultural, que genera nuevos desafíos: necesidad de diseñar políticas que promuevan y regulen la producción y la comercialización de la cultura más allá de las fronteras nacionales, acuerdos sobre aranceles, propiedad intelectual e inversiones extranjeras y multinacionales, derechos de los consumidores y otras cuestiones en las que casi todo está aún por concretarse en el continente latinoamericano.

3) Una tercera característica de este proceso es que, en los mismos años en que las industrias culturales pasaron a ocupar este lugar central en el mundo, se fue perdiendo en los países latinoamericanos la capacidad de producción endógena. En parte, esto se debe a la estructura oligopólica y al alto nivel de concentración de la producción industrial de cultura, que da al mundo anglosajón, y sobre todo a los Estados Unidos, los mayores beneficios. La asimetría también se acentúa por la reducción de las inversiones estatales en América Latina, la transnacionalización de la propiedad de los medios y la expansión del consumo en una franja muy estrecha de la población. Tres advertencias: a) esto no ocurrió sólo por la transnacionalización de la cultura y de la economía; b) esto no sucedió del mismo modo en todas las industrias culturales, y c) esto no se presentó de igual manera en todos los países. Para comprender estas diferencias voy a describir la situación en cada una de las principales áreas culturales.

La cultura latinoamericana en la recomposición de los mercados transnacionales

La industria editorial

¿Qué queda de la vasta producción de libros y revistas que hubo en la Argentina, México y algunos otros países latinoamericanos entre 1940 y 1970? En parte por su propio liderazgo económico y cultural, en parte por el impulso de exiliados españoles, estos países publicaron lo que escribían los principales autores de toda América Latina y muchos de España. También tradujeron una gran cantidad de libros europeos y norteamericanos y algunos asiáticos. Fue en este campo donde nuestro continente logró, en términos económicos, literarios y periodísticos, una participación más intensa en la circulación internacional de bienes culturales. Además, ese desarrollo editorial fue importante en la formación de una ciudadanía ilustrada.

La declinación de las economías de esta región en las últimas dos décadas y el avance español en el mismo período modificaron esa situación. La Argentina y México producen alrededor de 10.000 títulos por año, en tanto España supera los 60.000. Se han cerrado editoriales y librerías; muchos diarios y revistas redujeron la cantidad de páginas o quebraron. Unas 400 empresas editoriales mexicanas cerraron a partir de 1989, y entre las sobrevivientes no llegan a 10 las de capital nacional que publican más de 50 títulos por año (Citesa, Era, Esfinge, Fernández, Fondo de Cultura Económica, Limusa, Porrúa, Siglo XXI y Trillas). El aumento internacional del precio del papel, agravado por la devaluación del peso mexicano, es una de las causas de este retroceso. Otros motivos son la reducción general del consumo por la pauperización de las clases medias y populares y la conversión de los libros en simples mercancías, sin los beneficios arancelarios ni la exención de impuestos que tuvieron en otro tiempo.

¿Puede el desarrollo del libre comercio favorecer un relanzamiento de las editoriales latinoamericanas? En rigor, la liberalización comercial de este campo en México comenzó hace veinte años. Fueron las editoriales españolas las que más aprovecharon la apertura económica para traer sus productos al mercado mexicano, asociarse con editoriales nacionales o directamente comprarlas. Por la comunidad de lengua y tradiciones culturales, España parece seguir siendo el interlocutor comercial que más puede beneficiarse en el futuro. Sin embargo, la situación se ha complicado por la "europeización" de la industria española: varias casas editoras de Madrid y Barcelona que habían comprado editoriales mexicanas fueron a su vez absorbidas en la década del ochenta por empresas de otros países europeos (Anaya adquirió a Alianza, Labor y Nueva Imagen; Mondadori, a Grijalbo; Planeta, a Ariel y Seix Barral; el grupo Bertelsmann, a Sudamericana).

Se observan cambios también originados por el TLC entre México, los Estados Unidos y Canadá, que comenzó a aplicarse en 1994. Varias editoriales estadounidenses, por ejemplo McGraw-Hill y Prentice Hall, entrarán al mercado mexicano con diccionarios, libros de texto de nivel secundario, de nivel universitario y otros "de superación personal". Algunos editores suponen que la incidencia futura de los empresarios estadounidenses no se verá tanto en la generación de nuevas casas editoras como en el proceso de producción: papel, maquinaria y, como ya ocurre, ediciones de alta calidad (color, pasta dura), para lo cual disponen de infraestructura y de personal más calificado (Alatriste, 1998; García Canclini, 1996).

Hay datos indicativos de que el acercamiento actual entre México y los Estados Unidos puede suscitar tantos cambios en el mercado editorial mexicano como en el estadounidense. La novela de la mexicana Laura Esquivel, *Como agua para chocolate*, superó el millón de ejemplares en inglés, y además vendió 200 mil ejemplares en español en los Estados Unidos. Libros de Gabriel García Márquez, Carlos Fuentes y Julio Cortázar se venden en tiendas de autoservicio de Nueva York, California y Texas. Por primera vez existe en los Estados Unidos un mercado de derechos de autor en lengua española. Así como la sección de "música latina" creció en Tower Records y otras cadenas importantes, los títulos de origen español más vendidos comparten sitios preferentes con los best-séllers en inglés. Los escritores chicanos contribuyen a este reconocimiento "a lo latino". La "norteamericanización" de América Latina se compensa, en alguna medida, con la "latinización" de los Estados Unidos. Pero salvo unas pocas transnacionales, ni las editoriales ni los gobiernos latinoamericanos han generado programas para aprovechar estas oportunidades.

¿Cómo se desarrolla la circulación de libros mexicanos y argentinos en América Latina, mercado "natural" por la lengua, los intereses históricos compartidos y los estilos de consumo de los lectores? Las ventas se han visto reducidas por las dificultades económicas y políticas de toda la región. El único país donde el gobierno impulsa con decisión la industria editorial es Colombia: la Ley del Libro promulgada en 1993, que libera de impuestos por veinte años a los editores residentes en ese país y les garantiza la compra del 20% de todas sus ediciones para bibliotecas, está fomentando el desarrollo de una sólida industria editorial con capitales transnacionales y creciente capacidad de exportación. En los demás países la legislación es anacrónica, y son más las trabas para la circulación de libros y revistas que los programas de promoción de la producción, la difusión y la lectura.

En tales condiciones, siguen vigentes las propuestas del Centro Regional para el fomento del libro en América Latina y el Caribe (Cerlalc), organismo de la UNESCO para el libro latinoamericano, acerca de las medidas necesarias para fortalecer el intercambio regional, algo así como un "mercado común latinoamericano del libro": desgravar insumos para el sector editorial (y, en particular, libre tránsito de negativos con contenido editorial); facilitar la importación de equipos para la industria gráfica; abatir costos con tiradas amplias y reforzar las coediciones intrarregionales; suprimir toda clase de aranceles y otras trabas no arancelarias para la circulación de libros; mejorar y abaratar los medios de transporte (aéreo, marítimo y postal); dar incentivos a la exportación y créditos a la importación de libros; adherir plenamente a los convenios internacionales de protección a la propiedad intelectual; definir políticas nacionales del libro, unificar la legislación correspondiente y crear organismos rectores, donde estén bien representados los intereses sociales y privados del sector editorial.

La televisión, el cine y el video: hacia una cultura multimedia

Partamos de lo que ha sucedido con el medio audiovisual que recorrió todo el siglo XX: el cine. Sus transformaciones en los modos de producir y en el acceso de los públicos revelan el tipo de recomposición multimedia que ha ocurrido en el campo audiovisual. Se ha hablado y publicado mucho sobre "la muerte del cine". Pero las cifras demuestran que actualmente se ven más películas que en cualquier época anterior; lo que sucede es que se ven en la casa: en televisión o en video. De los 16 millones de hogares mexicanos, más de 13 millones cuentan con televisor y más de 6 millones, con videocasetera. Existen 9.500 videoclubes distribuidos en todo el país, incluso en zonas populares y en pequeños pueblos campesinos, que amplían el acceso a la oferta cinematográfica. Una expansión semejante de los entretenimientos audiovisuales a domicilio se observa en los demás países de América Latina, aunque en algunos casos –el más notorio es la Argentina– la televisión por cable se convierte en el negocio más próspero: en la actualidad, más del 60% de los hogares de ese país cuenta con dicho servicio.

En conjunto, América Latina está mal colocada en el aprovechamiento productivo de estos nuevos circuitos comunicacionales. La producción de películas ha caído durante la década del noventa en la Argentina, Brasil y México, y es poco significativa en otros países. Aún peor es lo que sucede con la exportación. Los países latinoamericanos transmiten en promedio más de 500 mil horas anuales de televisión: en Colombia, Panamá, Perú y Venezuela hay más de una videocasetera por cada tres hogares con televisión, proporción más alta que en Bélgica (26,3%) o Italia (16,9%) (Roncagliolo, 1996). No obstante, una pequeñísima parte de la producción latinoamericana de cine se halla en video. Somos subdesarrollados en la producción endógena para los medios electrónicos, pero no en el consumo audiovisual.

Esta asimetría entre una producción propia débil y un consumo elevado se manifiesta como una baja representación en las pantallas de las culturas nacionales o latinoamericanas y una enorme presencia de entretenimientos e información originados en los Estados Unidos. Pero este desnivel no es igual en todas las sociedades. Deben distinguirse, como lo hace Rafael Roncagliolo, los países exportadores e importadores. En verdad, sólo dos, Brasil y México, están

> incorporados a la economía global de bienes culturales y son sedes de gigantes del audiovisual, Red Globo y Televisa, respectivamente. Globo es básicamente un exportador de audiovisuales, lo que condujo a Brasil al cuarto lugar como productor y tercero como exportador audiovisual, pero no ha transnacionalizado su producción; Televisa, en cambio, actúa en la región como una genuina corporación transnacional, que compra canales e internacionaliza sus actividades productivas (Roncagliolo, 1996).

Luego, hay unos pocos países "incipientemente exportadores": la Argentina, Venezuela y, en menor medida, Colombia, Chile y Perú. Como afirma el mismo autor, estos países mantienen una situación ambigua, "pues, por un lado, están buscando mercados para su producción cultural y, por el otro, tienen que defenderse frente a la penetración, no sólo de las empresas extrarregionales sino también de las propias transnacionales latinoamericanas, como Televisa".

En tercer lugar, se encuentra el resto de los países, "netamente importadores", donde casi la totalidad de los mensajes proceden de los Estados Unidos. Aun donde se cuenta con mayor producción propia, como en la televisión brasileña, la mexicana y la argentina, más del 70% de las películas y series son importadas de los Estados Unidos, y los programas de ese país ocupan más del 50% del *prime time*. La producción nacional se dedica sobre todo a noticiarios, que por ende son la franja más cercana a los intereses cotidianos de la audiencia, en tanto los programas de entretenimiento tienen una composición importada mayor.

El desequilibrio entre la débil producción endógena y el consumo crecientemente importado se acentúa en la medida en que los medios masivos "clásicos" (radio, cine, televisión) se integran en autopistas de la comunicación. A este proceso de concentración tecnológica se agrega la reorganización monopólica de los mercados que subordina los circuitos nacionales a sistemas transnacionalizados de producción y comercialización.

Todo esto adquiere importancia no sólo por su significado cultural. Las industrias comunicacionales se colocan entre los agentes económicos más dinámicos, principales generadores de inversiones y empleos, o sea que ocupan un lugar clave como impulsoras del desarrollo y de los intercambios multiculturales. Por eso, es crucial la pregunta de quiénes van a manejar estas redes en los próximos años. La producción audiovisual de información y entretenimiento está mayoritariamente en manos estadounidenses, mientras el 70% de las ventas mundiales de aparatos electrónicos para el gran público es controlado por firmas japonesas.

Reencontrar al público en la cultura globalizada

A medida que las industrias culturales se apropiaron de la mayor parte de la vida pública, han experimentado un proceso de privatización, transnacionalización y la falta de responsabilidad respecto de los intereses públicos en la vida social. ¿Cómo elaborar políticas culturales que vinculen creativamente a las industrias culturales con la esfera pública de acuerdo con la lógica de la actual etapa de globalización e integraciones regionales? No nos sirven los esquemas conceptuales empleados en la época en que las relaciones internacionales se entendían en términos de imperialismo, dependencia y culturas nacionales con relativa autonomía.

Tenemos que preguntarnos cómo se reformulan la esfera pública y la ciudadanía a escala transnacional. Un primer cambio es, justamente, que lo público se está rehaciendo en relación con las industrias culturales. Los análisis históricos demuestran que esta noción atravesó la modernidad con diversos significados. En los siglos XVIII y XIX en Europa, en América Latina durante el siglo XIX y buena parte del XX, la esfera pública fue concebida como un espacio desde el cual luchar contra los Estados despóticos, contra los abusos y arbitrariedades de los monarcas y dictadores que sometían la vida social y económica a sus intereses privados. Luego, se erigió lo público como defensa de lo social frente a la voracidad monopólica de las empresas capitalistas, las amenazas que esto representaba para la libre comunicación entre ciudadanos y los riesgos de reducir la participación social a prácticas de consumo (según Hannah Arendt y Jürgen Habermas). En un tercer momento, desde mediados del siglo XX, la importancia adquirida por la radiodifusión como servicio público llevó a pensar este tipo de comunicación como modelo de una esfera pública de ciudadanos que deliberan con independencia del poder estatal y del lucro de las empresas (Garnham, 1993). Es innegable que estas maneras de defender lo público generaron espacios emancipatorios, donde crecieron la información independiente y la conciencia ciudadana, se legitimaron las demandas de la gente común y se limitó el poder de los grupos hegemónicos en la política y los negocios.

Sin embargo, estas concepciones y sus aportes al proceso emancipatorio están siendo discutidos por varias razones: a) la recomposición de la esfera pública dentro de cada país y el cuestionamiento de las formas clásicas de representatividad (partidos, sindicatos, movimientos sociales, Iglesias), tema sobre el cual no puedo extenderme aquí pero que sabemos que también afecta la capacidad representativa de los medios comunicacionales públicos; b) la reducción del papel de los Estados como proveedores de servicios públicos y el estrechamiento de sus recursos financieros en un período en que las innovaciones tecnológicas y el encarecimiento de la producción comunicacional exigen altas inversiones, que son más accesibles al sector privado: las iniciativas de renovación y expansión dejan de estar en manos de la BBC, de la RAI y de los medios estatales o paraestatales semejantes en Europa y América Latina, que ceden ese papel a Murdoch, Berlusconi, CNN, Red Globo y Televisa; c) el aumento de la competencia transnacional por los mercados y la innovación tecnológica, que subordinan a la rápida acumulación mercantil las tareas culturales y la responsabilidad informativa, llevando incluso a la "autocomercialización" a las radios y los canales de televisión públicos; d) el reordenamiento de la esfera pública a escala multinacional gracias a las redes tecnológicas (televisión por cable y vía satélite, circuitos computacionales), cuya "geografía" trasciende los territorios nacionales y la vigilancia de los Estados, y e) la transferencia de funciones clásicas de los aparatos comunicacionales y de política cultural de los Estados nacionales a radios comunitarias y televisoras regionales.

Cuando la esfera pública ya no se deja abarcar en el ámbito de cada nación, es necesario ampliar el análisis de lo público, más que como un *espacio*, como *circuitos* y *flujos* que articulan lo nacional y lo global. John Keane define la esfera pública como

> un tipo particular de relación espacial entre dos o más personas, usualmente vinculadas por algún medio de comunicación (televisión, radio, satélite, fax, teléfono, etc.), en la cual se producen controversias no violentas, durante un tiempo breve o más extendido, referidas a las relaciones de poder que operan dentro de su medio de interacción y/o dentro de los ámbitos más amplios de estructuras sociales y políticas en las cuales los disputantes están situados (Keane, 1995).

¿Cómo interactúan los contendientes de diferentes escalas geográficas y comunicacionales? Hay que distinguir primero, según este autor, *esferas micropúblicas*, espacios locales en los que intervienen decenas, centenares o miles de participantes. Son ejemplos las reuniones de vecinos, una iglesia, cafeterías y, por supuesto, movimientos sociales que funcionan como laboratorios locales de comunicación ciudadana. Keane menciona también un caso menos convencional: los grupos de niños que se organizan en torno de los videojuegos para utilizarlos e intercambiarlos, "crean una cultura cotidiana de historias que se narran en el salón de clases" y comparten un lenguaje que los diferencia de los adultos. Las polémicas acerca de si los videojuegos provocan adicción a una visualidad frívola y banalizan la violencia contra mujeres y minorías o si, en cambio, enseñan la interactividad, afinan la coordinación entre la vista y las manos y habitúan a codeterminar los resultados de un juego mediado electrónicamente apuntan a algunos nuevos dilemas en que se debate la recomposición tecnológica y audiovisual de lo público (Sarlo, 1994).

En segundo término, las *mesoesferas públicas* aluden a la dimensión del Estado-nación, en que millones de personas debaten sobre el poder a través de diarios de circulación nacional (*The New York Times, Le Monde, A Folha de São Paulo, Clarín, El País*) y medios electrónicos con alcance semejante. En los últimos años, el predominio de estos medios sobre la comunicación local y su administración por empresas privadas muestran el declinante papel de los "servicios públicos" o paraestatales y la hegemonía de actores privados en las controversias sobre el poder. La irrupción en la vida política de figuras como Silvio Berlusconi señala los extremos más inquietantes de esta tendencia. Pero su estrategia más frecuente no consiste en apoderarse directamente de la escena pública, sino en intervenir en ella mediante la publicitación de escándalos políticos y familiares. A veces, esta acción mediática contribuye a transparentar el campo político, pero su finalidad preponderante es aumentar la audiencia y el éxito comercial de estos medios. Primero en la televisión y ahora también en los diarios, esta reorganización de los vínculos entre lo público y lo privado ha cambiado el sentido de la vida pública al desplazarla del debate argumentado a las narrativas espectacularizadas.

Los procesos de globalización e integración regionales llevan a reconocer también la existencia de lo *macropúblico*. A las agencias de noticias que desde hace décadas cubren todo el planeta se agregan las transnacionales multimedia (Time-Warner, Bertelsmann). Si bien éstas se expandieron, según Keane, como un fenómeno de la economía política más que con el fin de reorganizar el ámbito público, de hecho su modo de concentrar el talento periodístico y creativo, las innovaciones tecnológicas y los canales de difusión las convierte en los grandes administradores de la información y el entretenimiento mundial. La fluida comunicación global impulsada por este proceso establece comparaciones constantes entre los "estándares de vida" de regiones y países alejados, propiciando debates públicos transnacionales (aunque los hechos ocurran en uno o en dos países), como se vio en las guerras de las Malvinas y del Golfo y en las crisis financieras de México y del Sudeste Asiático. Pasamos de la Cámara de Diputados y la televisión nacionales al mundo de la comunicación por satélite como escena deliberativa. Los cambios se producen tanto en los macroagentes comunicacionales como en los emisores locales y, por supuesto, en la recepción: las cámaras que filman los acontecimientos globales encuentran que desde los estudiantes chinos en la Plaza de Tiananmen hasta los zapatistas en la selva de Chiapas las reciben con pancartas en inglés para ser comprendidos en todas partes.

Al mismo tiempo que los referentes de identidad se sitúan en escenas nacionales e internacionales, en las disputas ciudadanas y en las prácticas de consumo, también lo público, entendido en parte como los lugares y circuitos en que se delibera sobre la vida social, trasciende el Estado-nación. Keane tiene razón al decir que ni siquiera las primeras esferas públicas modernas se limitaban al ideal habermasiano de la discusión racional; asimismo se desenvolvían en formas de comunicación como la ópera, los deportes y las artes visuales. Los cambios recientes hacen aún más evidente que lo público se desarrolla tanto en los diarios y la radiodifusión como en los entretenimientos, no sólo en los medios bajo control estatal o concebidos como servicio público sino también en los *talk shows* televisivos, los videojuegos, los concursos en que se premian éxitos personales y habilidades como si fueran desempeños públicos. En relación con el propósito de este texto, diré que —así como la antropología demostró hace tiempo que todo esto es cultura— la nueva reflexión sobre lo público y la ciudadanía lleva a reconocer que estos diversos circuitos deben ser competencia de la política cultural.

Es necesario avanzar más allá de esta valiosa propuesta de Keane. La fascinación con la globalización de las comunicaciones no puede hacernos descuidar la persistencia de viejas asimetrías y desigualdades, y la producción de otras nuevas, entre "cíber ricos" y "cíber pobres", entre informados y entretenidos. Es cierto que más que la radio y la televisión, las comunicaciones electrónicas —especialmente Internet— están volviendo más horizontales y recíprocas las comunicaciones. En la esfera pública supranacional se pueden acentuar los aspectos electivos y contractuales de la participación social y política en la medida en que las tecnologías recientes faciliten que las controversias, la defensa de los derechos humanos y la circulación de la información que sirve para innovar y tomar decisiones se efectúen en redes de "netizens", ciudadanos que enlazan sus privacidades en la construcción de nuevos desempeños públicos. Pero ni siquiera en el manejo de las ONG mejor organizadas está claro cuánto pueden modificar estas comunicaciones horizontales las inercias con que las macroempresas y los Estados reproducen la hegemonía y las desigualdades. La asimetría en el acceso a la cultura de países centrales y periféricos se acentúa en las tecnologías de avanzada. Las redes de Internet en las que algunos ven una oportunidad de incrementar la participación social, según datos de mediados de 1998, cuentan en los Estados Unidos con más de 20 millones de *hosts* (sitios desde los cuales se difunde la información), en tanto los dos países latinoamericanos con mayor participación son Brasil, con 117.200, y México, con 41.659. Mientras una quinta parte de los estadounidenses son usuarios de la red de redes, los países latinoamericanos que más la usan no alcanzan a incluir al 2% de la población. Estos datos tienen que ver con diferencias de nivel educativo, el costo diez veces menor del servicio en los Estados Unidos y el hecho de que el 70% de los textos está en inglés y apenas el 1,78% en español (Trejo Delarbre, 1998).

Medios, cultura y calidad de vida

Para desarrollar un pensamiento crítico sobre las transformaciones de lo público suscitadas por las nuevas tecnologías, es necesario situarlas en sus condiciones sociales de producción, circulación y recepción. O sea que debemos replantear ciertos modos maniqueos de pensar lo social en los que lo público se oponía tajantemente a lo privado, y se acompañaba con disyuntivas igualmente esquemáticas entre Estado e iniciativa privada, entre lo nacional y lo foráneo.

Como un ejemplo de lo que es necesario reformular, voy a ocuparme de dos nociones básicas del pensamiento moderno: el interés público y la calidad de vida. Ambas son redefinidas bajo la globalización y, como consecuencia, los Estados encuentran dificultades para ocuparse de ellas. Una dificultad para encarar la nueva situación reside en que el interés público y la calidad de vida suelen definirse por los contenidos. No quiero repetir la inconsistente división entre contenido y forma, pero debo hablar de contenidos porque gran parte de las apologías de la cultura nacional se asientan en una sobrevaloración aislada de ese aspecto. Escuchamos todavía que las principales razones para proteger el cine y la televisión nacionales serían que hablan de temas "propios" y narran historias "nuestras". La convicción de que los pueblos necesitan afirmar su identidad se vuelve el núcleo argumental en las defensas de la producción audiovisual de cada país, y se supone que los medios masivos "nacionales" serían los más capacitados para representar la propia cultura y las necesidades de los ciudadanos de cada nación.

No es éste el modo en que aparecen interpretados el interés público y la calidad de vida por los espectadores. Al hacer estudios sobre consumo de cine, televisión y video, he visto que los públicos tienden a comprender el interés público y la calidad de vida (en este ámbito del consumo) de un modo diferente del pensamiento ilustrado moderno. Los espectadores estiman públicamente valioso aquello que mejora sus condiciones de acceso y disfrute de los bienes culturales. No son los contenidos lo que aparece en primer lugar en sus valoraciones. Tampoco son cuestiones formales, si las caracterizamos de acuerdo con la estética culta: por ejemplo, la innovación del lenguaje o la experimentación narrativa de las películas y los programas televisivos. El aprecio de la mayoría de los espectadores se dirige más bien a la calidad técnica de los medios de comunicación, su espectacularidad audiovisual (que se apoya en esa competencia técnica), la "confortabilidad" del acto de consumo y el placer que una historia bien narrada, con ritmo y acción, proporcione a sus disposiciones estéticas rutinarias. Estas disposiciones estéticas no se arraigan exclusivamente en la cultura nacional. En un mundo donde predomina desde hace décadas la cultura estadounidense en las pantallas de cine y de televisión, el gusto mediático ha incorporado la iconografía y los modelos afectivos e intelectuales de ese país, tanto en las audiencias masivas como en las de mayor nivel educativo (García Canclini, 1998).

¿Qué consecuencias tiene esto para las políticas culturales? Nos conduce, por una parte, a dar más importancia a lo que los sectores masivos entienden por interés público en relación con la calidad de vida. Sin embargo, este asunto se vuelve problemático cuando registramos de qué manera los medios se vinculan con estas expectativas de las audiencias. Varios estudios de los años noventa describen la reducción de la cultura pública a la búsqueda del lucro privado, la reducción del debate sobre los dramas sociales a su intensidad momentánea y a una obsolescencia programada (Martín-Barbero, 1995; Sarlo,1994).

Pero también llama la atención que en las políticas estatales de todos los países se practique, en sentido opuesto, la misma escisión entre cultura y medios. Al considerar que los poderes públicos deben ocuparse sólo del patrimonio histórico, el arte y la literatura, son dejados la televisión, la radio, los videos y la informática bajo el dominio de empresas privadas. Salvo unas poquísimas radios y televisoras culturales, y acciones cada vez más débiles de estímulo al cine, las acciones públicas prácticamente están ausentes ante las audiencias masivas.

Cuando señalaba antes una asociación entre privatización, transnacionalización y falta de responsabilidad respecto de los intereses públicos, estaba pensando en esta dificultad de los empresarios privados, librados a la simple lógica del mercado, para asumir las tareas públicas de la comunicación y el desarrollo cultural y, a la vez, en la falta de responsabilidad respecto de lo público por parte de los Estados, que se ocupaban más de la cultura "clásica" y que aún no han desarrollado nuevas acciones relacionadas con la etapa de industrialización y transnacionalización de la cultura.

¿Qué podemos esperar del Estado y de los organismos supranacionales (UNESCO, BID, OEA, Convenio Andrés Bello, SELA, Mercosur) en este proceso? Estas instancias, en tanto representan intereses públicos, pueden contribuir a situar las interacciones comerciales en relación con otras interacciones sociales y culturales en las que se gestiona la calidad de vida y que no son reductibles al mercado, como los derechos humanos, la innovación científica y estética, la participación social y la preservación de patrimonios naturales y sociales. Los órganos estatales y supranacionales pueden operar como un conjunto de actores que reconoce que el mercado es insuficiente para garantizar los derechos sociales y culturales, las reivindicaciones políticas de mayorías y de minorías. A diferencia de la oposición efectuada en otro tiempo entre el Estado y los organismos intergubernamentales, y por otro lado las empresas, hoy concebimos al Estado como lugar de articulación de los gobiernos con las iniciativas empresariales y con las de otros sectores de la sociedad civil. Una de las tareas de regulación y arbitraje que debe ejercer el Estado es la de no permitir que la sociedad civil se reduzca a los intereses empresariales, e incluso la de que los intereses empresariales se reduzcan a los de los inversores (como se propuso en el Acuerdo Multilateral de Inversiones).

Hacer políticas culturales y de integración en medio de las nuevas formas de privatización transnacional exige repensar tanto al Estado como al mercado, y también la relación de ambos con la creatividad cultural y la participación social. Una de las inconsistencias del liberalismo moderno fue creer que la libre asociación de los individuos en el mercado generaría la creatividad y prosperidad de todos. En los últimos tiempos, se tiende a trasladar esa potencialidad virtuosa al libre comercio internacional entre empresas. Así como se ha revelado infundada, y finalmente ineficaz, la pretensión del Estado de controlar la creatividad cultural, también debemos cuestionar la afirmación de que el libre mercado favorece la libertad de los creadores y el acceso de las mayorías. Pero esta disyunción moderna entre Estado y mercado se muestra insostenible no sólo en relación con los productores de arte y comunicación, sino también con la manera en que hoy en día se concibe la creatividad sociocultural de los receptores.

Si la creación cultural se forma también en la circulación y recepción de los productos simbólicos, ¿cuál es el papel de las políticas culturales en esos momentos posteriores a la generación de bienes y mensajes? Después de las temporadas en que el Estado intervino a través de la censura y en que el "libre" mercado lo hizo mediante la segregación comercial del acceso, tal vez llegó el momento de averiguar cómo coordinar a ambos para que participen de modo más democrático en la selección de lo que va a circular o no, de quiénes y con qué recursos se relacionarán con la cultura. La privatización creciente de la producción y difusión de bienes simbólicos está ensanchando la grieta entre los consumos de las elites y de las masas: el 95% de la población está adscripto a las tendencias más elementales de la comunicación masiva transnacional a través de la radio y la televisión gratuita, mientras el 5%, conectado al desarrollo global por medio de los satélites, las computadoras y otros recursos tecnológicos avanzados, conoce las innovaciones en el trabajo y en el consumo y obtiene la información necesaria para tomar decisiones.

En tanto las tecnologías avanzadas facilitan la circulación transnacional, el abandono de los Estados de su responsabilidad por el destino público y por la accesibilidad de los productos culturales, sobre todo de las innovaciones tecnológicas y artísticas, está agravando la brecha. La reestructuración desregulada y transnacional de la producción y difusión de la cultura neutraliza mucho más que el papel del Estado: ella pregunta por el sentido público de la creatividad y la pluralidad culturales. Las políticas dedicadas a reequilibrar la distribución de la información y el entretenimiento de calidad son decisivas para generar la participación social de todos los sectores, bien informados acerca de las nuevas condiciones nacionales y globales en las que su acción puede tener sentido y eficacia. Esta corrección de la dualización cultural puede hacerse con políticas estatales que regulen la acción de los medios e impulsando acciones societarias, como la formación de organizaciones de televidentes o consumidores culturales, *ombudsman* de los medios masivos, etc. Si se aspira a "reemplazar la democracia pasiva por una democracia inteligente donde el ciudadano está ampliamente informado" (Kliksberg, 1998), es necesario que las relaciones entre medios y audiencias contribuyan a hacer inteligible la vida social y no sólo a espectacularizarla para espectadores pasivos.

Propuestas políticas para la ciudadanía cultural y la participación social

Cuando nos preguntamos qué cine y qué televisión queremos, estamos decidiendo qué clase de espacio audiovisual y de integración latinoamericana elegimos, y con qué otras regiones priorizamos la relación. Si estamos convencidos de que las industrias culturales son un instrumento clave para fomentar el conocimiento recíproco y masivo entre los países latinoamericanos, y con otras áreas, *la renovación de la legislación, la profesionalización de la gestión cultural y la participación de creadores y receptores en estas decisiones deben ser partes prioritarias de las políticas culturales*. Esta participación social, a través de organizaciones de artistas y consumidores culturales, y con el apoyo de esa figura aún escasa en América Latina que es el *ombudsman*, puede lograr que las diferencias culturales sean reconocidas, que incluso los sectores históricamente menos equipados para intervenir en la industrialización de la cultura, como los países periféricos, los indígenas y los pobres urbanos, comuniquen sus voces y sus imágenes. Que no haya lugar en las políticas culturales sólo para lo que al mercado le conviene sino también para la diferencia y la disidencia, para la innovación y el riesgo, para elaborar imaginarios colectivos multinacionales y más democráticos.

¿Puede la creatividad ser objeto de políticas? En parte sí, pensando que los creadores no son, como suponían las estéticas idealistas, dioses que emergen de la nada, sino de escuelas de cine y facultades de humanidades y de comunicación, que necesitan editoriales, museos, canales de televisión y salas cinematográficas para exponer sus obras. Pero también porque la creatividad sociocultural implica a los públicos. Decir que los lectores y espectadores tienen la última palabra en la decisión de lo que merece circular y ser alentado resulta una afirmación engañosa en sociedades donde los Estados cada vez hacen menos por formar públicos culturales a través de la educación, con bibliotecas entendidas como depósitos de libros y casi nunca como clubes de lectura, sin acciones que faciliten un acceso más parejo a todos los bienes simbólicos.

Los actuales procesos de integración económica están ofreciendo mejores condiciones que en toda la historia anterior de América Latina para avanzar en la coordinación de políticas regionales y con otras regiones. Sin embargo, los acuerdos firmados y los que se están gestionando no asignan a la integración y al intercambio culturales el lugar que deben tener como contexto y sentido del desarrollo conjunto. Los cambios económicos y tecnológicos que condicionan el mero desarrollo cultural van a una velocidad que no es seguida por los cambios de las instituciones públicas. Los pasos más ambiciosos en esta dirección han sido dados por algunas empresas comunicacionales privadas, pero éstas hacen muy poco para construir culturalmente *el espacio público de la integración*. Una acción más decidida de los gobiernos, los organismos internacionales y los movimientos socioculturales podría encarar, entre otras tareas, las siguientes, que sugerí en la reunión "Industrias culturales e integración latinoamericana", realizada en julio de 1998 en Buenos Aires con el auspicio del SELA, la UNESCO y el Convenio Andrés Bello:

1) Crear el Sistema Latinoamericano de Información Cultural. Su principal función sería reunir estadísticas confiables de todos los países de la región, que registren el desarrollo y las tendencias de las inversiones culturales (estatales y privadas), de los consumos (especialmente de industrias culturales) y de las percepciones interculturales (imágenes de los otros países de la región y del espacio euroamericano y norteamericano). Este sistema documentará, además de estadísticas, información reciente sobre avances tecnológicos utilizables en actividades culturales, legislación e iniciativas que contribuyan a incrementar el financiamiento público y mixto de programas culturales (exención de impuestos, creación de fondos de desarrollo artístico, libre circulación aduanera junto con control de tráfico y piratería de bienes culturales). No habrá un efectivo espacio cultural latinoamericano mientras no dispongamos de mapas de los movimientos socioculturales que describan su estructura y sus flujos y que permitan entrever su potencialidad.

2) Promover la creación de dispositivos que articulen a los sectores estatal, privado y asociativo. Uno de sus objetivos será facilitar la coordinación de las inversiones de cada sector sobre la base de los diagnósticos de las necesidades socioculturales de la población. Estos diagnósticos correlacionarán la información sobre los consumos, los equipamientos culturales y las inversiones disponibles o potenciales para expandir la producción cultural endógena.

3) Promover estudios que permitan valorar el papel de las industrias culturales en el desarrollo a partir de una estimación cuantitativa de su contribución al empleo, a las exportaciones y a otras áreas del desarrollo socioeconómico, así como una valoración cualitativa de su aporte a la formación de una ciudadanía nacional y latinoamericana.

4) Realizar estudios comparativos de los mecanismos de financiamiento de la cultura en los países latinoamericanos, en los Estados Unidos, Canadá y Europa, con el fin de dar a conocer las modalidades más idóneas para fomentar la complementación de recursos públicos y privados. Este análisis buscará tanto difundir e intercambiar experiencias entre naciones como explorar posibilidades de cooperación y financiamientos internacionales de programas culturales: no sólo comparar experiencias como las leyes mexicanas de pago con especie y la ley Rouanet y otras brasileñas, sino expandirlas, para la cooperación internacional. Como ya se ha propuesto (Garretón, 1994), para que avance la integración cultural latinoamericana es necesario establecer el Fondo Internacional de Producción y Difusión Cultural. Este fondo podría constituirse con cuotas asignadas anualmente por los países para realizar proyectos multinacionales o de artistas o actividades que, aunque no sean sólo del país contribuyente, realicen aportes a su desarrollo artístico o comunicacional. Un antecedente valioso en esta dirección es el Fideicomiso para la Cultura México-Estados Unidos, creado con fondos privados y públicos de los dos países, que otorga todos los años, desde 1991, financiamiento para proyectos en bibliotecas, publicaciones, música, danza, museos, artes visuales, arte en los medios, teatro, estudios culturales y trabajos interdisciplinarios, con la condición de que sean binacionales.

5) Promover la creación de consejos nacionales de industrias culturales, en los que participen especialistas de cada sector, de las empresas, de las universidades, del sector público y de movimientos sociales, con la finalidad de regular el funcionamiento de tales industrias. Esta representación diversificada es la única que puede propiciar una consideración adecuada del interés público y el reconocimiento de las formas particulares de expresión de la ciudadanía (nacional, étnica y regional) contenidas en cada nación.

Un último comentario. No imagino que ninguno de estos proyectos necesite nuevas estructuras institucionales complejas o pesadas. No hay excedentes presupuestarios, ni el apremio de los asuntos lo permite. Las tareas indispensables para salir del retardo de varias décadas en las políticas respecto de las industrias culturales requieren medidas urgentes y eficaces, como cuando los gobiernos tienen que comunicarse rápidamente para enfrentar una catástrofe. Hay que estar muy distraído para no darse cuenta de que el cierre de centenares de editoriales y miles de librerías en las dos últimas décadas, la caída de la producción nacional de películas y discos y el deterioro del sistema escolar en todos sus niveles son señales de alarma de nuestra decadencia societaria. Los nuevos signos de dinamismo económico y cultural –el aumento del consumo en algunos bienes comunicacionales, el acceso multiplicado mes tras mes a Internet, el rápido predominio de la videoinformación sobre la lectura– combinan aspectos positivos y otros problemáticos. Es inquietante que no tengamos datos suficientes ni estudios globales en marcha para discernirlos, o sea, para conocer qué cambios están generando en el tejido de nuestras sociedades y en la interacción entre ellas. Los pocos avances logrados en cuanto a este conocimiento se deben a que el sistema de investigación científica mejoró en algunos países de la región durante los años ochenta y noventa; además, dentro de las ciencias sociales, hay un particular crecimiento de los estudios culturales. Pero esto no ha modificado las agendas públicas de las políticas culturales, salvo excepciones, y parece no ser una información atractiva en la gestión de los acuerdos de libre comercio e integración regional.

Hoy en día, el dilema decisivo en las culturas latinoamericanas no es defender las identidades o globalizarnos, sino integrar sólo capitales y dispositivos de seguridad o construir la unidad solidaria de ciudadanos y sociedades que reconocen sus diferencias.

Bibliografía

ALATRISTE, S. (1998), "El mercado editorial en lengua española", documento elaborado para el seminario "Integración económica e industrias culturales en América Latina y el Caribe", auspiciado por el SELA, la UNESCO, el Convenio Andrés Bello y el Gobierno de la Ciudad de Buenos Aires, 30 y 31 de julio.

ÁLVAREZ, G. O. (1998), "Políticas regionales en el mundo de la globalización", documento elaborado para el seminario "Integración económica e industrias culturales en América Latina y el Caribe", auspiciado por el SELA, la UNESCO, el Convenio Andrés Bello y el Gobierno de la Ciudad de Buenos Aires, 30 y 31 de julio.

APPADURAI, A. (1996), *Modernity at large: cultural dimensions of globalization*, Minneapolis, University of Minnesota Press.

ARIZPE, L. (ed.) (1996), *The cultural dimensions of global change. An anthropological approach*, París, UNESCO Publishing.

Bonet, L. y A. de Gregorio (1998), "La industria cultural española en América Latina", documento elaborado para el seminario "Integración económica e industrias culturales en América Latina y el Caribe", auspiciado por el SELA, la UNESCO, el Convenio Andrés Bello y el Gobierno de la Ciudad de Buenos Aires, 30 y 31 de julio.

Castells, M. (1995), *La ciudad informacional*, Madrid, Alianza.

García Canclini, N. (coord.) (1996), *Culturas en globalización. América Latina-Europa-Estados Unidos: libre comercio e integración*, Caracas, Nueva Sociedad.

──────── (1998), "Cultural policy options in the context of globalization", en: *World Culture Report*, UNESCO.

Garnham, N. (1993), "The media and the public sphere", en: C. Calhoun (ed.), *Habermas and the public sphere*, Cambridge, The Mit Press.

Garretón, M. A. (1994), "Políticas, financiamiento e industrias culturales en América Latina y el Caribe", documento de la 3ª reunión de la Comisión Mundial de Cultura y Desarrollo de la UNESCO, San José de Costa Rica, 22 al 26 de febrero.

Hannerz, U. (1998), *Conexiones transnacionales*, Madrid, Cátedra.

Keane, J. (1995), "Structural transformations of the public sphere", en: *The Communication Review*, vol. 1, núm. 1, San Diego.

Kliksberg, B. (1998), *Seis tesis no convencionales sobre participación*, Washington D. C., BID.

Martín-Barbero, J. (1995), *Pre-textos*, Bogotá, Centro Editorial Universidad del Valle.

Moragas, M. de (1996), "Políticas culturales en Europa: entre las políticas de comunicación y el desarrollo tecnológico", en: N. García Canclini (coord.), *Culturas en globalización. América Latina-Europa-Estados Unidos: libre comercio e integración*, Caracas, Nueva Sociedad.

Ortiz, R. (1994), *Mundialização e cultura*, San Pablo, Brasiliense.

Roncagliolo, R. (1996), "La integración audiovisual en América Latina. Estados, empresas y productores independientes", en: N. García Canclini (coord.), *Culturas en globalización. América Latina-Europa-Estados Unidos: libre comercio e integración*, Caracas, Nueva Sociedad.

Sarlo, B. (1994), *Escenas de la vida posmoderna*, Buenos Aires, Ariel.

Trejo Delarbre, R. (1998), "La Internet en América Latina", documento elaborado para el seminario "Integración económica e industrias culturales en América Latina y el Caribe", auspiciado por el SELA, la UNESCO, el Convenio Andrés Bello y el Gobierno de la Ciudad de Buenos Aires, 30 y 31 de julio.

UNESCO (1994), *Our creative diversity. Report of the World Commission on Culture and Development*, París.

Yúdice, G. (1998), "La industria de la música en el marco de la integración América Latina-Estados Unidos", documento elaborado para el seminario "Integración económica e industrias culturales en América Latina y el Caribe", auspiciado por el SELA, la UNESCO, el Convenio Andrés Bello y el Gobierno de la Ciudad de Buenos Aires, 30 y 31 de julio.

Nuevos mapas culturales de la integración y el desarrollo

Jesús Martín-Barbero

El retorno de la cuestión cultural

Si la cuestión de las *identidades culturales* salta hoy al primer plano de las agendas sociales y académicas, ello remite a la crisis radical que atraviesan los modelos de desarrollo y los paradigmas políticos desde los que esos modelos fueron legitimados. La *cuestión cultural* emerge como clave insoslayable de comprensión de las involuciones que sufre el desarrollo en los países del llamado Tercer Mundo y de lo mentiroso de las pasividades atribuidas a las colectividades por los salvadores de turno. Cuestión crucial, pues o las construcciones de identidad son asumidas como dimensiones cruciales para los modelos y procesos del desarrollo de los pueblos o las identidades culturales tenderán a atrincherarse colocándose en una posición de antimodernidad a ultranza, con el consiguiente reflotamiento de los particularismos étnicos y raciales. Si lo que constituye la fuerza del desarrollo es la capacidad de las sociedades de actuar sobre sí mismas y de modificar el curso de los acontecimientos y los procesos, la forma globalizada que hoy asume la modernización choca y exacerba las identidades generando tendencias fundamentalistas frente a las cuales es necesaria una nueva conciencia de identidad cultural "no estática ni dogmática, que asuma su continua transformación y su historicidad como parte de la construcción de una modernidad sustantiva",[1] esto es, de una nueva concepción de modernidad que supere su identificación con la racionalidad puramente instrumental y que revalorice su impulso hacia la universalidad como contrapeso a los particularismos y los guetos culturales. Esto, a su vez, está exigiendo una nueva concepción de desarrollo en la que quepan los diferentes modos y ritmos de inserción de las poblaciones, de sus culturas, en la modernidad.

La deslegitimación que la modernización opera sobre las tradiciones y las costumbres –desde las que, hasta hace bien poco, nuestras sociedades elaboraban sus "contextos de confianza"–[2] desmorona la ética y desdibuja el hábitat cultural. Ahí arraigan algunas de nuestras más secretas y enconadas violencias. Pues la

---

[1] F. Calderón et al., *Esa esquiva modernidad: desarrollo, ciudadanía y cultura en América Latina y el Caribe*, Caracas, Nueva Sociedad, 1996, p. 34. Son fundamentales en esta línea los aportes de A. Touraine, *Critique de la modernité*, París, Fayard, 1992.

[2] J. J. Brunner, *Bienvenidos a la modernidad*, Santiago de Chile, Planeta, 1994, p. 37.

gente puede asimilar con cierta facilidad los instrumentos tecnológicos y las imágenes de modernización, pero sólo muy lenta y dolorosamente puede recomponer su sistema de valores, de normas éticas y virtudes cívicas. La incertidumbre que conlleva el cambio de época añade a la crisis de los mapas ideológicos una fuerte erosión de los mapas cognitivos, que nos deja sin categorías de interpretación capaces de captar el rumbo de las vertiginosas transformaciones que vivimos. Esto es visible especialmente en la profunda reconfiguración que atraviesan las *culturas tradicionales* —campesinas, indígenas y negras— por la intensificación de su comunicación e interacción con las otras culturas de cada país y del mundo. Desde dentro de las comunidades, esos procesos de comunicación son percibidos a la vez como otra forma de amenaza a la supervivencia de sus culturas —la larga y densa experiencia de las trampas a través de las cuales han sido dominadas carga de recelo cualquier exposición al otro—, pero al mismo tiempo la comunicación es vivida como una posibilidad de romper la exclusión, como experiencia de interacción que si bien comporta riesgos también abre nuevas figuras de futuro. En verdad, la dinámica de las propias comunidades tradicionales desborda hoy los marcos de comprensión elaborados por los antropólogos y los folcloristas: hay en esas comunidades menos complacencia nostálgica con las tradiciones y más conciencia acerca de la indispensable reelaboración simbólica que exige la construcción del futuro.[3] Así lo demuestran la diversificación y el desarrollo de la producción artesanal en una abierta interacción con el diseño moderno y hasta con ciertas lógicas de las industrias culturales, la existencia creciente de emisoras de radio y televisión programadas y gestionadas por las propias comunidades e incluso la presencia del movimiento zapatista que proclama por Internet la utopía de los indígenas mexicanos de Chiapas. A su vez, esas culturas tradicionales cobran hoy en día para la sociedad moderna una vigencia estratégica en la medida en que nos ayudan a enfrentar el trasplante puramente mecánico de culturas, al tiempo que, en su diversidad, ellas representan un reto fundamental a la pretendida universalidad deshistorizada de la modernización y su presión homogeneizadora.

Por su parte, la globalización económica y tecnológica disminuye la importancia de lo territorial devaluando los referentes tradicionales de la identidad. Contradictoria y completivamente, las culturas locales y regionales se revalorizan exigiendo cada día una mayor autodeterminación, que es el derecho a contar en las decisiones económicas y políticas, a construir sus propias imágenes y a *contarnos* sus propios relatos. La identidad ya no es, por lo tanto, concebible ni en su afirmación como separación o repliegue excluyente ni en su negación por integración en la fatalidad de la homogeneización; ahora es percibida y pensada en forma nueva:

---

[3] Véanse N. García Canclini, *Culturas híbridas*, México, Grijalbo, 1990, pp. 280 y ss.; G. Giménez y R. Pozas (coords.), *Modernización e identidades sociales*, México, UNAM, 1994; W. Rowe y V. Scheling, *Memory and modernity. Popular culture in Latin America*, Londres, Verso, 1991.

como *una construcción que se relata*. La polisemia del verbo *contar* no puede ser más significativa: para que la pluralidad de las culturas del mundo sea políticamente tenida en cuenta, es indispensable que la diversidad de identidades nos pueda ser contada, narrada. Pues la relación de la narración con la identidad no sólo es expresiva sino constitutiva: es en la diversidad de sus relatos que la identidad cultural se construye.[4] Relatos que hoy se ven atravesados por el hegemónico *lenguaje de los medios masivos* en el doble movimiento de las *hibridaciones* –apropiaciones y mestizajes– y de las *traducciones*: de lo oral ya no sólo a lo escrito sino a lo audiovisual y lo informático. En su sentido más denso y desafiante, la idea de *multiculturalidad* apunta ahí: a la configuración de sociedades en las que las dinámicas de la economía y la cultura-mundo movilizan no sólo la heterogeneidad de los grupos y su readecuación a las presiones de lo global, sino también la coexistencia, en el interior de una misma sociedad, de códigos y relatos muy diversos. Lo que la globalización pone en juego no es pues una mayor circulación de productos, sino una rearticulación profunda de las relaciones entre culturas, pueblos y países. La identidad cultural de los pueblos podrá entonces continuar siendo narrada y construida en los nuevos relatos y géneros audiovisuales sólo si las industrias comunicacionales son tomadas a cargo por políticas culturales capaces de asumir lo que los medios masivos tienen de la cultura cotidiana de la gente, y lo que hacen con ella, y capaces también de implicar explícitamente al sistema educativo en la transformación de las relaciones de la escuela con los *campos de experiencia* que configuran los nuevos lenguajes y las escrituras informáticas.

Integración y globalización: el papel estratégico de las industrias culturales

Tensionado entre los discursos del Estado y la lógica del mercado, se oscurece y desgarra el significado de las siglas que multiplicada y compulsivamente expresan el deseo de integración latinoamericana. Pues la *integración de* los países latinoamericanos pasa hoy ineludiblemente por su *integración a* una economía-mundo regida por la más pura y dura lógica del mercado. Esto, al hacer prevalecer las exigencias de competitividad sobre las de cooperación, está fracturando la solidaridad regional: así, los movimientos de integración económica se traducen, por un lado, en la *inserción excluyente*[5] de los grupos subregionales (TLC, Mercosur) en

---

[4] A ese respecto, véanse H. K. Bhabha (ed.), *Nation and narration*, Londres, Routledge, 1977; G. Abril, "Del narrador superviviente al charlatán masivo", en: *Destinos del relato al fin del milenio*, Valencia, Archivos de la Filmoteca, 1995, pp. 66-73; J. M. Marinas, "La identidad contada", ibíd., pp. 75-88.

[5] S. Fernández, "Poder y desigualdad en la economía internacional", en: *Nueva Sociedad*, núm. 143, Caracas, 1996, pp. 62 y ss.; véase también: O. Ianni et al., *Desafios da globalização*, Petrópolis, Vozes, 1998.

los macrogrupos del Norte y de Europa y, por el otro, en una *apertura económica* que acelera la concentración del ingreso, la reducción del gasto social y el deterioro de la escena pública.

Por otra parte, la revolución tecnológica plantea claras exigencias de integración al hacer del espacio nacional un marco cada día más insuficiente para aprovecharla o para defenderse de ella,[6] al mismo tiempo que refuerza y densifica la desigualdad del intercambio.[7] Es en nombre de una integración globalizada que los gobiernos de nuestros países justifican los enormes costos sociales que la "apertura" acarrea: esa modernización tecnoeconómica que amenaza otra vez con suplantar, entre nosotros, el proyecto político-cultural de la modernidad. Pues si hay un movimiento poderoso de *integración* –entendida ésta como superación de barreras y disolución de fronteras–, es el que pasa por las industrias culturales de los medios masivos y las tecnologías de información. Pero a la vez son esas mismas industrias y tecnologías las que más fuertemente aceleran la integración de nuestros pueblos, la heterogénea diferencia de sus culturas, en la *indiferencia* del mercado.

Distinta del proceso que hasta los años setenta se definió como imperialismo, la globalización redefine las relaciones centro-periferia: lo que la globalización nombra ya no son movimientos de *invasión*, sino transformaciones que se producen desde y en lo nacional y aun en lo local. Es desde dentro de cada país que no sólo la economía sino la cultura se mundializan.[8] La modernización que ahora atravesamos resulta así muy distinta de aquella "primera modernidad" latinoamericana –la del período 1930-1950– que configuró los populismos en Brasil, México y la Argentina. Aquel proyecto de construcción de *naciones modernas* articulaba un movimiento económico –la entrada de las economías nacionales a formar parte del mercado internacional– a un proyecto político: constituirlas en naciones mediante la creación de una cultura y una identidad nacionales. Proyecto que en buena parte fue posible por la comunicación que los medios posibilitaron entre masas urbanas y Estado. Los medios, y especialmente la radio, se convirtieron en voceros de la interpelación que desde el Estado convertía a las masas en pueblo y al pueblo en nación.[9] La radio en todos los países y el cine en algunos –México, Brasil, la Argentina– hicieron la mediación entre las culturas rurales tradiciona-

[6] J. Shutz, "Ciencia, tecnología e integración latinoamericana: un paso más allá del lugar común", en: *David y Goliat*, núm. 56, Buenos Aires, 1990.

[7] M. Castells y R. Laserna, "La nueva dependencia: cambio tecnológico y reestructuración socioeconómica en América Latina", en: *David y Goliat*, núm. 55, Buenos Aires, 1989.

[8] Véanse, para ese propósito: R. Ortiz, *Mundialização e cultura*, San Pablo, Brasiliense, 1996, pp. 72 y ss., y *Otro territorio*, Bogotá, Convenio Andrés Bello, 1998; M. Santos, *A natureza do espaço. Técnica e tempo*, San Pablo, Hucitec, 1996; C. Mendes (coord.), *Cultural pluralism, identity and globalization*, Río de Janeiro, UNESCO-ISCC, 1996; W. Kymlicka, *La ciudadanía multicultural*, Barcelona, Paidós, 1996.

[9] J. Martín-Barbero, "Los medios masivos en la formación de las culturas nacionales", en: *De los medios a las mediaciones*, Barcelona, Gustavo Gili, 1987, pp. 177-193.

les y la nueva cultura urbana de la sociedad de masas, introduciendo en ésta elementos de la oralidad y la expresividad de aquéllas, y posibilitándoles hacer el paso de la racionalidad expresivo-simbólica a la racionalidad informativo-instrumental[10] que organiza la modernidad. De igual modo, mientras en los tiempos de la modernización populista las industrias comunicacionales contribuyeron a la gestación de un poderoso imaginario latinoamericano, hecho de símbolos cinematográficos –María Félix, Libertad Lamarque, Cantinflas– y musicales como el tango, el bolero, la ranchera, en los últimos años las industrias culturales, especialmente del cine, la música y la televisión, atraviesan una situación paradójica: la inserción de su producción cultural en el mercado mundial tiene como contraparte un claro debilitamiento de su capacidad de *diferenciación* cultural. La presencia en el espacio audiovisual del mundo de empresas como la mexicana Televisa o la brasileña Red Globo se hace en gran parte a costa de moldear la imagen de estos pueblos en función de públicos cada día más neutros, más indiferenciados. Son las exigencias del modelo que impone la globalización las que orientan esos cambios. Exigencias que se evidencian en el reordenamiento privatizador de los sistemas nacionales de televisión de todo el mundo: la expansión del número de canales, la diversificación y el crecimiento de la televisión por cable y las conexiones vía satélite han acrecentado el tiempo de programación, empujando una demanda intensiva de programas que abre aún más el mercado a la producción latinoamericana con la producción de pequeñas brechas en la hegemonía televisiva norteamericana y en la división del mundo entre un Norte identificado con países productores y un Sur identificado con países únicamente consumidores. Pero significa también el triunfo de la *experiencia del mercado* en rentabilizar la diferencia cultural para renovar las gastadas narrativas mediáticas.

Así, las contradicciones latinoamericanas que atraviesan y sostienen su globalizada integración desembocan decisivamente en la pregunta acerca del peso que las industrias del audiovisual están teniendo en ese proceso, ya que esas industrias juegan en el terreno estratégico de *las imágenes que de sí mismos se hacen estos pueblos y con las que se hacen reconocer por los demás*. Ahí están el cine y la televisión indicándonos los contradictorios derroteros que marca la globalización comunicacional. Mientras en Europa pasa a primer plano la *excepción cultural* con que se busca defender los derechos de las culturas –incluidas las de las *naciones sin Estado*, esas identidades diluidas o subvaloradas en el proceso de integración de los Estados nacionales, que impulsan para ello un fortalecimiento público de su capacidad de producción audiovisual–,[11] la integración latinoamericana, por el

---

[10] Véanse G. Munizaga y P. Gutiérrez, *Radio y cultura popular de masas*, Santiago de Chile, Ceneca, 1983; M. C. Mata, "Saber sobre la radio", en: *Signo y Pensamiento*, núm. 33, Bogotá, 1998.

[11] Véanse P. Schlesinger, "La europeidad: un nuevo campo de batalla", en: *Estudios de Culturas Contemporáneas*, núms. 16-17, México, Colima, pp. 121-140; "FR3 région: du local au transfontier", entrevista a H. False realizada por M. Trelluyer y F. Anthonioz, en: *Dossiers de l'Audiovisuel*, núm. 33, París, 1990; G. Bechelloni, *Televisione come cultura*, Nápoles, Liguori, 1995.

contrario, al obedecer casi únicamente al interés privado, está llevando su producción audiovisual a un movimiento creciente de neutralización y desaparición de las señas de identidad regionales y locales.[12] Si en la "perdida década" de 1980 una de las pocas industrias que se desarrolló en América Latina fue la de la comunicación –el número de emisoras de televisión se multiplicó (de 205 en 1970 pasó a 1.459 en 1988), Brasil y México se dotaron de satélites propios, la radio y la televisión abrieron enlaces mundiales vía satélite, se implantaron redes de datos, antenas parabólicas y TV por cable y se establecieron canales regionales de televisión–,[13] todo ese crecimiento se llevó a cabo siguiendo el movimiento del mercado, sin la menor intervención del Estado; más aún, minando el sentido de esa intervención, esto es, dejando sin piso real al espacio y al servicio público y acrecentando las concentraciones monopólicas.

Ahí está el cine, acosado entre el retiro del apoyo estatal[14] a las empresas productoras –que hizo descender a menos de la mitad la producción anual en los países con mayor tradición, como México y Brasil– y la disminución de espectadores que, por ejemplo, en México significó en los años ochenta la caída del número de espectadores de 123 a 61 millones y en la Argentina de 45 a 22 millones; en la actualidad, se debate entre una propuesta comercial, sólo rentable en la medida en que pueda *superar* el ámbito nacional, y una propuesta cultural, viable únicamente en la medida en que sea capaz de insertar los temas locales en la sensibilidad y la estética de la cultura-mundo. Todo esto obligó al cine a subordinarse al video en cuanto a la tecnología de distribución, la circulación y el consumo: ya en 1990 había en América Latina 10 millones de videograbadoras, 12 mil videoclubes de alquiler de cintas y 340 millones de cintas alquiladas por año. Pero esa tendencia ha comenzado a cambiar significativamente en los últimos años.[15] Del lado de la producción, como anotábamos, la desaparición del cine nacional que parecía inatajable –la destrucción neoliberal de las instituciones que desde el Estado apoyaban ese cine así lo aseguraba– se ve frenada por la forma explícita o velada, esto es, con menor capacidad económica pero con mayor capacidad de negociación con la industria televisiva e incluso con algunos conglomerados económicos multimedia, en que esas instituciones reaparecen actualmente en Brasil, la Argentina o Colombia. Eso está significando para el cine la recuperación de la capacidad de experimentar estéticamente y de expresar culturalmente la plurali-

---

[12] J. Martín-Barbero, "Comunicación e imaginarios de la integración", en: *Inter-medios*, núm. 2, México, 1992, pp. 6-13.

[13] F. Reyes Mata, "Los medios locales y la integración", en: *Integración y comunicación*, Madrid, Turner, 1990.

[14] O. Getino (comp.), *Cine latinoamericano, economía y nuevas tecnologías*, Buenos Aires, Legasa, 1989.

[15] Véanse O. Getino, *La tercera mirada: panorama del audiovisual latinoamericano*, Buenos Aires, Paidós, 1996; VV. AA., Industria audiovisual, en: *Comunicação e Sociedade*, núm. 22, San Pablo, 1994; O. Getino, *El impacto del video en el espacio audiovisual latinoamericano*, Lima, IPAL, 1990.

dad de historias y memorias de que están hechas tanto las diversas naciones como América Latina en su conjunto. También con respecto a las formas de consumo, el cine experimenta hoy en día cambios importantes. Al cierre acelerado de salas de cine –para dedicarlas en buena parte a ¡templos evangélicos!– le ha sucedido la aparición de los conjuntos multisalas, que reducen drásticamente el número de sillas por sala pero multiplican la oferta de filmes. Al mismo tiempo, la composición de los públicos habituales de cine también sufre un cambio notable: las generaciones más jóvenes –a la vez que devoran *videoclips* en la televisión– parecen estar reencontrándose con el cine en su "lugar de origen": las salas públicas. Ello nos coloca ante una profunda diversificación de los públicos de cine,[16] que reabre las posibilidades a un cine capaz de interpelar culturalmente, esto es, de comunicar a las culturas y sus pueblos. Tanto en la producción como en el consumo, esos nuevos desarrollos del cine exigen una presencia de los Estados y los organismos internacionales capaz de concertar con las empresas y los grupos independientes unas políticas culturales mínimas de reconstrucción del espacio público y defensa de los intereses colectivos.

En lo que atañe a la televisión, como en ningún otro medio se hacen presentes en ella las contradicciones de la globalizada modernización latinoamericana: la desproporción del *espacio social* que ocupa ese medio –tanto en el tiempo que las mayorías le dedican como en la importancia que adquiere lo que en él aparece– es, sin embargo, proporcional a la ausencia de espacios políticos de expresión y negociación de los conflictos y a la falta de representación, en el discurso de la cultura oficial, de la diversidad de las identidades culturales. Los largos empantanamientos políticos, la debilidad de nuestras sociedades civiles y una profunda esquizofrenia cultural en las elites son los que recargan cotidianamente la desmesurada capacidad de representación que ha adquirido la televisión. Desde México hasta la Patagonia argentina, la televisión convoca hoy en día a la gente como ningún otro medio, pero el rostro de nuestros países que aparece en la televisión es un rostro contrahecho y deformado por la trama de los intereses económicos y políticos que sostienen y moldean a ese medio. De modo que la capacidad de interpelación que presenta la televisión no puede ser confundida con los *ratings* de audiencia. No porque la cantidad de tiempo dedicado a la televisión no cuente, sino porque el peso político o cultural de la televisión no es mensurable en el contacto directo e inmediato, sino que sólo puede ser evaluado en términos de la *mediación social que logran sus imágenes*. Y esa capacidad de mediación proviene menos del desarrollo tecnológico del medio, o de la modernización de sus formatos, que de lo que espera la gente de él y de lo que le pide. Esto significa que es imposible saber lo que la televisión hace con la gente si desconocemos las demandas sociales y culturales que la gente le hace a la televisión. Demandas que se alimentan de los dispositivos y modalidades de reco-

---

[16] N. García Canclini (coord.), *Los nuevos espectadores: cine, televisión y video en México*, México, CONACULTA-IMCINE, 1994.

nocimiento sociocultural que la televisión ofrece y que se proyectan sobre ellos. Es por eso que en América Latina la telenovela es, sin duda alguna, el género mediático que presenta los más densos cruces entre las matrices culturales populares y los formatos industriales.

Hasta mediados de los años setenta, las series norteamericanas dominaban en forma aplastante la programación de ficción en los canales latinoamericanos de televisión. Por una parte, esto significaba que el promedio de programas importados de los Estados Unidos –en su mayoría, comedias y series melodramáticas o policíacas– acaparaba cerca del 40% de la programación;[17] y, por otra parte, esos programas ocupaban los horarios más rentables, tanto los nocturnos durante la semana como a lo largo de todo el día durante los fines de semana. Hacia el final de la década, la situación comienza a cambiar, y en el transcurso de los años ochenta, la producción nacional crecerá y entrará a disputar a las series norteamericanas los horarios "nobles". En un proceso sumamente rápido, la telenovela nacional en varios países –México, Brasil, Venezuela, Colombia, la Argentina– y la telenovela brasileña, mexicana o venezolana en otros desplazan por completo a la producción norteamericana.[18] A partir de ese momento, y hasta inicios de los años noventa, no sólo en Brasil, México y Venezuela, principales países exportadores, sino también en la Argentina, Colombia, Chile y Perú, la telenovela ocupa un lugar determinante en la *capacidad nacional de producción televisiva*,[19] esto es, en la consolidación de la industria televisiva, en la modernización de sus procesos e infraestructuras –tanto técnicas como financieras– y en la especialización de sus recursos: libretistas, directores, camarógrafos, sonidistas, escenógrafos, editores. La producción de telenovelas significó a su vez cierta apropiación del género por cada país: su *nacionalización*. Pues si bien el género de la telenovela implica rígidos estereotipos en su esquema dramático y fuertes condicionantes en su gramática visual –reforzados por la lógica estandarizadora del mercado televisivo–, también es cierto que cada país ha hecho de la telenovela *un particular lugar de cruces entre la televisión y otros campos culturales* como la literatura, el cine y el teatro. En la mayoría de los países se empezó copiando –en algunos incluso importando– los libretos, del mismo modo como había sucedido años atrás con la radionovela cuando los guiones se importaban de Cuba o de la Argentina. La dependencia del formato radial y de la concepción de la imagen como mera ilustración de un "drama hablado" se fue rompiendo a medida que la

---

[17] T. Varis, *International inventary of television programmes structure and the flow of the programmes between nations*, Universidad de Tempere, 1973.

[18] G. Schneider-Madanes (coord.), *L'Amérique Latine et ses télévisions. Du local au mondial*, París, Anthropos-Ina, 1995.

[19] Véanse D. Portales, *La dificultad de innovar. Un estudio sobre las empresas de televisión en América Latina*, Santiago de Chile, Ilet, 1988; R. Ortiz et al., *Telenovela: historia e produção*, San Pablo, Brasiliense, 1985; J. González, *Las vetas del encanto. Por los veneros de la producción mexicana de telenovelas*, México, Universidad de Colima, 1990; M. Coccato, "Apuntes para una historia de la telenovela venezolana", en: *Videoforum*, núms. 1-3, Caracas, 1985.

televisión se iba industrializando y los equipos humanos de producción iban "conquistando" el nuevo medio, esto es, apropiándose de sus posibilidades expresivas. La telenovela se convirtió entonces en un conflictivo pero fecundo terreno de *redefiniciones político-culturales*: mientras en países como Brasil se incorporaban a la producción de telenovelas valiosos actores de teatro, directores de cine, prestigiosos escritores de izquierda, en otros países la televisión, en general, y la telenovela, en particular, eran rechazadas por los artistas y escritores como la más peligrosa de las trampas y el más degradante de los ámbitos profesionales. Poco a poco, sin embargo, la crisis del cine, por un lado, y la superación de los extremismos ideológicos, por otro, han ido incorporando a la televisión, sobre todo a través de la telenovela, a muchos artistas, escritores y actores, quienes aportan temáticas y estilos por los que pasan dimensiones clave de la vida y de las culturas nacionales y locales.

En el momento de su mayor creatividad, la telenovela latinoamericana atestigua las dinámicas internas de una identidad cultural plural.[20] Pero será justamente esa heterogeneidad de narraciones, que hacía visible la diversidad cultural de lo latinoamericano, lo que la globalización ha ido reduciendo de manera progresiva. El éxito de la telenovela, que fue el trampolín hacia su internacionalización y que respondía a un movimiento de activación y reconocimiento de lo latinoamericano en los países de la región, va a marcar también, paradójicamente, el inicio de un movimiento de uniformidad en los formatos y la desaparición de las señas de aquella identidad plural. Pero ¿hasta qué punto la globalización de los mercados significa la disolución de toda verdadera diferencia cultural o su reducción a recetarios de congelados folclorismos? Ese mismo mercado está reclamando además la puesta en marcha de procesos de experimentación e innovación que permitan insertar en los lenguajes de una tecnicidad mundializada la diversidad de narrativas, gestualidades e imaginarios en que se expresa la riqueza de nuestros pueblos. Es lo que están evidenciando ciertas producciones brasileñas, y lo que acaba de ejemplarizar el éxito mundial de la telenovela colombiana "Café" y de algunas nuevas series latinoamericanas.

La relación entre medios y culturas, sobre todo en el campo audiovisual, se ha tornado en los años noventa especialmente compleja. Como demostró, en la última reunión del GATT –ahora Organización Mundial de Comercio–, el debate entre la Unión Europea y los Estados Unidos sobre la "excepción cultural", la producción y la circulación de las industrias culturales exigen una mínima puesta en común de decisiones políticas. En América Latina ese mínimo de políticas culturales comunes ha sido imposible de lograr hasta ahora. En primer lugar, por las exigencias y presiones del patrón neoliberal, que ha acelerado el proceso de privatización del conjunto de las telecomunicaciones y desmontado las pocas

---

[20] Véanse J. Martín-Barbero y S. Muñoz, *Televisión y melodrama*, Bogotá, Tercer Mundo, 1992; N. Mazziotti, *La industria de la telenovela*, Buenos Aires, Paidós, 1996.

normas que de algún modo regulaban la expansión de la propiedad. A lo que ahora asistimos es a la conformación y el reforzamiento de poderosos conglomerados multimedia que manejan a su antojo y conveniencia, en unos casos, la defensa interesada del proteccionismo sobre la producción cultural nacional y, en otros, la apología de los flujos transnacionales. En los dos grandes acuerdos de integración subregional –la entrada de México al TLC entre los Estados Unidos y Canadá y la creación del Mercosur entre Brasil, la Argentina, Uruguay y Paraguay–, la presencia del tema cultural es hasta ahora netamente marginal: "objeto sólo de anexos o acuerdos paralelos".[21] Los objetivos directa e inmediatamente económicos –desarrollo de los mercados, aceleración de los flujos de capital– obturan la posibilidad de plantearse un mínimo de políticas acerca de la concentración financiera y el ahondamiento de la división social entre los "inforricos" y los "infopobres". La otra razón de fondo que impide integrar las políticas sobre industrias culturales en los acuerdos latinoamericanos, estriba en el divorcio entre el predominio de una concepción populista de la identidad nacional y un pragmatismo radical de los Estados a la hora de insertarse en los procesos de globalización económica y tecnológica. Concentradas en preservar patrimonios y en promover las artes de elite, las políticas culturales de los Estados han desconocido por completo el papel decisivo de las industrias audiovisuales en la cultura cotidiana de las mayorías. Ancladas en una concepción básicamente preservacionista de la identidad y prácticamente en la desarticulación con respecto a lo que hacen las empresas y los grupos independientes, ese "tercer sector" cada día más denso, las políticas públicas están siendo en gran medida responsables de la desigual segmentación de los consumos y del empobrecimiento de la producción endógena. Esto ocurre en momentos en que la heterogeneidad y la multiculturalidad no pueden ser más vistas como un problema sino como la base de la renovación de la democracia; y cuando el liberalismo, al expandir la desregulación hasta el mundo de la cultura, está exigiendo de los Estados un mínimo de presencia en la preservación y recreación de las identidades colectivas.

Pero si del lado de los Estados la integración cultural sufre los obstáculos que acabamos de enumerar, existen otras dinámicas que movilizan hacia la integración el escenario audiovisual latinoamericano. En primer lugar, el desarrollo de *nuevos actores y formas de comunicación* desde los que se están recreando las identidades culturales. Me refiero a las radioemisoras y televisoras regionales, municipales y comunitarias, y a los innumerables grupos de producción de video popular que están conformando "un espacio público en gestación, representante de un impulso local hacia arriba, destinado a convivir con los medios globales. Convivencia que

---

[21] Véanse H. Galpering, "Las industrias culturales en los acuerdos de integración regional", en: *Comunicación y Sociedad*, núm. 31, Guadalajara, p. 12; G. Recondo (comp.), *Mercosur, la dimensión cultural de la integración*, Buenos Aires, Ciccus, 1997; H. Achugar y F. Bustamante, "Mercosur: intercambio cultural y perfiles de un imaginario", en: N. García Canclini (coord.), *Culturas y globalización*, Caracas, Nueva Sociedad, 1996.

constituye quizá la tendencia más clara de las industrias culturales 'de punta' en la región".[22] Sin ser de las más avanzadas en ese terreno, Colombia ya cuenta, por ejemplo, con 546 emisoras de radio comunitaria y con cerca de 400 experiencias de televisión local y comunitaria. Todas ellas forman parte de esas *redes informales* que, desde aldeas y barriadas –a través de los encadenamientos posibilitados por la TV por cable y las antenas parabólicas–, ponen a comunicar, mestizándolas, sus propias configuraciones culturales con la diversidad de las culturas del mundo que, aun descontextualizadas y esquematizadas, se asoman por las redes globales.

Otro ámbito a tener en cuenta son las brechas y contradicciones que fisuran las grandes máquinas de los conglomerados multimedia. Me refiero en particular a la puesta en escena de lo latinoamericano que, cargada de esquematismos pero también de polifonías, están organizando las subsidiarias latinas de las cadenas de televisión CBS y CNN[23] en países inmersos con frecuencia en una muy pobre información internacional, y especialmente en lo que atañe a los otros países de América Latina. Las descontextualizaciones y frivolidades que impregnan buena parte de la información que difunden esas cadenas de TV no pueden ocultarnos las posibilidades de apertura, contrastación y puesta en comunicación que ellas producen, pues también en su tejido de imágenes y palabras se deshacen y rehacen los imaginarios que alimentan las culturas nacionales y regionales.

Asimismo, entre las grandes industrias del *rock* pasan hoy movimientos de comunicación e integración cultural nada despreciables. El movimiento del *rock latino* despierta creatividades insospechadas de mestizajes e hibridaciones de las estéticas transnacionales con los sones y ritmos más locales. Una joven investigadora colombiana[24] manifiesta:

> En tanto afirmación de un lugar y un territorio, este *rock* es a la vez propuesta estética y política. Uno de los "lugares" donde se construye la unidad simbólica de América Latina, como lo han hecho la salsa de Rubén Blades, las canciones de Mercedes Sosa y de la Nueva Trova Cubana, lugares desde donde se miran y se construyen los bordes de lo latinoamericano.

Que se trata de modos de recreación de *lo latinoamericano* como un lugar de pertenencia cultural y de enunciación específico lo prueba la existencia del canal latino

---

[22] R. Roncagliolo, "La integración audiovisual en América Latina: Estados, empresas y productores independientes", en: N. García Canclini (coord.), *Culturas y globalización*, ob. cit. en n. 21, p. 53.

[23] Véanse G. Rey, *Integración y reacomodamientos de las industrias culturales*, trabajo presentado en el seminario "Integración económica e industrias culturales en América Latina", Buenos Aires, julio de 1998; y *Balsas y medusas. Visibilidad comunicativa y narrativas políticas*, Bogotá, FESCOL-CEREC-Fundación Social, 1998.

[24] A. Rueda, *Representaciones de lo latinoamericano: memoria, territorio y transnacionalidad en el videoclip del rock latino*, tesis, Cali, Univalle, 1998.

de MTV, en el que se hace presente, junto a la producción musical, la creatividad audiovisual en ese género híbrido, global y *joven* por excelencia que es el *videoclip*.

Hegemonía audiovisual y culturas de jóvenes

> Nuestro pensamiento nos ata todavía al pasado, al mundo tal como existía en la época de nuestra infancia y juventud. Nacidos y criados antes de la revolución electrónica, la mayoría de nosotros no entiende lo que ésta significa. Los jóvenes de la nueva generación, en cambio, se asemejan a los miembros de la primera generación nacida en un país nuevo. Debemos aprender junto con los jóvenes la forma de dar los próximos pasos. Pero para construir una cultura en la que el pasado sea útil y no coactivo, debemos ubicar el futuro entre nosotros, como algo que está aquí, listo para que lo ayudemos y protejamos antes de que nazca, porque de lo contrario sería demasiado tarde.
>
> MARGARET MEAD

Por más escandaloso que nos suene, es un hecho que las mayorías en América Latina se están incorporando a la modernidad no de la mano del libro sino desde los discursos y las narrativas, los saberes y los lenguajes de la industria y la experiencia audiovisual. Ese hecho nos plantea retos graves que dejan obsoletos tanto a los ilustrados como a los populistas modos de analizar y valorar. Pues si las mayorías se están apropiando de la modernidad sin dejar su cultura oral es porque esa cultura ha incorporado la "oralidad secundaria"[25] que tejen y organizan las gramáticas tecnoperceptivas de la radio y el cine en un primer momento, y en la actualidad está incorporando la visualidad electrónica de la televisión, el video y la computadora. De modo que la complicidad y la compenetración entre oralidad cultural y lenguajes audiovisuales no remiten —como pretenden buena parte de nuestros intelectuales y nuestros anacrónicos sistemas educativos— ni a las ignorancias ni a los exotismos de un analfabetismo tercermundista, sino a "la persistencia de estratos profundos de la memoria y la mentalidad colectiva sacados a la superficie por las bruscas alteraciones del tejido tradicional que la propia aceleración modernizadora comporta"[26] y también a los *descentramientos culturales* que en nuestras sociedades están produciendo los nuevos regímenes del sentir y del saber que pasan por la imagen y que catalizan los medios y la computadora.

[25] Véanse W. Ong, *Oralidad y escritura*, México, FCE, 1987, pp. 130 y ss.; M. Zires, "La dimensión oral de las culturas en las sociedades contemporáneas: la voz, la letra y la imagen", en: *Estudios sobre Culturas Contemporáneas*, núm. 18, México, Colima, 1994, pp. 83-99.

[26] G. Marramao, "Metapolítica: más allá de los esquemas binarios acción/sistema y comunicación/estrategia", en: X. Palacios y F. Jarauta (eds.), *Razón, ética y política*, Barcelona, Anthropos, 1989, p. 60.

Tomada de un libro pionero,[27] la cita que introduce esta parte dibuja las líneas-eje de un mapa nuevo para pensar la *comunicación entre culturas*, mapa con el que Margaret Mead supo leer la envergadura antropológica de los cambios que atravesamos y avizorar las posibilidades de inaugurar escenarios y dispositivos de diálogo entre generaciones. Y lo más nuevo de ese mapa es la emergencia en él de una nueva cultura en la que los pares reemplazan a los padres, instaurando una ruptura generacional sin parangón en la historia, pues señala no un cambio de viejos contenidos en nuevas formas, o viceversa, sino un cambio en lo que denomina *la naturaleza del proceso*: la aparición de una "comunidad mundial" en la que hombres de tradiciones culturales muy diversas *emigran en el tiempo*, inmigrantes que llegan a una nueva era desde temporalidades muy diversas, pero todos compartiendo las mismas *leyendas* y sin modelos para el futuro. Un futuro que sólo balbucean los relatos de ciencia ficción en los que los jóvenes encuentran narrada su experiencia de habitantes de un mundo cuya compleja heterogeneidad no se deja decir en las secuencias lineales que dictaba la palabra impresa y que remite entonces a un aprendizaje fundado menos en la dependencia de los adultos que en la propia exploración que los habitantes del nuevo mundo tecnocultural hacen de la imagen y la sonoridad, del tacto y la velocidad.

Lo que ese mapa avizora es, entonces, tanto la desterritorialización que atraviesan las culturas como la emergencia de una experiencia cultural nueva. Aun en nuestros países subdesarrollados, el *malestar en la cultura* que experimentan los más jóvenes replantea las formas tradicionales de continuidad cultural, pues más que buscar su nicho entre las culturas ya legitimadas radicaliza la experiencia de *desanclaje*[28] que, según Giddens, produce la modernidad sobre las particularidades de los mapas mentales y las prácticas locales. Ante la desazón y el desconcierto de los adultos, vemos emerger una generación "cuyos sujetos no se constituyen a partir de identificaciones con figuras, estilos y prácticas de añejas tradiciones que definen *la cultura* sino a partir de la conexión-desconexión (juegos de interfaz) con las tecnologías".[29] Nos encontramos ante sujetos dotados de una "plasticidad neuronal", una elasticidad cultural que, aunque se asemeja a una *falta de forma*, es más bien apertura a muy diversas formas, camaleónica adaptación a los más diver-

---

[27] Véanse M. Mead, *Cultura y compromiso*, Barcelona, Granica, 1971; M. Dery, *Velocidad de escape. La cibercultura en el final de siglo*, Madrid, Siruela, 1998; A. Piscitelli, *Ciberculturas*, Buenos Aires, Paidós, 1995.

[28] Véanse A. Giddens, *Consecuencias de la modernidad*, Madrid, Alianza, 1994, pp. 32 y ss., y D. Harvey, *The condition of postmodernity*, Londres, Basil Blackwell, 1989, pp. 201-326.

[29] Véanse S. Ramírez y S. Muñoz, *Trayectos del consumo*, Cali, Univalle, 1995, p. 60; S. Ramírez, "Cultura, tecnologías y sensibilidades juveniles", en: *Nómadas*, núm. 4, Bogotá, 1996; VV. AA., *Viviendo a toda. Jóvenes, territorios culturales y nuevas sensibilidades*, Bogotá, Siglo del Hombre, 1998; M. Margulis, *La cultura de la noche. La vida nocturna de los jóvenes en Buenos Aires*, Buenos Aires, Espasa Hoy, 1994; R. Reguillo, *En la calle otra vez. Las bandas: identidad urbana y usos de la comunicación*, Guadalajara, ITESO, 1995.

sos contextos y una enorme facilidad para los "idiomas" del video y de la computadora, esto es, para entrar y manejarse en la complejidad de las redes informáticas. Al *sensorium* moderno, que Walter Benjamin vio emerger en el paseante de las avenidas de la gran ciudad, los jóvenes articulan hoy las sensibilidades posmodernas de las efímeras tribus que se mueven por la ciudad que ha estallado o de las comunidades virtuales, cibernéticas.[30] Las transformaciones de la sensibilidad que median las nuevas formas de comunicación quedan bien expresadas en este testimonio colombiano:

> El marginado que habita en los grandes centros urbanos, y que en algunas ciudades ha asumido la figura del sicario, no es sólo la expresión del atraso, la pobreza o el desempleo, la ausencia del Estado y de una cultura que hunde sus raíces en la religión católica y en la violencia política. También es el reflejo, acaso de manera más protuberante, del hedonismo y el consumo, de la cultura de la imagen y la drogadicción, en una palabra, de la colonización del mundo de la vida por la tardomodernidad.[31]

Por otra parte, la densa hibridación de que están hechas las culturas juveniles es antropológicamente sintetizada en este otro testimonio:

> En nuestras barriadas populares urbanas tenemos camadas enteras de jóvenes cuyas cabezas dan cabida a la magia y a la hechicería, a las culpas cristianas y a su intolerancia piadosa, lo mismo que a utópicos sueños de igualdad y libertad, indiscutibles y legítimos, así como a sensaciones de vacío, ausencia de ideologías totalizadoras, fragmentación de la vida y tiranía de la imagen fugaz y el sonido musical como lenguaje único de fondo.[32]

Lo que interesa leer en la *experiencia joven* de hoy es lo que en ella desborda lo generacional al expresar algunas de las paradojas y tendencias del cambio de época que atravesamos. Así, la percepción aún oscura y desconcertada de una reorganización profunda en los modelos de socialización: ni los padres constituyen el patrón-eje de las conductas, ni la escuela es el único lugar legitimado del saber, ni el libro es el centro que articula la cultura. En la desazón de los *sentidos* de la juventud se expresa hoy –tanto o más que en el arte– el estremecimiento de nues-

---

[30] Véanse A. Picon, *La ville, territoire des cyborg*, París, Éditions de L'imprimeur, 1998; M. Maffesoli, *Le temps des tribus*, París, Méridiens Klinksieck, 1988, y *La contemplation du monde. Figures de style communitaire*, París, Grasset, 1993; F. Ferraroti, *Homo sentiens. La rinascità della comunità dallo spirito della nova musica*, Nápoles, Liguori, 1995.

[31] F. Giraldo y H. F. López, "La metamorfosis de la modernidad", en: *Colombia, el despertar de la modernidad*, Bogotá, Tercer Mundo, 1991, p. 260.

[32] F. Cruz Kronfly, "El intelectual en la nueva Babel colombiana", en: *La sombrilla planetaria*, Bogotá, Planeta, 1994.

tro cambio de época. Un cambio que se hace especialmente visible en la *inversión de sentido* que, catalizada por el mercado, le está permitiendo capitalizar en su provecho la *construcción social de lo joven*. Como dice Beatriz Sarlo, "el mercado está en la curva en que se cruzan el peso descendente de la escuela y la hegemonía ascendente del consumo".[33] ¿Adónde apunta esa inversión de sentido? Al valor positivo que ha adquirido lo joven. Durante siglos, decir adolescente, joven, fue igual a decir inmadurez, inestabilidad, irresponsabilidad, improductividad; todos esos "in" señalan *una negación*, aquella en que se constituía socialmente el ser joven. Como durante siglos *lo popular* se identificó con *inculto*, esto es, con la exclusión de la educación y la cultura; así, ser joven *se identificó* con la negación de la responsabilidad y la productividad. Hoy ser joven ha invertido su sentido, pasando a significar la matriz de un nuevo actor social, de un nuevo valor que se confronta con aquellos que justamente representa ser viejo. De ahí que el movimiento en lo social y lo cultural, que el mercado cataliza y aprovecha, sea la conversión de lo joven en paradigma de *lo moderno* mediante una doble operación: por un lado, la juventud es convertida en sujeto de consumo, incorporándola como un actor clave del consumo de ropa, de música, de refrescos y de parafernalia tecnológica; por otro, ello se produce a través de una gigantesca y sofisticada estrategia publicitaria que transforma las nuevas sensibilidades en ingrediente clave de sus experimentaciones narrativas y audiovisuales. Frente a las reticencias del intelectual, y en buena medida de los artistas, a hacerse cargo de las sensibilidades y narrativas que emergen en el espesor cultural de la tecnicidad electrónica, la publicidad está fagocitando y explotando dimensiones y dispositivos clave de esa cultura, como la fragmentación del discurso, la aceleración de las imágenes y el estallido del relato.

Pero lo joven es identificado con lo moderno no sólo en su sentido *fuerte*, el de la *innovación*, el de *lo nuevo*, sino también en su sentido *débil*, posmoderno o tardomoderno, el de la *actualidad*, o mejor, de *lo actual*, que es el que corresponde a la percepción de una *realidad aligerada* "por estar menos netamente dividida entre lo verdadero, la ficción, la información y la imagen".[34] Lo *joven-moderno* pasa a significar entonces lo fresco, lo espontáneo, lo informal, esto es, lo que converge en los valores de la edad con la sobrevaloración actual del cuerpo. Lo joven es el doble imaginario de un cuerpo sano y bello, es decir, ágil y atractivo, y una moda espontánea e informal. Lo joven es ahora, "rizando el rizo", un cuerpo sin arrugas y una moda, el mundo de las drogas adelgazantes y los aeróbics, de la comida vegetariana y los orientalismos de la *nueva era*. Lo joven "se libera" entonces de la edad y se convierte en el imaginario que obsesiona a los viejos haciéndolos soñar con la hormona milagrosa que renueve los tejidos, lubrique las arterias y potencie indefinidamente la atracción erótica.

---

[33] B. Sarlo, *Escenas de la vida posmoderna*, Buenos Aires, Ariel, 1994, p. 42.
[34] G. Vattimo, *El fin de la modernidad*, Barcelona, Gedisa, 1986, p. 158.

Nadie como los publicistas y los diseñadores de modas está sabiendo captar el *sentido de la inversión* que hace que hoy ya no sean los jóvenes los que imitan a los adultos, sino los adultos los que imitan o sueñan con parecerse a los jóvenes. Pero de lo que esa inversión nos habla no es sólo del dinero que ganan los comerciantes, sino también de la capacidad del mercado para *descifrar el sentido* de lo que en este "tiempo de cambio" carga de simbolización a la juventud, sabiendo construir con ello *imaginarios de felicidad y plenitud*. De esa forma, en una sociedad que padece el déficit simbólico quizá más grande de la historia, y que lo tapona saturándose de signos, lo joven atraviesa nuestros imaginarios y pesadillas cobrando *sentido de símbolo*. Y si la juventud *simboliza* no es por la tramposa operación del mercado sino porque ella condensa, tanto en sus desasosiegos y desdichas como en sus sueños de libertad o en sus complicidades cognitivas y expresivas con la lengua de las tecnologías, algunas claves de la mutación cultural que experimenta nuestro mundo.

Frente al desafío que entrañan esas nuevas sensibilidades y culturas, gran parte de la intelectualidad latinoamericana y el sistema educativo siguen atrincherados en la "ciudad letrada", desde la que desconocen y desvalorizan la más estratégica y peculiar de las batallas culturales vivida en nuestros países, la batalla de las imágenes. Estudiando la historia de México, S. Gruzinski se pregunta: ¿cómo pueden comprenderse las estrategias del dominador o las tácticas de resistencia de los pueblos indígenas desde Cortés hasta la guerrilla zapatista, desde las culturas cimarronas de los pueblos del Caribe hasta el barroco del carnaval de Río, sin hacer la historia que nos lleva de la imagen didáctica franciscana del siglo XVI al manierismo heroico de la imaginería libertadora, y del didactismo barroco del muralismo mexicano a la imaginería electrónica de la telenovela? ¿Cómo penetrar en las oscilaciones y alquimias de las identidades sin auscultar la mezcla de imaginarios desde los que los pueblos vencidos plasmaron sus memorias y reinventaron una historia propia? Pues la recuperación actual de los imaginarios populares por las *imaginerías electrónicas de Televisa*, en las que el cruce de arcaísmos y modernidades hacen su éxito, no es comprensible sino desde los nexos que enlazan las sensibilidades a un *orden visual social* en el que las tradiciones se desvían pero no se abandonan, anticipando en las transformaciones visuales experiencias que aún no tienen discurso. El actual desorden posmoderno del imaginario –desconstrucciones, simulacros, descontextualizaciones, eclecticismos– remite al *dispositivo barroco* (o *neobarroco*) "cuyos nexos con la imagen religiosa anunciaban el cuerpo electrónico unido a sus prótesis tecnológicas: *walkmans*, videocaseteras, computadoras".[35]

Ahondando en esa cuestión, llevo años preguntándome por qué los intelectuales y las ciencias sociales en América Latina siguen mayoritariamente pade-

---

[35] S. Gruzinski, *La guerra de las imágenes. De Cristóbal Colón a Blade Runner*, México, FCE, 1994, p. 213.

ciendo un pertinaz "mal de ojo" que los hace insensibles a los retos culturales que plantean los medios, insensibilidad que se intensifica hacia la televisión. No deja de ser revelador que sea sólo la prensa la que cuente con una verdadera historia escrita, ya que eso no obedece únicamente al hecho de que ésta sea el medio más antiguo, sino a que es el medio en que se reconocen culturalmente los que escriben historia. La televisión, en cambio, no sólo está ausente de la historia escrita –ni aun en los diez volúmenes de la *Nueva Historia de Colombia* hubo un pequeño sitio para otros medios que no fueran la prensa y el cine– sino que es mirada con gran tenacidad desde un discurso maniqueo, incapaz de superar una *crítica intelectualmente rentable...* justamente porque lo único que propone es apagar el televisor. Hasta los maestros de escuela niegan que ven televisión, creyendo así defender ante los alumnos su hoy menguada autoridad intelectual. Esto resulta doblemente paradójico en un país tan dividido y desgarrado, tan incomunicado como Colombia, y en el que la televisión se ha convertido en un "lugar" neurálgico donde en alguna forma se da cita y encuentra el país, esto es, en un escenario de perversos *encuentros*: mientras las mayorías ven allí condensadas sus frustraciones nacionales por la "tragedia" de su equipo en el Mundial de Fútbol de los Estados Unidos o muestran su orgulloso reconocimiento por las figuras que, inspiradas en la gente de la región y la industria cafetera, dramatizó la telenovela "Café", la culta minoría vuelca en ella su impotencia y su necesidad de exorcizar la pesadilla cotidiana, convirtiéndola en chivo expiatorio al cual cargarle las cuentas de la violencia, el vacío moral y la degradación cultural. Pero entonces la televisión aparece siendo menos un instrumento de ocio y diversión que el escenario cotidiano de las más secretas perversiones de lo social, y también de la constitución de imaginarios colectivos desde los que la gente se reconoce y representa lo que tiene derecho a esperar y desear.

Estamos necesitados de dar el salto de la "ciudad letrada" a la *ciudad comunicacional* para comprender la estrecha simetría entre la expansión-estallido de la ciudad y el crecimiento-densificación de los medios audiovisuales y las redes electrónicas. Si las nuevas condiciones de vida en la ciudad exigen la reinvención de lazos sociales y culturales, son las redes audiovisuales las que hoy instauran desde su propia lógica las nuevas figuras de los intercambios urbanos. En la ciudad diseminada e inabarcable sólo el medio posibilita una experiencia-simulacro del conjunto de la ciudad: es en la televisión donde la cámara del helicóptero nos permite acceder a una imagen de la densidad del tráfico en las avenidas o de la vastedad y desolación de los barrios de invasión, es en la TV o en la radio donde cotidianamente *conectamos* con lo que en la ciudad "que vivimos" sucede y nos implica. La imbricación entre televisión e informática produce a su vez una alianza entre velocidades audiovisuales e informacionales, entre innovaciones tecnológicas y hábitos de consumo, que ya está generando un "aire de familia" entre las diversas pantallas que reúnen nuestras experiencias laborales, hogareñas y lúdicas, que atraviesa y reconfigura los trayectos callejeros y hasta las relaciones con nuestro cuerpo, un cuerpo sostenido cada vez menos en su anatomía y más en sus extensiones o prótesis tecnomediáticas: la ciudad informatizada no necesita cuerpos reunidos sino interconectados. Ahora bien, lo que constituye la fuerza y la eficacia de la *ciudad virtual*, que entretejen los flujos informáticos y las imágenes televisivas, no es el poder de las tecnologías en sí mismas, sino su capacidad de acelerar, amplificar y profundizar tendencias estructurales de nuestra sociedad.

La educación y la cultura en el nuevo ecosistema comunicativo

Comencemos por el principio: las relaciones entre educación y comunicación pasan antes por las transformaciones de la cultura que por el papel de los medios en la escuela o por cómo introducir la educación en los medios. Esto exige plantearnos el problema de fondo: *¿qué tiene que cambiar en el sistema educativo* –desde los ministerios hasta las facultades de Educación, y desde la primaria hasta la universidad– *para que la escuela se comunique con la vida de nuestros países?* Frente a los que ven en los medios de comunicación y las tecnologías de la información una de las causas del desastre cultural y la degradación de Occidente, o su contrario, una especie de panacea, de solución mágica a los problemas de la educación, soy de los que piensan que nada le puede hacer más daño a la escuela que introducir modernizaciones tecnológicas sin antes cambiar el modelo de comunicación que subyace tras el sistema escolar: un modelo predominantemente vertical, autoritario, en la relación maestro-alumno y linealmente secuencial en el aprendizaje. Insertar en ese modelo medios y tecnologías modernizantes es reforzar aún más los obstáculos que la escuela tiene para insertarse en la compleja y desconcertante realidad de nuestras sociedades.

La escuela encarna aún y prolonga, como ninguna otra institución, el *régimen de saber* que determinó la comunicación del texto impreso. Paradigma de comunicación que desde fines del siglo XVII convierte la edad en el "criterio cohesionador de la infancia",[36] permitiendo el establecimiento de una doble correspondencia: entre la linealidad del texto escrito y el desarrollo escolar –el avance intelectual va paralelo al progreso en la lectura–, y entre éste y las escalas mentales de la edad. Esa correspondencia estructura la información escolar en forma tan sucesiva y lineal que todo retraso o precocidad serán tachados de *anormales*, al mismo tiempo que la comunicación pedagógica es identificada con la transmisión de contenidos memorizables y reconstituibles: el *rendimiento escolar* se mide por edades y paque-

---

[36] Véanse P. Virilio, *Un paysage d'événements*, París, Galilée, 1996; N. García Canclini, *Cultura y comunicación en la ciudad de México*, México, Grijalbo, 1998; C. Magnani y L. de Lucca (comps.), *Na metrópoli. Textos de antropologia urbana*, San Pablo, EDUSP, 1996; R. Reguillo, *La construcción simbólica de la ciudad*, Guadalajara, ITESO, 1996; A. Silva, *Imaginarios urbanos*, Bogotá, Tercer Mundo, 1992; J. Martín-Barbero, "Comunicación y ciudad: sensibilidades, paradigma, escenarios", en: F. Giraldo y F. Viviescas (comps.), *Pensar la ciudad*, Bogotá, Tercer Mundo, 1996.

tes de información aprendidos. Y es a ese modelo mecánico y unidireccional al que responde la *lectura pasiva* que la escuela fomenta prolongando la relación del fiel con la *sagrada escritura* que la Iglesia había instaurado tiempo atrás. Al igual que los clérigos se atribuían el poder de la única lectura auténtica de la Biblia, los maestros poseen el saber de una lectura unívoca, esto es, de aquella de la que la lectura del alumno es puro eco. "La autonomía del lector depende de una transformación de las relaciones sociales que sobredeterminan su relación con los textos. La creatividad del lector crece a medida que decrece el peso de la institución que la controla."[37] De ahí la antigua y aún pertinaz desconfianza de la escuela hacia la *imagen*, hacia su incontrolable polisemia, que la convierte en lo contrario del *escrito*, ese texto controlado desde dentro por la sintaxis y desde fuera por la identificación de la *claridad* con la univocidad.

Acosado por todos los costados, ese modelo de comunicación pedagógica no sólo sigue vivo hoy sino que se refuerza al colocarse a la defensiva desfasándose aceleradamente de los procesos de comunicación que hoy dinamizan la sociedad. Por un lado, negándose a aceptar el *descentramiento cultural* que atraviesa el que ha sido su eje tecnopedagógico: el libro; pues "el aprendizaje del texto (*del libro-de-texto*) asocia a través de la escuela un modo de transmisión de mensajes y un modo de ejercicio del poder, basados ambos en la escritura".[38] Por el otro, ignorando que, como *transmisor* de conocimientos, la sociedad cuenta hoy con dispositivos de almacenamiento, clasificación, difusión y circulación mucho más versátiles, disponibles e individualizados que la escuela, y atribuyendo la crisis de la lectura de libros entre los jóvenes únicamente a la maligna seducción que ejercen las tecnologías de la imagen. Eso le ahorra a la escuela tener que plantearse la profunda reorganización que atraviesa el mundo de los lenguajes y las escrituras, con la consiguiente *transformación de los modos de leer*, dejando sin piso la obstinada identificación de la lectura con lo que atañe solamente al libro y no a la pluralidad y heterogeneidad de textos, relatos y escrituras (orales, visuales, musicales, audiovisuales, telemáticos) que hoy circulan. Así, no sólo la escuela sino el sistema educativo entero se niegan a hacerse preguntas como éstas: ¿qué atención les están prestando las escuelas, e incluso las facultades de Educación, a las hondas modificaciones en la percepción del espacio y del tiempo que viven los adolescentes, insertos en procesos vertiginosos de desterritorialización de la experiencia y la identidad, atrapados en una contemporaneidad cada día más reducida a *la actualidad*, y en el *flujo* incesante y emborrachador de informaciones e imágenes?; ¿qué significan *aprender* y *saber* en el tiempo de la sociedad informacional y las redes que insertan instantáneamente lo local en lo global?; ¿qué desplazamientos cognitivos e institucionales están exigiendo los nuevos dispositivos de producción y apropiación del cono-

---

[37] P. Aries, *L'enfant et la vie familiale sous l'Ancien Régime*, París, Plon, 1960.
[38] M. de Certeau, *L'invention du quotidien*, París, UGE, 1980, p. 289.

cimiento a partir de la interfaz que enlaza las pantallas hogareñas de televisión con las laborales de la computadora y las lúdicas de los videojuegos? ¿Está la educación haciéndose cargo de esas interrogantes? Y, si no lo está haciendo, ¿cómo puede pretender ser hoy un verdadero espacio social y cultural de apropiación y producción de conocimientos?

Al reducir la comunicación educativa a su dimensión instrumental, esto es, al uso de los medios, lo que se deja afuera es justamente aquello que es estratégico pensar: *la inserción de la educación en los complejos procesos de comunicación de la sociedad actual, en el ecosistema comunicativo* que constituye *el entorno educacional difuso y descentrado* que producen los medios y las tecnologías. Un entorno *difuso* de informaciones, lenguajes y saberes y *descentrado* en relación con los dos centros –escuela y libro– que organizan aún el sistema educativo vigente. Desde los monasterios medievales hasta las escuelas de hoy, el saber ha conservado ese doble carácter de ser a la vez centralizado espacialmente y asociado a determinados soportes y figuras sociales, con frecuencia exclusivos y fuertemente excluyentes. De ahí que las transformaciones en los modos como circula el saber constituyan una de las más profundas mutaciones que una sociedad puede sufrir. Disperso y fragmentado es como el saber escapa de los lugares *sagrados* que antes lo contenían y legitimaban y también de las figuras sociales que lo poseían y administraban. La actual diversificación y difusión del saber constituye entonces uno de los retos más serios que el mundo de la comunicación le plantea al sistema educativo. Y frente a un alumnado cuyo medio ambiente comunicativo lo "empapa" cotidianamente de esos otros saberes-mosaico que, en forma de *información*, circulan por la sociedad, la reacción de la escuela es casi siempre de atrincheramiento en su propio discurso: cualquier otro es percibido por el sistema escolar como un atentado a su autoridad.

El malestar en la cultura de la modernidad que expresan las generaciones de los más jóvenes en América Latina y su empatía cognitiva y expresiva con los lenguajes del video y la computadora se enlazan con el estallido de las fronteras espaciales y sociales que la televisión introduce en la escuela *deslocalizando* los saberes y *deslegitimando* sus segmentaciones. No es extraño que el imaginario de la televisión sea asociado a los antípodas de los valores que definen a la escuela: larga temporalidad, sistematicidad, trabajo intelectual, valor cultural, esfuerzo, disciplina. Pero al ser acusada por la escuela de todos los males y vicios que acechan a la juventud, la televisión devela lo que ésta cataliza *de los cambios en la sociedad*: desde el *desplazamiento* de las fronteras entre razón e imaginación, entre saber e información, naturaleza y artificio, arte y ciencia, saber experto y experiencia profana, hasta la *conexión* de las nuevas condiciones del saber con las nuevas formas de sentir y las nuevas figuras de la socialización.[39]

---

[39] J. J. Brunner, "Fin o metamorfosis de la escuela", en: *David y Goliat*, núm. 58, Buenos Aires, 1992, p. 60.

En el cruce de dinámicas que convierte a la comunicación en ecosistema, y a éste en la más fuerte diversificación y descentramiento del saber, se hace cada día más manifiesta la esquizofrenia entre el modelo de comunicación que configura una sociedad progresivamente organizada sobre la información y el conocimiento y el modelo hegemónico de comunicación que subyace tras el sistema educativo, con el consiguiente ensanchamiento de la grieta entre la experiencia cultural desde la que hablan los maestros y aquella otra desde la que aprenden los alumnos. A esto "ayuda" no poco la propia visión que la UNESCO manifiesta aún en una buena cantidad de sus documentos, en los que la relación comunicación/educación continúa siendo marcadamente instrumental: los medios deben servir sobre todo para expandir el auditorio de la escuela, o para permitir que los alumnos puedan ver una ameba en tamaño directamente observable, instrumentalidad que despoja a los procesos de comunicación del reto cultural que ésta entraña para el sistema educativo en su conjunto. No es entonces extraño que nuestras escuelas sigan viendo en los medios únicamente una posibilidad de quitar el aburrimiento de la enseñanza, de amenizar unas jornadas presas de una inercia insoportable. Pero la actitud eminentemente defensiva de la escuela y del sistema educativo los está llevando a desconocer, o disfrazar, que el problema de fondo está en el desafío que les plantea un ecosistema comunicativo en el que lo que emerge es *otra cultura*, otro modo de ver y de leer, de aprender y de conocer. La actitud defensiva se limita a identificar lo mejor del modelo pedagógico tradicional con el libro y anatematizar el mundo audiovisual como un mundo de la frivolidad y la manipulación de las mentes jóvenes, inmaduras e indefensas. Pero la realidad cotidiana de la escuela demuestra que la lectura y la escritura no son actividades creativas y placenteras sino, predominantemente, tareas obligatorias y tediosas, sin posibilidades de conexión con dimensiones clave de la vida de los adolescentes. Actividades incluso castradoras: confundiendo cualquier expresión de estilo propio en la escritura con anormalidad o con plagio, los maestros tienden por *hábito del oficio* a reprimir la creatividad casi sistemáticamente. Un joven psicólogo colombiano, en su investigación de tesis sobre el aprendizaje de la lectura en escuelas públicas de Ciudad Bolívar, el conjunto de barrios más pobres de Bogotá, cuenta así su desconcertante y triste descubrimiento: en esas escuelas, el aprendizaje de la lectura está empobreciendo el vocabulario y el modo de hablar de los niños, pues al tratar de *hablar como se escribe*, los niños pierden gran parte de la riqueza de su mundo oral, incluida su espontaneidad narrativa. Frente a la cultura oral, la escuela se encuentra tan desprovista de modos de interacción, y tan a la defensiva, como frente a la audiovisual.

En la manera como se aferra al libro, la escuela desconoce todo lo que atañe a la cultura que se produce y circula por el mundo de la imagen y las oralidades: dos mundos que viven justamente de la hibridación y el mestizaje, de la mixtura de memorias territoriales con imaginarios deslocalizados. Esto nos coloca ante uno de los más graves malentendidos actuales, ya que el reconocimiento de la *multiculturalidad* en nuestros países implica aceptar no sólo las diferencias étnicas, raciales o de género; significa también aceptar que en nuestras sociedades conviven hoy "indígenas" de la cultura letrada con indígenas de la cultura oral –desde la riqueza de las narrativas étnicas hasta las urbanas del chisme y el chiste, del *rap* y el *rock* latino– y con las culturas del audiovisual, la del cine y la televisión, la de los videojuegos y la Internet. Y esto en su sentido más fuerte, puesto que esas tres culturas configuran maneras muy diferentes de ver y de oír, de aprender, de sentir y de experimentar. Al reivindicar la presencia de la cultura oral y la audiovisual, no estamos desconociendo en modo alguno la vigencia de la cultura letrada sino desmontando su pretensión de ser la única cultura digna de ese nombre y el eje cultural de nuestra sociedad. El libro sigue y seguirá siendo la clave de la *primera alfabetización formal*, esa que en lugar de encerrarse en sí misma debe poner las bases para esa *segunda alfabetización* que nos abre a las múltiples escrituras que hoy conforman el mundo del audiovisual y la informática. Pues estamos ante un cambio en los protocolos y procesos de lectura,[40] que no significa, no puede significar, la simple sustitución de una manera de leer por otra, sino la compleja articulación de una y otra, de la lectura de textos en la de hipertextos, de la doble inserción de unos en otros, con todo lo que eso implica de continuidades y rupturas, de reconfiguración de la lectura como conjunto de muy diversos modos de *navegar* textos. Pues es por esa pluralidad de escrituras que pasa hoy la construcción de ciudadanos que sepan *leer* tanto periódicos como noticiarios de televisión, videojuegos, *videoclips* e hipertextos.

Uno de los más graves retos que el ecosistema comunicativo le hace a la educación reside en el reforzamiento de la división social y la exclusión cultural y política que ahí se produce. Pues mientras los hijos de las clases pudientes entran en interacción con el ecosistema informacional y comunicativo desde su propio hogar, los hijos de las clases populares –cuyas escuelas públicas no tienen, en su inmensa mayoría, la más mínima interacción con el entorno informático, pues para ellos la escuela es el espacio decisivo de acceso a las nuevas formas de conocimiento– están quedando excluidos del nuevo espacio laboral y profesional que la cultura tecnológica prefigura.[41] De ahí la importancia estratégica que cobra hoy una escuela capaz de un uso creativo y crítico de los medios audiovisuales y las tecnologías informáticas.

Ello sólo será posible en una escuela que transforme su modelo (y su praxis) de comunicación, esto es, que haga factible el tránsito de un modelo centrado en la

[40] Véanse a ese respecto J. Meyrowitz, *No sense of place*, Nueva York, Oxford University Press, 1995; V. Sánchez Biosca, *La cultura de la fragmentación*, Valencia, Textos de la Filmoteca, 1995; F. Jameson, *The seeds of time*, Columbia University Press, 1994; M. Canevacci, *Antropologia della comunicazione visuale*, Génova, Costa y Nolan, 1996.

[41] Véanse A. Abruzzese, *Analfabeti di tutto il mondo uniamoci*, Génova, Costa y Nolan, 1996; M. Augé, *Antropología de los mundos contemporáneos*, Barcelona, Gedisa, 1995, y *La guerra de los sueños*, Barcelona, Gedisa, 1998; L. Sfez (coord.), *L'incertitude des territoires*, Quaderni núm. 34, París, 1997.

secuencia lineal —que *encadena unidireccionalmente* grados, edades y paquetes de conocimiento— a otro *descentrado* y *plural*, cuya clave es el "encuentro" del *palimpsesto* y el *hipertexto*. Entiendo por *palimpsesto* ese texto en el que un pasado borrado emerge tenazmente, aunque borroso, en las entrelíneas que escriben el presente; y por *hipertexto*, una escritura no secuencial, un *montaje* de conexiones en red que, al permitir/exigir una multiplicidad de recorridos, transforma la lectura en escritura. Mientras el tejido del *palimpsesto* nos pone en contacto con la memoria —y la pluralidad de tiempos— que carga, acumula todo texto, el *hipertexto* remite a la enciclopedia, a las posibilidades presentes de intertextualidad e intermedialidad.[42] Doble e imbricado movimiento que nos está exigiendo sustituir el lamento moralista por un proyecto ético: el del fortalecimiento de la conciencia histórica, única posibilidad de una memoria que no sea ni mera moda *retro* ni evasión de las complejidades del presente. Pues sólo asumiendo la *tecnicidad mediática como dimensión estratégica de la cultura* es que la escuela puede hoy insertarse en los procesos de cambio que atraviesan nuestra sociedad, e *interactuar con los campos de experiencia* en que hoy se procesan esos cambios: desterritorialización/relocalización de las identidades; hibridaciones de la ciencia y el arte, de las literaturas escritas y las audiovisuales; reorganización de los saberes y del mapa de los oficios desde los flujos y redes por los que hoy se moviliza no sólo la información sino el trabajo, el intercambio y la puesta en común de proyectos, de investigaciones científicas y experimentaciones estéticas. Sólo haciéndose cargo de esas transformaciones la escuela podrá *interactuar* con las nuevas formas de participación ciudadana que el nuevo entorno comunicacional le abre hoy a la educación.

Pero esa interacción entre la escuela y la vida social no será posible mientras nuestros países continúen manteniendo una completa esquizofrenia entre lo que se entiende por la cultura, la educación y la comunicación y lo que se hace con ellas, mientras estén ausentes de las concepciones y las políticas culturales tanto del mundo de los medios masivos como del de la educación. En la América Latina actual parecería que las mejores relaciones entre cultura y educación son las que no les permitan encontrarse, y las de ambas con los medios audiovisuales no pueden ser más anacrónicas e instrumentales: los medios no serían aptos para hacer/recrear cultura sino sólo para transmitirla, difundirla, divulgarla. De ahí que, para la inmensa mayoría de los ministerios o secretarías de Cultura, los medios masivos de comunicación sigan siendo cualquier cosa menos *cultura*, aunque sea por ellos por donde pasan hoy algunas de las transformaciones más profundas en la sensibilidad y las identidades de las mayorías. De igual modo, para los ministerios de Educación lo que pase en la cultura es asunto de otros, y lo que pase en los medios mucho más, fuera de la hueca retórica sobre la modernización tecnológica de la escuela o de alguna programación televisiva que se hace pasar por "edu-

---

[42] B. Sarlo, "Del plano a la esfera: libros e hipertetxtos", en: J. Martín-Barbero y F. López de la Roche (eds.), *Cultura, medios y sociedad*, Bogotá, CES, 1998, pp. 65-77.

cativa". Poco importa si la concepción de cultura que guía los currículos y la enseñanza escolar es tan radicalmente anacrónica –y socialmente peligrosa– que en la cultura no quepan sino las artes y las letras, dejando aún afuera a la ciencia y a la tecnología. "Que inventen ellos...", los países ricos, y que a nosotros nos dejen seguir copiando y aplicando. Para los ministerios de Comunicaciones, la cultura parecería no tener nada que ver con el desarrollo tecnológico de los medios y menos aún con la educación: ¿qué va a tener que ver el avanzadísimo y "riquísimo" mundo de las telecomunicaciones con el de nuestra pobretona y atrasada educación? Y sin embargo, lo que ahí, en la ausencia de políticas conjuntas de cultura-educación-comunicación, se están jugando nuestros países es su propia viabilidad como naciones y también las posibilidades de una verdadera integración de cara al futuro. Pues tanto la una como las otras pasan hoy por la necesidad de que las dinámicas de la cultura y la educación se *articulen en políticas* que a su vez las vertebren al ecosistema comunicacional. El BID, que ha desempeñado un papel tan crucial en la búsqueda de la expansión y el mejoramiento de la calidad de la educación en América Latina, puede y debe desempeñar ahora otro papel crucial: el de hacer de *pedagogo de los gobiernos* para que éstos comprendan que las transformaciones sociales y tecnológicas que ligan la educación a la comunicación y al desarrollo cultural de nuestros pueblos no pueden ser asumidas desde políticas de gobierno coyunturales e inmediatas, pues lo que ahí se necesitan son *políticas de Estado* de largo aliento.

Apuntes para la comprensión del mercado editorial en lengua española

Sealtiel Alatriste

A mediados de la década del treinta, Daniel Cosío Villegas dijo que el mercado para los libros en lengua española era el de todos los países que hablaban español. Si la afirmación expresaba la política editorial del entonces naciente Fondo de Cultura Económica, el significado real de la declaración era más amplio: por un lado, don Daniel quería recuperar, por vía de la lectura, el anhelo de construir una sola patria iberoamericana que tuviera sus raíces en los beneficios de la lengua; pero por otro, develaba una cruel realidad: el mercado total de la lengua española era muy pequeño, y para llevar adelante cualquier proyecto editorial había que contar con los escasos lectores que frecuentaban las librerías de España y de América Latina. Durante los años cuarenta, cincuenta y sesenta, el sentido amplio de las palabras de Cosío Villegas fue más cierto que nunca, pues los editores de nuestra lengua, que con dificultades habían formado una precaria industria editorial, pudieron vender sus publicaciones a lo largo y ancho de todos nuestros países. Podríamos decir aun que en España, México y la Argentina, la realidad le daba contundentemente la razón al intelectual mexicano, pues gracias a un nuevo, aunque escaso público lector, en estos tres puntos cardinales del territorio de nuestra lengua empezaron a nacer editores que cubrieron el variado espectro de una sociedad cada vez más interesada en cultivarse, una sociedad que, montada en el discurso de los políticos del medio siglo, ofrecía a nuestros países el ingreso al mundo desarrollado: en verdad había un mercado, pequeño pero mercado al fin, y su común denominador era la lengua. No era un mercado que permitiera todavía vender localmente una edición, pero proporcionaba la base suficiente de lectores como para publicar casi cualquier título: así nacieron las ediciones con el número mágico de tres mil ejemplares. Al lado de estos editores (a los que con el tiempo se conoció, no sé por qué, con el nombre de "independientes") surgieron distribuidores que se encargaron de vender sus libros tanto a los libreros locales como a los del exterior y, tal como lo había pronosticado Cosío Villegas, se publicaba en español para todos los lectores de lengua española. Así, por ejemplo, la Librería del Sótano, en la ciudad de México, o la muy joven Librería Gandhi, recibían las ediciones argentinas y españolas a las pocas semanas que habían aparecido en Madrid o en Buenos Aires. En cualquier sitio era igual, en la Librería El Ateneo de Buenos Aires, en la Antonio Machado de Madrid o en la Studium de Lima. Construimos entre todos, autores, lectores y editores, el fermento vivo de nuestra cultura.

En algún momento de esos años yo me inicié como editor y he vivido en carne propia los vaivenes de este mercado, llamémoslo editorial. He visto cómo han crecido librerías y cómo otras han desaparecido sin remedio. He presenciado la debacle de una industria entera porque la moneda de algún país se devaluó e, igual, he constatado la supervivencia de muchos profesionales que no se arredraron ante la adversidad. Me he admirado con los grandes, dolorosos y venturosos exilios de los intelectuales sudamericanos en las décadas del setenta y del ochenta, y los he visto regresar a sus ciudades para añorar las costumbres que adquirieron entre los amigos que los acogieron en su peregrinaje. He escuchado a políticos de variada especie hablar sobre "realidades culturales o educativas", y destruir, gracias a una decisión inconsciente, a una generación entera de lectores. Si alguna industria es fiel reflejo de la agitada vida de los países de la lengua española (incluida, obviamente, España) es la industria editorial en su conjunto; o mejor, la historia del libro en español durante los últimos treinta años es una historia paralela a los desatinos y fortunas de nuestro anecdotario político y social. Las páginas que siguen pretenden ser una crónica más o menos vivida, más o menos documentada, de lo que ha sucedido en este lapso en el vasto territorio de nuestra lengua, en esos países que Carlos Fuentes ha denominado "el territorio de La Mancha".

En su *Historia personal del "boom"*, José Donoso hace una advertencia de la que quisiera apropiarme para justificar estos apuntes:

> No quiero erigirme en historiador, cronista y crítico. Nada de lo que digo aquí pretende tener la validez universal de una teoría explicativa que asiente dogmas: es probable que en muchos casos mis explicaciones, mis citas, la información que manejo no sean ni completas ni precisas, e incluso estén deformadas por mi discutible posición... Hablo aquí aproximadamente, tentativamente, subjetivamente, ya que prefiero que mi testimonio tenga más autenticidad que rigor.

Una historia, el recuento de ciertos hechos, no es lo mismo que analizar un puñado de obras literarias; sin embargo, esos hechos, el mismo recuento, pueden ser desmenuzados desde la óptica de un testigo, un testigo que ha crecido y madurado al ritmo de esta historia.

Con sus variantes, España, la Argentina y México vieron nacer durante los años cincuenta un mercado de lectura al que confiaron las esperanzas de su desarrollo. Esos años, vale la pena anotarlo, son los del crecimiento económico de nuestros países, son los años del despegue, de la consolidación de las clases medias, de la búsqueda de la democracia. La caída de ese mercado, veinticinco o treinta años más tarde, también hay que decirlo, coincide con el derrumbe de las economías latinoamericanas, con la proliferación del autoritarismo, con el imperio del mercado y la desculturización de nuestros pueblos. Coincide, asimismo, con el ingreso de España a la Unión Europea y su paulatino alejamiento de la realidad de ultramar.

Al mediar el siglo XX, México, la Argentina y España, con sus enormes variantes, vieron en la lectura el mejor instrumento para su desarrollo. En México, el mercado creció lentamente, a la zaga de lo que sucedía en el español y en el argentino, pero confiado en la aparente solidez de su clase media y en una población estudiantil cada vez mayor, la Revolución Mexicana tomó, culturalmente, el cariz civilista que le dio el hecho de que los "generales" cedieran el poder a los "licenciados". La transformación cultural en México se había iniciado mucho antes, quizá desde que José Vasconcelos ocupara la rectoría de la Universidad Nacional, o cuando, años más tarde (ya al frente del Ministerio de Educación), comenzara una campaña editorial sin precedentes para sacar a México del atraso educativo en que lo había sumido la dictadura de Porfirio Díaz, y que fue una de las últimas consignas revolucionarias: Vasconcelos publicó una serie de clásicos, que todavía se recuerdan como "los libros verdes", que a un precio accesible fueron el germen de una nueva cultura, la base con que la clase media empezó a crecer a partir de 1930. La política vasconcelista, respaldar las políticas educativas con una fuerte actividad editorial del Estado, alcanzó su mejor expresión con el libro de texto gratuito creado al iniciarse la década del sesenta, durante el gobierno del presidente López Mateos. Se tenía la idea de que si se les daba a los alumnos, tanto en la escuela pública como en la privada, el mismo libro de texto durante la educación primaria, no sólo se obtendría una población básicamente alfabetizada (cumpliendo con el propósito constitucional de que todos los niños cursaran la educación primaria), sino que se conseguiría una "homologación" educativa para la población entera, homologación que serviría para la reestructuración político-social del país. Fuera como fuese, el libro de texto cristalizó una idea, un ideal: leer era el motor del desarrollo, del progreso de México.

Es indudable que el crecimiento de la lectura está basado en el crecimiento de las clases medias, y que son éstas las que, para desplazarse, necesitan del sustento de la lectura en cualquiera de sus variantes: del estudio al entretenimiento, de la autocapacitación al placer literario. Los vientos socialistas que corrieron por toda América Latina durante los años treinta fueron quizás el mejor aliento para que esos sectores medios se educaran, pero en el caso de la Argentina, además, la emigración europea se constituyó en un fuerte baluarte de ese desarrollo educativo cultural. Sin pretender hacer ningún tipo de alabanza, pienso que el gobierno del general Juan Domingo Perón heredó estas condiciones y alentó el crecimiento y la educación de las clases medias argentinas. De esa manera, la industrialización y la urbanización progresivas que el país tuvo desde 1935, la herencia cultural europea de los inmigrantes, junto con una política de apoyo y subsidio a la población media, fueron la plataforma para el poderoso crecimiento de la industria editorial argentina de los años cincuenta y sesenta. En aquellos años surgieron, como la espuma, varias de las editoriales más importantes del continente: Compañía Fabril de Ediciones, Sudamericana, Emecé, EUDEBA, etc. Mención especial merecería esta última, la Editorial Universitaria de Buenos Aires, pues proveyó al estudiantado de textos indispensables para cualquier carrera, y fue, quizá, la mejor editorial de libros de ciencias sociales al mediar el siglo. El mercado lector universitario se forjó a partir de la oferta sin par de EUDEBA, y por esos mismos años, siguiendo su ejemplo, se constituiría el Fondo de Cultura Económica; años más tarde surgirían varias de las mejores editoriales académicas americanas: Siglo XXI, Nueva Visión, ERA, etcétera.

Recuerdo que hace poco, en un mercado de libros viejos, revisaba con un amigo una pila de libros argentinos. Mi amigo, de nacionalidad española, me dijo sorprendido que los argentinos habían traducido a mediados de siglo todas las novelas que serían grandes éxitos en la España posfranquista. Era cierto, el "boom" editorial que Buenos Aires presenció durante aquellos años todavía es inolvidable: ahí se tradujo a Albert Camus, Jean-Paul Sartre, Virginia Woolf, William Faulkner, James Joyce, Friedrich Dürrenmatt, Max Frisch y Thomas Mann. Prácticamente toda la literatura mundial estaba al alcance de los lectores de lengua española gracias al empuje de los editores argentinos. Sin embargo, su mayor acierto no estuvo en la fuerza editorial, sino en la creación de un sistema de distribución que abasteció de libros tanto al resto de América como a España. Quizá no se ha valorado lo suficiente, pero los audaces editores de aquella época contaron con grandes distribuidoras, verdaderas transnacionales comerciales que crearon canales de comunicación cultural entre todos los lectores del continente mediante la exposición de sus libros en las estanterías de las muchas librerías latinoamericanas y españolas. Alguna vez Isai Klase, el gran director de aquella monumental distribuidora que se llamaba Tres Américas, me dijo que él había puesto a viajar por los países de nuestra lengua a un ejército de vendedores, que hicieron desfilar por miles de escaparates la gran producción editorial de la Argentina. Yo no puedo olvidar, todavía, la emoción que me dio, en la Librería del Sótano, ver cómo sacaban de varias cajas que ostentaban el nombre Tres Américas un embarque en el que venía un tesoro que esperaba con ansia: la edición de *Retrato del artista adolescente*, de James Joyce, publicado por la editorial Rueda.

Algunas cifras que revelan la vitalidad del mercado argentino son éstas:

Año	Obras	Ejemplares
1936	823	2.880.000
1940	2.671	12.300.000
1950	4.261	31.000.000
1960	4.063	34.825.152

Fuente: Registro Nacional de la Propiedad Intelectual.

Las cifras de exportación de esa época muestran la capacidad negociadora que había adquirido con el exterior la industria de ese momento:

Año	Volúmenes exportados
1942	11.280.000
1950	14.405.000
1963	16.582.160

Fuente: Oficina de Exportación de la Dirección General de Correos.

En España la situación fue muy similar, o al menos paralela a la que se vivía en México y en la Argentina. Una vez consolidado el gobierno franquista, surgió una industria editorial vigorosa, sobre todo de libros de texto, que creció y se extendió aceleradamente por toda Hispanoamérica. Es muy importante destacar que mientras las ediciones de obra general (esas que por no tener mejor nombre español llamamos de *trade*) eran la base o la parte más sólida de la industria editorial argentina, las ediciones educativas o de texto lo fueron de la española. Los libros de texto con que desarrolló su educación básica la generación que hoy tiene entre cincuenta y sesenta años fueron de editoriales españolas.

Tengo la impresión de que junto a las múltiples críticas que se le pueden hacer al franquismo, es indudable que impulsó una fuerte campaña educativa, o que vio en la educación la única manera de sacar a España del atraso histórico en que se encontraba. Un personaje de Francisco García Pavón, Plinio, el singular comandante de la policía municipal de Tomelloso, lo dice admirablemente: "Hay que desentontecer a España si queremos progresar", y el libro de texto que produjo la industria ibérica de aquellos años fue la herramienta que se usó para tal propósito. Los beneficios no fueron solamente educativos, sino comerciales, pues sirvieron para que naciera una industria que aún ahora no deja de crecer.

El caso español me permite afirmar que cualquier industria editorial crece a partir del libro de texto; éste es su sustento, su moneda corriente, el producto que da fortaleza a la cadena productiva y con el que se derraman las inversiones, el que permite el desarrollo y la multiplicación de las librerías. Sin el comercio de textos básicos, por las razones que se quiera, cualquier mercado se debilita o crece con poca fuerza.

Es importante señalar que con todas las discrepancias ideológicas de sus gobiernos, tanto el mexicano como el español vieron en el libro de texto, o en la creación de una industria editorial de libros de texto, el arma para salir del subdesarrollo, con la diferencia de que mientras el gobierno de Franco alentó la formación de una industria privada, el mexicano impulsó una industria estatal. Es importante, también, resaltar que México desempeñó un papel central en la consolidación de la industria española, ya que sirvió de válvula de escape a las presiones que tuvieron muchos editores durante la dictadura franquista: algunos de ellos se trasladaron a México y dieron origen a las primeras editoriales mexicanas, mientras otros, que se quedaron en España, pudieron abrir sucursales en la ciudad de México, con las que escaparon a las nefastas consecuencias de la censura franquista. Dos son los ejemplos más notables: la editorial Aguilar, que en México, con Antonio Ruano al frente, pudo publicar lo que le censuraban en España, y la asociación *de facto* que tuvieron Joaquín Díaz Canedo (en México, en la conducción de la editorial Joaquín Mortiz) y Carlos Barral (en Barcelona, dirigiendo la editorial Seix Barral). Esta afortunada válvula de escape, junto con el sistema distributivo organizado por los argentinos, sirvió de cimiento para que la industria editorial en lengua española consolidara un amplio mercado, el mercado de su lengua, que no tenía fronteras nacionales, sino lectores universales.

Desde el punto de vista de la cultura, y sobre todo de la constitución del mercado editorial, hubo un momento culminante de la historia latinoamericana: la Revolución Cubana, que puso a la lectura en el centro del desarrollo social. Vistos a la distancia, entre muchos otros, hay dos hechos relevantes de la política cubana de los años sesenta: la campaña alfabetizadora y el deseo de lograr una zafra espectacular. Si el segundo propósito fracasó, el primero alcanzó metas que ningún otro gobierno ha logrado en tan poco tiempo. Lo verdaderamente original de la política educativa cubana fue el deseo de no sólo alfabetizar (esto es, simplemente enseñar a leer y a escribir) sino de fomentar en la población el hábito de la lectura, lo que propició que los cubanos estuvieran en constante comunicación con los escritores y que el libro se convirtiera en el eje de su desarrollo. Recuerdo la impresión que me causó, un sábado que desayuné en un café de La Habana, que una buena parte de los parroquianos platicaran acerca de los libros que habían aparecido en librerías esa semana: la lectura, como en ningún otro país latinoamericano, era su tema de conversación sabatina. Quiero resaltar el concepto de hábito de la lectura que estuvo en juego, pues en México, durante el mismo período, el gobierno también organizó fuertes campañas alfabetizadoras, y hubo, como en Cuba, una gran producción de libros por parte del Estado, pero la intención no fue la misma que en Cuba, crear lectores, sino enseñar a leer. El resultado real fue que mientras en Cuba se conformó una generación de lectores de libros, en México surgió una enorme cantidad de gente ávida por leer historietas o cómics. El hecho destacable es el del papel que ejercieron instituciones como Casa de las Américas, que respaldaron la formación integral de lectores, definitiva para que creciera el mercado latinoamericano y tuviera, como se dice ahora, una mística.

Esta situación privilegiada, a pesar de los cambios políticos en todos lados, se mantuvo estable hasta mediados de la década del setenta, pero con el arribo de las dictaduras militares en Chile y en la Argentina, con el fracaso de los gobiernos populistas de México y de Venezuela, con el incremento de la violencia en Colombia y en América Central, con la transformación de la Revolución Cubana en una dictadura de hecho, con la pérdida de esa mística que describí antes, todo se vino abajo y el mercado editorial de la lengua española se fragmentó hasta quedar reducido, prácticamente, a la nada. Todavía recuerdo el fatídico año de 1982, poco después de que el presidente mexicano José López Portillo incumpliera su promesa de defender la moneda mexicana "como un perro" y llevara a cabo la primera de una serie de devaluaciones que llevaron el tipo de cambio de 22 a 150 pesos por dólar y la tasa de interés del 14% al 90%. Yo me encerraba en mi oficina de la editorial Nueva Imagen y contaba, casi por hora, las pérdidas que acumulábamos. Para que se tenga una idea de lo que fue aquel momento, podría dar una cifra: por un préstamo de 5 millones de pesos, a una tasa preferencial del 12%, pagamos más de 150 millones, con un interés que, en su pico más bajo, rozó el 70%. Años antes, cuando en 1978 cayó el mercado argentino, Isai Klase, sin saberlo, me había dado un anticipo de lo que sería aquello: "Lo que hace dos años costaba un departamento en Buenos Aires", me dijo, "es lo que ahora vale el pavo de Navidad". Las endebles economías latinoamericanas no resistieron el primer embate financiero del Primer Mundo. Habíamos crecido creyendo que, en verdad, el desarrollo nos había abierto sus puertas.

Voy a describir un caso ejemplificador de esta situación: al finalizar los años setenta, en México se leían muchos cómics (ya dije que la política de alfabetización había creado una legión de lectores de ese producto), y varios alcanzaban cifras espectaculares de ventas; entre ellos, *Kalimán* vendía 2,5 millones de ejemplares por semana y, como era una publicación semanal, llegaba a los 10 millones de ejemplares mensualmente. Se calculaba que cada historieta era leída por 6 personas, por lo que se llevaban a cabo 60 millones de lecturas por mes (6 lectores por 10 millones de ejemplares), tantas como habitantes tenía el país entero. Hoy, en México, la revista que más vende, *Tevé y Novelas*, es quincenal y ha alcanzado, en su mejor momento, el millón y medio de ejemplares, con sólo 3 lectores por revista, cuando el país tiene ya 100 millones de habitantes. Comparativamente, la lectura, aunque sea de cómics, ha decrecido de modo espectacular.

Durante la llamada década perdida, la de los años ochenta, perdimos el ánimo que nos había dado aquel gran mercado de la lectura común. Primero vinieron, como ya dije, las drásticas devaluaciones latinoamericanas, que hicieron insolventes a muchas librerías y destruyeron el intercambio editorial de toda la región; pero después, so pretexto de la crisis, llegó el desinterés educativo, la ignorancia política (de la mano de los tecnócratas), la pelea sin ton ni son por el poder y los gobiernos neoliberales que están saldando su gestión no solamente con la mayor inequidad económica vista en mucho tiempo, sino con un empobrecimiento cultural de nuestros ciudadanos que tal vez nos remita a cifras del siglo XIX. Se nos olvidó (o tuvimos que olvidarnos) que en la cultura habíamos encontrado la fuerza y dejamos que esa riqueza se nos fuera de las manos. Se empobreció el mercado y se empobreció nuestra cultura, se ocultó la inquietud por conocernos y se ocultó nuestra inteligencia, escaseó la lectura y escaseó la libertad.

¿Podemos echarles la culpa a los gobiernos, tan variados, de América Latina? ¿En el caso de México, al populismo de Echeverría, al despilfarro de López Portillo, a la austeridad de Miguel de la Madrid o a la soberbia sin límites de Carlos Salinas de Gortari? ¿Los culpables en la Argentina fueron los gobiernos militares que asfixiaron la vida cultural, propiciaron un exilio masivo de sus mejores intelectuales e incluso llevaron a su juventud a la guerra más absurda del continente, la de las Malvinas? ¿Fueron capaces Pinochet y su gabinete de matar el espíritu lector chileno junto a los miles de desaparecidos en las fosas comunes? ¿Podemos atribuirlo todo a un problema político? ¿Dónde están los vínculos entre cultura y desarrollo económico? ¿Qué fue primero, la crisis financiera o el descuido cultural? ¿Es a causa del crecimiento de los productos audiovisuales que los jóvenes han perdido interés en los libros? Varias de éstas son las causas de nuestra crisis económica y cultural, pero yo creo que es momento de empezar a buscar otras respuestas adicionales a estas interrogantes y no conformarnos con soluciones simplistas ni maniqueas. Estoy convencido de que nuestros problemas son más complejos y tienen un aspecto educativo y otro económico. Muy aparte de nuestros desatinos políticos, debemos reconocer que nuestro mercado editorial creció al amparo del crédito, subsidiado por autores, correctores, tipógrafos y traductores; que creció confiado en la fortaleza de una pequeña clase media politizada pero con muy débiles estructuras de mercado: sin bibliotecas, sin canales diversificados, con medios de comunicación ignorantes y voraces; ahí están Televisa y lo que queda del periódico *Excelsior* para probarlo. El mercado creció, es cierto, pero nos olvidamos de fortalecerlo. El resultado está ante nuestros ojos: tenemos pueblos desculturizados, desesperados por no poder imaginar salidas propias y hambrientos de bienes y cultura. Nos derrotaron nuestras políticas de cultura, el populismo que nos hizo concebir lectores de salario mínimo, y cuando vino la gran crisis de nuestra América, ésta que estamos viviendo todavía hoy, nos quedamos sin ellos.

No puedo dejar de considerar un asunto que siempre viene a colación cuando se discute la situación de la lectura: la competencia de los medios audiovisuales. Sin negar esta competencia, no acepto que sea la causa mayor del decrecimiento de lectores. Es cierto que en el mundo entero aumenta la expectativa audiovisual y que, como lo ha afirmado Giovanni Sartori, está surgiendo el *homo videns*, pero también es cierto que solamente en los países donde se ha desamparado al lector, éste se entrega inerme a estos medios como forma exclusiva de conocimiento. En los sitios donde el interés por la lectura (sea a través de bibliotecas, protección a la red librera o a las editoriales) se mantiene, los lectores siguen creciendo y la producción editorial y el comercio librero van en aumento. La crisis del desempleo en España, por ejemplo, ha afectado mucho más la venta de discos que la de libros, mientras que en México ha sido al revés. En el decrecimiento de la lectura siempre está eso que se llama falta de hábito y no necesariamente competencia de otros productos. Voy a poner otro ejemplo: durante las crisis energéticas en la Argentina y en Colombia, que obligaron a sus gobiernos a suspender el suministro de energía eléctrica durante ciertas horas del día, presenciamos dos fenómenos curiosos: mientras que en Buenos Aires creció la venta de libros infantiles, en Bogotá siguió exactamente igual. Las madres porteñas encontraron en la lectura un modo de sustituir el entretenimiento televisivo, pero las bogotanas no. Esto querría decir que, efectivamente, la televisión es una competencia, pero que algo se puede hacer cuando la lectura tiene un valor social y cuando, por ser un hábito, es una alternativa, mientras que sin este hábito estamos a expensas de lo que los medios audiovisuales sugieran.

Vale la pena, para comprender de una manera más amplia la crisis de la lectura de nuestra América, analizar, también, el papel que desempeñaron ciertas políticas educativas que los gobiernos americanos implementaron hacia 1970 más o menos. En aquellos años se pensó que era mejor que los estudiantes comprendieran en vez de memorizar lo que el maestro les enseñaba. No valía la pena, se decía, que los alumnos aprendieran de memoria las tablas de multiplicar si no comprendían lo que era una multiplicación. Como no soy educador, no me atrevo a juzgar si esta práctica estuvo bien o mal concebida, pero sí conozco una de sus consecuencias: el desuso de la memoria como forma de aprendizaje y, con ello, el desprestigio de la lectura. No me puedo explicar claramente qué pasó, pero es evidente que cuando se jerarquizó la comprensión por encima de la memoria pasaron dos cosas: la lectura se convirtió en una simple herramienta de estudio (su expresión más pobre) y el lenguaje, en un simple (y a veces pobre) medio expresivo. La lectura ha sido desde entonces un artículo de segunda mano. A partir de aquel cambio en los planes de estudio, enseñamos a los alumnos tecnicismos gramaticales, pero no a leer, por decirlo así, con buena gramática. No nos dimos cuenta de que con eso la lectura perdía su función social y que no era más una de las formas del entretenimiento, uno de los medios para informarse, la forma más acabada de la apreciación estética. Nos urgía formar estudiantes y técnicos, pero los formamos sin aliento vital, arrasados por tecnicismos, pero lentos y sin memoria. La diversión, el placer de la lectura, se perdió. Hay un hecho contundente: los alumnos que estudiaron con este esquema no son, por desgracia, lectores. Conozco a profesionales brillantes en sus trabajos, con una buena capacidad, que no han leído un libro en su vida. Son, repito, profesionales expertos en su materia, pero incapaces de imaginar un mundo que esté más allá de su materia, sus aficiones o *hobbies*. Me da la impresión de que tienen atrofiada una parte del cerebro. Dice Marcel Proust, en su ensayo *Sobre la lectura*, que únicamente la lectura proporciona "los buenos modales" de la inteligencia. Estos profesionales eficientes pero iletrados serían calificados por Proust como verdaderos "pelados" del intelecto.

No quiero decir, de ninguna manera, que memorizar sea mejor que comprender, no, sino que cuando ambas funciones del aprendizaje no van aparejadas algo se destruye, algo no crece, y ese algo está ligado al acto de leer. En fin, éstas son apreciaciones personales, pero me importa resaltar que el cambio de una política educativa trajo como consecuencia el angostamiento del mercado editorial, que no es otro que el mercado de la lectura.

Creo, de la misma manera, que es fundamental juzgar el papel que ha desempeñado la política editorial del Estado. Empecemos por considerar lo que ha sido, en México, el libro de texto gratuito en la situación actual del mercado de la lectura de ese país. Sin duda, en un principio regalar los libros de texto fue un importante motor de progreso. Para quien no lo sepa, es bueno aclarar que el gobierno mexicano produce al año más de 160 millones de ejemplares que reparte gratuitamente entre todos los alumnos que cursan la educación primaria, sin hacer distinción entre los que asisten a escuelas públicas y los que concurren a escuelas privadas. Gracias a este sistema, familias que por su condición económica nunca hubieran visto un libro ahora cuentan con una mínima biblioteca; pero, por otro lado, debido a esto se regalan dos libros por cada uno de los que produce la totalidad de la industria editorial privada y, con ello, la posibilidad de desarrollar un mercado librero es muy escasa.

Los últimos datos de la Cámara Nacional de la Industria Editorial Mexicana (CANIEM) arrojan las siguientes cifras:

Año	Producción privada*	Producción estatal*
1994	92	166,1
1996	88	165,2

*En millones de ejemplares.

El libro de texto gratuito ha sido una conquista del pueblo mexicano, pero su función, a pesar de las buenas intenciones y todos los aciertos del pasado, se ha agotado. Si en México el gobierno se aferra a él, es por ignorancia, cobardía, terquedad política o falta de imaginación. Su mal no es que sea gratuito, sino que es único, en un país cada vez más plural; que es producido solamente por el gobierno, en un país que demanda diversificar sus formas de producción. Tratando de promover e incentivar el mercado de la lectura, ha logrado secuestrar ese mercado. Hoy, un alumno mexicano, gracias al libro de texto gratuito y los planes de estudio existentes, no necesita pisar una librería ni una biblioteca hasta que tiene quince años, cuando ya es imposible crearle un hábito que lo hará libre: el de estar acompañado por un libro. El libro de texto gratuito y único, tal como está operando al día de hoy —escrito por escritores pagados por el gobierno, producido en empresas del gobierno, distribuido por empleados del gobierno—, es el factor que más afecta el desarrollo del mercado de la lectura. Representa un elevadísimo costo económico, pero es mucho mayor el costo cultural que estamos pagando al no modernizarlo. Quiero ser claro y repetir que el hecho de que sea gratuito es una conquista del pueblo de México y así debe permanecer, gratuito para todos; pero el hecho de que no se modernice, que no se adecue a la realidad de nuestra sociedad, que no se imaginen formas para que la industria privada participe y se ensanche con eso el mercado editorial, es un desacierto político y cultural.

De cualquier manera, la función del Estado como editor no se puede circunscribir solamente a las ediciones educativas, ni a promover el bajo precio o el regalo de libros, pues tiene, evidentemente, otras responsabilidades que atañen a la producción editorial. Consideremos, para esto, que la publicación de un libro siempre obedece a dos intenciones, o mejor, satisface dos necesidades: a) la de lectura, en la que implícitamente está contenida la de aprender, y b) la de conservación, esto es, preservar, en un libro, la memoria de una nación. Una editorial gubernamental o pública –principalmente de carácter universitario– por su misma naturaleza debería atender estas dos necesidades, pero muy especialmente la segunda. Por un lado, deberían atender las necesidades de lectura (de aprendizaje) de su público natural, los estudiantes, o ver de qué modo las atiende la iniciativa privada; pero por otro, sus publicaciones deberían guardar, muy particularmente, el conocimiento universal, y todo aquello que produzcan los investigadores universitarios o los adscriptos a las diferentes academias patrocinadas desde el Estado. El caso que ya cité, el de EUDEBA, es, sin la menor duda, un ejemplo a seguir, pues en ella se publicaba lo que se necesitaba para lograr un mejor nivel académico, y también se publicaron libros imprescindibles que, con mercado o sin él, debían estar al alcance de un hipotético lector.

Visto desde otra óptica, la del mercado, los dos tipos de publicaciones están referidas a dos sectores diferentes. Las publicaciones que obedecen a la necesidad de conservación están dirigidas al mercado de las bibliotecas; y las otras, las que satisfacen la demanda de lectura, se dirigen al mercado formado por los lectores, cuyos intermediarios o canales de acceso son las librerías. Dicho de otra manera, los lectores acceden a cada tipo de publicación por dos vías diferentes: por las bibliotecas o por las librerías. Esta consideración es muy importante, casi diría que es vital, pues de ella depende la tirada que se haga de los títulos. En el caso de las bibliotecas, la tirada no depende del número de usuarios, pues un libro lo leen varios lectores, no son libros para tener sino para consultar y, en consecuencia, la tirada depende del número de bibliotecas al que se piense acceder. En el otro caso, el de los libros propiamente de mercado, la tirada sí depende de la evaluación del número probable de lectores. Ésta es también una consideración muy importante, pues las editoriales gubernamentales y las públicas son tradicionalmente pésimas distribuidoras de sus libros, y una posible solución a este problema es que se dediquen exclusivamente a abastecer el mercado bibliotecario y que promuevan a la iniciativa privada para que lo haga con el mercado librero. Alguna vez, el director de la editorial de la Universidad Nacional de México, la UNAM, me preguntó cómo podía solucionar el problema de la venta de sus libros; le contesté que era muy fácil, que dejara de venderlos y sanseacabó. Creyó que le estaba haciendo una broma, pero no era así. Estoy convencido de que si se reorientara la producción de la Universidad para que, en vez de comprarlos, los estudiantes pudieran pedir prestados en las bibliotecas de su facultad los libros que necesitan, estaríamos dando un paso enorme en el desarrollo educativo de México.

En función de todo esto, creo que sería muy importante revalorar la función del Estado en la cultura, o repensar la responsabilidad del Estado como editor o promotor de la cultura. Así como parte de la función estatal se refiere a las estructuras supraeconómicas, de la misma manera tiene responsabilidades, digamos, supraculturales. Sólo para repetir el ejemplo anterior, frente a la memoria, la historia o los valores que dan sentido a la identidad nacional, debe editar los libros que se requieran.

Aunque todo lo anterior es válido –matices más, matices menos– en el contexto latinoamericano, lo sucedido en España fue muy diferente. En los años de crecimiento y diversificación, digamos hacia 1965, la estrategia de la industria ibérica se basó en la exportación, y tanto editores pequeños como grandes vendían buena parte de su producción en América. Igual que había sucedido en la Argentina, surgieron distribuidores para que las pequeñas librerías americanas consolidaran pedidos de varias casas editoras y el mercado creciera vigorosamente. De ser básicamente una industria de textos, en pocos años nacieron muchísimas empresas de obra general, entre ellas, varias de las editoriales literarias más importantes de fin de siglo: Seix Barral, Alfaguara, Anagrama, Tusquets, Lumen, etc. Sin embargo, en el momento de mayor auge, los editores españoles vieron con estupor cómo se derrumbaba su mercado de ultramar (que representaba cerca de la mitad de su facturación) y cómo muchos de sus activos cifrados en deudas de librerías latinoamericanas se les esfumaban de entre las manos. Como pasó con muchos de sus colegas mexicanos o argentinos, volvieron la mirada hacia el mercado interno, con la enorme diferencia de que encontraron que el suyo, el mercado de los lectores españoles, era amplio y apuntaba hacia un crecimiento sostenido. Por otro lado, constataron que el gobierno español, lejos de enfrentar la bancarrota de los países latinoamericanos, presentaba finanzas sólidas y la perspectiva de incorporarse a la Unión Europea. Un sistema crediticio local, una política de rescate para enfrentar la pérdida de cartera y la fortaleza del mercado interno hicieron que la industria española se salvara, mientras la americana se hundía en el marasmo de sus muchas crisis y la debilidad de sus mercados internos. Su situación, así, fue radicalmente distinta.

De la misma manera, también hay que señalar que en los últimos años la industria editorial argentina ha mostrado un repunte sorprendente. Se estima que la producción de libros ha aumentado un 20% entre 1996 y 1997 y que la exportación está, nuevamente, entre el 40% y el 50%. Sin embargo, según un artículo publicado por Guillermo Schavelzon en el periódico *Clarín*, la situación general

> sigue siendo igual a la de cualquier país del Tercer Mundo. Veamos una sola cifra: en España hay 6 millones de chicos matriculados en el sistema de enseñanza. En la Argentina, 9 millones. Los 6 millones de chicos españoles adquieren cada año 48 millones de textos escolares; por lo tanto, cada alumno utiliza 8 libros durante el año escolar. En la Argentina, nuestros 9 millones de alumnos adquieren cada año 6 millones de libros, o sea que cada alumno utiliza 0,66 de libro por año. ¿Qué más se puede decir?

A estas consideraciones yo añadiría una: el precio de venta del libro argentino es el más alto de todos los mercados de la lengua, precio que no viene, necesariamente, de la productividad de las empresas o de la solvencia del mercado, sino muy probablemente de un dólar subvaluado. Si la economía argentina, como ha ocurrido en el pasado, se viera forzada a hacer ajustes devaluatorios, las cifras económicas de la industria se volverían a venir abajo. Esperemos que esto no suceda.

Según estos antecedentes, podemos decir que son cinco las características centrales del mercado actual en lengua española que, con las diferencias aclaradas con respecto a España, son válidas, me parece, para todo el territorio:

1) *No existe más un mercado homogéneo.* El mercado común creció a partir de tres pilares: monedas estables, amplios plazos de crédito y producción de libros en una lengua cuyos matices locales eran tolerables para todos los lectores. Hoy esos tres pilares han desaparecido juntamente con las cadenas de distribución argentinas, y las librerías de cada país se han visto obligadas a abastecerse solamente de las editoriales locales. Ya casi no hay distribuidores que asuman el riesgo de importar libros extranjeros, pues se desconoce la amplitud del consumo interno y no hay garantías cambiarias ni de crédito. Es un axioma: lo que se construye con esfuerzo durante muchos años, se destruye en poco tiempo con una facilidad asombrosa. En este momento, hasta el gusto de los lectores es local, y es común contemplar que los argentinos leen libros escritos por argentinos e impresos en la Argentina, y lo mismo pasa en España, México o Perú. Hemos vivido, a pesar de la globalización mundial, el fenómeno de la balcanización de la lectura. Hay un dicho que lo señala acertadamente: el lector de nuestra lengua lee para "descubrirse el ombligo".

2) *Las motivaciones de los compradores han cambiado en todo el mundo.* Independientemente de lo sucedido en el mercado natural de nuestros países, es evidente que ha cambiado eso que en mercadotecnia se denominan gustos y preferencias; en este caso, los gustos y las preferencias de los lectores se han transformado vertiginosamente en todo el mundo. Tres serían los aspectos de este cambio: a) la lectura literaria se ha vuelto claramente lectura de entretenimiento y ha entrado de lleno en el mundo del ocio; b) la reflexión está desvalorizada, no es útil socialmente, o al menos ha dejado de ser relevante (piénsese, como ejemplo, que las noticias ahora se reciben más por la radio o la televisión que por la prensa, y que el juicio que merecen es menos importante que su aceptación tácita), y por eso la lectura reflexiva, o académica, está confinada a los espacios universitarios, con lo que se ha perdido el contacto con el gran público, y c) la lectura de información está reducida a los libros de superación personal y a los *inspirationals*, en tanto que la lectura de divulgación, política o científica se

dirige fundamentalmente a los libros de coyuntura. Podría decir, de una manera muy general, que los lectores de los años sesenta se transformaron en consumidores de libros, y que ése ha sido el cambio más grande del mercado. El ensayo de Proust sobre este tema, que ya he citado, se inicia con una frase que tal vez arroje luz sobre lo que quiero decir: "Quizá no hubo días en nuestra infancia más plenamente vividos que aquellos que pasamos con un libro favorito". La lectura durante mucho tiempo tuvo este *appeal*, era parte esencial de la formación de una persona, de sus horas íntimas, de sus recuerdos más gratos. No se leía solamente para ocupar el tiempo libre, sino para formarse integralmente, para ser mejor. Se leía, repito la primera cita de Proust, para cultivar "los buenos modales" de la inteligencia. Esta apreciación de la lectura, del ser lector, fue válida desde el fin del siglo XIX hasta bien entrada la década del sesenta, pero poco a poco, con las modificaciones del mercado de consumo y la nueva relación cultura-ocio, fue transformándose. Hoy, son muy escasos los lectores de la estirpe proustiana, y muchísimos los que simplemente consumen libros. El nacimiento de eso que se llama *coffee table books* sería la mejor prueba de lo que he tratado de mostrar (y no de demostrar).

Ha habido en los años recientes, sin embargo, un gran fenómeno de lectura: el que se ha dado en los libros infantiles y en los de utilidad práctica, los llamados *how to*. Entre los primeros hay una verdadera revolución, tanto en ficción como en no ficción, lo que podría ser un indicador de que mientras el mundo adulto ha perdido paulatinamente el gusto por leer, los niños lo están recuperando de manera acelerada. Entre los segundos, el fenómeno más atractivo es el de los libros de viaje, que aunque todavía no parecen tener gran éxito en América Latina, en el resto del mundo van en aumento constante.

3) *La concentración de la producción editorial en grandes grupos.* Las dificultades, principalmente financieras, que ha traído la globalización, han hecho desaparecer muchas editoriales pequeñas, aunque otras han sido adquiridas por diversos grupos. El viejo concepto (cuya denominación es ridícula) de editor independiente ha ido menguando, pues la sofisticación del mercado hace prácticamente imposible que una empresa pequeña enfrente, por sí sola, el gasto operativo de la edición actual. El costo financiero de la producción (una vez que el crédito es casi nulo o muy caro), los grandes anticipos y la necesidad imperiosa de producir novedades son factores que solamente se satisfacen con un capital importante, capital que se va concentrando en grandes grupos editoriales. Esta concentración no ocurre únicamente en nuestros mercados sino en el mundo entero; la compra de Random House, el mayor grupo editorial de los Estados Unidos, por el grupo alemán Bertelsmann, es el mejor ejemplo de esta tendencia. Sin embargo, hay cambios notables en esta concentración, pues tengo la impresión de que las editoriales, o al menos los sellos adquiridos, han vuelto a operar de manera independiente. Hoy parece que lo que en verdad se concentra son los servicios

(administración, tesorería, distribución, impresión, compras, etc.), mientras que se desconcentran las actividades sustantivas de cada sello editorial (contratación, edición, marketing y ventas). Es posible que pronto veamos un panorama similar al de los años setenta, en el que varias editoriales de tamaño mediano pelearán por un nicho específico de mercado aunque pertenezcan a pocos grupos financiero-gestores.

4) *El ingreso de las grandes superficies y la constitución de grandes cadenas de librerías.* El desplazamiento de las motivaciones de la lectura al ocio (esto que he llamado la transformación de lectores en consumidores) ha hecho que ciertos establecimientos, que hace cuarenta años no tenían intereses comerciales en la producción editorial, ingresen al negocio de los libros. Ya había advertido que la formación de las clases medias era el motor central del incremento en la actividad editorial, y tal vez lo que estamos presenciando a principios de este siglo es la transformación de esas clases medias, o si se quiere, la constitución de una nueva clase media mundial, con gustos y preferencias en el consumo diferentes de lo que estábamos acostumbrados. Estos cambios en los hábitos de compra han modificado el concepto mismo de establecimiento comercial, desde la aparición de los "clubes de precio" hasta los grandes *malls* de pequeñas boutiques ancladas por una tienda departamental. El cambio también se ha operado en las librerías, y ahora es cada vez más común hablar de "puntos de venta", sean o no librerías. Estos nuevos establecimientos empiezan a concentrar la venta de libros y, por ende, la circulación de consumidores. En España, por ejemplo, se ve con gran preocupación que El Corte Inglés tenga ahora aproximadamente el 25% de las ventas, y la Fnac, la tienda de origen francés, el 19%. Si a ellos les sumamos las ventas de la cadena Vips, seguramente estamos hablando de que el 50% del mercado está dominado por tres empresas que, en rigor, no son librerías. En México no contamos con datos suficientes, pero la mayoría de los editores piensan que la cadena Sanborn's (viejas cafeterías de abolengo que se transformaron en sitios de reunión y ocio) acapara el 18% del consumo; se calcula que esta cadena y Gandhi (librería de descuento) cubren más del 35% del mercado.

Aunque al principio estos nuevos puntos de venta operaban sólo como exhibidores de novedades, es común ver que paulatinamente mejoran su servicio y empiezan a actuar con los resortes habituales de las librerías. El Corte Inglés, por ejemplo, ha comenzado a dar un servicio de localización y entrega de libros a sus clientes, función que tradicionalmente realizaban las librerías más conservadoras. Las cadenas de *super-stores* de Barnes & Noble, o de Borders, en los Estados Unidos, acusan la tendencia a tener, dentro de los grandes espacios, pequeñas librerías especializadas. Nunca he estado en una mejor librería sobre música que en la Barnes & Noble que está frente al Lincoln Center en Manhattan. Sospecho que en los próximos años veremos que en estos grandes establecimientos sucederá algo parecido a lo que pasó con las editoriales medianas dentro de los grupos financieros, pues se empezarán a convertir en librerías generales dentro de extensas superficies comerciales.

5) *La diferenciación del consumo*. Las llamadas librerías virtuales, o librerías *on line*, han marcado una diferenciación muy importante en el consumo de libros. Cada vez son más los lectores que en el mundo entero se sienten a gusto comprando libros a través de Internet, y empresas como Amazon Books, Books on Line, etc., ven crecer su facturación aceleradamente. En América Latina, sin embargo (aunque para España esto es menos válido), donde los postulados básicos para la creación de un mercado de lectura sólido no existen, o no existen del todo, estamos presenciando una disparidad o esquizofrenia del mercado, pues mientras que éste no crece, la venta de libros se va sofisticando constantemente, con el riesgo eminente del aumento en el costo de distribución mientras los márgenes de rentabilidad se mantienen estacionados. Que la venta no crece lo prueba el hecho de que año a año la facturación de ejemplares es más o menos la misma y la producción de novedades se ha estancado. El siguiente cuadro muestra la situación en México:

Año	Novedades	Reediciones	Reimpresiones	Total
1992	3.972	642	8.860	13.474
1995	3.075	1.414	7.428	11.917
1996	3.910	973	6.970	11.853

Fuente: CANIEM.

Visto de esta forma, es de temer que si no se modifican las condiciones actuales del mercado de lectura en español, con la finalidad de contar con más lectores y acelerar la producción, es muy probable que en los próximos años corramos el riesgo de vender la misma cantidad de títulos a los mismos compradores con canales cada vez más sofisticados y costosos.

Este panorama, que he intentado describir brevemente, no es pesimista; espera, más bien, mostrar la realidad que vive el mercado editorial en lengua española. Me parece más que evidente que, al menos en América, el tiempo se nos ha ido de entre las manos y lo mejor sería que imagináramos la forma efectiva de colocarnos en escenarios más ventajosos y seguros. Hoy estamos, de vuelta, enfrentando retos paralelos a los que teníamos hace algunos años. El "efecto tequila", el "dragón", la amenaza de recesión mundial y el renacimiento de la crisis nos han hecho regresar al mismo lugar en el que estábamos al finalizar la década de 1970, cuando pensábamos que ya habíamos recorrido la mayor parte de la autopista que nos conducía al desarrollo y cuando en México, por ejemplo, se nos pidió que nos preparáramos para administrar la riqueza. La peor imagen que podemos tener del saldo de los últimos años es ésta: no hemos avanzado, estamos detenidos en nuestro desarrollo económico, social, cultural y político. No dudo un instante en decirlo: la ineficacia y la corrupción que han imperado en muchos gobiernos, el saqueo de nuestro futuro y el hurto artero de nuestras ilusiones más caras son la peor cara del subdesarrollo. Nuestras esperanzas, sin embargo, siguen siendo las mismas: no hay otra alternativa, tenemos que enfrentar, de una vez por todas, los males que nos mantienen paralizados en la historia desde el final del milenio. Combatir la ignorancia, la corrupción, la falta de equidad y de democracia con la única arma que tenemos: la cultura. No basta, por ejemplo, con proponernos crear más empleos; es necesario crear, a la par, empleados con un amplio nivel cultural y técnico. No viene un asunto antes que otro; vienen simultáneamente y simultáneamente hay que atenderlos. Uno de los graves problemas de las economías neoliberales es que al querer evitar los males del populismo ha caído en otro igual, o quizá mayor: ha dado todo el poder de decisión al mercado, pero no se ha hecho el contrapeso necesario en la cultura del mercado. De seguir así, las fuerzas propias del mercado, que en otras áreas son tan benéficas y constituyen el factor central del equilibrio, podrían desculturizar a grandes sectores de la población, pues la cultura y la educación no son un asunto de oferta y demanda, sino de decisiones y políticas de Estado. Nuestras elites (en el gobierno o fuera de él), los medios de comunicación, los editores y los escritores tenemos el compromiso de reformar la base de nuestro desarrollo y comprender que la cultura es nuestro mejor motor, que nuestros artistas (ahí están Frida, Buñuel, Borges, García Márquez, Torres García, Ginastera, Plácido Domingo, Guayasamín, Neruda, Villalobos, Saura y Alberti para probarlo) son los que nos han colocado a la vanguardia del mundo (¿qué científico, qué industrial, qué político tienen su altura?; no los menosprecio, simplemente compruebo). La lengua española, con mucho, ha alcanzado la cima más alta del arte contemporáneo y su herencia constituye un aliciente, pero también un compromiso.

¿Es muy difícil de entender que el *ménage-à-trois* entre progreso, bienestar y cultura debería ser indisoluble? ¿Será muy complicado acoplar nuestra política fiscal con nuestra política de cultura, nuestra política de incentivos empresariales con nuestra política educativa? ¿No estamos, en última instancia, hablando de lo mismo: del desarrollo y bienestar de nuestros ciudadanos? ¿Es posible que imaginemos una nueva política que vuelva a poner en el centro de nuestra vida social el concepto de desarrollo total?

No quiero dejar de repetir que si nuestros gobiernos actuales no reorientan su política cultural hacia la lectura, estarán cometiendo un grave error. Por un lado, pueden desinteresarse ante la necesidad de crear lectores e ignorar este importante problema nacional; por otro, pueden volver a la práctica demagógica de adueñarse de la producción editorial so pretexto de que en el alto precio de los libros está el mal que aqueja a los lectores. En ambos casos estaremos postergando el problema central: no hay lectores porque la lectura no nos ha interesado, porque hemos perdido de vista que ella, la lectura, es una de las fuerzas esenciales de nuestro desarrollo. En ambos casos, repito, estaremos dando un gran paso atrás. Necesitamos subsidiar la lectura, no los libros. Hacer una gran oferta de lectura por la vía de un sistema bibliotecario muy amplio y de vastas perspectivas y dejar que los libros tengan, eso sí, como productos de mercado, su precio justo. Lo analizaré más adelante, pero es indispensable que fortalezcamos las cadenas nacionales de bibliotecas, que los lectores vayan ahí y que gracias al préstamo de los acervos no se pregunten si los libros son caros o si son baratos, sino si la lectura está a su alcance o si no lo está. Precisamos retomar una política educativa que aliente la lectura como base del espíritu (aunque esto suene muy al siglo XIX, muy al ensayo de Marcel Proust). José Vasconcelos, al finalizar la Revolución Mexicana, se dio cuenta de la enorme necesidad de lectura que tenían los mexicanos, y decidió emprender la tarea editorial más importante que se haya vivido en México: inundó de libros el mercado e hizo que el gobierno invirtiera en libros como no lo había hecho nunca. Entonces no existía una industria capaz de enfrentar el reto, no teníamos ni librerías ni lectores, y lo correcto era que el Estado se hiciera cargo de esa situación. Repetir la misma política hoy, setenta años después, sería un acto suicida, pues mataríamos al mercado lector o lo haríamos perezoso y dependiente, inoperable en el contexto económico actual. Olvidar al libro, por otro lado, dejar la lectura al arbitrio de un mercado opresivo, sería un asesinato a las conciencias nacionales de consecuencias impredecibles. Procuremos una industria editorial fuerte, no fuertemente competida desde el gobierno; que la lectura sea gratuita, no los libros; recuperemos el valor de la lectura, que el de los libros (inflación *dixit*) ya ha sido recuperado con creces; que las editoriales públicas se dediquen a producir los libros que necesita el país, esos que deben poblar nuestras bibliotecas, esos que conservan la memoria de nuestros pueblos.

Un país lector es mejor que un país no lector. Esta perogrullada, como tantas otras, necesita ser oída, repasada, repensada. En la lectura está la fuente de la imaginación; como alguna vez lo insinuó el doctor José Sarukhán, ex rector de la UNAM, leer es poner al cerebro a hacer aeróbics, o como lo dijo Proust con su elegancia de *dandy*, leer es adquirir "los buenos modales" del intelecto. Un país que lee es un país que puede imaginar un futuro mejor, un país que saldrá de su crisis, financiera, económica, de confianza, o como se la quiera llamar. No soy tan ingenuo como para pensar que, de tener un pueblo culto, no estaríamos viviendo la profunda crisis social, política y económica que nos abate, pero estoy seguro de que si en el pasado se hubiera prestado mayor atención a la lectura, ahora tendríamos más elementos para sobrellevar la crisis. Evidentemente, la falta de democracia, la corrupción patrocinada desde las altas esferas del gobierno, la ambición ilimitada de muchos funcionarios y la torpeza política para dirigir nuestros países son las causantes de la situación actual, pero, al lado de todo esto, está sin duda la falta de cultura de los ciudadanos para exigir un comportamiento más honesto de los gobernantes. Un país que lee será democrático, democráticamente justo, pero la lectura, como lo hemos comprobado, no es cosa del azar, se construye con el esfuerzo de todos. Sin embargo, no quiero seguir insistiendo en los males, sino proponer modestamente (calificativo que considero exacto) dos posibles soluciones. Hay muchas otras, sin duda, pero en el espacio de este ensayo quisiera concentrarme en éstas, a pesar de que estén insinuadas aquí y allá. Me parecen las más importantes pues, creo, en su consecución participan tanto la sociedad civil como el Estado.

Producción editorial gubernamental y bibliotecas públicas

Una política educativa y cultural en favor de la lectura debe impulsar una reforma del mercado del libro, y la función del Estado, como editor, debe modificarse. Creo que el Estado debe seguir produciendo libros de interés nacional; para eso cuenta con varias de las editoriales de mayor abolengo de América Latina, el Fondo de Cultura Económica, entre otras, pero los presupuestos actuales para publicaciones deberían emplearse fundamentalmente en la compra de libros para bibliotecas y en crear, con ello, un Sistema Nacional de Bibliotecas sólido, que sea un gran promotor de la lectura. Lo repetiré hasta el cansancio: debemos subsidiar la lectura, no los libros.

Biblioteca, según el diccionario de la Real Academia Española, es el lugar donde se tiene un considerable número de libros ordenados para su lectura. No es, por lo tanto, un almacén de libros leídos, sino, por el contrario, un proyecto de lectura, y en el caso de las bibliotecas públicas, una oferta de lectura para la comunidad entera. En algún sentido, analizar la selección de los libros de una biblioteca, sus acervos propiamente dichos, nos arrojaría elementos suficientes para entender el proyecto de vida de quienes la frecuentan. El prodigioso ensayo de Octavio Paz sobre Sor Juana, *Las trampas de la fe*, dedica un importante capítulo a la biblioteca de la monja Jerónima para, a través de los libros que tenía, comprender su pensamiento, su cultura, sus intenciones humanísticas, sus miras universales. Porque una biblioteca es, en esencia, una alternativa de vida.

Las bibliotecas han ejercido un papel central en la historia de la humanidad: las viejas ciudades medievales pudieron salir de su ardor guerrero cuando sus bibliotecas se abrieron al público; mientras fueron sitios de encierro en los monasterios (como lo ha mostrado Umberto Eco en *El nombre de la rosa*), el pueblo sólo sabía guerrear, pero cuando éste pudo leer surgió el Renacimiento. Hay una ciudad cuya mayor gloria fue tener una biblioteca, Alejandría, y cuya tragedia más devastadora fue perderla en un incendio.

Desgraciadamente, en todo el espectro de nuestro territorio lingüístico hemos dado poca importancia a las bibliotecas y la estrategia cultural de los últimos gobiernos no ha visto el potencial creativo que tendría una fuerte y sólida cadena de bibliotecas públicas y escolares. Una biblioteca es un sitio vivo, donde una comunidad se reúne, cita su cultura, ordena su memoria y encuentra sentido para el desarrollo que espera del futuro, pero esto no se da por generación espontánea, sino a partir de un proyecto educativo. ¿Cómo podemos esperar que nuestros alumnos vayan a una biblioteca, si la de su escuela, de existir, es un sitio con pocos libros, abandonado y sucio?

Hace algunos años, platicando con un funcionario del Sistema Nacional de Bibliotecas mexicano, discutimos si una novela de Max Frisch, el notable escritor suizo, debía ser enviada a la biblioteca de San Cristóbal las Casas, en el Estado de Chiapas. Yo decía que sí y él, que no. La sartén por el mango: Frisch se quedó con las ganas de ir a San Cristóbal. "¿Para qué quieren los chiapanecos leer a Max Frisch si tienen necesidades más urgentes?", me preguntó el funcionario. "No, señor, hay que racionalizar el presupuesto." Hoy, en el reclamo de la guerrilla zapatista hay alguna alusión a esa injuria: la de racionalizar el presupuesto con intereses que se determinan desde el centro y no plantear opciones nuevas, creativas, para un desarrollo armónico.

Quiero insistir en un asunto que me parece central: una biblioteca es un proyecto de vida o, generalizando, un proyecto de nación. ¿Dan cuenta nuestras bibliotecas del proyecto de nación que queremos los lectores de lengua española? Si es así, las naciones que proyectamos serán tan elementales como sus acervos, pues la mayoría de nuestras bibliotecas, so pretexto de cubrir las necesidades "mínimas" de la comunidad, son pobres, pobrísimas, y brindan un mediocre proyecto de lectura, que se concreta en ofrecer libros para solucionar las demandas de un presente emergente. Si mi metáfora es cierta, nuestro proyecto de nación es emergente, pobre, sin una cultura, sin alternativas para el futuro.

La carencia de un sistema bibliotecario digno es, por otro lado, una de las razones por las cuales no tenemos lectores y, como lo he dicho tantas veces, por las que estamos perdiendo imaginación, memoria y futuro.

Pasando a otra cuestión, tengo que volver a insistir que el libro de texto gratuito ha demostrado ser uno de los temas más sensibles para convocar el crecimiento del mercado. El asunto es cierto para México, pero sirve, también, para muchos experimentos que se están haciendo en América Latina. Debe haber, en la medida de lo posible, un libro de texto gratuito dirigido y coordinado desde el Estado, pero que no sea producido y distribuido por él mismo, marginando a la iniciativa privada. No es suficiente con imprimirlo en algunas imprentas privadas; se trata de enfrentar una reforma real. Una industria editorial sana se logrará si, y sólo si, se abre el mercado del libro de texto de la escuela primaria. La industria editorial del mundo entero –librerías, editores, impresores y hasta lectores– crece sobre la base del libro de texto de primaria; si no es así, lo único que se logra es secuestrar al mercado y marginar a posibles nuevos lectores. En este sentido, vale la pena considerar los efectos que en un mercado más o menos desarrollado como el español podría ocasionar liberar los precios de los libros o desregular su venta; en tal caso, grandes cadenas como El Corte Inglés podrían, por sí mismas, hacer realidad lo del libro gratuito, es decir, regalarlo en la compra de útiles y accesorios escolares. Según un estudio de esta cadena, cada centavo de compra en libros escolares les produce nueve en la venta de diversos artículos; ¿no sería un buen gancho publicitario regalar ese centavo para lograr los otros nueve? El resultado inmediato sería que la cadena de librerías, que vive fundamentalmente de la venta de textos, se vería seriamente afectada, y también lo estaría la cadena productiva en su conjunto.

Responsabilidad de los editores

Parece muy común que los editores latinoamericanos sigan pensando en sí mismos como una suerte de mártires que todo lo han hecho bien, y no se percaten de que, habida cuenta de los males públicos, hay muchas cosas por hacer. Es cierto que hemos tenido un mercado complicado, deprimido y con injusta competencia, pero también lo es que la industria no ha estado, en muchas ocasiones, a la altura de las circunstancias, y que sus métodos no han sido, para decirlo con moderación, los más apropiados para el desarrollo "honesto" del mercado. Si queremos modificar este mercado, será necesario establecer los acuerdos pertinentes para garantizar una competencia que ponga, por encima de todo, la educación y la lectura como objetivos a alcanzar.

En la Facultad de Comercio y Administración de la UNAM, mi querido y recordado maestro Ricardo Barraza empezaba su clase de Economía diciéndonos que el empresario latinoamericano era tímido, pequeño y voraz, que no le interesaban el futuro del mercado ni la responsabilidad que pudiera tener con sus clientes, sino única y exclusivamente las utilidades de este año. Que si podía ahorrarse unos pesos haciendo chanchullo con sus productos, se los ahorraba; que si podía bajar la calidad sin que nadie lo notara, pues la bajaba. Su divisa era devorar el mercado aunque lo matara y nunca, nunca, arriesgar en lo más mínimo.

Con sus muy honrosas excepciones, los empresarios del libro han actuado muchas veces con mezquindad: papeleros, impresores, editores y libreros se han hecho merecedores de los calificativos que definen a los empresarios de nuestra América: son tímidos, pequeños y voraces. Aunque en su defensa vale anotar que han vivido en un mercado restringido, golpeado, sin estímulos. Sin embargo, su responsabilidad en el pésimo estado del mercado de la lectura sigue intacta, pues muy pocos se han preocupado, realmente, por fortalecerlo. Hoy, por ejemplo, cuando una enorme recesión los amenaza, todos los editores se preocupan por el aspecto económico de sus empresas, pero nunca por el cultural. Una editorial, antes que otra cosa, es una empresa que lleva a cabo un proyecto de lectura; eso es su catálogo: una oferta de lectura para una comunidad de lectores. Es evidente que necesita las utilidades que se derivan de su actividad comercial, pero es evidente también que sus publicaciones cumplen una función social y educativa y que el negocio real, el de largo plazo, se hace a través de esos presupuestos. Esa función está ahora en peligro. Muy probablemente, las empresas editoriales se salvarán como proyectos económicos, pero muy difícilmente lo harán como proyectos de lectura. Se incrementarán precios, se liquidará personal, se reducirán tiradas y las empresas no quebrarán, pero quebrarán sus catálogos y, con ellos, otra vez, el mercado decrecerá hasta extinguirse casi del todo.

Traigo esto a colación porque me parece que quienes nos dedicamos al negocio de la lectura no hemos aquilatado las consecuencias de que nuestro producto base, o lo que da base a nuestro producto, la lectura, se reduzca. Siempre decimos que la creación de lectores es un asunto del gobierno, como si no fuera algo que nosotros debemos solucionar. Recuerdo que un alto funcionario del Ministerio de Educación en México, al preguntársele por la razón de que hubiera tan pocos lectores en el país, contestó: "Es problema de los editores". No estoy totalmente de acuerdo con él, pues con ello demuestra una enorme ceguera. Crear lectores es una tarea compleja cuyo objetivo debería ser crear mejores ciudadanos e involucrar tanto a instancias gubernamentales como a privadas. En esta ardua tarea debería participar toda la sociedad civil: los maestros, las autoridades educativas, los intelectuales, los medios de comunicación, las bibliotecas, etc. Sin embargo, en la práctica, aquel funcionario tenía, de alguna manera, razón: en la carencia de lectores radica la gran dificultad que encuentran los editores para crecer. Si por nuestro propio esfuerzo la lectura no recupera su lugar en el desarrollo social, y si esto no sucede pronto, quizá no habrá quien lea ni quien compre nuestros libros.

Vivimos en una sociedad que se ha entregado al consumo, y eso que llamamos libre mercado guía gran parte de nuestras acciones. Hay quien lo endiosa y hay quien lo deplora, pero está ahí, en el centro de casi todas nuestras actividades. El libre mercado, a pesar de ser una institución humana, no es humano, y puede actuar, de dejarlo, contra nosotros. Nuestra única alternativa es influir en él para convertirlo en un aliado. De cualquier forma, en esta sociedad en la que nos tocó vivir, no tener mercado es mucho peor: es una condena irreversible.

Tengo desde la infancia una pasión: la lectura, los libros. Vivo, en el amplio sentido de la palabra, de ella y de ellos: de leer y de escribir libros, por placer y por negocio, de editarlos y venderlos. Los libros llenan no solamente las horas libres de mi vida, sino mi vida entera. Estoy convencido de que ellos, los libros, son un objeto que libera al hombre y a su espíritu, y el negocio de la lectura, en cualquiera de sus formas, me parece uno de los más nobles, del que quiero y he podido vivir. Hoy me aterra que la condena de no tener mercado se cierna sobre nuestras cabezas, que por nuestra ceguera, que por no ver que la lectura está en el centro de nuestra actividad, permitamos que se asesine a la gallina de los huevos de oro. Espero que, como editores, como verdaderos empresarios de la cultura, como agentes propiciadores del desarrollo y la educación, sepamos trabajar por la lectura, no por sus valores inherentes, que son muchos, sino, quiero verlo así, para conservar el mercado de la lectura, nuestras empresas y nuestros productos: los suplementos culturales, nuestros periódicos, los libros, los entrañables libros.

Las editoriales nacionales en América Latina y el desafío de la globalización o la necesidad de proteger una especie en vías de extinción

Pablo Harari

Este trabajo pretende demostrar el peligro de desaparición de la industria editorial nacional en América Latina.

A partir de un conocimiento en el tema, se exponen las características particulares de la industria editorial para luego ver cómo los fenómenos de globalización y homogeneización cultural inciden en ella. En especial, el traslado a América Latina de los efectos de la crisis editorial de los países desarrollados, del impulso expansivo de las multinacionales y de la concentración de la industria editorial.

Por último, se plantea la necesidad de acciones privadas y estatales para revertir las tendencias actuales a la desaparición de la edición nacional en América Latina.

La aventura editorial

La industria editorial presenta ciertas características que es preciso enunciar para poder situar lo planteado en estas páginas.

Podemos distinguir varios *sectores netamente diferenciados* según el tipo de libros editados (y, por lo tanto, de público al cual se dirigen): edición de textos de estudio, edición de libros de referencia, científicos, técnicos y médicos (STM) y edición de ensayos y literatura en general.

Estas distintas "dimensiones" suponen estilos de trabajo, políticas editoriales y hasta estructuras empresariales profundamente diferentes.

Nuestra experiencia y práctica se centra en esta tercera categoría editorial, que es la más vistosa en las librerías pero que ocupa la menor parte del mercado.

Si bien no se puede negar el riesgo empresarial de las dos primeras, aunque éstas responden a exigencias y necesidades del mercado que pueden resumirse previamente, la tercera es la llamada "edición a riesgo", ya que sus libros se dirigen a un público "a crear" para cada obra ("oficio basado en la seducción").[1]

Me referiré, por lo tanto, a la edición de libros de ficción (literatura en general) y ensayos (ciencias sociales y humanas, economía, política, filosofía, etc.): la "edición a riesgo".

---

[1] J. Herralde, "El papel creativo del editor literario", en: *Memoria del 25º Congreso de la Unión Internacional de Editores*, Barcelona, Federación de Gremios de Editores de España, 1996.

La edición de libros es una industria de *prototipos*,[2] en la que cada producto/libro es diferente del anterior. Pueden llegar a preverse las ventas, si se trata de un autor cuyo éxito es conocido, pero aun en esos casos es muy difícil acertar en los resultados. En mayor grado que en las demás industrias culturales, en la edición es imprevisible su resultado; es un emprendimiento de constante renovación en que cada título editado es una "microaventura" independiente.[3] La sensación, para el editor, es que con cada libro se comienza "de cero".

Otro elemento característico –principio fundamental de la edición– es que los costos por unidad se reducen no un poco, sino de manera sensacional al aumentar la tirada. La *economía de escala* actúa de modo decisivo en la edición y define la estrategia de las editoriales y su expansión.

El *quid* de la edición está en aumentar la tirada, reducir precios y lograr mayores beneficios, todo al mismo tiempo,[4] lo que pertenece, más bien, al mundo de la magia.

Este aspecto define asimismo a las editoriales según la talla del mercado al cual tengan acceso (por editar en un idioma hablado por poca o mucha población, por ser de países con bajo o alto nivel de analfabetismo, por ser de países con poco o elevado poder adquisitivo, etc.).

En nuestro país –Uruguay–, debido a la escasa población, el mercado es reducido y necesariamente las tiradas son bajas. Por lo tanto, los precios de venta son comparativamente elevados.[5] Lo bajo de las tiradas (de 500 a 1.500 ejemplares) es lo usual en la mayoría de los países latinoamericanos por lo reducido de sus mercados.

El hecho de estar en un continente que mayormente comparte la lengua podría presuponer la posibilidad de exportar a otros países latinoamericanos o –mínimamente– a los de la región, pero al ser cada libro un "prototipo" se requiere un esfuerzo muy acentuado de "seducción" para que el público –y los libreros– lo compre.

Ese trabajo de promoción se realiza esencialmente a través de la prensa especializada y de actividades culturales que hacen de muchos editores *agentes culturales* que actúan más allá de su área específica de actividad. La publicidad paga está prácticamente excluida al ser un insumo muy caro, que difícilmente puede absorberse con tiradas de pocos ejemplares.

Dicho trabajo de promoción, que es imposible llevar a cabo a distancia, hace que la presencia de libros bolivianos en México, ecuatorianos en la Argentina o chilenos en Uruguay sea inexistente. Los libros que pasan las fronteras son en general de grandes editoriales o de multinacionales.

---

[2] F. Benhamou, *La economía de la cultura*, Montevideo, Trilce, 1997.

[3] G. Graham, "Multinational and third world publishing", en: P. Altbach (ed.), *Publishing and development in the third world*, Oxford, Hans Zell Publishers, 1992.

[4] D. C. Smith, "The economics of book publishing", en: *A guide to book publishing*, Seattle, University of Washington Press, 1989.

[5] Lo anterior, sumado a una tasa de cambio desfavorable, hace que los libros uruguayos tengan una muy baja competitividad a nivel internacional.

Otra característica de la edición es que el *éxito comercial de un título* cubre las pérdidas (o beneficio nulo) de varios otros (con toda la relatividad del caso). Es por eso que algunas editoriales, que aciertan con tres o cuatro libros, tienen un crecimiento espectacular que, como un globo, se desinfla al no reproducirse el fenómeno. Son esos "pocos" libros de éxito que se reimprimen periódicamente los que forman el sustento de la editorial (catálogo) y permiten el riesgo y la innovación. Ésta es una de las razones que explica la tendencia a multiplicar la cantidad de títulos: se edita mucho porque se espera que alguno de ellos tenga muy buenas ventas y sea la locomotora que arrastre al resto.

Estas características –que podemos sin problemas generalizar a la edición nacional[6] latinoamericana– hacen de esta industria un *eslabón débil* de lo que Gabriele Muzio llama "cadena de la memoria histórica de la Humanidad".[7]

Las editoriales nacionales y la globalización

La edición nacional en los países de América Latina se encuentra enfrentada a varios peligros que acompañan la globalización económica y la mundialización cultural, en particular el "contagio" de la crisis de la edición de los países desarrollados –especialmente España– y la política expansionista de las editoriales multinacionales.[8]

Estas amenazas se dan en el marco de cambios importantes en la industria editorial como resultado de nuevas tecnologías.

Los fenómenos de globalización de la economía y de homogeneización cultural (e ideológica) constituyen un proceso que pone en peligro la diversidad, la creatividad y la autonomía, y provoca la ya mencionada pérdida, irremediable, de eslabones de la "cadena de la memoria histórica de la Humanidad".

Las editoriales nacionales, por su origen (las más de las veces, relacionadas con propuestas intelectuales y culturales) y su interacción con el medio, son, sin duda, uno de los factores primordiales de la creación cultural de un país. Aun cuando su impacto económico pueda no ser de gran trascendencia, "editar tiene una importancia central en la vida cultural, intelectual y educativa de una nación. El desarrollo y la difusión de los resultados del conocimiento son de la mayor importancia para cualquier civilización".[9]

[6] Dudamos en utilizar el término "indígena", ya que, si bien por su definición es apropiado y evita las connotaciones y discusiones referidas a "nacional", tiene cierto aire "folclórico" inapropiado.

[7] G. Muzio, "Globalisation as the stage of perfection of the modern paradigm. A possible strategy to survive the coherence of the process", seminario internacional "A construção democrática en questão", San Pablo, 1997.

[8] Muchos autores ya no hablan de "crisis" de la edición en Europa sino de "mutaciones". Pero ¿qué es una crisis, sino "mutaciones importantes en un proceso"?

[9] P. Altbach, "Current trends in book publishing", en: Y. Courrier (ed.), *World Information Yearbook, 1997-1998*, París, UNESCO, 1997.

La globalización, realizada bajo criterios exclusivos de mercado, y la lógica de pensamiento dominante, que "cosifica" y cuantifica prácticamente todas las actividades humanas, miden el éxito a partir de indicadores de cantidad.

Es cierto que la cantidad es el criterio para medir ganancias y pérdidas, pero no lo es para calibrar la calidad artística o intelectual de una obra. Aplicando exclusivamente dicha vara no se aprecian su influencia, el aporte a un proceso intelectual, la apertura de espacios nuevos del pensamiento, etc., que muchas obras tienen –y han tenido– aun con su difusión en pequeñas cantidades. Si bien esto es evidente en la esfera de la edición de libros, la lógica de mercado ferozmente aplicada y diseminada hace que dichas creaciones queden en forma de manuscritos y no se concreten como libros.

La industria editorial en los países desarrollados pierde aceleradamente su *condición mestiza* –al decir de Jorge Herralde– de criterio cultural y criterio económico. En lugar de tener una actividad resultante de la tensión entre los polos cultural y económico ("sin traicionar nunca el proyecto cultural, pero asegurando su viabilidad"),[10] la lógica es exclusivamente económica. Dicha lógica no sólo descarta manuscritos sino que impone pautas a los creadores según el éxito económico de determinado género, estilo o moda, afectando la creación intelectual y artística.

Lo precedente, en un contexto de homogeneización cultural y de imposición de pautas culturales, atenta contra las identidades nacionales.[11]

La lógica beneficio-pérdida contamina profundamente la estructura del Estado (al tiempo que lo reduce). Esto lleva al vaciamiento del contenido, por parte del Estado, de algunas medidas favorables a la edición nacional, a la derogación de otras o simplemente a la no implementación de políticas nacionales del libro.

Es así que Néstor García Canclini plantea:

> Cabe preguntarse si el sentido sociocultural de una sociedad puede producirse como las mercancías y acumularse como el capital. ¿No es también una conquista del desarrollo moderno sostener que ciertas áreas de la cultura y la vida social –como los derechos humanos, las innovaciones estéticas, la investigación científica y la construcción colectiva del sentido histórico por ser de interés público– no pueden privatizarse ni ser sometidas a las reglas del pragmatismo y el rendimiento económico?[12]

Es innegable que el desarrollo está íntimamente ligado a la capacidad creativa (artística, técnica, científica) de un país. La indefensión de la edición nacional, frente a la multinacional y globalizada, la pone en evidente peligro de extinción.

---

[10] J. Herralde, ob. cit. en n. 1.

[11] Cuando nos referimos a cultura, lo hacemos en términos antropológicos y no como "bellas artes" exclusivamente. Asimismo, al referirnos a identidad (o identidades), lo hacemos teniendo en cuenta su carácter histórico, sus componentes imaginarios y su carácter multicultural.

[12] N. García Canclini, "El debate sobre la identidad y el Tratado de Libre Comercio", en: H. Achugar y G. Caetano (comps.), *Mundo, región, aldea*, Montevideo, Trilce, 1994.

Cortés, Pizarro y la viruela

Estos factores inherentes a la globalización y a la homogeneización de la cultura revisten forma precisa cuando nuestros países son afectados por la crisis de la edición de los países desarrollados (nos referimos en particular a Europa y en especial a España). Así como las enfermedades que trajo el Conquistador diezmaron las poblaciones indígenas, la edición nacional está siendo seriamente afectada por lo que viene "de afuera".

La *superproducción de títulos* que ahoga las librerías y reduce drásticamente el tiempo de "vida" de las obras en las librerías, la *disminución de las tiradas*, la venta en grandes superficies con *descuentos* que hieren de muerte a la librería tradicional, las modalidades de venta con posibilidad de *retorno* que generan un malabarismo financiero peligroso, entre otros, son algunos de los síntomas de una crisis que ha provocado una *fuerte concentración* de la industria editorial en los países desarrollados. Concentración que implica la casi desaparición de la edición de creatividad, de la edición bipolar, "mestiza".

La superproducción de títulos es un fenómeno contradictorio, ya que genera una saturación que pone en riesgo de muerte la misma edición que supone salvar. Parece una balsa de salvataje que hace agua.

Para algunos, ese aumento considerable en la cantidad de títulos es una respuesta a la baja de las ventas; en Francia, a fines de los años ochenta, la merma en las cifras de ventas fue del 16%, manteniéndose luego en esos términos;[13] en España, "el mercado interior está muy estancado y el sector se salva por las exportaciones", según el responsable de una firma que realiza análisis sectoriales en dicho país.[14]

Los editores tratarían de mantener su cifra global de negocios aumentando la cantidad de títulos, ya que se vende menos de cada uno.[15]

Para otros,[16] el aumento en la cantidad de títulos está ligado al sistema de comercialización que permite a los libreros retornar los no vendidos: cuando se da esa devolución, el editor tiene que devolver el dinero correspondiente, pero en lugar de hacerlo edita un nuevo título que genera una nueva deuda del librero y compensa la propia. Es un malabarismo peligroso[17] que se está corrigiendo en Europa con la eliminación de los envíos indiscriminados a los libreros (en-

---

[13] F. Gèze, "Les mutations de la chaîne du livre", conferencia inaugural del ciclo de debates organizado por la Bibliothèque Publique d'Information y el Syndicat National de l'Édition, París, 12 de enero de 1998.

[14] J. Álvarez, responsable de DBK, citado en: "Corran, corran, editores", *El País*, Madrid, 26 de diciembre de 1998.

[15] F. Gèze, ob. cit. en n. 13.

[16] H. Prolongeau, "L'édition en ses nouveaux habits", en: *Le Monde Diplomatique*, París, noviembre de 1998.

[17] "Antonio López Lamadrid, director de Tusquets, afirma que 'el actual sistema es diabólico, las devoluciones llegan a veces al 50%. No sé cómo no explota todo'", citado en: "Corran, corran, editores", *El País*, Madrid, 26 de diciembre de 1998.

vío "de oficio") y con sistemas informáticos que permiten a los editores saber a ciencia exacta las cantidades y los puntos de ventas.

Probablemente ambas explicaciones sean ciertas y no excluyentes, en una industria que por sus características compensa con un título "bueno" varios "malos".

Si bien en Europa se están tomando medidas para corregir este problema, en América Latina se está dando la inflación de títulos nacionales, que se suma a la de los importados, inundando las librerías, pero nada se está implementando para evitar mayores daños.

La sobreabundancia de libros obliga al librero –por razones de espacio y capacidad de gestión– a exponer solamente aquellos de mayor venta "matando" en el huevo (la caja que no abrió) obras que, aunque tienen ventas "lentas", son culturalmente imprescindibles. Es así que cada vez más las librerías devuelven –o no reponen– mayor cantidad de títulos. Ese problema se agudiza en América Latina cuando las editoriales nacionales compiten con dificultad con los libros importados (de gran venta y promoción). En las librerías de Montevideo, las vidrieras y escaparates exhiben los libros importados; los nacionales "están al fondo".

La disminución de las tiradas resulta de la menor venta y del aumento de títulos. En España, la tirada media en 1980 era de 9.222 ejemplares; en 1997, de 3.829 ejemplares.[18] En Francia, bajó en 10 años de 15.000 a 8.929,[19] y algo similar ocurre en América Latina.

Su principal consecuencia es el incremento del precio del libro –por la espectacular incidencia de la cantidad de impresos en el costo final–, lo que agrava la competitividad de la edición nacional: los libros nacionales son en general más caros que los importados (cuyas tiradas, a pesar de haber disminuido, siguen siendo muy superiores a las de los editores nacionales).

Las ventas en grandes superficies (supermercados, megalibrerías) con descuentos han generado dos situaciones: la casi ruina de la librería tradicional y la concentración de la venta. Por vender con descuento, las grandes superficies se han transformado en las principales bocas de salida del libro, en detrimento de la librería tradicional (en Francia, estas últimas perdieron el 10% del mercado entre 1988 y 1996).[20]

Por otro lado, las ventas se concentran de tal modo que se llega –en ese mismo país– a que una cadena (la Fnac) represente el 12% de las ventas (y el 25% de la literatura). La concentración lleva a que dichas empresas de venta dicten las reglas y marquen las tendencias.

En la mayoría de los países de la Unión Europea se recurrió al precio único del libro y a la limitación en los descuentos, lo que salvó en una primera instancia a la librería tradicional. En la actualidad, un grupo de editores tomó la iniciativa, en Francia, de crear una asociación para apoyar la librería tradicional.

---

[18] Ibíd.
[19] H. Prolongeau, ob. cit. en n. 16.
[20] F. Gèze, ob. cit. en n. 13.

En América Latina, dichas limitaciones no existen y las megalibrerías se están instalando.[21]

El peligro para las librerías tradicionales es evidente, pero nada se está haciendo para protegerlas. Los males traídos por "el Conquistador" no se acompañan con las vacunas que él mismo aplica en su tierra.

La concentración de la edición en grandes grupos multinacionales es el fenómeno más sobresaliente. Las pequeñas editoriales no pueden sobrevivir, ya que se necesitan útiles técnicos, poderosos y costosos, para enfrentar un mercado cada vez más complicado y sobre el cual es cada vez más difícil incidir, particularmente respecto de la distribución, que requiere mucha inversión.

> La concentración de editoriales independientes en grandes grupos no fue un movimiento espontáneo. Se conformó a partir de dos fuerzas externas. La primera [...] fue la revolución de la tecnología de la información. [...] Aquellos que desarrollaban esa nueva tecnología [...] comprendieron que la fuente de información que precisaban, así como el conocimiento del mercado y comportamiento de los consumidores, estaba en manos del tradicional editor de libros. Esto llevó a la ola inicial de fusiones que se realizó en los Estados Unidos en los años sesenta, cuando grandes corporaciones de electrónica –ITT, Xerox, CBS, ABC y Raytheon, por ejemplo– se pelearon por adquirir editoriales.[22]

Por otro lado, la avidez por el control del mercado lleva a las multinacionales a comprar editoriales medianas especializadas o que ocupan ciertos nichos.

En Francia, dos grupos (Hachette y Havas) tienen el 50% de la producción de libros y el 65% de la distribución; en Italia, Mondadori acapara la cuarta parte del mercado y ha fusionado editoriales de España y de América Latina; en los Estados Unidos, más del 90% está controlado por veinte grupos (entre ellos, el alemán Bertelsmann, que pasó a ocupar uno de los primeros lugares del mundo); en España, cinco grupos se reparten la mitad de la edición (tres de ellos forman parte de corporaciones extranjeras).

En América Latina, son pocas las editoriales independientes con alcance continental. La fuerza principal la tienen las multinacionales de origen español (aunque no de capital exclusivamente español). Dicho proceso de concentración comprende la compra de editoriales latinoamericanas por parte de grupos multinacionales y ha crecido durante estos últimos años.[23]

---

[21] "Este modelo viene teniendo gran éxito en Brasil y ya ha merecido la atención de grandes grupos, como Barnes & Noble y Fnac, que acaba de comprar la mayor librería del país, con 8.000 metros cuadrados, y tiene la intención declarada de extender sus próximos pasos a la Argentina"; véase A. Weiszflog, *El libro en América Latina y el Caribe*, Bogotá, Cerlalc, julio-diciembre de 1998.

[22] G. Graham, ob. cit. en n. 3.

[23] La industria editorial española invirtió, en el primer semestre de 1998, cerca de 50 millones de dólares en la Argentina, poco más de 3 en Chile y 1 en Colombia; véase el artículo "100.000 títulos nuevos y 600 millones de libros se publicaron en español en 1997", en: *El País*, Madrid, 1998.

Los virreinatos de fines del siglo XX

La industria editorial española (multinacional) ha redoblado en los últimos años sus esfuerzos para consolidar su presencia en América Latina, no sólo exportando sus libros sino instalándose en muchos de sus países y editando a autores latinoamericanos *in situ*. Lo primero data de muchos decenios, pero lo segundo es más reciente.

Las exportaciones de España hacia América Latina aumentaron significativamente un 33,64% de 1996 a 1997, lo que se suma a un 8,3% de aumento el año precedente. Iberoamérica representa casi el 80% del total de las exportaciones.[24] De ese 80%, el 26% corresponde a Brasil,[25] que es el primer comprador a España (es interesante subrayar que el grueso de la exportación son libros en portugués).[26]

Es evidente que la exportación hacia el mercado latinoamericano es esencial para España, pero el salto que se está dando no puede dejar de afectar la industria nacional de los países latinoamericanos. Es una real invasión de libros a la cual se ven enfrentados los editores de esos países.

También da para pensar en las posibles consecuencias para el sector en España si las previsiones –adelantadas por Federico Ibáñez (presidente del Centro Español de Derechos Reprográficos) en el 14º Encuentro de Editores (Santander, 1998)– con relación al aumento de las exportaciones no se confirman: "quiere decir que las sociedades latinoamericanas son cada vez más estables y que su poder económico es también cada vez más estable". Dicho aumento espectacular tiene el apoyo y el estímulo oficial español, el cual no se reduce a los grandes grupos: "En 1999 iniciaremos un plan para la expansión y consolidación en Iberoamérica de las pequeñas y medianas empresas (editoriales españolas)", expresó el Director General del Libro de España en el citado Encuentro de Editores.

Esa política española no encuentra reflejo en América Latina, donde en general las políticas de incentivo a la industria nacional del libro son mínimas o inadecuadas para la nueva situación.

El otro fenómeno es la implantación de empresas multinacionales de origen español en América Latina. Se han instalado en muchas capitales latinoamericanas filiales de dichas empresas que, además de importar y distribuir los libros editados en España, editan a autores del país.

La competencia con las editoriales nacionales es despareja, ya que tienen un apoyo financiero de envergadura –al menos al inicio– y cuentan con los beneficios que deja la venta de los libros importados (son editores e importadores).

---

[24] Federación Española de Cámaras del Libro, *Comercio Exterior del Libro 1996*, Madrid, 1997.

[25] Estas cifras de exportaciones reflejan la deuda contraída, pero no necesariamente en qué medida ésta se paga. Cuestión particularmente interesante de plantear luego de la crisis brasileña de enero de 1998.

[26] Véase el artículo "Los editores brasileños quieren conquistar el mercado latinoamericano a través de España", en: *El País*, Madrid, 2 de octubre de 1998.

Por otro lado, aunque no ofrecen mejores condiciones a los autores, ni prometen la difusión de sus obras fuera del país, éstos se ven atraídos por editoriales de nombre internacional y abrigan la esperanza de que sus obras tengan distribución fuera de las fronteras. La emigración de los escritores de mayor venta, de las editoriales nacionales a esas filiales de las multinacionales, es general y casi absoluta.

Esta política de las multinacionales, de editar a autores del país, no se explica en países de pequeños mercados, ya que sus costos son mayores que los de las editoriales nacionales. En efecto, estas últimas nacieron en ese medio y se adaptaron a él para sobrevivir recurriendo aun a lo inimaginable para bajar costos, mientras que los "recién llegados" montan estructuras vistosas, costosas y –al menos en un primer momento– con mayores gastos.

Una posible explicación es el recurso de una estrategia de "tierra arrasada" con el objetivo de monopolizar. Otra es que la edición (de literatura y ensayos) es tan sólo una actividad de segundo orden, y que la edición de textos –aún en vías de desarrollo– es el objetivo principal. Puede pensarse también en la simple inercia de un proceso expansivo.

¿Especie en vías de extinción?

Si "esta tensión bastante extendida en el planeta entre, por un lado, un movimiento unificador, masificador y homogeneizador y, por el otro, una serie de tendencias dispersadoras, particularistas y enfatizadoras de lo propio y específico" se resuelve por el polo homogeneizador, sin duda se estará ante un empobrecimiento peligroso.[27]

Los biólogos Acerenza y Mizraji deducen, a partir de sus investigaciones, que es preciso "mantener al máximo la variedad de desempeños culturales en el interior de nuestra especie. Esta variedad es el mejor instrumento que conocemos para enfrentar situaciones imprevistas".[28]

La diversidad de ideas y su confrontación son la base de su desarrollo, así como de la creación artística, y ese fenómeno está íntimamente ligado a la edición de libros.

Las nuevas tecnologías podrán modificar esto, y hay quienes vaticinan seriamente el "fin del reino del libro", pero aunque dicho fin llegue, no será el fin *del libro*; además, en América Latina no estamos aún en esa etapa.[29]

---

[27] H. Achugar, *La balsa de la Medusa*, Montevideo, Trilce, 1992.
[28] L. Acerenza y E. Mizraji, "Origen, evolución y destino de la vida en la Tierra", en: R. Markarián y R. Gambini (eds.), *Certidumbres, incertidumbres, caos*, Montevideo, Trilce, 1997.
[29] F. Piault, "Pratiques de lecture et pratiques éditoriales", primera conferencia inaugural del ciclo de debates organizado por la Bibliothèque Publique d'Information y el Syndicat National de l'Édition, París, 12 de enero de 1998.

La actividad editorial como actividad cultural ha significado desde sus orígenes (que seguramente preceden a Gutenberg) un factor no sólo difusor, sino multiplicador de la creación. La producción de libros que reflejan la cultura de un pueblo no puede dejarse en manos de otros: "las sociedades no se pueden dar el lujo de perder la capacidad de publicar sus propios libros [...] es una parte vital de su cultura".[30]

Si, tal como hemos expuesto, en América Latina las tendencias a la concentración editorial subsisten, las editoriales multinacionales modifican la comercialización del libro poniendo en jaque a las librerías tradicionales y la "lógica de mercado" lleva a que se editen solamente los libros de rápida y gran venta, la edición nacional se extinguirá y el poder de decisión acerca de qué publicar lo ejercerán empresas multinacionales con criterios comerciales. Es posible aun que –por idénticos criterios– esas corporaciones lleguen a retirarse de ciertos países, dejando tras de sí el vacío.

Acciones necesarias: un reclamo desde el terreno

Lo expuesto en estas páginas proviene esencialmente de mi práctica como editor y de lo que he podido sistematizar de ella.

Con el tiempo, adquirí "reflejos" propios de los editores y conciencia del poder que ellos tienen (por excelencia cuando se ejerce frente a los autores aún inéditos). Dicho "poder" se reduce a un *sí* o a un *no* hacer público el resultado de un trabajo intelectual, representación de lo que se piensa, se siente y se imagina en (de) una sociedad. Pero ese poder no se ejerce de manera autónoma, ya que estamos inmersos en esa sociedad, compartimos las tendencias encontradas de ideas y proyectos y formamos parte de esas mismas diversas culturas e identidades.

Ejercer ese poder –que no ignora las consideraciones económicas– es continuar marchando, seguir navegando, participar de un proceso vivo y contradictorio de creación, de búsqueda sin fin de respuestas.

Los editores nacionales debemos buscar caminos para proteger nuestra actividad en cada país pero también en el continente. En mayo de 1998, tres editoriales latinoamericanas acordamos –a partir de un diagnóstico común– poner en marcha acciones conjuntas. Y esto en compañía de una cuarta editorial, independiente, regional –con problemas similares a los que padecen las editoriales latinoamericanas– y oriunda de la Península Ibérica.

Coediciones, *pools* para comprar derechos, compartir gastos de traducción y edición, participación conjunta en ferias, etc., son medidas que están en sus comienzos y que darán –seguramente– frutos dentro de poco. Pero la iniciativa pri-

[30] P. Altbach, ob. cit. en n. 9.

vada debe, imprescindiblemente, estar acompañada por políticas culturales del Estado dirigidas a preservar las industrias nacionales del libro, porque el peligro es grande y sus agentes son poderosos.

No creo necesario extenderme sobre la relación entre libro, educación, cultura y desarrollo, ya que "hoy en día se sabe que los países en desarrollo, al lado de la exportación tradicional de sus materias primas y productos naturales, poseen un enorme potencial económico en su *creatividad*, a condición de que logren formar parte activa del mercado mundial de las industrias culturales".[31] Tampoco *sería* necesario fundamentar la exigencia de políticas nacionales del libro.

Pero sí es preciso subrayar, con referencia a las políticas existentes, lo *inadecuado* de dichas políticas, que muchas veces tienden a proteger al libro pero *no a la industria nacional*; la propensión de los gobiernos a *desconocer* los avances logrados[32] y a quitarles contenido; la *desfinanciación* de los organismos de promoción (o directamente su supresión);[33] el fomento de medidas que van *contra la industria nacional* del libro[34] y la necesidad de adaptarlas a la nueva realidad tecnológica de la edición.[35]

Un aspecto casi ignorado por los gobernantes en nuestros países es la incidencia económica de las industrias culturales. Tal como plantea Hugo Achugar, "si pensar el futuro sin olvidar el pasado supone atender lo que hemos llamado 'industrias culturales tradicionales', ello conlleva además elaborar políticas culturales que den cuenta de una realidad económica insoslayable".[36]

---

[31] Á. Garzón, *La política nacional del libro*, París, UNESCO, 1997.

[32] Dicho criterio llevó, en 1997, al Correo de Uruguay a no cumplir con la Ley del Libro que establecía tarifas preferenciales para el envío de libros, con el argumento de que el legislador no había previsto de dónde saldría el financiamiento para cubrir la diferencia entre la tarifa normal y la preferencial. Se negaba así la función social del organismo estatal. Finalmente se revirtió esta situación con un acuerdo entre dicha administración y la Cámara del Libro, que *per se* reconocía la violación de la ley, ya que beneficiaba solamente a los socios de esa cámara empresarial.

[33] En Uruguay, en 1996, se eliminó el Instituto Nacional del Libro sin suplantarlo por otro organismo apto y con fondos.

[34] Una ley propuesta por el gobierno de Uruguay –aún en estudio– establece que las obras de dominio público deberán pagar al Estado. Recordamos que la Unión Internacional de Editores (UIE) ha sugerido "la total supresión del sistema de *domaine public payant*, con la cual los gobiernos de algunos países están intentando recaudar derechos devengados de obras que ya son del dominio público" (resolución de la UIE del 3 de mayo de 1996). Por otro lado, el mismo proyecto de ley amplía de cincuenta a setenta años el plazo de duración de los derechos patrimoniales, aplazando de ese modo en veinte años la entrada al dominio público.

[35] Un ejemplo interesante es la Ley del Libro de Colombia de 1993, que exime de aranceles la importación de papel, da facilidades crediticias, reduce tarifas postales, reglamenta la compra de un porcentaje determinado de ejemplares de libros por parte del Ministerio de Educación para las bibliotecas, exime de impuesto a las sociedades por veinte años y reduce al 70% los locales a la industria y el comercio, exime del IVA, establece facilidades para adquirir derechos de autor extranjero, etcétera.

[36] H. Achugar, "Desafíos económico-culturales de América Latina para pensar el futuro", documento de trabajo, BID-Sciences Po, febrero de 1999.

Solamente con políticas de Estado para la industria nacional del libro, que sean *efectivas* en el marco de la nueva situación planteada, podrán revertirse las tendencias actuales que presagian la desaparición de la edición nacional en América Latina.

Noticia sobre los autores

Compiladores

BERNARDO KLIKSBERG: Coordinador del Instituto Interamericano de Desarrollo Social (BID). Ha sido asesor de la OIT, la UNESCO, el UNICEF, la OEA y otros organismos internacionales y Director del proyecto regional para América Latina de modernización estatal de la ONU. Relator general del Congreso Mundial de Ciencias Administrativas. Entre otras distinciones, ha sido designado Profesor honorario de la Universidad de Buenos Aires y Profesor emérito de la Universidad de Congreso. Entre sus últimas obras figuran: *La lucha contra la pobreza en América Latina* (FCE, BID, CJL, 2000); *Pobreza: un tema impostergable. Nuevas respuestas a nivel mundial* (FCE, 1997), y *El rediseño del Estado* (FCE, 1995).

LUCIANO TOMASSINI: Abogado de la Universidad de Chile, Cientista Político de la Universidad de Georgetown e investigador y miembro invitado de la London School of Economics and Political Science. Consultor externo del Presidente del BID. Profesor titular de la Universidad de Chile, miembro del Centro de Análisis de Políticas Públicas, y autor de diez libros sobre temas políticos, sociales y de relaciones internacionales. Entre sus obras se encuentran: *Felipe Herrera. Idealista y Realizador; Estado, gobernabilidad y desarrollo*, y *Desarrollo Económico y Cooperación Internacional*.

Autores

HUGO ACHUGAR: Profesor de Literatura Latinoamericana en la Universidad de la República, Uruguay. Ha sido profesor en la Northwestern University (EE. UU.), en la Universidad Central de Venezuela y en la Universidad Simón Bolívar. Es autor, entre otros libros, de *Cuentas pendientes. Dictadura, memorias y desmemorias* (1995); *La biblioteca en ruinas (Reflexiones culturales desde la periferia)* (1994), y *La balsa de Medusa. Ensayos sobre identidad, cultura y fin de siglo en Uruguay* (1992).

SEALTIEL ALATRISTE: Director de la editorial Alfaguara en México. Licenciado en Administración de Empresas y en Letras Españolas por la Universidad Nacional Autónoma de México. Maestro en Estudios Latinoamericanos por la Universidad de

Cambridge, Inglaterra. Ha publicado diversos escritos en el periódico *La Jornada* y en la *Revista de la Universidad de México*. Director de la editorial Nueva Imagen. Algunas obras premiadas: *Los siete pecados capitales*, México (1989); *México: Historia de un pueblo*, 20 volúmenes (autor de dos de las veinte historietas que la componen, obra dirigida junto con Paco Ignacio Taibo II), México (1980-1982), y *Verdad de amor* (novela), Premio Internacional de Novela Planeta/Joaquín Mortiz, México (1994).

MARCELO CAVAROZZI: Doctor en Ciencia Política, Universidad de California, Berkeley. Actual Director del Departamento de Política y Gobierno de la Universidad Nacional de San Martín; profesor titular de Sistemas Políticos en la Universidad Nacional de San Martín; profesor asociado del Departamento de Gobierno de la Universidad de Georgetown; profesor titular visitante de Ciencia Política del Massachusetts Institute of Technology (MIT), Cambridge, Massachusetts. Publicaciones: *Argentina. Autoritarismo y democracia*; *Consolidación democrática y orden político después del ajuste económico*.

NÉSTOR GARCÍA CANCLINI: Doctor en Filosofía de la Universidad de París; ha sido profesor en las universidades de Stanford, Texas, en Austin, Barcelona, Buenos Aires y San Pablo, entre otras. Es profesor del Departamento de Antropología de la Universidad Autónoma Metropolitana de México, donde dirige el Programa de Estudios sobre Cultura Urbana. Su libro *Culturas híbridas. Estrategias para entrar y salir de la modernidad* recibió en 1992 el premio al mejor libro otorgado por LASA. Ha coordinado la publicación de *Culturas en globalización. América Latina-Europa-Estados Unidos: libre comercio e integración* y *Las industrias culturales en la integración latinoamericana*.

PABLO HARARI: Fundó Ediciones Trilce en Montevideo, luego de un exilio de más de diez años en Francia, donde trabajó en el sector del libro. Ha sido directivo de la Cámara Uruguaya del Libro. Ediciones Trilce edita cerca de cuarenta libros por año y tiene un catálogo con más de trescientos títulos. Participa de "Editores Independientes", una concertación entre editores latinoamericanos y españoles.

GUY HERMET: Ocupa la Cátedra Internacional de la Universidad Libre de Bruselas. Anteriormente enseñó en la Universidad de Lausanne, en el Instituto Universitario de Altos Estudios Internacionales de Ginebra, en el Instituto de Estudios Políticos de París (IEP) y dirigió el Centro de Estudios e Investigaciones Internacionales de la Fundación Nacional de Ciencias Políticas. Asimismo fundó el Instituto de Altos Estudios del Desarrollo de Bogotá, y ejerció las funciones de vicepresidente de Médicos sin Fronteras.

MARTÍN HOPENHAYN: Filósofo y crítico. Ha enseñado en la Universidad de Chile y es investigador en la División de Desarrollo Social de la Comisión Económica para América Latina (CEPAL). Es autor, entre otros libros, de *Ni apocalípticos ni integrados. Aventuras de la modernidad en América Latina; Hacia una fenomenología del dinero; Así de frágil es la cosa,* y *Después del nihilismo. De Nietzsche a Foucault.*

NORBERT LECHNER: Consultor del Programa de las Naciones Unidas para el Desarrollo (PNUD) en Chile, y profesor de la Facultad Latinoamericana de Ciencias Sociales (FLACSO). Entre sus publicaciones se encuentran: *Globalización, política y partidos, Estado y política en América Latina. Apuntes sobre las transformaciones del Estado, Los nuevos perfiles de la política. Un bosquejo,* y *Los patios interiores de la democracia.*

JESÚS MARTÍN-BARBERO: Profesor emérito de la Universidad del Valle en Cali, Colombia. Es asesor de proyectos de comunicación y política de la Fundación Social y profesor en el Instituto de Estudios en Comunicación de la Universidad Nacional de Bogotá, Colombia. Entre sus últimos libros se incluyen: *Pre-textos: Conversaciones sobre la comunicación y sus contextos* (1995); *Communication, culture and hegemony* (1993); *Televisión y melodrama* (1992), y *Procesos de comunicación y matrices de cultura* (1988). Coordina el proyecto de investigación "Medios masivos y cultura democrática en Colombia", realizado en Colombia y México.

DENIS MERKLEN: Sociólogo (Argentina-Uruguay), trabaja actualmente en el Centro de Estudios de Movimientos Sociales de la Escuela de Altos Estudios en Ciencias Sociales de París. Especializado en problemas de pobreza, políticas sociales, acción colectiva en barrios marginales y desarrollo social, es consultor de diversos organismos gubernamentales e internacionales. Ha trabajado para la UNESCO, el PNUD y el BID en la Argentina, Francia, Haití y Senegal. Es autor de *Asentamientos en La Matanza. La terquedad de lo nuestro,* Buenos Aires, Catálogos, y ha publicado numerosos artículos en revistas científicas.

SERGIO MICELI: Profesor titular de Sociología de la Universidad de San Pablo. Fue Presidente del Comité del Instituto de Sociología y Ciencias Sociales de los Programas Federales de Graduados. En 1989 ganó el Premio al mejor libro en Ciencias Sociales otorgado por la Asociación Nacional de Programas de Posgrado y Centro de Investigación con *A Elite Eclesiástica Brasileira, Bertrand 1890-1930.* Es autor, entre otros títulos, de: *Intelectuais e Classe Dirigente No Brasil 1920-1945* (Difel, 1979), *História das Ciências Sociais no Brasil* (2 volúmenes, Vértice, 1989 y 1995), e *Imagems Negociadas/Retratos da Elite Brasileira 1929-1940* (Das Letras, 1996).

RAMIRO OSORIO FONSECA: Profesor en Letras Españolas de la Universidad Javeriana de Bogotá, Colombia. Director del Festival de Teatro Iberoamericano de Bogotá, y Director del Estudio "Economía y Cultura en los países andinos". Fue Ministro de Cultura de Colombia durante los años 1997-1998. Ha dirigido más de treinta obras de autores clásicos y contemporáneos en Colombia, México y América Central. Autor de la tesis "Apuntes para una Metodología del Teatro Latinoamericano Contemporáneo", y también ha publicado diversas investigaciones sobre teatro latinoamericano y artículos sobre diferentes temas escénicos y de política cultural.

GILBERT RIST: Profesor del Instituto Universitario de Estudios del Desarrollo de Ginebra. Enseñó en Túnez, dirigió el Centro Europa-Tercer Mundo en Ginebra, y colaboró con la Universidad de las Naciones Unidas. Publicó (junto a Marie-Dominique Perrot y Frabrizio Sabelli) *La mitología programada. La economía de las creencias en la sociedad moderna*, París, PUF (1992); *La cultura, ¿rehén del desarrollo?*, París, L'Harmattan (1994); *The History of Development, from Western origins to Global Faith*, Londres-Nueva York, Books (1997) y *La Mondialisation des anti-sociétés, Éspace rêves et lieux communs*, Ginebra, IUED, París, PUF (1997). Actualmente trabaja sobre una antropología de la modernidad para mostrar que la sociedad occidental no se diferencia de las llamadas sociedades tradicionales.

SAÚL SOSNOWSKI: Profesor de Literatura Latinoamericana y Director del Programa Internacional de la Universidad de Maryland, College Park. Entre sus obras más recientes se encuentran los cuatro tomos de *Lectura crítica de la literatura latinoamericana* (Biblioteca Ayacucho). Ha dirigido el proyecto "Represión y Reconstrucción de la Cultura del Cono Sur (1984-1994)", que derivó en la edición de volúmenes sobre la Argentina, Uruguay, Chile, Brasil y Paraguay. Desde 1995 dirige el proyecto "Una Cultura para la Democracia en América Latina". En 1972 fundó, y desde entonces dirige, la revista de literatura *Hispamérica*.

RAFAEL TOVAR: Egresado de la Universidad Autónoma Metropolitana de México y de la Universidad la Sorbona de París. Es miembro del Servicio Exterior Mexicano y Presidente del Consejo Nacional para la Cultura y las Artes de México. Es autor de *Modernización y política cultural* y coautor de *El patrimonio nacional de México*, además de realizar diversas colaboraciones en publicaciones sobre las artes y la cultura de México.

ALFREDO G. A. VALLADAO: Encargado de misión con el Director de Ciencias Políticas para la Cátedra Mercosur, profesor en el Instituto de Estudios Políticos de París desde 1990 e investigador senior asociado al Instituto de Estudios Estratégicos e Internacionales de Lisboa (IEEI). Fundador y miembro del comité de redacción del anuario económico y geopolítico mundial *L'etat du Monde*, París, La Découverte. Periodista independiente especialista en política internacional y editorialista de Radio France International y Radio Suisse International. Antiguo corresponsal diplomático y de defensa de *Libération*. Obras recientes: *El Siglo XXI será americano*, París, La Découverte (1993); *Las mutaciones del orden mundial: geopolítica de las grandes potencias 1980-1985*, París, La Découverte (1994); *El retorno del panamericanismo: la estrategia de los Estados Unidos en América Latina después de la Guerra Fría*, École Polytechnique de París, CREST (1995); *El triángulo atlántico. El surgimiento de América Latina en las relaciones Europa-Estados Unidos*, París, Las notas de l'IFRI-núm. 16 (1999).

Índice

Prólogo
  Enrique V. Iglesias 7

Introducción
  Bernardo Kliksberg y Luciano Tomassini 11

PARTE I
Los valores culturales y su influencia en los procesos de desarrollo

El rol del capital social y de la cultura en el proceso de desarrollo
  Bernardo Kliksberg 19

El giro cultural de nuestro tiempo
  Luciano Tomassini 59

Desafíos de un desarrollo humano: individualización y capital social
  Norbert Lechner 101

La cultura y el capital social: ¿cómplices o víctimas del "desarrollo"?
  Gilbert Rist 129

Capital social y poder
  Alfredo G. A. Valladao 151

PARTE II
Participación y cultura

Seis tesis no convencionales sobre participación
  Bernardo Kliksberg 167

Modelos de desarrollo y participación política en América Latina: legados y paradojas
  Marcelo Cavarozzi 197

¿Diversidad cultural o cambio cultural? Posibilidades y obstáculos del desarrollo participativo
  Guy Hermet 217

Cultura y participación: entradas para el debate
  Martín Hopenhayn 231

Más allá de la pobreza: cuando los olvidados se organizan
Las organizaciones locales como capital social
frente a los problemas de integración en barrios marginales
Denis Merklen 245

Parte III
Políticas culturales y experiencias innovadoras

Apuestas culturales al desarrollo integral de América Latina
Saúl Sosnowski 265

Desafíos económico-culturales de América Latina
(cultura "tradicional" e industrias culturales)
Hugo Achugar 277

Políticas culturales en Colombia: un nuevo rol del Estado
Ramiro Osorio Fonseca 293

México, política cultural y desarrollo: presente y futuro
Rafael Tovar 299

Estado y cultura en Brasil: dos experiencias contemporáneas
Sergio Miceli 307

Parte IV
Industrias culturales

Industrias culturales y globalización:
procesos de desarrollo e integración en América Latina
Néstor García Canclini 317

Nuevos mapas culturales de la integración y el desarrollo
Jesús Martín-Barbero 335

Apuntes para la comprensión del mercado editorial en lengua española
Sealtiel Alatriste 359

Las editoriales nacionales en América Latina y el desafío de la globalización
o la necesidad de proteger una especie en vías de extinción
Pablo Harari 381

Noticia sobre los autores 393

Se terminó de imprimir en el mes de setiembre de 2000
en Grafinor S.A., Lamadrid 1576,
Buenos Aires, Argentina.
Se tiraron 4000 ejemplares.